सीखने की विधियाँ
(LEARNING METHODS)

लेखक परिचय

डॉ. बी.एल. गुप्ता राष्ट्रीय तकनीकी शिक्षक प्रशिक्षण एवं अनुसंधान संस्थान, भोपाल में प्राध्यापक, प्रबंधन के पद पर कार्यरत हैं। प्रो॰ गुप्ता सिविल इन्जीनियरिंग, विधि एवं विद्यार्थी में स्नातक, तकनीकी शिक्षा में स्नातकोत्तर एवं पीएच.डी. हैं। प्रो. गुप्ता तकनीकी शिक्षा, प्रशिक्षण, शोध एवं विकास के क्षेत्र में 27 वर्षों का अनुभव रखते हैं। प्रो. गुप्ता ने विभिन्न विषयों पर तकनीकी शिक्षकों, वन विभाग के अधिकारियों, सीमेंट उद्योग के अंशकालिक प्रशिक्षकों, बी.एच.ई.एल. एवं अन्य उद्योगों के प्रबंधकों, महिला एवं बाल विकास विभाग के अधिकारियों, लोक स्वास्थ्य यांत्रिकी विभाग के अभियंताओं एवं अन्य अधिकारियों हेतु 450 से अधिक प्रशिक्षण कार्यक्रम आयोजित किये हैं। प्रो. गुप्ता ने राजीव गांधी राष्ट्रीय पेयजल मिशन के अन्तर्गत मध्य प्रदेश एवं छत्तीसगढ़ राज्यों में जमीनी स्तर के कार्यकर्ताओं के प्रशिक्षण कार्यक्रमों का राज्य स्तर पर समन्वय किया है। प्रो. गुप्ता ने 50 से अधिक शोधपत्र लिखे हैं। प्रो॰ गुप्ता ने 20 शोधों का मार्गदर्शन किया है। प्रो. गुप्ता ने 19 पुस्तकें लिखी हैं, जिसमें चार पुस्तकें राजभाषा में लिखी हैं। प्रो. गुप्ता प्रशिक्षकों का प्रशिक्षण एवं मानव संसाधन विकास के विभिन्न पहलुओं पर शोध एवं लेखन में रुचि रखते हैं।

सीखने की विधियाँ
(LEARNING METHODS)

डॉ. बी.एल. गुप्ता
प्राध्यापक, प्रबंधन
राष्ट्रीय तकनीकी शिक्षक प्रशिक्षण एवं अनुसंधान संस्थान
शामला हिल्स, भोपाल

कान्सेप्ट पब्लिशिंग कम्पनी प्रा. लि.,
नई दिल्ली-110059

ISBN-13: 978-81-8069-747-0 (HB)

First Published 2012

Published and Printed by

Concept Publishing Company Pvt. Ltd.
Regd. Office:
A/15-16, Commercial Block, Mohan Garden,
New Delhi-110059 (INDIA)
Phones : 25351460, 25351794, *Fax* : 091-11-25357109
Email : publishing@conceptpub.com,
Website: www.conceptpub.com

Editorial Office:
H-13, Bali Nagar, New Delhi-110 015, India.

Cataloging in Publication Data--*Courtesy:* D.K. Agencies (P) Ltd. <docinfo@dkagencies.com>

Gupta, B. L. (Badrilal), 1960-
Sīkhane kī vidhiyām̐ = Learning methods / Bī. Ela. Guptā. -- 1. saṃskaraṇa.
p. cm.
In Hindi.
ISBN 9788180697470

1. Learning. 2. Learning—Study and teaching (Higher) 3. Professional education. I. Title. II. Title: Learning methods.

DC 378.013 22

प्रस्तावना

प्रतिस्पर्धा के इस युग में शिक्षा की सम्पूर्ण अवधारणा महत्वपूर्ण रूप से बदल चुकी है। तकनीकी एवं उच्च शिक्षा के माध्यम से तकनीकी रूप से निपुण पेशेवर तैयार करने की आवश्यकता है। यहां पर पेशेवर शब्द इसलिए महत्वपूर्ण है कि पेशेवर व्यक्ति ही ग्राहकों को संतुष्ट एवं प्रफुल्लित कर सकता है। पेशेवर व्यक्तियों को अनिश्चितता, मंदी, उतार-चढ़ाव वाले बाजार, भिन्न संस्कृति एवं वातावरण में कार्य करना होता है। इन्हें लम्बे समय एवं बिना तनाव के कार्य करना होता है। इन्हें ग्राहकों एवं सरोकार समूह को संतुष्ट करना होता है। पेशेवर की परिभाषा भी समय के साथ बदली है एवं यह अभी भी निश्चित नहीं हुई है क्योंकि सम्पूर्ण कार्य संसार तेजगति से बदल रहा है। बदलते हुए कार्य संसार में किसी व्यवसाय के स्तर का अनुमान लगाना एक मुश्किल कार्य है। सुरक्षा एवं पर्यावरण के लिए चिंता भी अत्यधिक बढ़ी है। यहां तक की व्यवसाय को नियंत्रित करने वाले कानूनों में भी परिवर्तन लाया जा रहा है।

तकनीकी रूप से निपुण स्नातक तैयार करने के लिए सूक्ष्म रूप से वृहद रूप तक कई प्रयास किये गये हैं एवं उनके परिणाम सकारात्मक रहे हैं। शैक्षणिक संस्थाओं की कार्य पद्धति में भी पेशेवरता लाने की आवश्यकता है तभी ये संस्थाएँ पेशेवर तैयार कर पायेगी। ऐसा कहा जाता है कि पेशेवर कौशल केवल वास्तविक कार्य संसार में तैयार किये जा सकते हैं एवं पेशेवर ही पेशेवर कौशल का विकास कर सकते हैं। तकनीकी निपुणताओं के अतिरिक्त छात्रों में विविध पेशेवर निपुणता, जैसे चुनौति स्वीकार करना, जोखिम उठाना, टीम में कार्य करना, शीघ्र सीखना, समस्या हल करना, प्रभावी निर्णय लेना, समझौता

करना, सहकार्य करना, अनिश्चितता में कार्य करना, भविष्य का अनुमान लगाना, उपलब्ध आकड़ों के आधार पर सम्पूर्ण परिस्थिति का अनुमान लगाना, जवाबदेही स्वीकार करना, बदलाव का प्रबंधन करना, परिस्थिति से निपटना, ग्राहकों को प्रभावित करना, शोध करना, नयी संस्कृति को अपनाना, नयी योग्यता अर्जित करना, शीघ्र भूलना इत्यादि का विकास करने की आवश्यकता है। यहाँ पर यह आशय नहीं लगाना चाहिये कि सभी संकायों के सभी छात्रों में उपरोक्त सभी निपुणताएं विकसित की जानी चाहिये। व्यवसाय की मांग के अनुसार पेशेवर निपुणता विकसित करने की आवश्यकता है।

पेशेवर कार्य संसार में तकनालॉजी एवं कार्य पद्धति में तेज बदलाव आ रहा है। कम्पनियाँ व्यवसाय में बदलाव ला रही है, व्यवसाय को फैला रही है, सह कार्य कर रही है, एवं बाजार से विलुप्त हो रही है। विभिन्न कम्पनियों में इस प्रकार के बदलाव को समझने, योजना बनाने, क्रियान्वित करने के लिए पेशेवरों को नई निपुणताओं का विकास करने की आवश्यकता है।

शैक्षणिक संस्थाओं द्वारा इन आवश्यकताओं को पूरा करने के लिए प्रत्येक बेच एवं सेमीस्टर में पाठ्यक्रम पुनरीक्षण एवं बदलाव करने की आवश्यकता है। तकनीकी संस्थाओं को छात्रों की तकनीकी एवं पेशेवर आवश्यकताओं की पूर्ति करने की आवश्यकता है तभी यह कहा जा सकता है कि वे पेशेवर ढंग से उनकी भूमिका अदा कर रही है।

सीखने की विधियों पर लिखी गई यह पुस्तक तकनीकी एवं उच्च शिक्षा संस्थाओं की पेशेवर मांग को पूरा करने को ध्यान में रख कर तैयार की गई है ताकि वे नौजवान छात्रों को भविष्य दृष्टि प्राप्त करने, आकांक्षाओं को पूरा करने एवं जीवन की ऊँचाईयों को प्राप्त करने हेतु तैयार कर सके।

यह पुस्तक शोध, अनुभव एवं सिद्धांतों पर आधारित है, जिनका वर्णन इस पुस्तक में नहीं किया गया है, परंतु उनका उपयोग किया गया है। इस पुस्तक का उपयोग सभी प्राध्यापक कर सकते हैं चाहे वे किसी भी प्रकार की संस्था एवं संकाय में कार्यरत हो। उनकी योग्यता, अनुभव एवं प्रशिक्षण भी भिन्न हो सकता है। परिस्थिति को जाने बिना किसी भी प्रकार का उपचार सुझाना मुश्किल कार्य है, अतः इस पुस्तक में कोई उपचार नहीं सुझाया गया है। परन्तु जहाँ आवश्यक है मार्गदर्शक बिन्दु दिये गये हैं ताकि उपयुक्त परिस्थिति में उनका त्वरित उपयोग किया जा सके। सभी अध्यायों में प्राध्यापकों एवं छात्रों की सृजनशीलता का उपयोग करने के लिए पर्याप्त अवसर प्रदान किये गये हैं।

प्राध्यापक सीखने की विधियों से सम्बंधित उनकी निपुणताओं का मूल्यांकन अभ्यास प्रश्न के माध्यम से कर सकते हैं एवं उनके उत्तर पर समूह में चर्चा कर सकते हैं। इस पुस्तक का मुख्य संदेश है कि पढ़ाने की विधियों के बदले सीखाने की विधियों का उपयोग करना ताकि छात्रों में पेशेवर निपुणता का विकास किया जा सके। लेखक को आशा है कि यह पुस्तक प्राध्यापकों की तकनीकी एवं पेशेवर निपुणताओं में मूल्य वृद्धि करेगी।

'द कमिटी टू एडवाइज़ आन रिनोवेशन एवं रिजुविशेन ऑफ हायर एज्यूकेशन' के प्रतिवेदन में प्रो० यशपाल एवं कमिटी के सदस्यों ने अध्याय दो में आर्किटेक्चर ऑफ लर्निंग में लिखा है कि प्राध्यापक एवं विद्यार्थी जो कुछ सीखते हैं उसे वास्तविक परिस्थिति में एवं समस्याओं का समाधान करने में उपयोग करने योग्य होना चाहिये। उन्होंने वास्तविक कार्य संसार में सीखने पर जोर दिया है जिससे विद्यार्थी अन्तः संकाय की योग्यताओं का भी विकास कर सके।

इस परिपेक्ष में भी यह पुस्तक प्राध्यापकों को सीखने की विभिन्न विधियों की संरचना करने एवं क्रियान्वित करने हेतु सक्षम बनायेगी।

बी.एल. गुप्ता

धन्यवाद ज्ञापन

इस पुस्तक के लेखन के दौरान मुझे विभिन्न व्यक्तियों, समूहों एवं संस्थाओं से सहयोग, सहायता एवं प्रेरणा प्राप्त हुई। उन सभी के नाम यहाँ लिखना संभव नहीं है फिर भी लेखक उन सभी के सहयोग, सहायता एवं प्रेरणा के लिए हृदय से आभारी है। मैं निम्नलिखित संस्थाओं एवं व्यक्तियों का विशेष रूप से आभारी हूँ:

- उन सभी प्राध्यापकों का जिन्होंने मुझे उनकी विशिष्ट शैली से सिखाया एवं प्रभावित किया। उनकी सिखाने की शैलियों से मुझे इस पुस्तक के लिए ठोस उदाहरण मिले हैं।
- उन सभी शोधकर्ताओं एवं लेखकों का जिन्होंने सीखने की विधियों पर शोध एवं प्रयोग कर सीखने-सिखाने की प्रविधि को परिष्कृत किया है।
- राष्ट्रीय तकनीकी शिक्षक प्रशिक्षण एवं अनुसंधान संस्थान, भोपाल के संचालक मंडल, निदेशक, प्राध्यापकों एवं साथियों का जिनके मार्गदर्शन एवं सहयोग के कारण मैं इस पुस्तक को तैयार कर पाया।
- मेरे माता, पिता, पत्नी, पुत्रों एवं रिश्तेदारों का जिन्होंने पुस्तक लेखन के दौरान मेरा मनोबल बढ़ाया।
- मेरे उन हजारों विद्यार्थियों एवं प्रशिक्षणार्थियों का जिन्होंने मुझे सिखाया है कि दूसरों को खुशी के साथ कैसे सिखाना चाहिये।
- कान्सेप्ट पब्लिशिंग कम्पनी प्राइवेट लिमिटेड, नई दिल्ली का जिनके सहयोग से यह पुस्तक आपके लिए समर्पित है।

विषय सूची
Contents

चित्रों की सूची

प्रपत्रों की सूची

गतिविधियाँ (Activities)

1

सीखना
(Learning)

सीखने के उद्देश्य (Learning Objectives)

इस अध्याय को पढ़ने के पश्चात पाठक:

1. सीखने की परिकल्पना को परिभाषित कर सकेंगे।
2. विद्यार्थी के गुणों का वर्णन कर सकेंगे।
3. सीखने के क्षेत्र का वर्णन कर सकेंगे।
4. सीखने की विधि के आयाम सूचीबद्ध कर सकेंगे।
5. सीखने के क्षेत्र का वर्णन कर सकेंगे।
6. सीखने के प्रत्येक क्षेत्र में सीखने का पदानुक्रम परिभाषित कर सकेंगे।
7. सीखने के तरीकों का वर्णन कर सकेंगे।
8. सीखने के तरीकों की तुलना कर सकेंगे।
9. पढ़ाने के माध्यम से सीखने की विधि का वर्णन कर सकेंगे।
10. सीखने के लिए प्राध्यापकों की भूमिका का वर्णन कर सकेंगे।
11. प्रभावी रूप से सीख्रने के लिए प्राध्यापकों द्वारा ध्यान रखने वाले मार्गदर्शक बिन्दुओं को सूचीबद्ध कर सकेंगे।

1. प्रस्तावना (Introduction)

पिछले कई वर्षों से तकनीकी एवं उच्च शिक्षा संस्थानों का मुख्य केन्द्र छात्रों को पढ़ाने पर था ताकि छात्र सीख सकें। यह आवश्यक नहीं है कि छात्र वही सीखें जो प्राध्यापक पढ़ाते हैं। वे अध्यापन पर ध्यान नहीं देकर पढ़ाने की

प्रक्रिया में सीखने की कड़ियों को छोड़ सकते हैं। वास्तव में पढ़ाने की प्रक्रिया में प्राध्यापक विद्यार्थियों की तुलना में अधिक सीखते हैं। पढ़ाने की प्रक्रिया में प्राध्यापक विद्यार्थियों के सीखने की प्रक्रिया के बारे में गलत धारणा भी बना सकते हैं। सामान्यतया प्राध्यापक जीवनपर्यन्त पढ़ाने की विशेष शैली का उपयोग करते हैं। वे एक ही शैली का उपयोग जीवनपर्यन्त करते हैं चाहे कोई भी विषय विद्यार्थी को पढ़ाते हों। पढ़ाने की प्रक्रिया के मुख्य खिलाड़ी प्राध्यापक होते हैं, अतः उन्हें ही पढ़ाने की प्रक्रिया पूरी करने की जवाबदारी निभानी पढ़ती है। पढ़ाने की प्रक्रिया पूरी करने के लिए उन्हें प्रत्येक गतिविधि के लिए संघर्ष करना पड़ता है जिसमें छात्रों को कक्षा में लाना भी शामिल है।

विद्यार्थियों का सीखना कई कारकों पर निर्भर करता है जिसमें प्राध्यापकों द्वारा पढ़ाना भी शामिल है। यह आवश्यक है कि अध्यापन का केन्द्र पढ़ाने के बजाय सीखने पर होना चाहिये। इस बदलाव को लाने के लिए प्राध्यापकों को कक्षा के बाहर अतिरिक्त प्रयास करने की आवश्यकता होती है। उन्हें सीखने की सम्पूर्ण प्रक्रिया का उपयोग करने की आवश्यकता होती है जो कक्षा, प्रयोगशाला, उद्योग, पुस्तकालय, घर एवं अन्य स्थानों से सम्बन्धित हो सकती है। प्राध्यापकों को उनकी भूमिका में बदलाव लाने की आवश्यकता है जो पढ़ाने के बजाय सिखाने पर जोर देती हो।

इस भूमिका का निर्वाह करने के लिए प्राध्यापकों में पेशेवर एवं नवाचारी निपुणताएँ एवं प्रवीणता विकसित करने की आवश्यकता है।

2. सीखने की परिकल्पना (Concept of Learning)

उच्च एवं तकनीकी शिक्षा के विद्यार्थियों में सीखने की परिकल्पना अन्य विद्यार्थियों से भिन्न होती है। इन विद्यार्थियों को निपुणता एवं प्रवीणता का प्रदर्शन करना होता है ताकि वे उद्योगों में भूमिका का निर्वाह पेशेवर ढंग से कर सकें। जहाँ एक ओर निपुण एवं प्रवीण छात्र सामाजिक एवं आर्थिक लक्ष्यों को प्राप्त करने के लिए जादुई कार्य कर सकते हैं तो दूसरी ओर उनकी छोटी सी त्रुटि आपदा खड़ी कर सकती है जिससे थोड़े समय में ही लाखों व्यक्तियों की जान जा सकती है। उच्च शिक्षा में सीखने की प्रक्रिया किसी के भरोसे नहीं छोड़ी जा सकती है। विद्यार्थियों को रोजगार प्रदान करने वाली संस्था में बदलती हुई भूमिकाओं को निपुण एवं प्रवीण रूप से निभाना होता है। एक पेशेवर शिक्षण संस्था ही जीवनपर्यन्त निपुणता एवं प्रवीणता का विकास करने के लिए मजबूत नींव डालती है। परन्तु केवल इतना ही पर्याप्त नहीं है। शिक्षण संस्थाओं

को बदलते हुए कार्य संसार के लिए मानव संसाधन तैयार करने के लिए भी तैयार रहना चाहिये। उन्हें विद्यार्थियों में निम्नलिखित आदतों का भी विकास करना चाहिये:

- स्वयं सीखना,
- सीखने हेतु सीखना,
- सकारात्मक सीखने हेतु सीखना,
- बेहतर कार्य हेतु सीखना,
- स्वयं की प्रतिभा एवं क्षमता दोहन करने हेतु सीखना,
- जीवन को सुखमय बनाने हेतु सीखना, इत्यादि।

सीखने की प्रक्रिया प्रयोजन संगत एवं आकांक्षा को पूरी करने वाली होनी चाहिए। उच्च शिक्षा प्राप्त करने वाले विद्यार्थी परिपक्व होते हैं एवं सीखने की अनन्त क्षमता रखते हैं। उनकी क्षमता का दोहन करने का दायित्व प्राध्यापक का होता है। उच्च शिक्षा प्राप्त करने वाले विद्यार्थी भिन्न आकांक्षाओं, रुचि, प्राथमिकता, दृढ़ता एवं भविष्य दृश्य के साथ शिक्षण संस्थाओं में प्रवेश लेते हैं। प्राध्यापक ही उन्हें भविष्य दृश्य प्राप्त करने का मार्ग दिखाते हैं। प्राध्यापक ही सीखने की प्रक्रिया में आने वाले अवरोधों, बाधाओं एवं समस्याओं को दूर करते हैं। वे ही एक स्वस्थ अकादमिक वातावरण तैयार करते हैं जिसमें विद्यार्थी आनन्दपूर्वक सीखे एवं भविष्य दृश्य प्राप्त करें। वे ही विद्यार्थियों के लिए जीवनपर्यन्त याद रखने योग्य अनुभव प्रदान करते हैं।

उच्च एवं तकनीकी शिक्षा के विद्यार्थियों के सन्दर्भ में सीखना एक प्रक्रिया है जिसके माध्यम से उद्देश्यपरक पूर्व निर्धारित निपुणताएँ एवं प्रवीणता कम से कम समय एवं प्रयासों से आनन्दपूर्वक विकसित की जाती है जो विद्यार्थियों को कार्य संसार में पेशेवर रूप से कार्य सम्पन्न करने हेतु योग्य बनाती है एवं आत्मविश्वास पैदा करती है। इस प्रक्रिया में प्राध्यापक सीखने हेतु अनुकूल वातावरण तैयार करते हैं एवं विद्यार्थी सक्रिय रूप से सीखते हैं। सीखने की प्रक्रिया में विद्यार्थियों को स्वायत्तता रहती है एवं प्रक्रिया उनकी आवश्यकताओं के अनुरूप लचीली रहती है।

3. विद्यार्थियों के गुण (Characteristics of Students)

उच्च एवं तकनीकी शिक्षा प्राप्त करने वाले विद्यार्थी अन्य विद्यार्थियों एवं पहले के विद्यार्थियों से सीखने की परिपक्वता के संदर्भ में बिल्कुल भिन्न हैं। सीखने के कुछ क्षेत्रों में तो वे उनके प्राध्यापकों से भी आगे हैं क्योंकि अन्तर्राष्ट्रीय स्तर

की ताजा जानकारी इन्टरनेट, टेलीविजन, रेडियो एवं समाचारपत्रों के माध्यम से उनकी पहुँच में हैं। ये विद्यार्थी प्राध्यापकों से विविध प्रकार की अपेक्षाएँ रखते हैं। इन विद्यार्थियों के कुछ सूचक गुण निम्नलिखित हैं:

- वे अपने केरियर के प्रति पूर्व के विद्यार्थियों की तुलना में अधिक जागरूक हैं। वे विद्यार्थी जीवन को आनन्दपूर्वक जीना चाहते हैं। वे केरिय़र से संबंधित निपुणताओं एवं प्रवीणता का विकास करना चाहते हैं न कि प्रचलन से बाहर हो गये सिद्धांतों को पढ़ना चाहते हैं।
- वे प्रयोजनयुक्त सीखने में रुचि रखते हैं न की पुरानी किताबों की श्यामपट या पावर प्वाइन्ट प्रस्तुतिकरण में नकल देखना चाहते हैं।
- वे चुनौतिपूर्ण सीखने की परियोजना के माध्यम से सीखना चाहते हैं। वे सीखने की प्रक्रिया को सीखना चाहते हैं । वे सीखने को गहराई से महसूस करना चाहते हैं।
- वे सीखने की प्रक्रिया के दौरान आदर, प्यार एवं मान्यता चाहते हैं।
- वे उनकी छुपी हुई प्रतिभा को खोजना एवं उपयोग करना चाहते हैं।
- वे सीखने हेतु विविध आवश्यकताएं रखते हैं जिन्हें वे ऐसे अवसरों के माध्यम से संतुष्ट करना चाहते हैं जो उनकी सीखने की शैली से मेल खाती है।
- वे उनकी रुचि की निपुणताओं को किसी भी समय एवं कीमत पर अर्जित करना चाहते हैं। वे ऐसे प्राध्यापक चाहते हैं जो उन्हें आनन्दपूर्वक सीखा सकें।
- विभिन्न विद्यार्थियों की सीखने की शैली भिन्न होती है, अतः वे सीखने की प्रक्रिया में लचीलापन चाहते हैं।
- वे वाँच्छित निपुणताओं के विकास हेतु सर्वोतम अवसर चाहते हैं न कि घंटों तक बिना सम्बद्धता के उबाऊ भाषण।
- वे सीखने की प्रक्रिया के दौरान प्राध्यापकों से मनोवैज्ञानिक, सामाजिक एवं भावनात्मक सहारा चाहते हैं।
- वे सीखने की समस्याओं, अनुभवों एवं अनुभूतियों को उनके मित्रों के साथ बाँटना चाहते हैं। ये मित्र उनके प्राध्यापक भी हो सकते हैं।
- वे उनका मूल्यवान समय फलदायी गतिविधियों में लगाना चाहते हैं। ये गतिविधियाँ सीखने से सम्बद्ध भी हो सकती हैं। वे सीखने की प्रक्रिया को आगे बढ़ाना चाहते हैं। वे उनका समय असम्बद्ध गतिविधियों में नहीं गवाना चाहते हैं।

- वे उनके व्यक्तित्त्व का विकास करना चाहते हैं। यह व्यक्तित्व उद्यमता, साफ्टवेअर विकास एवं उपयोग, रुचिपूर्ण कार्य करने, चुनौतियों का सामना करने, संकट से निपटने, ग्राहकों के साथ सद्व्यवहार करने, भविष्य दृश्य तैयार करने, परिस्थिति से बाहर निकलने, अनिश्चितता में कार्य करने, तनाव प्रबंध करने, परिस्थिति के अनुसार बदलने, शोध करने, बदलाव लाने इत्यादि से सम्बद्ध हो सकता है।
- वे अलग-अलग तरीकों से सीखते हैं जिससे सीखने की प्रक्रिया प्रभावित होती है। वे चाहते हैं कि प्राध्यापक व्यक्तिगत भेद को ध्यान में रखकर सीखने के अवसर प्रदान करें।
- वे औपचारिक सीखने की विधियों के साथ-साथ अनौपचारिक विधियों को भी पसन्द करते हैं।
- वे विषयवस्तु के साथ उसका कार्यक्षेत्र में उपयोग भी देखना एवं अनुभव करना चाहते हैं।
- वे चाहते हैं कि प्राध्यापक उन्हें सही समय पर सकारात्मक, विकासात्मक एवं रचनात्मक फीडबैक प्रदान करें।
- वे अपेक्षा करते हैं कि प्राध्यापक उनके लिए एक आदर्श प्रस्तुत करें।
- वे चाहते हैं कि सीखने की प्रक्रिया में उनके पूर्वज्ञान, अनुभव, सृजनशीलता एवं विचारों का उपयोग हो।

4. सीखने की प्रक्रिया (Learning Process)

सीखने की प्रक्रिया गतिशील है। सीखने की प्रक्रिया के प्रवेश तत्व अधिक एवं विविध हैं, जो इस प्रकार हैं; सीखने के उद्देश्य, निपुणताएँ, प्रशिक्षणार्थी, सीखने की सामग्री एवं संसाधन, सीखने की विधियाँ, प्रशिक्षक की निपुणता, सीखने का वातावरण एवं मूल्यांकन विधियाँ। सीखने की प्रक्रिया के दौरान प्राध्यापकों एवं विद्यार्थियों के बीच संप्रेषण, परामर्श, परिचर्चा, प्रश्न उत्तर, मूल्यांकन, प्रेरणा इत्यादि कई क्रियाएँ होती हैं। इन प्रक्रियाओं के माध्यम से विद्यार्थी ज्ञान, कौशल एवं अभिवृत्ति का विकास करते हैं। वे *अल्पावधि* याददास्त से *दीर्घावधि* याददास्त में जानकारी को क्रमबद्ध एवं योजनाबद्ध रूप से एकत्रित करते हैं। इसका उपयोग वे आगे सीखने के लिए करते हैं। सीखने की प्रक्रिया के द्वारा वे निपुणता एवं प्रवीणता का विकास करते हैं साथ ही अन्तवैंयक्तिक निपुणताओं का भी विकास करते हैं। सीखने की प्रक्रिया के परिणाम विद्यार्थियों की

निपुणताओं एवं प्रवीणताओं में विकास एवं प्रशिक्षकों के अनुभवों में वृद्धि के रूप में दिखाई देते हैं। सीखने की प्रक्रिया के परिणाम की मात्रा एवं गुणता सीखने की प्रक्रिया के प्रवेश तत्वों एवं विधियों में सुधार लाने हेतु फीडबैक प्रदान करते हैं। यह फीडबैक समय एवं प्रयासों की बचत, सीखने की गुणता में वृद्धि, सीखने के वातावरण को बेहतर बनाने एवं प्राध्यापकों की निपुणताओं एवं प्रवीणता को बढ़ाने में लाभप्रद होता है।

सीखने की प्रक्रिया के माध्यम से ही विद्यार्थी कार्य संसार से सम्बद्ध निपुणताओं का उपयोग करने हेतु सक्षम होता है। सीखने की प्रक्रिया के मुख्य एवं प्रत्यक्ष लाभार्थी विद्यार्थी होते हैं। लम्बी अवधि में नियोक्ता एवं समाज भी लाभार्थी होते हैं। सीखने की प्रक्रिया के कई आयाम होते हैं जिन्हें चित्र 1.1 में दर्शाया गया है।

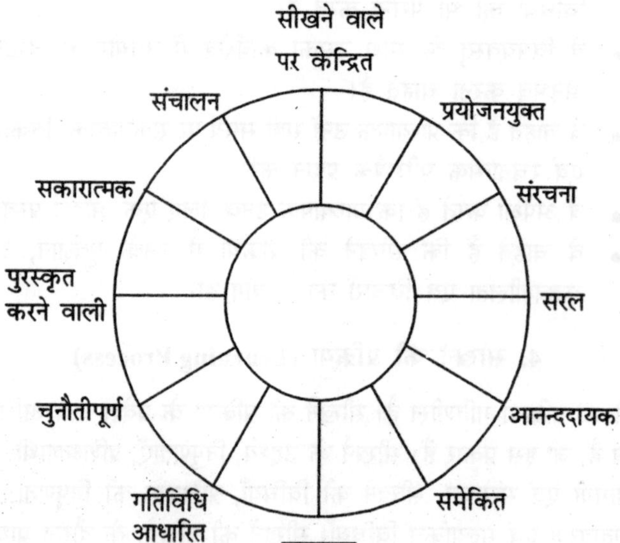

चित्र 1.1: सीखने की प्रक्रिया के आयाम

सीखने वाले पर केन्द्रित (Learner Centred)

सीखने की प्रक्रिया विद्यार्थियों पर केन्द्रित होती है। इस प्रक्रिया की संरचना इस प्रकार की जाती है कि यह विद्यार्थियों से शुरू होकर उन्हीं पर समाप्त होती है। इसकी संरचना विद्यार्थियों की सीखने की आवश्यकता संतुष्ट करने के लिए की

जाती है। विद्यार्थियों के सीखने की आवश्यकता सामान्यतया पाठ्यक्रम में दी जाती है जिसे कार्य संसार की आवश्यकताओं को ध्यान में रखकर तैयार किया जाता है। सीखने की प्रक्रिया की संरचना इस प्रकार की जाती है कि यह विद्यार्थियों के प्रवेश स्तर से शुरू हो। सीखने की प्रक्रिया विद्यार्थियों को कार्य संसार की चुनौतियों को स्वीकार करने के लिए तैयार करती है यह विद्यार्थियों की सीखने की शैलियों को ध्यान में रखकर तैयार की जाती है ताकि विभिन्न शैलियों से सीखने वाले विद्यार्थी निर्धारित निपुणताओं का विकास कर सकें। सीखने की प्रक्रिया इस प्रकार तैयार एवं क्रियान्वित की जाती है कि विद्यार्थी सीखने की जवाबदारी लें, वे सीखने की प्रक्रिया में सहभागी बनें, उन्होंने जो कुछ सीखा है उसका मूल्यांकन करें, पूर्व में अर्जित किये गये ज्ञान, कौशल एवं अभिवृत्ति का उपयोग आगे सीखने हेतु करें एवं सीखने के नये-नये अवसरों की खोज करें। उन्होंने जो कुछ भी सीखा है उसकी अनुभूति महसूस करें।

प्रयोजनयुक्त (Purposeful)

सीखने की प्रक्रिया सीखने के प्रयोजन को ध्यान में रखकर तैयार की जाती है। सीखने के प्रयोजन पाठ्यक्रम में सीखने के उद्देश्य, निपुणता एवं प्रवीणता के रूप में दिये रहते हैं। यदि ये पाठ्यक्रम में नहीं दिये गये हैं तो प्राध्यापक इन्हें तैयार करते हैं ताकि विद्यार्थियों को सीखने के लक्ष्य एवं प्रयोजन से अवगत करवाया जा सके। सीखने के प्रयोजन जितने अधिक महत्वपूर्ण होंगे विद्यार्थी उन्हें प्राप्त करने के लिए प्रेरित होंगे। सीखने के प्रयोजन का सीधा सम्बन्ध कार्य संसार एवं रोजगार से जुड़ा होता है, अतः इनके माध्यम से विद्यार्थी उनके भविष्य के बारे में परिचित होते हैं। सीखने के उद्देश्य की सही समझ विद्यार्थियों में सीखने हेतु आन्तरिक प्रेरणा जागृत करती है। विद्यार्थी रुचिपूर्ण ढंग से सीखने के प्रयास करते हैं। प्रयोजनयुक्त सीखने की प्रक्रिया में प्राध्यापक एवं विद्यार्थी दोनों ही रुचि लेते हैं। प्रयोजन हेतु सीखने से जानकारी उनकी स्थायी याददास्त में चली जाती है एवं कौशल आत्मसात हो जाते हैं। जब कभी भी आवश्यकता होती है विद्यार्थी जानकारी एवं कौशल का उपयोग आसानी से कर सकते हैं।

संरचना (Well Designed)

सीखने की प्रक्रिया की संरचना प्रशिक्षित प्राध्यापकों द्वारा वैज्ञानिक विधि का पालन कर की जाती है, अतः यह प्रभावी एवं दक्ष होती है। विद्यार्थी कार्य संसार

के बारे में रुचिपूर्वक सीखते हैं एवं उनकी निपुणता एवं प्रवीणता को परिशोधित करते हैं। सीखने की प्रक्रिया एक प्राकृतिक क्रिया है, अत: इसकी संरचना इस प्रकार की जाती है कि यह एक मानव प्रक्रिया के रूप में क्रियान्वित की जावें, अर्थात् इसमें विद्यार्थियों हेतु निम्नलिखित प्रावधान तैयार किये जाते है:

- साथी विद्यार्थियों के साथ आपसी संप्रेषण,
- सीखने हेतु चुनौती स्वीकार करना,
- सीखने की चुनौतियों को स्वीकार करना,
- सीखने संबंधी अनुभवों का आदान प्रदान करना,
- सीखने हेतु चुनौती प्रदान करना,
- स्वयं पर नियन्त्रण रखना,
- दी गई परिस्थिति के आधार पर निष्कर्ष निकालना,
- सीखे गये ज्ञान एवं कौशल का प्रदर्शन करना,
- कार्य संसार की विधियों का अवलोकन करना,
- कार्य संसार में उपयोग की जाने वाली निपुणताओं का वास्तविक कार्य करने हेतु उपयोग करना,
- सीखने की प्रगति पर फीडबैक प्राप्त करना।

सीखने की प्रक्रिया की संरचना करते समय शिक्षा मनोविज्ञान, शिक्षा प्रबंधन एवं शिक्षा तकनीकी के सिद्धांतों का उपयोग कर इसे प्रभावी बनाया जाता है।

सरल (Easy)

सीखने की प्रक्रिया को सरल बनाने को सीढ़ी के उदाहरण से समझा जा सकता है। कम उँचाई की पर्याप्त चौड़ाई की सीढ़ियों एवं प्रत्येक 10 सीढ़ियों के पश्चात आराम एवं नई ऊर्जा प्राप्त करने हेतु एक चौड़ी सीड़ी के माध्यम से कितनी भी उँचाई को आसानी से छुआ जा सकता है। परन्तु इसमें समय अधिक लगता है। सीढ़ी के बजाय यदि लिफ्ट या एलिवेटर (तकनालॉजी) का उपयोग किया जावे तो बिना समय गंवाये एवं ऊर्जा नष्ट किये भवन की किसी भी मंजिल पर व्यापार किया जा सकता है। ऊँचाइयों पर चढ़ने में ऊर्जा एवं समय गवाने के बजाय इस ऊर्जा को सीखने एवं अभ्यास करने में लगाने की आवश्यकता है। सीखने की प्रक्रिया को इस प्रकार तैयार किया जाता है कि सीखने की प्रक्रिया में न्यूनतम ऊर्जा लगे एवं अधिक से अधिक सीखने को मिले।

आनन्ददायक (Enjoyable)

सीखने की प्रत्येक गतिविधि विद्यार्थियों को खुशी, संतुष्टी एवं आनन्द देने वाली होनी चाहिये। सीखने की प्रक्रिया विद्यार्थियों को आमंत्रित करती है कि वे आगे आकर इसमें भाग लेवे। सीखने की प्रक्रिया में निम्नलिखित मानव प्रक्रियाओं का समावेश होता है:

- विशेष मुद्दों पर खुली चर्चा करना।
- अपने मूल विचार व्यक्त करने की स्वतंत्रता।
- विषय संबंधी विचार उत्पन्न करना एवं दूसरों के समक्ष रखना।
- किसी विशेष संदर्भ में विचारों का आदान-प्रदान करना।
- असम्बद्ध, नापसन्द, एवं गलत पद्धतियों की आलोचना करना।
- सीखने की प्रक्रिया को आगे बढ़ाना।
- अन्य विद्यार्थियों के नवीन विचारों को बढ़ावा देना।
- अच्छे कार्यों एवं सीखने की प्रगति की प्रशंसा करना एवं मान्यता प्रदान करना।
- सीखने के चुनौतीपूर्ण अवसरों का उपयोग करना।
- साथी विद्यार्थियों के विचारों को न्यायोचित ढंग से स्वीकार या अस्वीकार करना।
- सीखने हेतु सहभागी प्रयास करना।
- साथी विद्यार्थियों को अपने व्यवहार एवं लक्ष्य प्राप्ति से प्रभावित करना।
- सीखने की प्रक्रिया में जीतने एवं हारने का आनन्द प्राप्त करना।
- निपुणता एवं प्रवीणता अर्जित करने का जश्न मनाना।

समेकित (Integrated)

सीखने की प्रक्रिया में सीखने की घटनाएँ, गतिविधियाँ एवं अनुभव कड़ीबद्ध होते हैं। सीखने की विधि विद्यार्थियों के पूर्व ज्ञान, कौशल एवं अभिवृत्ति से शुरू होती है एवं सीखने की अगली प्रक्रिया से जुड़ी होती है। सीखने की सम्पूर्ण प्रक्रिया में श्रृंखलाबद्ध सीखने के सिद्धान्तों का पालन किया जाता है। विद्यार्थियों द्वारा सीखने के अनुभवों को रंगीन फूलों की तरह धागे में पिरोया जाता है, जिससे विद्यार्थियों में निपुणताओं एवं प्रवीणता की सुंदर माला तैयार होती है। माला में प्रत्येक फूल (ज्ञान, कौशल, अभिवृत्ति, निपुणता एवं प्रवीणता) का अपना महत्व एवं सुन्दरता होती है एवं यह माला (निपुणता एवं

प्रवीणता) की सुन्दरता हेतु भी योगदान करता है। सभी सीखने की गतिविधियों, घटनाओं एवं अनुभवों को एक तर्क में सृजनशीलता के साथ बुना जाता है ताकि आनन्दपूर्वक सीखने की प्रविधि तैयार की जा सके। सभी सीखने की प्रविधियाँ, निपुणता, प्रवीणता, विद्यार्थियों के प्रवेश स्तर एवं विषयवस्तु के प्रकार के आधार पर संरचित की जाती है। प्रत्येक सीखने की प्रक्रिया में विद्यार्थियों की सक्रिय सहभागिता का पूर्ण ध्यान रखा जा सकता है।

उत्पादक (Productive)

सीखने की प्रक्रिया इस प्रकार तैयार की जाती है कि इससे मुख्य निपुणता एवं प्रवीणता का विकास कम समय, कम प्रयास एवं बिना तनाव के किया जा सके। साथ ही साथ सीखने की प्रविधि के फलस्वरूप विद्यार्थियों में मुख्य निपुणता से सम्बद्ध निपुणताओं का विकास हो सके। ये निपुणताएँ सम्प्रेषण, नेतृत्व, समस्या हल करने, जोखिम उठाने, स्वस्थ वातावरण तैयार करने इत्यादि से सम्बद्ध हो सकती है। प्रत्येक सीखने की प्रविधि के प्रत्यक्ष एवं अप्रत्यक्ष परिणाम दिखाई देने चाहिए। यदि सीखने की प्रविधियों को दीर्घावधि के परिपेक्ष्य में देखे तो इन प्रविधियों के माध्यम से विद्यार्थियों में निम्नलिखित गुण विकसित होना चाहिये:

- आगे सीखने की रुचि एवं जिज्ञासा,
- सीखने हेतु सीखना,
- सीखने हेतु स्वयं जवाबदारी लेना,
- सीखने की परिपक्वता में वृद्धि,
- स्वयं सीखना,
- सीखने के अवसर खोजना,
- स्वयं का मूल्याँकन करना।

गतिविधि आधारित (Activity Based)

अर्थपूर्ण रूप से सीखने को तभी मिलता है जब विद्यार्थी सीखने की प्रक्रिया में सहभागी होते हैं। सीखने की प्रक्रिया में सहभागी होने से विद्यार्थियों को दिमाग एवं शरीर को सक्रिय रखना होता है एवं जो कुछ उन्होंने सीखा है उसका गतिविधि सम्पन्न करने के लिए उपयोग करना होता है। जब विद्यार्थी सीखने की प्रक्रिया में सहभागी होते हैं तो उनकी सीखने के प्रति वचनबद्धता बढ़ती है। सीखने की प्रक्रिया में सहभागिता एवं वचनबद्धता के बीच के संबंध को चित्र 1.2 में दर्शाया गया है।

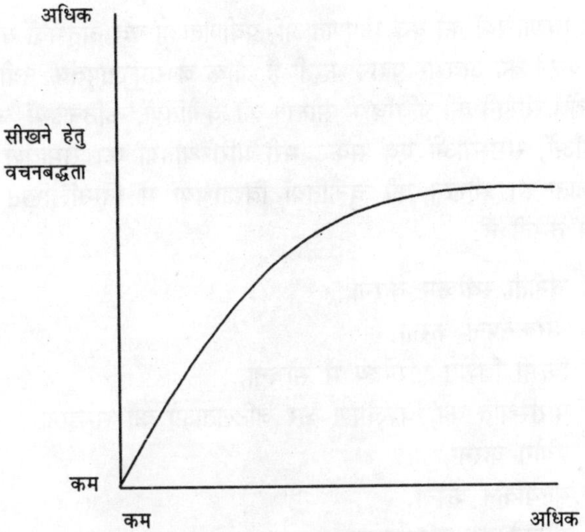

चित्र 1.2: सीखने की प्रविधि में सहभागिता एवं वचनबद्धता के बीच संबंध

सहभागिता के माध्यम से विद्यार्थी सीखने की प्रविधि की ऊँचाइयों, गहराइयों, चौड़ाइयों एवं मुड़ावों का आनन्द लेते हैं। वे सीखने के वातावरण का निर्माण करते हैं एवं उसमें जीते हैं। वे सीखने की जवाबदारी का अनुभव करते हैं। उन्हें अनुभव प्राप्त करने, प्रयोग करने, नवाचार लाने मूल्यवृद्धि करने, मूल्यांकन करने एवं आपसी सहयोग करने का अवसर प्राप्त होता है। वास्तव में सही सीखने को महत्वपूर्ण एवं गहरे अनुभवों से सीखा जा सकता है। गतिविधियों के माध्यम से सीखने का एक कारण यह भी है कि विद्यार्थियों द्वारा ध्यानपूर्वक सुनने के समय की एक सीमा होती है। यदि इस सीमा के पश्चात् लगातार रूप से उन्हें व्याख्यान दिया जावे तो वे सुनना एवं समझना बन्द कर देते है। अतः सीखने की प्रविधि में प्रत्येक 15 मिनट पश्चात् बदलाव लाना चाहिये।

यह बदलाव अन्य तरीकों के अतिरिक्त विद्यार्थी आधारित गतिविधियों से लाया जा सकता है।

चुनौतीपूर्ण (Challenging)

सीखने की प्रविधि पूर्व में सीखी गई निपुणताओं एवं प्रवीणताओं का आगे सीखने के लिए उपयोग करने हेतु प्रेरित करती है।

यह विद्यार्थियों को कई निपुणताओं, प्रवीणताओं एवं अनुभवों को मिलाकर उपयोग करने का अवसर प्रदान करती है ताकि वे सफलापूर्वक नयी निपुणताएँ सीख सकें। सीखने की प्रविधि में सीखने की चुनौतियों, कठिनाइयों, जटिलताओं, प्रतिस्पर्धाओं, समस्याओं एवं संकट भरी परिस्थितियों का समावेश कर तैयार किया जाता है। सीखने की चुनौतियाँ विद्यार्थियों में निम्नलिखित निपुणताएँ विकसित करती हैं:

- चुनौती स्वीकार करना,
- परिकल्पना करना,
- किसी विशेष परिपेक्ष्य में सोचना,
- परिस्थिति का विश्लेषण कर जटिलताओं को समझना,
- प्रयोग करना,
- मूल्यांकन करना,
- सीखने हेतु प्रेरित होना,
- अभ्यास करना,
- जोखिम उठाना,
- रणनीति तैयार करना।

पुरस्कृत करने वाली (Rewarding)

सीखने की प्रत्येक घटना विद्यार्थी के लिए पुरस्कार है। इससे सीखने की आन्तरिक आवश्यकता की संतुष्टी होती है। विद्यार्थियों को सीखने की प्रत्येक घटना के पश्चात् सीखने के परिणाम दिखाई देते हैं ये परिणाम ज्ञान, कौशल एवं अभिवृत्ति के रूप में होते हैं। इनका वे आगे सीखने के लिए उपयोग भी करते हैं।

सीखने की प्रत्येक घटना के पश्चात् प्राध्यापक भी विद्यार्थियों को अभ्यास करने, निर्णय लेने, योजना बनाने, संप्रेषण करने, उत्पाद तैयार करने इत्यादि का अवसर प्रदान करते हैं। इन अवसरों से भी विद्यार्थियों को संतुष्टी प्राप्त होती है। प्राध्यापक समय-समय पर सीखने के विशेष पढ़ाव पर सीख का परीक्षण करते हैं। विद्यार्थियों का अच्छा प्रदर्शन भी उन्हें संतुष्टी प्रदान करता है। विद्यार्थियों को उनके साथियों, प्राध्यापकों, माता-पिता एवं जानने पहचानने वालों से भी उनके अच्छे प्रदर्शन की मान्यता मिलती है। आजकल अच्छे प्रदर्शन को समाचारपत्रों एवं टेलीविजन पर भी प्रसारित किया जाता है। विद्यार्थियों को अनेक स्त्रोत से विभिन्न प्रकार की मान्यता मिलने से वे आगे सीखने हेतु प्रेरित होते हैं एवं अच्छा प्रदर्शन करने का प्रयास करते हैं।

सकारात्मक (Positive)

सामाजिक एवं तकनीकी रूप से वाँच्छित सीख हेतु सीखने की प्रविधि तैयार की जाती है। विद्यार्थियों में विकसित की गई निपुणता का उपयोग सकारात्मक रूप से किया जाता है। सीखने की प्रक्रिया के दौरान भी सकारात्मक सोच एवं अभिवृत्ति का विकास किया जाता है। सीखने के प्रत्येक पढ़ाव पर सकारात्मक मान्यता प्रदान की जाती है ताकि विद्यार्थी वांच्छित व्यवहार का प्रदर्शन बार-बार करे एवं उसे अपनी आदत बना सके। किन्हीं विशेष परिस्थितियों में जो कुछ भी ज्ञान, कौशल एवं अभिवृत्ति उन्होंने प्राप्त की है। उसे अन्य परिस्थिति में सकारात्मक रूप से उपयोग करने हेतु भी विद्यार्थियों को प्रोत्साहित किया जाता है। सीखने की प्रविधि में विद्यार्थियों को सही समय पर सकारात्मक, रचनात्मक एवं विकासात्मक फीडबैक प्रदान किया जाता है। प्राध्यापकों द्वारा विद्यार्थियों की नकारात्मक सोच को हर हालत में रोका जाता है। क्योंकि नकारात्मक सीख को भूलना कठिन होता है एवं विद्यार्थियों के दिमाग में यह विकरित सोच पैदा करती है। विद्यार्थियों को बाह्य वातावरण से भी नकारात्मक सीख मिल सकती है जो अन्य विद्यार्थियों, संस्था, एवं समाज के लिए खतरनाक हो सकती है। अभिवृत्ति से जुड़ी नकारात्मक सीख खतरनाक होती है। विद्यार्थियों में नकारात्मक सीख को हर हाल में रोका एवं नियंत्रित किया जाना चाहिये।

संचालन (Facilitated)

सीखना एक प्रक्रिया है एवं प्रत्येक प्रक्रिया योग्य एवं अनुभवी प्राध्यापकों द्वारा संचालित की जाती है। प्राध्यापक सीखने की प्रक्रिया को निम्नलिखित तरीकों का उपयोग कर संचालित करते हैं:

- सीखने की प्रक्रिया की योजना बनाना,
- सीखने हेतु अवसर तैयार करना,
- सीखने हेतु विद्यार्थियों को प्रेरित करना,
- सीखने की सरल सामग्री तैयार कर उपयोग करना,
- सीखने हेतु अनुकूल वातावरण तैयार करना,
- सीखने में आने वाली समस्याओं का हल करना,
- सीखने की प्रगति का मूल्यांकन करना,
- विद्यार्थियों को समय समय पर मार्गदर्शन एवं परामर्श प्रदान करना,
- सीखने की गति बढ़ाने एवं सुधार लाने हेतु फीडबैक प्रदान करना, इत्यादि।

5. सीखने के क्षेत्र (Domains of Learning)

सीखने को मुख्य रूप से तीन क्षेत्रों में वर्गीकृत किया जाता है। ये क्षेत्र सोचने, कार्य सम्पादन करने एवं भावनाओं को महसूस करने से संबंधित है। हमारे दिमाग में सोचने की प्रक्रिया होती है, हाथ, पैर एवं शरीर के अन्य भाग कार्य का सम्पादन करते हैं, एवं भावना दिल में महसूस होती है। सीखने के इन क्षेत्रों का संक्षिप्त विवरण निम्नलिखित है।

सोचने का क्षेत्र (Cognitive Domain)

सभी प्रकार की जानकारी का भंडार गृह दिमाग होता है। शरीर के विभिन्न हिस्सों (इन्द्रियों) के माध्यम से इसे जानकारी प्राप्त होती है। प्राप्त जानकारी का दिमाग सुव्यवस्थित ढंग से जमा करता है। इस जानकारी का उपयोग कर दिमाग शरीर के सभी हिस्सों एवं कार्यों को नियंत्रित करता है। दिमाग में जमा जानकारी का उपयोग दिमाग किसी प्रयोजन के परिपेक्ष्य में करता है। यह जानकारी एकत्रित करने, जमा करने, विश्लेषण करने एवं उपयोग करने की प्रक्रिया पूर्ण करता है।

शोधकर्ताओं द्वारा दिमाग का अध्ययन कर इसे दो अर्द्ध गोलो में विभाजित किया है जो अलग-अलग प्रकार के दिमागी कार्य करते हैं। बाये अर्द्ध गोले में दिमाग जानकारी का विश्लेषण करने, तर्क करने, शाब्दिक संप्रेषण करने, कारण देने, मात्रा को समझने एवं आंकड़ों का उपयोग करने का काम करता है। यह योजनाबद्ध, संगठित एवं क्रमबद्ध रूप से कार्य करता है।

दायें अर्द्धगोले में सम्पूर्णता, आभास, सृजनशीलता, परिदृश्य तैयार करने, भावनाओं को समझने, अन्तः वैयक्तिक एवं शारीरिक गतिविधियों की संबंधित प्रक्रियाएँ होती हैं। प्राध्यापक सीखने की परिस्थिति निर्मित करते हैं, जिसमें दिमाग के बायें एवं दायें भाग का उपयोग कर विद्यार्थी विश्लेषण एवं सृजनशील निपुणताओं का विकास करते हैं।

दिमाग कई प्रकार के कार्य करने में सहायता करता है। ये कार्य निम्नलिखित हैं:

- किसी संदर्भ में जानकारी को प्राप्त कर जमा करना,
- किसी वस्तु या व्यक्ति की पहचान करना,
- किसी परिकल्पना, विधि, सिद्धान्त को परिभाषित करना,
- परिस्थिति का विश्लेषण करना,
- समस्या का समाधान खोजना,
- किसी परिस्थिति के लिए रणनीति बनाना,

- उत्पाद या सेवा की संरचना करना,
- प्रक्रिया की प्रभावशीलता एवं दक्षता का मूल्यांकन करना,
- निर्धारित लक्ष्य प्राप्ति हेतु योजना बनाना,
- किसी मुद्दे पर प्रश्न करना,
- किसी निर्णय का औचित्य दर्शाना,
- दी गई परिस्थिति में निर्णय लेना,
- विभिन्न प्रकार के प्रतिवेदन तैयार करना,
- प्रभावी संप्रेषण करना,
- तुलना करना, इत्यादि।

पेशेवरों के कार्यों का अधिकतर हिस्सा सोचने से संबंधित होता है, अतः इक्कीसवीं सदी के विद्यार्थियों की पढ़ाई में ज्यादा जोर निम्नलिखित प्रकार के सोचने पर दिया जा रहा है:

- मुद्दे के परिपेक्ष में सोचना,
- सोचने हेतु सोचना,
- दूरगामी एवं रणनीति के रूप में सोचना,
- सम्पूर्ण परिदृश्य बनाने हेतु सोचना,
- सृजनशील रूप से सोचना,
- विस्तृत रूप से सम्पूर्णता में सोचना,
- अनुमान लगाने हेतु सोचना,
- मुद्दे का विश्लेषण करने हेतु सोचना.
- त्वरित रूप से सीखना,
- सीखने हेतु सीखना, इत्यादि।

उच्च शिक्षा एवं तकनीकी शिक्षा प्राप्त कर रहे विद्यार्थियों में उपरोक्त निपुणताएँ उनके पेशे के संदर्भ में विकसित करने की आवश्यकता है न कि उनमें रटने की आदत डालकर परीक्षा में अच्छे अंक प्राप्त करने एवं भूल जाने की आदत डालने के लिए। विद्यार्थियों को वैश्विक बाजार में पेशेवर ढंग से कार्य करने हेतु तैयार करने की आवश्यकता है।

कार्य सम्पादन करने का क्षेत्र (Psychomotor Domain)

दिमाग शरीर के सभी अंगों को नियंत्रित करता है। यह सोचने एवं कार्य सम्पादित करने को नियंत्रित करता है। किसी भी कार्य को सम्पादित करने के

दो आयाम होते हैं–क्या करना है? एवं कैसे करना है? जानने का आयाम दिमाग से एवं करने का पेशियों से जुड़ा होता है। कुछ ऐसे कार्य होते हैं जिन्हें शारीरिक रूप से निष्पादित किया जाता है। पेशेवर शारीरिक गतिविधियों को संगठित करना सीखते हैं ताकि वे प्रभावी एवं दक्ष रूप से कार्य कर सकें। कार्य निष्पादन के परिणाम दो विधियों से मिलते हैं। पहली विधि जानकारी प्राप्त करने की है जो इन्द्रियों द्वारा पूर्ण की जाती है। इस जानकारी को परिशोधित करने का कार्य परिशोधक करते हैं।

इसी प्रकार कार्य सम्पादित करने के लिए शरीर के अंगों को निर्देश देने का कार्य प्रभावकर्ता करते हैं। ये दोनों ही प्रक्रियाएँ आपस में जुड़ी होती है एवं दिमाग द्वारा नियत्रित होती है। अभ्यास एवं अनुभव के आधार पर पेशेवर प्राकृतिक रूप से कार्य निष्पादित करते हैं।

शरीर के विभिन्न अंगों की गतिविधियों का नियंत्रण एवं परिशोधन, प्रशिक्षण सीखने, अभ्यास, फीडबैक एवं अनुभव से प्राप्त होता है। विद्यार्थियों में निपुणताओं एवं प्रवीणताओं को पाँच पदों में विकसित किया जाता है। ये पद हैं–गतिविध्रियों की योजना बनाना, शुरुआत करना, पूर्ण करना, तथा यह जाँचना की कार्य सही रूप से सम्पन्न हुआ है। यहाँ पर यह स्पष्ट है कि विषयवस्तु का ज्ञान अर्जित करना इन पाँचों पदों को सम्पादित करने के पूर्व का पद है।

महसूस करने का क्षेत्र (Affective Domain)

कार्य सम्पादित करने का एक और आयाम है जो कार्य निष्पादन से सम्बद्ध अभिवृत्ति से जुड़ा हुआ है। वास्तविक जीवन में एवं कार्य संसार में ऐसे कई कार्य हैं जो कार्य निष्पादनकर्ता एवं मानव जाति के लिए नुकसानदायक होते है। कार्य सम्पादन से सम्बद्ध अभिवृत्ति की एक चूक मतभेद, संकट, आपदा, एवं अनिश्चितता पैदा कर सकती है। यह अभिवृत्ति कार्य परिणाम की गुणवत्ता, कीमत एवं संतुष्टि के नजरिये से महत्वपूर्ण होती है। कार्य निष्पादित करने की अभिवृत्ति के अतिरिक्त पेशेवर संगठित होकर कार्य निष्पादित करते हैं। वे स्वस्थ वातावरण में कार्य करने की अपेक्षा रखते हैं, जिस हेतु सकारात्मक अभिवृत्ति की आवश्यकता होती है। कार्य निष्पादन एवं दक्षता आवश्यक है, परन्तु यह सुरक्षित वातावरण में सम्पादित किया जाना चाहिए। यह खुशी एवं आनन्द के साथ सही तरीके से किया जाना चाहिये। कार्य सम्पादित करने से सम्बद्ध व्यवहार महसूस करने के क्षेत्र में आता है।

6. सीखने की विधियाँ (Learning Methods)

सीखने की कई विधियाँ हैं जिन्हें प्राध्यापकों एवं विद्यार्थियों द्वारा सीखने की प्रक्रिया के दौरान उपयोग किया जाता है। इन विधियों का संक्षिप्त विवरण निम्नलिखित है:

अभ्यास के द्वारा सीखना (Learning by Practice)

अभ्यास से व्यक्ति निपुण बनता है। सामान्यतया सभी कौशल का विकास करने हेतु अभ्यास की आवश्यकता होती है। चाहे ये कौशल सीखने के किसी भी क्षेत्र, जैसे सोचने, करने या महसूस करने से संबंधित हो। ऐसा कहा जाता है कि जितना अभ्यास किया जाता है उतनी ही अधिक निपुणता का विकास होता है। विशेषकर शारीरिक कौशल हेतु अत्यधिक अभ्यास की आवश्यकता होती है। अभ्यास की प्रक्रिया में विद्यार्थी को पूर्णरूप से तल्लीन होना पड़ता है। अभ्यास के शुरुआती दौर में सीखने की प्रक्रिया प्राध्यापक के मार्गदर्शन में पूर्ण की जाती है। सीखने की प्रक्रिया के दौरान प्राध्यापक विद्यार्थियों को सामाजिक एवं मनोवैज्ञानिक सहारा प्रदान करता है। वह विद्यार्थियों को त्वरित एवं रचनात्मक फीडबैक प्रदान करता है। कौशल सीखने की प्रक्रिया अभ्यास-फीडबैक-अभ्यास द्वारा पूर्ण की जाती है। सीखे गये कौशल का उपयोग नई परिस्थिति में करने से आत्मविश्वास में वृद्धि होती है।

क्रियाओं से सीखना (Learning from Actions)

क्रियाएँ सक्रिय रहने के लिए एवं सीखने की प्रक्रिया में सहभागी बने रहने के लिए अवसर प्रदान करती हैं। कई परिस्थितियों में वास्तविक कार्यक्षेत्र में सीखने के अवसर प्रदान किये जा सकते हैं। अतः प्रतिरूप परिस्थितियाँ निर्मित की जाती हैं। इन प्रतिरूप परिस्थितियों में सही तरीके से सीखने हेतु अवसर प्रदान किये जाते हैं। क्रियाओं से सीखने एवं सिखाने की प्रक्रिया को रुचिकर बनाया जाता है। क्रियाओं से अभिरुचि का विकास भी संभव होता है।

परियोजनाओं से सीखना (Learning from Projects)

सीखने के तीनों क्षेत्रों में परियोजना के माध्यम से सीखने के अवसर प्रदान किये जाते हैं। परियोजनाएँ विभिन्न क्षेत्रों में विकसित की गई निपुणताओं को मिलाकर तारतम्य बैठाते हुए परियोजना पूर्ण करने हेतु उपयोग करने का अवसर प्रदान करती है। परियोजना पूर्ण करने में सीखने के निम्नलिखित सिद्धांतों का उपयोग होता है:

- सीखने हेतु संघर्ष करना एवं जवाबदारी लेना,
- सामुहिक रूप से सीखना,
- सक्रिय होकर सीखना,
- जो पूर्व में सीखा गया है उसका उपयोग कर सीखना,
- सीखना एवं मूल्यांकन करना, इत्यादि।

परियोजनाएँ कार्य निष्पादन हेतु आवश्यकता तैयार करती है। परियोजना के माध्यम से निपुणताएँ सीखी एवं मूल्याँकित की जा सकती हैं। परियोजना के माध्यम से उच्च स्तर की निपुणताएँ जैसे योजना बनाना, समस्या हल करना, संसाधनों को गतिशील करना, टीम का नेतृत्व करना, मतभेद दूर करना, प्रभावी संप्रेषण करना इत्यादि का विकास किया जाता है।

समस्या हल करने के द्वारा सीखना (Learning through Problem Solving)

वास्तविक कार्यक्षेत्र की समस्या सीखी गई निपुणता को उपयोग कर नई निपुणताएँ सीखने हेतु अवसर प्रदान करती है। कार्यक्षेत्र में समस्या हल करने की निपुणता लगभग सभी विद्यार्थियों में विद्यमान होनी चाहिये। इन निपुणताओं का विकास समस्याओं पर कार्य करके ही किया जा सकता है। समस्या हल करने का कार्य विद्यार्थियों द्वारा व्यक्तिगत रूप से या समूह में किया जा सकता है। यह कार्य एक परिकल्पना या अनेक परिकल्पनाओं से सम्बद्ध हो सकता है। समस्या हल करने का कार्य कक्षा, प्रयोगशाला, घर, पुस्तकालय एवं कार्यस्थल पर किया जाता है। विद्यार्थियों को सीखने हेतु समस्याएँ कई रूप में प्रदान की जा सकती हैं, जैसे प्रकरण, खेल, दिमागी खेल, छोटी परियोजना एवं वास्तविक जीवन की समस्या।

समस्या हल करने के द्वारा कई निपुणताओं, जैसे सृजनशीलता, परिस्थिति का विश्लेषण करना, समस्या परिभाषित करना, प्रतिवेदन तैयार करना, योजना बनाना, जानकारी एकत्रित एवं वर्गीकृत करना, समस्या का हल खोजना इत्यादि का विकास किया जा सकता है।

नियत कार्य के माध्यम से सीखना (Learning through Assignments)

नियत कार्य के माध्यम से सीखने की जवाबदारी विद्यार्थियों की ओर पहुँचायी जाती है। नियत कार्य के माध्यम से विद्यार्थियों को सक्रिय एवं सहभागी बनाया जाता है। नियत कार्यों के माध्यम से सीखने हेतु चुनौतियाँ

तैयार की जाती हैं एवं उन्होंने पूर्व में जितना सीखा है उसका उपयोग कर सीख को प्रदर्शित करने का अवसर प्रदान किया जाता है। प्राध्यापक विद्यार्थियों को कई प्रकार के नियत कार्य, जैसे कक्षा, प्रयोगशाला, घर, इन्टरनेट, पुस्तकालय, उद्योग, इत्यादि से सम्बन्धित नियत कार्य देते हैं। वे इन नियत कार्यों को पूर्ण करने हेतु विद्यार्थियों को प्रेरित करते हैं। नियत कार्यों के माध्यम से विद्यार्थी अभ्यास करने, सीखने एवं निपुणताओं को परिशोधित करते हैं।

चर्चा द्वारा सीखना (Learning from Discussion)

विद्यार्थियों की सीखने से सम्बन्धित कई आवश्यकताएँ होती हैं। इन आवश्यकताओं में सीखने के दौरान मान्यता एवं स्वीकार्यता प्राप्त करना भी शामिल होता है। चर्चा के माध्यम से विद्यार्थी अपने विचारों एवं भावनाओं को व्यक्त करते हैं। साथी विद्यार्थी के साथ सीखने का सिद्धांत चर्चा द्वारा सीखने में उपयोग होता है। चर्चा के माध्यम से कई निपुणताओं का विकास किया जाता है, जिनमें से कुछ निम्नलिखित हैं:

- अन्य व्यक्तियों को कार्य करने हेतु प्रभावित करना
- किसी निर्णय हेतु सहमति प्राप्त करना
- किसी मुद्दे के सन्दर्भ में सृजनशील रूप से सोचना
- किसी परिपेक्ष में प्रभावी संप्रेषण करना
- किसी पृष्ठभूमि में प्रभावी रूप से सुनना
- चर्चा के दौरान दूसरों का आदर करना
- दूसरों पर विश्वास करना
- साथ कार्य करने की रणनीति तैयार करना
- सहकार्य कर उद्देश्य प्राप्त करना
- किसी उद्देश्य को प्राप्त करने के लिए सहयोग करना
- सुधार लाने हेतु आलोचना करना
- बैठक का संचालन करना
- किसी मुद्दे का हल निकालना
- सोचने के लिए प्रोत्साहित करना

तकनीकी निपुणताओं के साथ-साथ उपरोक्त निपुणताएँ भी टीम में एवं विविध संस्कृति में कार्य करने हेतु अत्यन्त आवश्यक हैं।

अन्तरावलोकन द्वारा सीखना (Learning from Introspection)

सीखने के कई तरीकों में एक तरीका कार्य निष्पादन का अन्तरावलोकन भी है। विद्यार्थियों को कहा जाता है कि वे अपनी सीखने की शक्तियों एवं कमजोरियों को ज्ञात कर सूचीबद्ध करें। उनको कहा जाता है कि वे अपनी क्षमताओं का उपयोग करने एवं कमियों को दूर करने के उपाय सोचे एवं उनका उपयोग करें। विद्यार्थियों को प्रोत्साहित किया जाता है कि वे सीखने की शैली के सभी आयामों एवं पसन्द पर अपना विश्लेषण करें। विद्यार्थियों को प्रेरित किया जाता है कि वे सीखने की प्रगति का एवं परिणामों का नियमित मूल्यांकन कर सुधारात्मक उपाय करें।

संघर्ष द्वारा सीखना (Learning from Struggle)

विद्यार्थियों को चरणबद्ध रूप से सीखने की कठिन परिस्थितियों को दिया जाता है ताकि वे इन परिस्थितियों में संघर्ष कर सीख सके। संघर्ष द्वारा विद्यार्थी सीखने की प्रक्रिया में आगे एवं दूर तक जाते है। इस प्रकार की कठिन परिस्थितियों में सीखने की प्रगति एवं प्राप्ति हेतु पुरस्कार का प्रावधान किया जाता है। सीखने की प्रक्रिया में संघर्ष करने का प्रावधान सीखने की कई विधियों के माध्यम से किया जाता है, जैसे स्वयं सीखना, शैक्षणिक खेल, प्रकरण, अभ्यास, सक्रियता विधि, समस्या हल करना, नियत कार्य आदि। सीखने की प्रक्रिया में सतत् रूप से सीखने की कठिनाई बढ़ाने से विद्यार्थियों की सीखने हेतु प्रेरणा बनी रहती है। विद्यार्थियों की टीम बनाकर भी सीखने की अपरिचित परिस्थितियाँ निर्मित की जाती हैं ताकि वे उनकी सृजनशीलता का उपयोग कर संघर्ष करें एवं परिस्थिति से बाहर निकलें। अपरिचित परिस्थितियों से वे कई प्रकार की निपुणताएँ, जैसे जोखिम उठाना, दृश्य तैयार करना, जानकारी वर्गीकृत करना, निर्णय लेना इत्यादि का विकास करते हैं जो भविष्य में उनके लिए उपयोगी सिद्ध होती है। इस प्रकार की परिस्थितियों में कठिनाई का स्तर विद्यार्थियों की क्षमता एवं योग्यता के अनुरूप रखा जाता है अन्यथा वे अधिक कठिन परिस्थिति होने पर सीखने की प्रक्रिया से बाहर निकल जाते हैं।

सामुहिक रूप से सीखना (Collective Learning)

सामुहिक शिक्षा प्राप्ति से सृजनशीलता बढ़ती है। विद्यार्थी आपस में सीखने हेतु उद्देश्य निर्धारित करते हैं एवं उन्हें प्राप्त करते है। वे साथ-साथ रहकर सहकार्य करना, सहयोग करना, एवं अनुभवों का आदान-प्रदान करना सीखते हैं। वे

सीखने हेतु नये एवं सृजनशील तरीके खोजते हैं जो उनकी सीखने की शैली के अनुरूप होते हैं। सामुहिक शिक्षा प्राप्ति हेतु सीखने की कई विधियाँ हैं, जैसे सक्रियता द्वारा सीखना, सृजनशीलता विधियाँ, समूह चर्चा, प्रकरण अध्ययन, अंग्रेजी यू विधि, बल विश्लेषण, मछली कटोरा, मछली हड्डी चित्र, समस्या वृक्ष विश्लेषण, भूमिका विश्लेषण, सरोकार समूह विश्लेषण, बहुभूमिका निर्वाह, सम्बन्ध नक्शा, व्यवसाय नवीनीकरण पद्धति, बैठक, गुणवत्ता वृत्त इत्यादि।

सक्रियता से सीखना (Action Learning)

वास्तविक जीवन चर्चा से सीखना यह एक प्रक्रिया है। वास्तविक जीवन की परिस्थिति समस्या हल करने, निर्णय लेने, योजना बनाने, मतभेद दूर करने, नया उत्पाद या सेवा तैयार करने इत्यादि से सम्बन्धित हो सकती है। इन परिस्थितियों में कार्य करते समय विद्यार्थी, सामूहिक रूप से सीखते हैं। सीखने की प्रक्रिया के दौरान वे चर्चा करते है, मूल्यांकन करते हैं, नयी विधियाँ तैयार करते हैं, परामर्श करते हैं, सम्प्रेषण करते हैं, फीडबैक देते हैं एवं नये विचारों को क्रियान्वित करते है। परिस्थिति का सामना करते समय विद्यार्थी सामुहिक रूप से चर्चा के द्वारा एवं किये गये कार्यों का मूल्यांकन कर सीखते हैं। कार्य सम्पादन करने के दौरान वे आन्तरिक एवं बाह्य फीडबैक के द्वारा सीखते हैं एवं कार्य सम्पादन में सुधार लाते हैं। विद्यार्थी वास्तविक समस्याओं को हल करना, जोखिम उठाना एवं चुनौती स्वीकार करना सीखते हैं। सक्रियता विधि के द्वारा विद्यार्थी सीखने के मानसिक, शारीरिक एवं व्यावहारिक क्षेत्रों में उच्च स्तर की निपुणता का विकास करते हैं। यह विधि विद्यार्थियों को चुनौतियाँ स्वीकार करने एवं उनको पूरा करने के लिए तैयार करती है। सक्रियता विधि के माध्यम से विद्यार्थी सोचने हेतु सोचना एवं अपनी ही सोच को चुनौती देने के गुण सीखते हैं।

अवसरों द्वारा सीखना (Learning from Opportunities)

संस्थाएँ बाह्य वातावरण में कार्य करती हैं। उनका कई संस्थाओं से सम्बन्ध रहता है। इन सम्बद्ध संस्थाओं एवं बाह्य वातावरण में सीखने हेतु कई नवीन एवं अनोखे अवसर होते हैं। इस प्रकार के अवसरों में सेमीनार, कार्यशाला, वाद-विवाद, प्रकरण विश्लेषण, बैठक, प्रतिस्पर्धा, विशिष्ट गतिविधियाँ इत्यादि उपलब्ध होते हैं। कई पेशेवर संस्थाएँ इन अवसरों को विशिष्ट उद्देश्यों की प्राप्ति हेतु प्रायोजित करती हैं। प्राध्यापकों एवं विद्यार्थियों को इन अवसरों का लाभ लेना चाहिये।

पढ़कर सीखना (Learning through Reading)

कई संस्थाओं में सुसज्जित पुस्तकालय एवं सीखने का केन्द्र होता है। वहाँ पर व्यवसाय सम्बन्धी ताजा जानकारी एवं साहित्य उपलब्ध होता है। कई संस्थाएँ अन्य संस्थाओं के पुस्तकालय या सीखने के केन्द्र से जुड़ी होती हैं। इन संस्थाओं के पुस्तकालय से आवश्यक साहित्य आसानी से प्राप्त किया जा सकता है। प्रत्येक विद्यार्थी को उसकी भूमिका, रुचि, एवं केरियर से सम्बन्धित साहित्य पढ़ना चाहिये। साथ ही प्राध्यापकों को उनके अनुभवों, सीख, शोध इत्यादि पर लेख लिखकर समाचारपत्रों एवं शोध पत्रिकाओं में छपवाना चाहिये। धीरे-धीरे प्रत्येक विद्यार्थी उसकी रुचि के क्षेत्र में विशेषज्ञता प्राप्त कर सकता है। विद्यार्थियों को सामान्य साहित्य पढ़ने की आदत भी डालनी चाहिये ताकि वे कुछ नय। सीख सकें। विद्यार्थी विश्वविद्यालय द्वारा संचालित सतत् शिक्षा कार्यक्रम में भी अपनी रुचि के अनुसार पाठ्यक्रम में पंजीयन कर सीख सकते हैं।

निरीक्षण द्वारा सीखना (Learning from Observation)

किसी परिकल्पना को दिमाग में तैयार करने की प्रक्रिया वास्तविकता का निरीक्षण कर तैयार की जाती है। निरीक्षण के द्वारा सीख ठोस होती है एवं लम्बी अवधि तक चलती है। इसमें सीखने की सबसे मजबूत इन्द्री आँख का उपयोग होता है। निरीक्षण के द्वारा पूर्ण एवं भाग के बारे में सीखा जाता है। वास्तविक परिस्थिति में विद्यार्थी बारिकी से विवरण देने के बारे में सीखते हैं। वे कार्य के वास्तविक संसार के बारे में निरीक्षण द्वारा खोज करना सीखते हैं। वे निरीक्षण के द्वारा विभिन्न भागों के बीच सम्बन्ध, विभिन्न प्रक्रियाओं, तकनालॉजी, मानव संसाधन इत्यादि के बारे में सीखते हैं। निरीक्षण के द्वारा विद्यार्थियों की रुचि किसी विशेष तकनालॉजी या तकनीक को सीखने हेतु बढ़ती है। विद्यार्थियों में शारीरिक कौशल एवं अभिवृत्ति के विकास हेतु निरीक्षण पहला कदम होता है।

सुनने द्वारा सीखना (Learning by Listening)

पारम्परिक विद्यार्थियों को सुनने के अतिरिक्त कोई विकल्प उपलब्ध नहीं होता था। अधिकतर विद्यार्थी सुनकर ही सीखते हैं। शिक्षा की कई विधियों, जैसे व्याख्यान, परिचर्चा, साक्षात्कार, संगोष्ठी, प्रदर्शन इत्यादि में सुनकर ही सीखना होता है। सुनने से नई जानकारी प्राप्त करना एवं सत्यापित करना, प्राध्यापक की मंशा जानना, अन्य की भावनाओं को समझना इत्यादि कौशल विकसित किये जाते हैं। सुनने की प्रक्रिया से विद्यार्थी किसी भी मुद्दे पर त्वरित निष्कर्ष पर नहीं

पहुँचते हैं। प्रभावी रूप से सुनने से स्पष्टीकरण प्राप्त करना, प्रोत्साहित करना, मूल्यांकन करना एवं निष्कर्ष निकालना, जैसी निपुणताओं का विकास करने में सहायता मिलती है। अन्त: वैयक्तिक गुण विकसित करने की कुँजी प्रभावी रूप से सुनना है।

त्रुटियों से सीखना (Learning from Mistakes)

सीखने की प्रक्रिया में गलतियाँ करना सीखने हेतु एक अहम गतिविधि है। किसी ने कहा है कि गलतियाँ व्यक्ति के प्रशिक्षण का कार्य करती हैं। विद्यार्थियों के पास प्रतिदिन की जाने वाली गलतियों की एक लम्बी सूची होती है। इस सूची से सीखने की प्रक्रिया एवं सीखने की विषयवस्तु दोनों ही से सम्बद्ध त्रुटियाँ होती है। विद्यार्थियों को इन त्रुटियों को ध्यानपूर्वक ज्ञात कर सूचीबद्ध करना चाहिये। उन्हें व्यक्तिगत रूप से एवं सामुहिक रूप से इन त्रुटियों का विश्लेषण कर त्रुटि के जड़ कारण तक जाना चाहिये ताकि वे त्रुटि का ऐसा हल खोजे की वह त्रुटि उनके जीवन में दोबारा नहीं हो। त्रुटि को ज्ञात करना, उसका विश्लेषण करना एवं हल खोजना अपने आपमें सीखने को बढ़ावा देती है। यह कोशिश एवं चूक के सिद्धांत पर आधारित होती है। त्रुटियाँ असफलता की ओर ले जाती हैं एवं असफलता से अधिक एवं ईमानदार प्रयत्न करने का पाठ मिलता है। त्रुटियाँ करने एवं उन्हें दूर करने में संघर्ष शामिल होता है, जिससे निपुणता एवं प्रवीणता में परिशोधन होता है।

प्राध्यापक भी उनके विषय से संबंधित विद्यार्थियों द्वारा की जाने वाली सामान्य त्रुटियों की सूची बनाते हैं एवं छात्रों को इनके बारे में पूर्व में ही आगाह करते हैं। दूसरों की त्रुटियों से भी काफी सीखने को मिलता है। प्राध्यापक विद्यार्थियों को दण्ड स्वरूप उनकी त्रुटियाँ ज्ञात करने एवं हल खोजने का कार्य दे सकते हैं। विद्यार्थियों की गलतियों को दूर करते समय प्राध्यापक उनके साथ आत्मीय संबंध भी बढ़ाते हैं जो सीखने की प्रक्रिया के दौरान एक सामाजिक गतिविधि है। इस प्रक्रिया से सीखने एवं अनुशासन संबंधी अन्य कई समस्याओं को आसानी से रोका जा सकता है।

नकल कर सीखना (Learning through Copying)

शिक्षण संस्थाओं में बहुत सारे प्राध्यापक एवं विद्यार्थी होते हैं, जिनमें अलग-अलग प्रतिभाएँ एवं कौशल होते हैं। ये प्रतिभाएँ निम्नलिखित हो सकती हैं:

- तुलनात्मकरूप से अधिक प्रभावी

- किन्ही विशेष परिस्थितियों में अत्यधिक सृजनशील
- विशेष प्रकार की समस्याओं के लिए विश्लेषण क्षमता
- भविष्य का अनुमान लगाने की अद्‌भूत क्षमता
- सभी प्रकार की परिस्थितियों में व्यवहार कुशल
- विपरीत परिस्थितियों में विचलित नहीं होने की योग्यता

विभिन्न प्रकार की निपुणताओं के विकास के लिए सीखने के भिन्न कौशल की आवश्यकता होती है। सीखने की आवश्यकता को ध्यान में रखते हुए विद्यार्थी सर्वोत्तम व्यक्ति की सीखने की शैली एवं निपुणता की नकल कर सीख सकता है। विद्यार्थी नकल करने में अपनी बुद्धिमत्ता का उपयोग कर किसी के व्यवहार या निपुणता की नकल करता है। इससे नयी निपुणताएँ सीखने हेतु आत्मविश्वास में वृद्धि होती है। विद्यार्थी को किसी व्यक्ति की नकल करने के लिए चयन करने के पूर्व यह सुनिश्चित करना चाहिये कि नकल कर सीखने हेतु उसने सही व्यक्ति का चयन किया है। अन्यथा गलत, अप्रभावी एवं असम्बद्ध योग्यताओं का विकास हो सकता है।

मार्गदर्शन में सीखना (Learning Under Guidance)

किसी अनुभवी विशेषज्ञ या वरिष्ठ के मार्गदर्शन में सीखने से सीखने के प्रयास एवं समय में कमी आती है। इससे आत्मविश्वास आता है कि सीखने के लिए सही मार्ग एवं सही तरीके का उपयोग किया है। किसी के मार्गदर्शन में सीखने से सीखने की गुणता एवं सीखने की प्रगति पर रचनात्मक फीडबैक प्राप्त होता है। मार्गदर्शन द्वारा सही समय पर सही फीडबैक प्राप्त होता है जो कि कार्य सम्पादन हेतु प्रेरणा के स्त्रोत का कार्य करता है। मार्गदर्शन में सीखने से विद्यार्थी उच्च स्तर के सीखने के अनुभव प्राप्त करते हैं। संस्थाओं में अनुभवी व्यक्तियों के मार्गदर्शन में सीखने के लिए प्राध्यापक, अभिभावक परामर्शदाता, सहजकर्ता इत्यादि नियुक्त किये जाते है।

फीडबैक द्वारा सीखना (Learning from Feedback)

विद्यार्थी सीखने की प्रगति पर आन्तरिक एवं बाह्य फीडबैक प्राप्त करते हैं। उन्हें आन्तरिक फीडबैक नियत कार्य पर प्रगति, परियोजना की गुणता, समूह में उनकी स्थिति, स्वयं सीखने की प्रगति, भूमिका निष्पादन की गुणता, खेल में प्रगति, परीक्षण में प्राप्त स्थान इत्यादि से प्राप्त होती है। आन्तरिक फीडबैक प्रेरणा, प्रोत्साहन, आत्मविश्वास एवं पुरस्कार के लिए मजबूत स्त्रोत होता है।

आन्तरिक फीडबैक से अधिक एवं तेजी से सीखने की प्रेरणा बढ़ती है। प्राध्यापक, रचनात्मक एवं प्रयोजन युक्त फीडबैक प्रदान करते है। यह फीडबैक नियत कार्य की गुणता, भूमिका निर्वहन, खेल, प्रकरण विश्लेषण के नतीजों के आधार पर दिया जाता है। बाह्य फीडबैक से सीख की प्रगति को मान्यता मिलती है एवं आगे सीखने की प्रेरणा मिलती है।

खोज द्वारा सीखना (Learning by Discovery)

विद्यार्थी सीखने की प्रक्रिया की परिकल्पना स्वयं बनाते हैं एवं उनके अपने तरीके से वास्तविक कार्य संसार के बारे में सीखते हैं। सीखने के इस तरीके में सीखने की जवाबदारी विद्यार्थियों की रहती है। वे सहभागी तरीके से अपने एवं साथी विद्यार्थियों के विचारों से सीखते हैं। सीखने की इस प्रक्रिया को बढ़ावा देने के लिए प्राध्यापक बढ़ते हुए कठिनता के क्रम में प्रश्न तैयार कर विद्यार्थियों को देते हैं ताकि वे प्रश्न के उत्तर खोजे या किसी परिस्थिति को समझने का प्रयास करें। प्रश्नों एवं मुद्दों के माध्यम से विद्यार्थी 'खोज एवं प्रयोग' द्वारा सीखते हैं। वे वास्तविक क्रियाओं के आधार पर परिकल्पना, सिद्धांत, प्रक्रिया एवं मॉडल तैयार करते हैं। वे खोज के द्वारा कई निपुणताओं का विकास करते हैं, जो निम्नलिखित हैं:

- किसी जानकारी या सत्यता की खोज करना,
- किसी समस्या का कारण जानना,
- किसी निर्णय को न्यायोचित ठहराना,
- किसी दी गई परिस्थिति की जानकारी के आधार पर निष्कर्ष निकालना,
- दो बदलते हुए कारकों के बीच सम्बन्ध ज्ञात करना,
- बदलाव लाने के लिए नये विचारों एवं सिद्धातों को खोजना, इत्यादि।

इस विधि द्वारा विद्यार्थी सोचने, कल्पना करने एवं अवधारणा बनाने के बारें में सीखते हैं एवं उनका परीक्षण करते हैं। सीखने की इस विधि की विशेषता है कि इससे विद्यार्थी सोचने, कल्पना करने एवं अवधारणा बनाने के गुण विकसित करते हैं जो उन्हें वास्तविक कार्य संसार की समस्याओं को हल करने एवं जटिलताओं को समझने में सहायक होते हैं। इससे जो मालूम नहीं है उसे सीखने की जिज्ञासा-जागृत होती है एवं खोजी प्रकृति को बढ़ावा मिलता है, जो कि एक अच्छे विद्यार्थी का गुण है। सीखने की इस विधि में जोखिम उठाना, अपरिचित परिस्थिति में कार्य करना, प्रयोग करना इत्यादि निपुणताओं का विकास सीखने की विधि के माध्यम से अपने आप होता है।

सीखने की इस विधि की संरचना प्रशिक्षित प्राध्यापकों द्वारा की जाती है। इस विधि में विद्यार्थी सीखने हेतु सक्रिय रहते है एवं वे ही सीखने की प्रक्रिया को आगे बढ़ाते हैं। प्राध्यापक सीखने के उद्देश्यों को ध्यान में रखकर सीखने की विधियों, जैसे केस स्टडी, सिमुलेशन, भूमिका निर्वाह, औद्योगिक भ्रमण, समस्या हल करना, सीखने की परियोजना एवं नियत कार्य विद्यार्थियों को देते हैं। इन सभी विधियों की योजना इस प्रकार बनायी जाती है कि विद्यार्थी की खोजी प्रवृत्ति को बढ़ावा मिले। इस विधि के दौरान विद्यार्थी जो कुछ भी सीखता है उसे उपयोग करने का अवसर भी प्रदान किया जाता है। प्राध्यापक एक मार्गदर्शक, प्रोत्साहक एवं सीखने पर मान्यता प्रदान करने की भूमिका अदा करते हैं। इस विधि का उपयोग व्यक्तिगत एवं सामूहिक रूप से किया जा सकता है।

सोचने के द्वारा सीखना (Learning by Thinking)

सोचने के द्वारा मानसिक क्षेत्र के कौशल बढ़ाये जाते हैं। इससे पूर्व में सीखी गई परिकल्पनाओं, सिद्धांतों एवं विधियों को सीखने की नई परिस्थितियों में लागू करने में सहायता मिलती है। इससे नये, भिन्न एवं मौलिक विचार उत्पन्न करने में सहायता मिलती है। इससे तर्क एवं कल्पना करने की शक्ति बढ़ती है। इससे अपरिचित परिस्थिति का दृश्य तैयार करने एवं परिस्थिति से उबरने में सहायता मिलती है। निम्नलिखित निपुणताओं में सोचने के कौशल आवश्यक होते हैं:

- चुनौतीपूर्ण लक्ष्य प्राप्त करने की योजना बनाना
- विषम परिस्थितियों में निर्णय लेना
- कठिन एवं जटिल समस्या का हल करना
- वैज्ञानिक पद्धति से खोज करना
- नवीन रणनीति तैयार करना
- अनिश्चितता का सामना करना
- शोध करना

सोचने द्वारा सीखने हेतु सीखने की विधियाँ, जैसे समस्या हल करना, भूमिका निर्वाह करना, शैक्षणिक खेल, प्रतिस्पर्धा, सृजनशील विधियाँ, प्रकरण विश्लेषण, इत्यादि का उपयोग करते हैं।

भूमिका निर्वाह द्वारा सीखना (Learning by Role Playing)

भूमिका निर्वाह विधि का उपयोग विद्यार्थियों में पेशेवर निपुणता एवं अभिवृत्तिका विकास करने के लिए किया जाता रहा है। भूमिका निर्वाह से अन्तः वैयक्तिक

कौशल, मूल्य, मनोवृत्ति, अभिवृत्ति एवं आदर्शों का विकास किया जाता है जो टीम में कार्य कर ग्राहकों को संतुष्ट करने के लिए आवश्यक होते हैं। यह विधि अन्य व्यक्तियों के प्रति भावना एवं संवेदना विकसित करने की सर्वोत्तम विधि है। यह विधि एक जीवंत अनुभव प्रदान करती है जो स्वयं एवं दूसरों को परिस्थिति के परिपेक्ष में जानने का अवसर प्रदान करती है। इस विधि के द्वारा परिस्थिति को अलग-अलग तरीके से निपटने के बारे में सीखने को मिलता है। भूमिका निर्वाह वास्तविक परिस्थिति या वास्तविक परिस्थिति जैसी निर्मित की गई परिस्थिति में किया जाता है। यह सीखने हेतु जोखिम रहित विधि है। इस विधि में सीखने के कई सिद्धांतों, जैसे वास्तविक परिस्थिति के करीब, अनुभूतिपूर्वक सीखना, परिस्थिति की ऊर्जा को महसूस करना, बेहतर करने के लिए सोचना, आन्तरिक एवं बाह्य फीडबैक के आधार पर सुधार लाना, सीखने की प्रक्रिया में सहभागी बनना, कार्य निष्पादन का मूल्यांकन करना एवं सुधार लाना, इत्यादि का उपयोग किया जाता है। त्वरित उत्पादन के लिए अन्तः वैयक्तिक एवं पेशेवर कौशल का विकास किया जाना जरूरी होता है। भूमिका निर्वाह को निपुणता एवं प्रवीणता विकसित करने के साथ-साथ प्रदर्शन का अवसर भी प्राप्त होता है। सीखने की प्रगति का मूल्यांकन पूर्व निर्धारित मापदण्ड के आधार पर निरीक्षण द्वारा किया जाता है।

शैक्षणिक खेल द्वारा सीखना (Learning from Educational Games)

शैक्षणिक खेल को सीखने की प्रक्रिया में चुनौती का समावेश करने हेतु तैयार किया जाता है। इन खेलों में पूर्व में विकसित की गई निपुणताओं को नई निपुणताएं विकसित करने के लिए एवं पूर्व में धारित निपुणताओं को परिष्कृत करने के लिए किया जाता है। शैक्षणिक खेल के माध्यम से प्रतिस्पर्धा की भावना भी विकसित की जाती है। खेल के माध्यम से प्राकृतिक एवं आनन्दपूर्वक रूप से सीखने के अवसर प्राप्त होते हैं। विद्यार्थी खेल को जीतने की रणनीति बनाते हैं, उसका क्रियान्वयन करते हैं एवं उसकी प्रभावशीलता का मूल्यांकन करते हैं। साथ ही वे विरोधी टीम की रणनीति का अनुमान लगाते हैं ताकि उनकी रणनीति को असफल बनाकर जीता जा सके। शैक्षणिक खेल के माध्यम से परिस्थिति की माँग के अनुसार रणनीति बनाने एवं उसका उपयोग कर सीखने का अवसर प्राप्त होता है।

संगोष्ठी द्वारा सीखना (Learning from Conferences)

संगोष्ठी में चुने हुए विद्यार्थी उनके द्वारा किये गये कार्यों को प्रस्तुत करते हैं जो समस्या के हल करने के नये तरीकों, रणनीति बनाने, नवाचार लाने, इत्यादि से

जुड़े होते हैं। विद्यार्थी वास्तविक जीवन की घटनाओं का अध्ययन करते हैं एवं परिस्थिति के विभिन्न आयामों का विश्लेषण कर प्रस्तुतिकरण करते हैं। यह छोटे स्तर पर शोध कार्य होता है। संगोष्ठी के माध्यम से विद्यार्थियों को योजनाबद्ध कार्य करने एवं उसका प्रतिवेदन तैयार कर प्रस्तुत करने से संबंधित सभी निपुणताओं का उपयोग करने, परिशोधन करने एवं प्रदर्शित करने का अवसर प्राप्त होता है। कम समय में अधिक जानकारी प्राप्त की जा सकती है एवं विविध निपुणताएँ विकसित की जा सकती है।

इन्टरनेट द्वारा सीखना (Learning from Internet)

आजकल इन्टरनेट सुविधा सभी जगह उपलब्ध है। प्राध्यापक विद्यार्थियों के लिए नियत कार्य तैयार करते हैं जो हाल ही की तकनालॉजी या तकनीक से जुड़े होते हैं। विद्यार्थी इन्टरनेट का उपयोग कर नियत कार्य पूर्ण करते हैं एवं प्रतिवेदन प्राध्यापक को प्रस्तुत करते हैं। इन्टरनेट के माध्यम से वे नियत कार्य से जुड़े हुए विषयों को भी देखते हैं। इस प्रक्रिया के दौरान उनको और भी संबंधित जानकारी प्राप्त होती है। इसके अतिरिक्त इन्टरनेट पर कई प्रकार की सीखने की सामग्री, जैसे अध्ययन प्रकरण, ई-पुस्तक, पावर प्वाइंट प्रस्तुति, टिप्पणी, समाचार, प्रतिवेदन, योजना इत्यादि उपलब्ध रहती है। इन्टरनेट पर संबंधित समस्याएँ एवं नवाचार भी उपलब्ध होते हैं जिनमें विद्यार्थी उनके ज्ञान का उपयोग करने के लिए भाग ले सकते हैं। यहाँ तक की कुछ विषयों पर मल्टीमीडिया पैकेज एवं वीडियों प्रोग्राम भी उपलब्ध रहते हैं। प्रत्येक विषय में विद्यार्थियों को एक इन्टरनेट नियत कार्य जरूर दिया जाता है।

शोध द्वारा सीखना (Learning through Researches)

विद्यार्थियों में शोध से सम्बद्ध निपुणताओं का विकास करना आवश्यक है ताकि वे जटिल समस्याओं का हल कर सके, नयी तकनालॉजी एवं तकनीक का विकास कर सके, नये उत्पाद एवं सेवाएँ निर्मित कर सके, प्रतिस्पर्धा का सामना कर सके, नये व्यवसाय में प्रवेश कर सके, आपदा प्रबंध कर सके, एवं संस्था में बृहद बदलाव ला सके। ये सभी निपुणताएँ पेशे से जुड़ी होती हैं एवं इनको व्यवसाय में कार्य करते हुए भी विकसित करना पड़ता है। विद्यार्थियों को सीखने सम्बन्धी जटिल समस्या दी जाती है जिसे हल करने के लिए वे शोध पद्धति का उपयोग करते हैं। इस पद्धति में वे समस्या परिभाषित करते हैं, उसका विश्लेषण करते हैं, अवधारणा बनाते हैं, जानकारी एकत्र कर उसका वर्गीकरण करते हैं, जानकारी का विश्लेषण कर अवधारणा का परीक्षण करते

हैं। इस प्रक्रिया के दौरान वे योजनाबद्ध रूप से कार्य करने एवं इससे प्राप्त परिणामों का मूल्यांकन करना सीखते हैं। प्रत्येक विद्यार्थी को कम से कम एक शोध परियोजना पर कार्य करना चाहिये।

अनुकरण से सीखना (Learning through Imitation)

विद्यार्थी शारीरिक कौशल एवं अभिवृत्ति प्राध्यापकों का अनुकरण करके सीखते हैं। प्राध्यापकों द्वारा प्रदर्शित किये जा रहे कौशल एवं अभिवृत्ति को विद्यार्थी ध्यानपूर्वक देखते हैं एवं जब उन्हें अवसर दिया जाता है वे इसका अनुकरण करने का प्रयास करते हैं। यह प्रयास वे प्राध्यापकों के समक्ष उनके मार्गदर्शन में करते हैं। अनुकरण के प्रदर्शन के आधार पर प्राध्यापक विद्यार्थियों के सही प्रदर्शन को प्रोत्साहित एवं पुरस्कृत करते हैं एवं गलत प्रदर्शन को सुधारने हेतु उन्हें फीडबैक प्रदान करते हैं। अनुकरण करना शारीरिक कौशल विकसित करने की पहली सीढ़ी है। विद्यार्थी निपुणता एवं प्रवीणता का विकास अनुकरण के माध्यम से ही करते हैं। अनुकरण से सीखने की विधि का क्रम चित्र 1.3 में दर्शाया गया है।

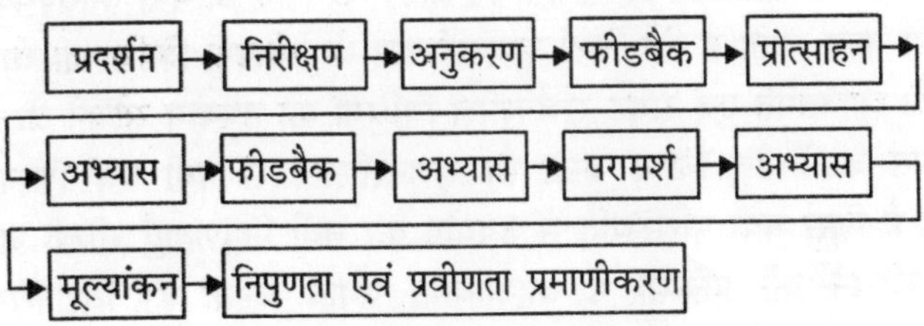

चित्र 1.3: अनुकरण से सीखना

अनुकरण से सीखने की विधि में व्यक्तिगत सृजनशीलता का उपयोग करने का अवसर नहीं होता है। अनुकरण से सीखने में निम्नलिखित सिद्धातों का पालन होता है:

- जानकारी प्राप्त करना
- प्रदर्शन देखना
- अनुकरण करना
- स्वयं मूल्यांकन करना
- सकारात्मक फीडबैक प्राप्त करना
- कोशिश एवं त्रुटि करना
- अभ्यास करना

- अनुभव एवं अनुभूति करना
- दूसरों की सफलता एवं गलतियों से सीखना

अनुकरण से सीखने की प्रक्रिया में प्राध्यापकों की महत्वपूर्ण भूमिका होती है। प्राध्यापकों को विद्यार्थियों में यह विश्वास पैदा करने की आवश्यकता होती है, कि वे सर्वश्रेष्ठ हैं एवं सही निपुणता एवं प्रवीणता का प्रदर्शन कर रहे हैं। अनुकरण के माध्यम से उन कौशल एवं अभिवृत्तियों के बारे में भी सीखाया जा सकता है जिनका उपयोग नहीं करना चाहिये, परन्तु व्यक्ति घबराहट में करते हैं।

सृजनशीलता से सीखना (Learning through Creativity)

सृजनशीलता का आशय है कि नये, भिन्न एवं अनोखे विचार प्रस्तुत करना। सृजनशीलता नये संबंधों को देखने या व्यक्त करने से संबंधित होती है। सृजनशीलता की आवश्यकता परिचित या अपरिचित सभी प्रकार की परिस्थितियों में होती है। सृजनशीलता सोचने की प्रक्रिया को बढ़ावा देती है। इस प्रक्रिया के दौरान उत्पन्न हो रहे विचारों का मूल्यांकन नहीं किया जाता है। सृजनशीलता नये एवं भिन्न वातावरण में समायोजन करने के लिए अत्यन्त आवश्यक होती है। ऐसा कहा जाता है कि बिना सृजनशीलता के सीखना शिथिलता के समान होता है। व्यक्तिगत एवं समूह सृजनशील विधियों का उपयोग सोचने के कौशल विकसित करने हेतु किया जाता है। सृजनशीलता से नयी एवं भिन्न सीख मिलती है जिसे नयी परिस्थिति में उपयोग कर नयी निपुणताएँ सीखी जाती हैं। इससे सीखने की प्रक्रिया में बहुआयामी प्रभाव पड़ता है। विद्यार्थियों की सृजनशीलता बढ़ाने के लिए प्राध्यापकों की महत्वपूर्ण भूमिका होती है। वे विविध, भिन्न एवं अनोखी निपुणताओं के विकास के लिए अनुकूल वातावरण का सृजन करते हैं। वे सृजनशील विधियों का उपयोग कर विभिन्न विषयों, जैसे बिक्री, संरचना, समस्या हल करना, ग्राहक आवश्यकता विश्लेषण करना इत्यादि पर विद्यार्थियों को सीखने हेतु प्रेरित करते हैं। प्राध्यापक सीखने की आवश्यकता को ध्यान में रखते हुए सृजनशीलता विधियों, जैसे ब्रेन स्टार्मिंग, नामिनल ग्रुप टेकनीक, डेल्फी, कागनेटिव मैपिंग, मेट्रीक्स रैंकिग का उपयोग करते हैं।

मूल्यांकन द्वारा सीखना (Learning through Assessment)

सकारात्मक सीख को मजबूती प्रदान करने के लिए प्राध्यापक सीखने की प्रक्रिया में मूल्यांकन को समाहित करते हैं। वे विद्यार्थियों को स्वयं एवं अन्य विद्यार्थियों

की सीख का मूल्यांकन करने में सहभागी बनाते हैं। विद्यार्थी मूल्यांकन प्रक्रिया में भाग लेकर नई निपुणताएँ सीखते हैं। वे प्राध्यापक के हस्तक्षेप के बिना अपने आप सीखने की प्रक्रिया में सुधार लाते हैं। सीखने की प्रक्रिया के अन्त में मूल्यांकन परिणामों का विश्लेषण करने से विद्यार्थियों को प्राप्ति की अनुभूति होती है जिससे वे सीखने की अगली प्रक्रिया में सुधार लाते हैं। नियत कार्य, समूह कार्य एवं परियोजनाओं का सतत् मूल्यांकन सीखने की प्रगति एवं सीखने की प्रक्रिया में सुधार लाने हेतु रणनीति बनाने में सहायक होते हैं।

सीमुलेशन से सीखना (Learning from Simulation)

जब वास्तविक परिस्थितियों में सीखना खतरनाक होता है या किन्हीं कारणों से संभव नहीं होता है तो वास्तविक परिस्थितियों जैसी ही परिस्थितियाँ निर्मित की जाती हैं। ये परिस्थितियाँ सीखने के लिए जोखिम रहित रहती हैं एवं वास्तविक परिस्थिति की अनुभूति करवाती हैं। ये परिस्थितियाँ कक्षा, प्रयोगशाला, एवं कार्यस्थल पर निर्मित की जाती हैं। ये व्यक्तिगत रूप से या समूह में सीखने के लिए तैयार की जाती हैं। सीमुलेशन से सीखने की प्रक्रिया में उद्देश्य दिखायी देता है। इस विधि द्वारा सीखने की प्रक्रिया में विद्यार्थी की भागीदारी सुनिश्चित की जा सकती है। विभिन्न प्रकार की निपुणताओं एवं प्रवीणताओं के विकास के लिए विभिन्न विधियों, जैसे सक्रियता से सीखना, शैक्षणिक खेल, भूमिका निर्वाह, मशीन सिमुलेटर, इलेक्ट्रानिक सिमुलेटर, कम्प्यूटर सिमुलेटर का उपयोग किया जाता है। यह विधि शारीरिक निपुणताओं एवं प्रवीणताओं का विकास करने के साथ-साथ व्यावहारिक निपुणताओं के लिए भी उपयुक्त है।

प्रयोग के माध्यम से सीखना (Learning through Experimentation)

उच्च स्तर की निपुणताओं का विकास करने के लिए प्रयोग के माध्यम से सीखा जाता है। कई परिस्थितियाँ विद्यार्थियों के लिए नई होती है जिनमें उन्हें सोचना, रणनीति बनाना, रणनीति को क्रियान्वित करना एवं परिणामों कर परीक्षण करना पड़ता है। इस प्रकार की निपुणताएँ प्रयोग के माध्यम से ही विकसित करना संभव है। प्रयोग के माध्यम से कई निपुणताओं, जैसे खोज करना, कोशिश करना, बदलाव लाना, परीक्षण करना, संबंध स्थापित करना, अवधारणा बनाना इत्यादि निपुणताओं का विकास किया जाता है। प्रयोग से मानसिक एवं शारीरिक सीखने के क्षेत्र में उच्च स्तर की निपुणताओं का विकास किया जाता है। इससे नयी परिकल्पनाएँ, सिद्धांत एवं मॉडल विकसित

करने की अभिवृत्ति का विकास होता है। यह विधि मानसिक निपुणताएँ जैसे नये उत्पाद की संरचना करना, रणनीति बनाना, नया तरीका खोजना, असफलता का विश्लेषण करना इत्यादि के लिए उपयोग की जाती है। इसका उपयोग प्रयोगशाला एवं कर्मशाला में सीखी गयी निपुणताओं का उपयोग करने के लिए किया जाता है। प्रबंध की नई तकनीकों का उपयोग भी प्रयोग करने के लिए किया जाता है। प्रबंध की प्रसिद्ध तकनीकों, जैसे सर्वेक्षण, प्रक्रिया विश्लेषण, प्रक्रिया संरचना, मछली हड्डी चित्र, संबंध विश्लेषण चित्र, ग्राहक प्रदायकर्ता नक्शा इत्यादि का उपयोग सीखने के लिए किया जाता है।

अनुभवों से सीखना (Learning through Experiences)

अनुभव प्राप्त करने हेतु विद्यार्थी सीखने की परिस्थिति में सभी इन्द्रियों का उपयोग वास्तविक कार्य संसार को जानने के लिए करते हैं। ऐसा कहा जाता है कि अनुभवों से प्रगाढ़ सीख मिलती है। सभी विद्यार्थियों को प्रयोजन युक्त सीखने के अवसर प्रदान किये जाते हैं जिनके माध्यम से वे सीखते हैं। सीखने के अनुभवों से विद्यार्थी उनकी सीखने की आवश्यकताओं को ज्ञात करने एवं उनको संतुष्ट करने के लिए प्रेरित होते हैं। अलग-अलग विद्यार्थी एक ही परिस्थिति में अलग-अलग निपुणताओं को सीखते हैं क्योंकि उनके सीखने की आवश्यकता एवं शैली अलग-अलग होती है। विद्यार्थी को यदि बता दिया जाये कि उनको सीखने की परिस्थिति में तत्पर रूप से सीखना है तो वे तेजी से सीखते हैं एवं जो कुछ भी सीखते हैं उसे लम्बी अवधि के लिए याद रखते हैं। सीखने के अनुभव प्रदान करने के लिए प्राध्यापक सीखने की परिस्थिति की योजनाबद्ध संरचना करते हैं एवं इस प्रविधि के बारे में विद्यार्थियों को अग्रिम रूप से बतलाते हैं। इस प्रकार के अनुभवों में विद्यार्थी सीखने की ऊर्जा महसूस करते हैं। सीखने की प्रविधि में कई प्रकार के अनुभव, जैसे तकनीकी प्रक्रियाओं का सूक्ष्म अध्ययन, ज्ञात से अज्ञात, विशिष्ट से सामान्य, एवं सरल से कठिन का उपयोग किया जाता है। सीखने की परिशोधित प्रक्रिया के परिणामों का विश्लेषण किया जाता है। इस प्रक्रिया के माध्यम से व्यक्तिगत एवं टीम में सीखने की क्षमताओं, जैसे जोखिम उठाना, चुनौतियाँ स्वीकार करना, सतत् सुधार लाना इत्यादि का विकास किया जाता है। कार्य संबंधी निपुणताएँ अनुभवों द्वारा ही सीखी जाती हैं। विद्यार्थियों को कार्य करते समय सीखने हेतु चेतन रहना चाहिये अन्यथा सीखने का अनुभव कार्य सम्पादित करने के अनुभव में परिवर्तित हो जाता है। सीखने की कई विधियाँ जैसे सक्रियता विधि, परियोजना, प्रकरण

विश्लेषण, शैक्षणिक खेल, सिमुलेशन, मशीन पर अभ्यास, भूमिका निर्वाह, चर्चा, समस्या हल करना इत्यादि सीखने के अनुभव प्रदान करती है।

प्रतिस्पर्धा से सीखना (Learning from Competition)

स्वयं सीखने एवं सीखने की जवाबदारी विद्यार्थी को देने के लिए प्रतिस्पर्धा एक अच्छी पद्धति है। व्यक्तिगत एवं समूह में प्रतिस्पर्धा करवा कर महत्वपूर्ण निपुणताओं का विकास किया जाता है। विद्यार्थी प्रतिस्पर्धा में भाग लेने के लिए तैयारी करते हैं। वे प्रतिस्पर्धा हेतु एवं प्रतिस्पर्धा से विस्तृत रूप से गहराई से सीखते हैं। प्रतिस्पर्धा से समयबद्ध रूप से सीखने की आवश्यकता जागृत होती हैं। यह प्राकृतिक रूप से सीखने की एक पद्धति भी है। प्रतिस्पर्धा में भाग लेने के पूर्व विद्यार्थी सीखने संबंधी सभी समस्याओं को ज्ञातकर उनका हल खोजते हैं। प्रतिस्पर्धा में सीखने के कई सिद्धांतों, जैसे सीखने हेतु तैयारी, सीखने की जवाबदारी, सीखने हेतु संघर्ष, सामूहिक रूप से सीखना, प्रयोजन हेतु सीखना, फीडबैक प्राप्त कर सुधार लाना इत्यादि का उपयोग किया जाता है।

तकनालॉजी से सीखना (Learning from Technology)

सीखने में मीडिया की अहम भूमिका होती है। कम्प्यूटर के उपयोग से सीखने की प्रक्रिया सरल, रुचिकर एवं प्रभावी हो गयी है। इससे सीखने का दायरा बढ़ा है। साथ ही सीखने की प्रक्रिया में लचीलापन आया है। कम्प्यूटर आधारित पाठ सिमुलेशन एवं शैक्षणिक खेलों के द्वारा सीखने की सम्पूर्ण प्रक्रिया में ही बदलाव आ गया है। वीडियों फिल्म, मल्टी मीडिया पैकेज एवं इन्टरनेट के माध्यम से सीखने की प्रक्रिया रंगीन हो गई है। तकनालॉजी के माध्यम से सम्पूर्ण सीखने की प्रक्रिया कक्षा या घर पर आ गयी है। ताजा तकनालॉजी एवं तकनीक इन्टरनेट के माध्यम से उपलब्ध है। कम्प्यूटर का उपयोग कर सीखने की प्रगति का मूल्यांकन कर तुरंत फीडबैक प्राप्त किया जाता है। तकनालॉज़ी के उपयोग से प्राध्यापक का कार्य सरल हो गया है साथ ही सीखने की प्रक्रिया धनी हो गई है। विद्यार्थी उनकी भविष्य की भूमिका से संबंधित पूर्ण कार्य संसार को देख सकते हैं।

सीखने की शैलियाँ (Learning Styles)

कोल्ब (Kolb) ने सीखने का मॉडल प्रस्तुत किया है जो कि इस अवधारणा पर आधारित है कि सीखने की प्रक्रिया चार चरणों में पूरी होती है। विद्यार्थी दी गई परिस्थिति में अनुभव करता है। इस अनुभव का निरीक्षण करता है एवं

निरीक्षण के आधार पर नयी परिकल्पना तैयार करता है। इस नयी परिकल्पना का वह नयी परिस्थिति में परीक्षण करता है एवं परिकल्पना को परिशोधित करता है। अत: सीखने की प्रक्रिया के चारों चरण इस प्रकार हैं–अनुभव करना, निरीक्षण एवं मूल्यांकन करना, परिकल्पना तैयार करना एवं उसका परीक्षण करना। विद्यार्थियों को उनकी सीखने की पद्धति के अनुसार वर्गीकृत किया जा सकता है। ये हैं मिलनसार (Accomodator), अलग करने वाला (Diverger), सदृश्य करने वाला (Assimilator) एवं मिलाने वाला (Converger)। हनी एवं ममफोर्ड (Honey & Mumford) ने भी सीखने के चार पद वर्गीकृत किये हैं। ये पद हैं सक्रिय (Activist), चिन्तन करने वाला (Reflector), सैद्धान्तिक (Theorist) एवं अभिमानी (Pragmatist), रोसेनबर्ग (Rosenberg) ने विद्यार्थियों के सीखने की शैली को चार वर्गों में वर्गीकृत किया है जो इस प्रकार है कठोर (Rigid inhibited), अनुशासनहीन (Undisciplined), स्वीकार्यता प्राप्त करने की इच्छा रखने वाला (Acceptance anxious) एवं सृजनशील (Creative) कगन (Kagan) ने सीखने की शैली को प्रेरक एवं विचारवान के रूप में वर्गीकृत किया है। विद्यार्थियों की सीखने की शैलियों को ध्यान में रखकर प्राध्यापक सीखने की *प्रविधि* की संरचना करता है ताकि वाँच्छित निपुणताएँ विकसित की जा सके। पिगेट (Piaget) ने बुद्धिमानी एवं विकास के लिए चार आधार प्रविधियों को प्रस्तावित किया है। ये प्रविधियाँ इस प्रकार है: आकार (Schema), एकत्रिकरण (Assimilation), एक जैसा करना (Accomodation) एवं संतुलन (Equilibrium)। एक मनोवैज्ञानिक ने सीखने को शाब्दिक सीख (Verbal Learning), परिकल्पना सीख (Conceptual Learning), ग्राहयता सीख (Perceptual Learning), शारीरिक सीख (Motor Learning) समस्या समाधान सीख (Problem Solving Learning) एवं भावनात्मक सीख (Emotional Learning) के रूप में वर्गीकृत किया है। अरगिरिस (Argyris) ने सीखने को दो स्तर पर वर्गीकृत किया है। ये इस प्रकार है एक चक्र (Singl loop) एवं दोहरा चक्र (Double Loop).

बॉयडेल एवं लेरी (Boydell & Leary) ने कार्य निष्पादन की परिकल्पना को तीन स्तर पर वर्णित किया है। ये तीनों स्तर इस प्रकार हैं; क्रियान्वित करना (Implementing), सुधार लाना (Improving) एवं नवाचार लाना (Innovating)। इन्होंने बतलाया है कि प्रत्येक स्तर पर सीखने की भिन्न विधि का उपयोग होता है। जैसे क्रियान्वित करने के स्तर पर लगाव (Adhering), अनुकूल (Adapting) एवं संबंध स्थापित करना (Relating), विधि का उपयोग किया जाता है। सुधार लाने के

स्तर पर उपरोक्त विधियों के अतिरिक्त अनुभव करना (Experiencing) एवं प्रयोग करना (Experimenting) विधियों का उपयोग किया जाता है। नवाचार के स्तर पर जोड़ना (Connecting) एवं समर्पण (Dedication) विधियों का उपयोग होता है। इन्होंने सीखने की प्रत्येक विधि के लिए सीखने की प्रक्रिया सुझायी है। कार्य निष्पादन का स्तर, सीखने की विधि एवं सीखने की प्रक्रिया शैक्षणिक कार्यक्रम को तैयार करने, क्रियान्वित करने एवं मूल्यांकन करने हेतु बहुत ही उपयोगी है।

7. पढ़ाने के द्वारा सीखने को बढ़ावा देना (Promoting Learning Through Teaching)

सीखने की प्रक्रिया के विद्यार्थी मुख्य तत्त्व होते हैं। वे संस्थान के अन्दर एवं बाहर सीखने की प्राथमिकता का आनन्द प्राप्त करते हैं। विद्यार्थियों के गुणों, सीखने की विधि के आयामों एवं सीखने की विधियों का वर्णन पूर्व में किया जा चुका है। सीखने की आवश्यकताओं, सीखने की प्रक्रिया एवं शैली को ध्यान में रखकर प्राध्यापक विद्यार्थियों को सिखाने की योजना बनाते हैं जो सीखने की प्रक्रिया का मार्गदर्शन करती है एवं इसे आगे बढ़ाती है। पेशेवर ढंग से सीखने की प्रक्रिया संचालित करने के लिए प्राध्यापकों को मुख्य आन्तरिक निपुणता का विकास करना चाहिये। प्राध्यापकों द्वारा ऐसे पाठ्यक्रम का निर्माण किया जाना चाहिये जो नियोक्ताओं एवं विद्यार्थियों की आवश्यकता को संतुष्ट करें साथ ही सीखने की प्रक्रिया प्रयोजनयुक्त, सम्बद्ध एवं सरल हो। पाठ्यक्रम में दी गई निपुणताओं एवं प्रवीणताओं का विकास करने लिए प्राध्यापकों द्वारा निपुणता विकास योजना तैयार की जानी चाहिए। योजना क्रियान्वयन में स्पष्टता लाने के लिए पाठ योजना भी तैयार करना चाहिये। इस योजना में विद्यार्थियों के सीखने के लिए सीखने की घटनाओं एवं गतिविधियों का समावेश होना चाहिये। प्राध्यापकों द्वारा विद्यार्थियों को प्रेरित कर सीखने की प्रक्रिया में सहभागी बनाना चाहिये। सीखने की प्रक्रिया को संचालित करने के लिए संस्था के संसाधनों को गतिशील कर उपयोग करना चाहिये। प्राध्यापकों द्वारा विद्यार्थियों के सीखने की प्रगति का सतत् मूल्यांकन करना चाहिये एवं आवश्यक हुआ तो सीखने की प्रक्रिया में सुधार लाना चाहिये। इस प्रकार विद्यार्थियों में निपुणता का विकास करने वाला प्राध्यापक पारम्परिक प्राध्यापक से भिन्न होता है। वह व्याख्यान देने के बजाय निपुणता विकास की प्रक्रिया को आगे बढ़ाता है। वह पढ़ाने के बजाय मार्गदर्शन देता है। वह विद्यार्थियों को निपुणता प्राप्त करने में हर संभव सहायता करता है। वह विद्यार्थियों में सीखने की परिपक्वता को

बढ़ाता है। सीखने की परिपक्वता बढ़ाने के लिए वह विद्यार्थियों को सीखने हेतु पर्याप्त अवसर, अभ्यास, सामग्री एवं समय देता है। विद्यार्थी संस्था से पाठ्यक्रम पूर्ण करके कार्य संसार में जाये इसके पूर्व उनमें आत्मविश्वास, स्वयं जवाबदारी एवं जवाबदेही, चुनौती स्वीकार करना, भविष्य का अनुमान लगाना, अन्य का भविष्य प्रभावित करना जैसी निपुणताओं का विकास किया जाता है। विद्यार्थी सीखने हेतु जीवनपर्यन्त शैक्षणिक संस्था पर निर्भर नहीं रह सकते हैं, अतः सीखने हेतु उनका सशक्तिकरण किया जाता है ताकि परिस्थिति की माँग के अनुसार वे नई निपुणताएँ विकसित कर सकें।

8. सीखने में बाधाएँ (Barriers to Learning)

सीखने की प्रक्रिया में कई प्रकार की बाधाएं, अवरोध एवं समस्याएँ आती हैं जिसके कारण सीखने की प्रभावशीलता एवं दक्षता में कमी आती है। इन बाधाओं का प्रकार अलग-अलग परिपेक्ष्य में भिन्न होता है। कई बाधाएं ऐसी होती हैं जिनका पूर्वानुमान लगाया जा सकता है परन्तु कुछ बाधाएं ऐसी होती हैं जो सीखने की प्रक्रिया के क्रियान्वयन के समय ही ज्ञात होती हैं। कुछ बाधाओं की तीव्रता इतनी अधिक होती है कि वे सीखने की प्रक्रिया को कुछ समय के लिए पूर्ण रूप से रोक देती है तो कुछ बाधाएं सीखने की प्रक्रिया को विचलित कर देती हैं। कुछ बाधाएं सीखने की प्रक्रिया को गलत दिशा में भी ले जा सकती हैं। कुछ बाधाएं मामूली प्रकार की होती है। जिनके कारण समय एवं प्रयास व्यर्थ जाते हैं। कुछ बाधाएं ऐसी होती हैं जिनको प्रशिक्षित प्राध्यापक आसानी से दूर कर सकते हैं तो कुछ बाधाओं को दूर कग्ने के लिए संस्था स्तर पर हस्तक्षेप करने की आवश्यकता होती है। सीखने की प्रक्रिया में आने वाली बाधाओं का वर्गीकरण चित्र 1.4 में दर्शाये गये मापदण्डों पर किया जा सकता है।

सीखने की बाधाएं —
- जटिल या सरल
- नियमित या अनियमित
- अनुमान लगाने योग्य या पारिस्थितिक
- महत्वपूर्ण या मामूली
- विद्यार्थी केन्द्रित या प्राध्यापक केन्द्रित
- समय सम्बद्ध या संसाधन सम्बद्ध
- सीखने की संस्कृति सम्बद्ध या वातावरण सम्बन्धी

चित्र 1.4: सीखने की बाधाओं के प्रकार

जटिल या सरल

सीखने की प्रक्रिया में जटिल बाधाएं सामान्यतया विषयवस्तु, कौशल एवं अभिवृत्ति से सम्बन्धित होती है। कई उच्च स्तर की निपुणता अर्जित करने के लिए विद्यार्थी पंजीयन करते हैं परन्तु उनका प्रवेश स्तर काफी कम होता है या उनके ज्ञान, कौशल एवं अभिवृत्ति के अनुरूप निपुणता या विषय नहीं होता है। अत: विद्यार्थियों को विषयवस्तु कठिन लगती है जो उन्हें लगातार सीखने की प्रक्रिया से बाहर निकलने के लिए मजबूर करती है। आजकल कई महाविद्यालयों में इस प्रकार की समस्या को दूर करने के लिए ब्रिज कोर्स एवं उपचारात्मक कक्षाओं का आयोजन किया जाता है ताकि विद्यार्थी उच्च स्तर का नया विषय पढ़ सकें या नयी निपुणता अर्जित कर सके। तकनीकी शिक्षा प्राप्त कर रहे कई विद्यार्थी इस प्रकार की सीखने की समस्याओं का सामना कर रहे हैं। अत: प्रथम वर्ष के अध्ययन में ही महाविद्यालय अध्ययन छोड़ने के प्रकरणों में निरंतर वृद्धि हो रही है। विद्यार्थी चाहते हैं कि वे अध्ययन जारी रखे परन्तु निम्न प्रवेश स्तर होने के कारण उनके पास विकल्प नहीं है।

सरल समस्याएं वे समस्याएं हैं जिन्हें विद्यार्थी या प्राध्यापक या विद्यार्थी एवं प्राध्यापक मिलकर आसानी से दूर कर लेते हैं। ये समस्याएं दिन प्रतिदिन आती है। ये अकादमिक या गैर-अकादमिक दोनों ही प्रकार की होती है। सामान्यतया इस प्रकार की समस्याओं को प्रभावी सम्प्रेषण एवं चर्चा के माध्यम से हल किया जाता है। इस प्रकार की समस्याएं सीखने की प्रक्रिया की दक्षता में कमी लाती है। यदि इनकी आवृत्ति अधिक है एवं प्रकार भिन्न है तो ये सीखने की प्रक्रिया की प्रभावशीलता पर भी असर डालती है।

नियमित या अनियमित

यदि सीखने की प्रक्रिया में नियन्त्रित रूप से समस्याएं आ रही हैं तो यह इस बात का सूचक है कि सीखने की प्रविधि की संरचना वैज्ञानिक तरीके से नहीं की गई है। यह इस बात का भी सूचक है कि प्राध्यापक प्रशिक्षित नहीं है एवं न ही वह सिखाने में रुचि रखता है। यदि पूर्ण संस्था में नियन्त्रित प्रकार की समस्या है तो एक शोधकर इस प्रकार की समस्याओं के मूल कारण खोजना चाहिये एवं ऐसी प्रणालियों (Systems) की संरचना का उपयोग करना चाहिये कि इस प्रकार की समस्याओं में कमी आये। इस प्रकार की समस्याएँ निम्नलिखित हो सकती हैं:

- पाठयक्रम असम्बद्ध हो जाना,
- प्राध्यापकों की कमी,
- अप्रशिक्षित एवं अनुभवहीन प्राध्यापक,
- प्राध्यापकों एवं छात्रों द्वारा अकादमिक कार्यों में रुचि नहीं लेना,
- अध्यापन गतिविधियाँ अनियन्त्रित,
- अध्यापन कार्यों की गुणवत्ता में कमी,
- अध्यापन प्रगति का मूल्यांकन नहीं किया जाना,
- प्रवेश एवं परीक्षा में देरी, इत्यादि।

अनुमान लगाने योग्य या पारिस्थितिक

आजकल महाविद्यालयों को कई प्रकार के कार्य करने पड़ते हैं। इनमें से कुछ कार्य ऐसे हैं जो उन्हें नियमित रूप से करने पड़ते हैं जिनका अनुमान लगाकर महाविद्यालय शैक्षिक योजना बना सकते हैं जिससे सीखने की प्रक्रिया में अवरोध नहीं आये। ये कार्य पाठ्यक्रम विकास, छात्रों का प्रवेश, परीक्षा, चुनाव, राज्य एवं राष्ट्रीय स्तर की स्पर्धा इत्यादि से संबंधित होते हैं। प्राध्यापकों को इस प्रकार के कार्यों में लगाने से सीखने की प्रक्रिया प्रभावित होती है। इसी प्रकार कुछ कार्य एवं गतिविधियाँ ऐसी होती हैं जिनका अनुमान लगाना कठिन होता है एवं ये कार्य एवं गतिविधियाँ प्राध्यापकों एवं महाविद्यालय के नियंत्रण के बाहर होती हैं। इस प्रकार के कार्य एवं गतिविधियां सीखने की प्रक्रिया को बुरी तरह प्रभावित करते हैं। इस प्रकार की गतिविधियां निम्नलिखित हैं:

- प्राध्यापकों का प्रशिक्षण या अवकाश पर चले जाना
- विद्यार्थियों द्वारा पाठ्यक्रम की पढ़ाई पर ध्यान नहीं देकर प्रतिस्पर्धात्मक परीक्षाओं की तैयारी करना
- अन्तर्राष्ट्रीय एवं राष्ट्रीय स्तर पर महत्वपूर्ण घटनाएं, जैसे क्रिकेट, चुनाव, इत्यादि
- छात्रों द्वारा प्रतिस्पर्धाओं में आवश्यकता से अधिक भाग लेना
- देरी से प्रवेश
- देरी से परीक्षा
- पाठ्य-सामग्री एवं पुस्तकों का समय पर उपलब्ध नहीं होना, इत्यादि

महत्वपूर्ण या मामूली

सीखने की प्रक्रिया में आने वाले अवरोधों का सीखने पर उसके प्रभाव के अनुसार भी वर्गीकरण किया जाता है। कुछ अवरोध सीखने की प्रक्रिया को बुरी

तरह प्रभावित कर सकते हैं इन्हें महत्वपूर्ण अवरोध कहते हैं। कुछ अवरोध सीखने की प्रक्रिया को तत्कालीन रूप से प्रभावित करते हैं, परन्तु उनका सीखने की प्रक्रिया पर अधिक प्रभाव नहीं पड़ता है ऐसे अवरोध को मामूली अवरोध कहते हैं। वर्षों पुराना पाठ्यक्रम जो कि कार्य संसार के वर्तमान एवं निकट भविष्य के परिपेक्ष से अप्रांसगिक हो गया है सीखने की प्रक्रिया के लिए महत्वपूर्ण अवरोध है क्योंकि विद्यार्थी जानते हैं कि जो कुछ वे सीख रहे हैं वह अप्रांसगिक एवं अनुपयोगी है। अप्रशिक्षित प्राध्यापक सीखने की प्रक्रिया के लिए महत्वपूर्ण अवरोध है क्योंकि विद्यार्थी जानते हैं कि वे उनका समय व्यर्थ गवा रहे हैं। इस प्रकार के अलग-अलग महाविद्यालयों में अलग-अलग अवरोध हो सकते हैं।

सीखने की प्रक्रिया के मामूली अवरोध के रूप में किसी एक सीखने के सत्र हेतु प्राध्यापक का उपलब्ध नहीं होना, संदर्भ पुस्तक का तुरन्त उपलब्ध नहीं होना, प्राध्यापक द्वारा सत्र विशेष के लिए तैयारी नहीं करना, विद्युत कटौती, कोई उपकरण उपलब्ध नहीं होना, किसी दिन मौसम प्रतिकूल होना, किसी कारण विशेष से महाविद्यालय का एक या दो दिन के बंद होना इत्यादि।

विद्यार्थी केन्द्रित या प्राध्यापक केन्द्रित

सीखने की प्रक्रिया मूलतः विद्यार्थी एवं प्राध्यापक पर निर्भर करती है। अतः सीखने के अवरोध को विद्यार्थी एवं प्राध्यापक पर वर्गीकृत कियां जा सकता है।

विद्यार्थी संबंधी अवरोध निम्नलिखित हैं:

- निम्न प्रवेश स्तर
- संप्रेषण कौशल की कमी
- स्वास्थ्य संबंधी समस्या
- अन्य विद्यार्थियों के साथ मिलकर सीखने की आदत नहीं
- महाविद्यालय का वातावरण ठीक नहीं लगाना
- पढ़ने में रुचि नहीं
- विद्यार्थी की केरियर आवश्यकता के अनुरूप पढ़ाई नहीं
- उबाऊ व्याख्यान
- अन्य प्राथमिकताएं

इसी प्रकार प्राध्यापकों से संबंधित निम्नलिखित समस्याएं हो सकती हैं:

- अपर्याप्त प्राध्यापक

- अप्रशिक्षित प्राध्यापक
- पढ़ाने में रुचि नहीं
- अन्य कार्यों में व्यस्त
- रुचि के अनुसार विषय का आवंटन नहीं
- कार्य समय उपलब्धता से अधिक एवं पढ़ाने की प्राथमिकता नहीं
- नया पाठ्यक्रम
- व्यक्तिगत एवं पारिवारिक समस्याएं
- अवाँच्छित राजनीति में शामिल
- भूमिका स्पष्ट नहीं
- जवाबदारी एवं जवाबदेही नहीं
- अच्छे परिणाम हेतु मान्यता नहीं
- समय या संसाधन सम्बद्ध, इत्यादि

9. सीखने को बढ़ावा देने के लिए प्राध्यापक की भूमिका (Role of a Teacher to Promote Learning)

उच्च एवं तकनीकी शिक्षण संस्थाओं में प्राध्यापकों की भूमिका सहज एवं सरल होती है यदि वे सीखने-सिखाने की प्रक्रिया की विस्तृत योजना बनाते हैं। ऐसा करने से कक्षाओं के आयोजन करने हेतु संघर्ष नहीं करना पड़ता है एवं जो कुछ पुस्तकों में लिखा है उसे पुनः पढ़ाने की आवश्यकता नहीं होती है। विद्यार्थियों को सीखने हेतु डराने धमकाने एवं विषयवस्तु को किसी भी कीमत पर याद रखने हेतु मजबूर करने की आवश्यकता नहीं होती है। परन्तु भविष्य के लिए पेशेवर तैयार करने की आवश्यकता होती है। पेशेवर प्राध्यापक ही पेशेवर तैयार कर सकते हैं। इसका आशय यह है कि एक प्राध्यापक पेशेवर एवं पेशेवर प्राध्यापक ही होना चाहिये। वह विद्यार्थियों के केरियर को बना या बिगाड़ सकता है। पेशेवर प्राध्यापक ऐसा व्यक्ति होता है जो सीखने के सिद्धांतों एवं सूचना प्रौद्योगिकी का उपयोग कर सभी विद्यार्थियों में निपुणता एवं प्रवीणता का विकास करता है। विद्यार्थियों को किफायती, तेज, प्राकृतिक एवं आनंदपूर्वक रूप से सिखाने के लिए प्राध्यापक एक नियोजनकर्ता की भूमिका अदा करता है। विद्यार्थियों को प्रभावी एवं दक्ष तरीके से सीखने के लिए एक प्राध्यापक विविध भूमिकाएं सम्पादित करता है। एक प्राध्यापक की भूमिका के विविध आयाम निम्नलिखित है:

- सीखने हेतु प्रभावी एवं दक्ष योजना तैयार करना।

- सीखने के अनुभवों जैसे सीखने की सामग्री, सीखने की गतिविधियां, सीखने हेतु समस्याएं, सीखने हेतु परियोजनाएं, सीखने हेतु नियत कार्यों की संरचना करना ताकि निपुणता एवं प्रवीणता का विकास किया जा सके।
- विद्यार्थियों में पेशेवर एवं पेशे से जुड़ी हुई निपुणताओं के विकास के लिए सीखने हेतु परिचर्चा, संवाद, अभ्यास, प्रतिस्पर्धा, सृजनशीलता सत्र इत्यादि आयोजित करना।
- सीखने की योजना के अनुसार सीखने की गतिविधियों को क्रियान्वित एवं नियंत्रित करना तथा सीखने की प्रगति का मूल्यांकन करना।
- विद्यार्थियों को सीखने हेतु मार्गदर्शन देना, सहायता करना एवं प्रोत्साहित करना।
- विद्यार्थियों की सीखने सम्बन्धी समस्याओं की पहचान करना एवं उपयुक्त विधियों का उपयोग कर उन्हें हल करना।
- भौतिक एवं सीखने के संसाधनों का आयोजन कर सीखने हेतु स्वस्थ वातावरण का निर्माण करना।
- सतत् मूल्यांकन के द्वारा सुनिश्चित करना कि सभी विद्यार्थी सीखने के पूर्व निर्धारित स्तर को प्राप्त करें।
- सीखने की जवाबदारी विद्यार्थियों को देकर उनकी सीखने की परिपक्वता बढ़ाना।
- विद्यार्थियों की सीखने की व्यक्तिगत आवश्यकता को ध्यान में रखकर सीखने की प्रविधि में लचीलापन लाना।
- सीखने की प्रक्रिया को संचालित करने के लिए सीखने के संसाधन, जैसे स्वयं सीखने के माड्यूल, मेन्यूअल, मॉडल, वीडियो फिल्म कम्प्यूटर आधारित पाठ, ई–पुस्तक, इत्यादि तैयार करना।
- विद्यार्थियों को शोध करने हेतु प्रेरित करना एवं उनको शोध करने हेतु मुद्दे देने हेतु खोजबीन करना।
- पेशेवर निपुणता को परिशोधित करने के लिए खोज भ्रमण, औद्योगिक निरीक्षण, उद्योगों में प्रशिक्षण द्वारा अनुभव, एवं शोध संस्थाओं का भ्रमण आयोजित करना।
- कार्यशाला में उपकरणों एवं मशीनों को आयोजित एवं तैयार करना ताकि विद्यार्थी सीखने हेतु अभ्यास कर सके एवं जो उन्होंने सीखा है उसका उपयोग कर सकें।
- विद्यार्थियों की सीखने सम्बन्धी प्राप्तियों को मान्यता प्रदान करना।

- सीखने के परिणामों के आधार पर विद्यार्थियों को सकारात्मक, रचनात्मक एवं प्रोत्साहक फीडबैक प्रदान करना।
- सीखने की प्रविधि में चुनौतियों का समावेश करना।
- विद्यार्थियों के व्यवहार एवं सीखने की अभिवृत्ति का निरीक्षण करना एवं उन्हें उनकी रुचि के अनुसार सीखने के कार्य हेतु लगाना।
- विद्यार्थियों की प्रतिभा ज्ञात कर सीखने हेतु दोहन करना।
- सीखने की प्रक्रिया में सीखने हेतु संघर्ष का समावेश करना।
- सीखने की प्रक्रिया में विद्यार्थियों की सृजनशीलता को बढ़ावा देना।

एक लेखक शिक्षकों को पाँच वर्गों में वर्गीकृत करता हैं। ये है विरोधी हमेशा संस्था के विरुद्ध कार्य करता है एवं सकारात्मक बदलाव लाने हेतु उसके पास कोई सुझाव नहीं होते हैं। दूसरा वह जो हमेशा संस्था को छोड़ने की सोचता रहता है। तीसरा पारम्परिक होता है जो उसी पाठ को वर्षों तक पढ़ाता रहता है चाहे पाठ्यक्रम बदल जाये। चौथा नवाचारी होता है जो सक्रिय होता है, भविष्य की आवश्यकताओं का अनुमान लगाकर बदलाव लाने की योजना बनाता है। इस प्रकार के शिक्षक को पदोन्नति नहीं देकर एवं विभागीय जाँच बैठाकर पुरस्कृत किया जाता है।

एक प्राध्यापक उसके जीवन की जवानी जो कि स्वर्णिम समय होता है एवं स्वर्णिम समय का भी स्वर्णिम समय जो कि दिन का उत्पादक समय होता है विद्यार्थियों को सिखाने में लगा देता है। अतः प्रत्येक प्राध्यापक को विद्यार्थियों को सिखाने के क्षेत्र में चमत्कार करना चाहिये नहीं तो उसका जीवन पहिये में उपयोग की जाने वाली लकड़ी के समान है।

यह न केवल प्राध्यापक के जीवन का व्यर्थ है परन्तु वह हजारों भावी नौजवान पेशेवरों के जीवन को खतरा है। वह देश की अर्थव्यवस्था एवं प्रगति के लिए नगण्य योगदान करता है। अतः एक प्राध्यापक होने के नाते उसे राष्ट्रनिर्माण के सर्वश्रेष्ठ पेशे का आनन्द लेना चाहिये एवं देश के युवाओं को पेशेवर के रूप में प्राध्यापक होने के नाते उसे सम्मान एवं गर्व के साथ जीना चाहिये। प्राध्यापक उनकी पेशवरता के स्तर का आंकलन इस अध्याय के अन्त में दिये गये प्रपत्र 1.1 में जानकारी प्रदान कर कर सकते हैं।

10. प्राध्यापक हेतु भूमिका निर्वाह करने के लिए मार्गदर्शक बिन्दु (Guidelines for Performing the Role of a Teacher)

प्राध्यापकों की भूमिका बहुआयामी एवं चुनौतीपूर्ण है जहाँ तक विद्यार्थियों के सीखने का प्रश्न है सभी विद्यार्थियों में वाँछित निपुणताओं का विकास करने

के लिए प्राध्यापकों हेतु निम्नलिखित मार्गदर्शक बिन्दुओं को सूचीबद्ध किया गया है:

- वाँच्छित निपुणताओं का विकास करने के लिए एवं सीखने की प्रविधि को प्रभावी एवं दक्ष तरीके से क्रियान्वित करने के लिए निपुणता एवं सत्र योजना तैयार कीजिये।
- शैक्षणिक मनोविज्ञान एवं तकनालॉजी के सिद्धांतों का पालन करके सीखने के संसाधनों, विशेषकर सीखने के लिए नियत कार्य एवं विद्यार्थी केन्द्रित सीखने की गतिविधियाँ तैयार करिए।
- निपुणता एवं सत्र योजना में विद्यार्थियों के व्यक्तिगत अन्तर को ध्यान रखिये। विभिन्न प्रकार की विधियों, जैसे समस्या हल करना, उपचारात्मक कक्षाएँ एवं सेतु कार्यक्रमों के माध्यम से विद्यार्थियों की सीखने सम्बन्धी समस्याओं को हल करिये।
- सीखने की प्रक्रिया में चुनौतियों का समावेश करके सीखने की कठिनाई के स्तर को क्रमशः बढ़ाइये।
- सत्र के शुरुआत में हमेशा ठोस परिकल्पनाओं एवं विचारों पर कार्य करिये। विद्यार्थियों में अमूर्त परिकल्पनाओं के विकास के लिए सोच एवं सृजनशीलता का उपयोग करिये।
- विद्यार्थियों की सीखने की आवश्यकता, शैली, रुचि एवं गति को ध्यान में रखकर लचीली सीखने की प्रक्रिया का उपयोग करिये। सीखने की जवाबदारी विद्यार्थियों को देकर यह संभव है।
- स्वयं, सतत् एवं अन्तिम मूल्यांकन का उपयोग करिये एवं मूल्यांकन के तुरंत पश्चात सीखने में सुधार हेतु सकारात्मक एवं रचनात्मक फीडबैक प्रदान करिये।
- सीखने की गतिविधियाँ, घटनाएं एवं प्रक्रिया एक-दूसरे पर निर्मित करिये ताकि विद्यार्थी एक सीख प्राप्त कर दूसरी की ओर बढ़ सके।
- सीखने की प्रक्रिया को सीढ़ी जैसा बनाया जा सकता है, जिसमें एक मंजिल चढ़कर आराम करके अगली मंजिल पर पहुंचने हेतु ऊर्जा प्राप्त की जाती है।
- सीखने के संसाधनों को इस प्रकार आयोजित करिये कि वे किसी भी समय विद्यार्थियों की पहुंच में हो। यदि संभव हो तो विद्यार्थियों को साफ्ट कॉपी प्रदान करें।

- सीखने की प्रक्रिया में विद्यार्थियों की प्रतिभा एवं सृजनशीलता का उपयोग करने का प्रावधान करिये।
- विद्यार्थियों की सीखने की समस्याओं को समझें एवं उनका उचित उपचार करें। सीखने की समस्याओं को रोका भी जा सकता है।
- सीखने की प्रक्रिया के दौरान विद्यार्थियों से मित्रवत व्यवहार करें। आप भी सीखने की प्रक्रिया में सहभागी बनें। विद्यार्थियों के सीखने के प्रति सकारात्मक रुख रखें। सीखने की सम्पूर्ण प्रक्रिया के दौरान सकारात्मक एवं पुरस्कार प्रदान करने वाली सोच को बढ़ावा दें।
- विद्यार्थियों की सीखने की प्रगति को मान्यता प्रदान करें एवं पुरस्कृत करें।
- विद्यार्थियों को सीखने की प्रक्रिया में सक्रिय होने के लिए प्रोत्साहित करें। सीखने की प्रक्रिया का नेतृत्व करने के लिए उन्हें अवसर प्रदान करें।
- सीखने की विविध घटनाओं, अनुभवों एवं विधियों का उपयोग करें ताकि सीखने की प्रक्रिया में रुचि, खुशी, चुनौती एवं प्रतिस्पर्धा सुनिश्चित की जा सके। सीखने की प्रक्रिया में विविधता इसलिए भी आवश्यक है कि सीखने हेतु विद्यार्थी सभी इन्द्रियों की क्षमता का उपयोग कर सके। सीखने की प्रक्रिया में विविधता प्रक्रिया को गतिशील एवं माँगपूरक बनाती है। प्राध्यापकों को इस बात का ध्यान रखना चाहिये कि विविधता को विद्यार्थियों की सीखने की कीमत पर लागू नहीं करना चाहिये।
- यह सुनिश्चित करिये कि सीखने की प्रविधि में निपुणता से सम्बद्ध अभिवृत्ति का विकास निपुणता के साथ-साथ हो। आन्तरिक निपुणता के विकास के साथ सम्बद्ध एवं संबंधित निपुणताओं का विकास सीखने की उपयुक्त विधि का चयन करके करिये।
- सीखने की घटनाओं को इस प्रकार आयोजित करिये कि विद्यार्थी वास्तविक जीवन की परिस्थिति का अनुभव करें।
- कार्यस्थल पर सीखने, उद्योगों में सीखने, निरीक्षण द्वारा सीखने एवं परियोजना से सीखने की क्षमता का दोहन करिये।
- सम्बद्धता के नियम का उपयोग करिये एवं सभी सम्बद्ध परिकल्पनाओं को एक साथ रखिये।
- सीखने की प्रक्रिया में समानता एवं विरोधाभास के नियम का उपयोग करें।
- ऐसी परिस्थिति का निर्माण करें जिसमें विद्यार्थी सीखने के तनाव एवं खुशी को देख, महसूस एवं अनुभव कर सके।
- सीखने की घटनाओं को उच्च ज्ञान, कौशल एवं अभिवृत्ति का विकास करने के क्रम में आयोजित करिये। सीखने की घटनाओं को इस प्रकार

आयोजित करिये कि प्रत्येक घटना में सीखने के प्रयास एवं समय बराबर लगे।

11. पारम्परिक रूप से पढ़ाने की अपेक्षा निपुणता विकास हेतु आवश्यक आमूलचूल बदलाव (Paradigm Shift from Teaching to Competency Based Learning)

पारम्परिक रूप से पढ़ाने वाली संस्थाओं को विद्यार्थियों में निपुणता विकसित करने वाली संस्था के रूप में बदलना थोड़ा कठिन कार्य है। परन्तु यह आज भी शिक्षा की आवश्यकता है। उच्च एवं तकनीकी शिक्षा प्रदान करने वाली संस्थाओं को पेशेवर तैयार करने हेतु सीखने की विधियों में आमूलचूल परिवर्तन लाने की आवश्यकता है। संस्था के संस्थापक, निदेशक एवं वरिष्ठ प्राध्यापकों को निपुणता आधारित सीखने को बढ़ावा देना चाहिये न कि पढ़ाने को। उन्हें सीखने पर केन्द्रित विधियों का उपयोग करने के लिए सुविधाएँ तैयार करना चाहिये। प्रत्येक संस्था में सीखने के संसाधन तैयार करने एवं उपयोग करने हेतु एक केन्द्र की स्थापना करना चाहिये जो सीखने की प्रक्रिया को सहारा दे सके। सीखने के संसाधन तैयार करने एवं उपयोग करने हेतु सभी प्राध्यापकों को प्रेरित किया जाना चाहिये। विभिन्न मापदण्डों पर आवश्यक आमूलचूल परिवर्तन को चित्र 1.5 में दर्शाया गया है।

चित्र 1.5: पढ़ाने से सिखाने की ओर

मापदण्ड	*पढ़ाना*	*सीखना*
केन्द्र	प्राध्यापक	विद्यार्थी
सीखना	निष्क्रिय	सक्रिय
सिद्धांत	पढ़ाने के सिद्धांत	सीखने के सिद्धांत
सीखने की जवाबदारी	प्राध्यापक	विद्यार्थी
प्राध्यापक की भूमिका	निदेशात्मक	सहभागी
प्रेरणा	प्राध्यापक विद्यार्थियों को प्रेरित करता है।	सीखने हेतु स्वप्रेरणा को बढ़ावा देता है।
शक्ति	प्राध्यापक विशेषज्ञता एवं पद की शक्ति का उपयोग करते हैं।	विद्यार्थियों को सिखने हेतु सशक्त बनाते हैं। सीखने हेतु सीखना सिद्धांत को बढ़ावा देते हैं।

(क्रमशः)

मापदण्ड	पढ़ाना	सीखना
बल	पाठ्यक्रम पूर्ण करना	बदलते हुए व्यवसाय, नवाचार एवं विकास के बारे में सीखना
प्राध्यापक की सोच	विद्यार्थियों को नियंत्रित करने की आवश्यकता होती है।	यदि विद्यार्थियों को मार्गदर्शन प्रदान किया जाये तो वे स्वयं सीखने की क्षमता रखते हैं।
मान्यता	सफलता का श्रेय प्राध्यापक लेते हैं।	सफलता का श्रेय विद्यार्थी लेते हैं।
पुरस्कार	बाह्य	बाह्य एवं आन्तरिक
जानकारी	नियंत्रित जानकारी	जानकारी की स्वतंत्र रूप से उपलब्धता
समस्या	प्राध्यापक समस्या हेतु जवाबदारी लेते हैं	विद्यार्थी समस्याओं को हल करने की जवाबदारी लेते हैं।
संप्रेषण	एक तरफा	संप्रेषण के सभी माध्यमों का उपयोग
सृजनशील एवं नवाचार	सृजनशीलता हेतु कम अवसर विश्लेषात्मक सोच पर जोर	सीखने में सृजनशीलता को बढ़ावा
विकास के अवसर	सीमित	जीवनपर्यन्त सीखने के अवसर
पद्धति	प्राध्यापक केन्द्रित	विद्यार्थी केन्द्रित
मध्यम का उपयोग	पारम्परिक	बहुआयामी
प्रभाव	परीक्षा उत्तीर्ण करना	जीवनपर्यन्त सीखना
बल	प्रदाय युक्त	मांग युक्त
सीखने का तरीका	औपचारिक	औपचारिक एवं अनौपचारिक
पढ़ाने का केन्द्र	पाठ्यक्रम	निपुणता विकास
पद्धति	सामान्य	सामान्य एवं विशिष्ट

12. सारांश (Summary)

- उच्च एवं तकनीकी शिक्षा संस्थाओं में पढ़ाने के बजाय सीखने की परिकल्पना को बढ़ावा देना चाहिये।
- सीखने के माध्यम से विद्यार्थियों में पेशेवर निपुणता एवं प्रवीणता का विकास होना चाहिये।
- विद्यार्थियों में विविध गुण होते हैं इन गुणों को ध्यान में रखते हुए सीखने की प्रक्रिया में विविध सीखने की घटनाओं एवं गतिविधियों

का समावेश करना चाहिये ताकि उनकी सीखने की आवश्यकता की पूर्ति हो सके।

- ऐसी कई सीखने की विधियाँ हैं जो रुचिपूर्ण, आनन्दपूर्वक एवं प्राकृतिक रूप से निपुणता का विकास करने में सहायक होती है। प्राध्यापकों द्वारा सीखने की प्रविधि की संरचना करते समय इन विधियों का समावेश करना चाहिये।
- प्राध्यापकों को विद्यार्थियों में निपुणता एवं प्रवीणता का विकास करने के लिए अनेक एवं विविध प्रकार की भूमिकाओं का निर्वाह करना होता है। शिक्षा मनोशास्त्र एवं तकनॉलाजी के सिद्धांतों का उपयोग कर वे सीखने की प्रक्रिया को सरल बनाते हैं।
- आज के परिपेक्ष्य में प्राध्यापकों का कार्य पढ़ाना नहीं वरन् सभी विद्यार्थियों में निपुणता एवं प्रवीणता का विकास करना होता है ताकि वे नियोक्ता की संस्था में पेशेवर ढंग से कार्य कर सकें।

13. प्रपत्र (Format)

प्रपत्र 1.1: प्राध्यापक की पेशेवरता का मूल्यांकन

निम्नलिखित प्रपत्र में एक पेशेवर प्राध्यापक के गुण दिये गये हैं। आप अपनी पेशेवरता के स्तर का मूल्यांकन इस प्रपत्र का उपयोग कर कर सकते हैं। प्रपत्र में दिये गये प्रत्येक सूचक पर ईमानदारी से स्वयं का मूल्यांकन करिये। इस प्रपत्र द्वारा आपको प्राप्त अंक आपकी पेशेवर पद्धति का स्तर निर्धारित करेंगे।

सूचक: 5-सर्वोच्च स्तर की पेशेवरता, 4-उच्च स्तर की पेशेवरता, 3-मध्यम स्तर की पेशवरता, 2-निम्न स्तर की पेशेवरता एवं 1-न्यूनतम स्तर की पेशेवरता

क्र.	*पेशेवरता के सूचक*	*पेशेवरता का स्तर*
अ.	**स्वयं के बारे में सोच**	
1.	मैं अपने पेशे एवं कार्य का पूर्ण आदर करता हूँ।	
2.	मैं अपनी शक्तियाँ जानता हूँ।	
3.	मैं अपनी कमजोरियाँ जानता हूँ।	
4.	मैं अपने भविष्य् दृश्य (जो मुझे प्राप्त करना है) को जानता हूँ।	
5.	मैं स्वयं के विकास के लिए अवसर खोजता हूँ।	
6.	मैं पेशेवर निपुणता एवं पद्धति को परिष्कृत करने के वैकल्पिक तरीकों की तलाश करता हूँ।	

(क्रमशः)

क्र.	पेशेवरता के सूचक	पेशेवरता का स्तर
7.	मैं विद्यार्थियों को सिखाकर खुश होता हूँ।	
8.	मैं अपनी भूमिका के प्रति जवाबदेह हूँ।	
9.	विद्यार्थियों को आनन्दपूर्वक सिखाने में से आत्मविश्वास रखता हूँ।	
10.	मैं समर्पित प्राध्यापक हूँ।	
ब.	**तकनीकी निपुणताएँ**	
11.	मैं अपनी तकनीकी निपुणताओं को बनाये रखने के लिए नियमित रूप से प्रशिक्षण, कार्यशाला, संगोष्ठी, परिचर्चा एवं बैठक में भाग लेता हूँ।	
12.	मैं उद्योगों एवं शोध संस्थाओं में ताजा तकनालॉजी पर प्रशिक्षण लेता हूँ।	
13.	मैं अन्तर्राष्ट्रीय शोधपत्रों का अध्ययन करता हूँ।	
14.	मैं सन्दर्भ पुस्तकों का अध्ययन करता हूँ।	
15.	मैं अपने संकाय में शोध कार्य करता हूँ।	
16.	मैं उद्योगों की समस्याओं को हल करने के लिए परामर्श परियोजनाएं लेता हूँ।	
17.	मैं उद्योगों में नवाकार लाने की परियोजनाओं की संरचना करता हूँ।	
18.	मैं अपने संकाय के विषयों पर पाठ्यपुस्तकें एवं संदर्भ पुस्तके लिखता हूँ।	
19.	मैं कार्यक्षेत्र में गुणता सुनिश्चित करता हूँ।	
20.	मैं पेशेवरता विकास हेतु विभिन्न विषयों एवं मुद्दों पर संगोष्ठियाँ आयोजित करता हूँ।	
स.	**पेशेवर निपुणता**	
21.	मैं चुनौतीपूर्ण लक्ष्य निर्धारित करता हूँ।	
22.	मैं प्रयोजनयुक्त कार्य करता हूँ।	
23.	मैं अपने पेशे के प्रति वफादार हूँ।	
24.	मै सीखने के लक्ष्यों की प्राप्ति के लिए निपुणता एवं सत्र योजना तैयार करता हूँ।	
25.	मैं लक्ष्य प्राप्ति हेतु प्रभावी एवं दक्ष रणनीतियाँ तैयार करता हूँ।	

(क्रमशः)

क्र.	पेशेवरता के सूचक	पेशेवरता का स्तर
26.	मैं लक्ष्य प्राप्ति के लिए वैकल्पिक रणनीतियाँ तैयार करता हूँ।	
27.	मैं विद्यार्थियों के सीखने के लिए प्रभावी सीखने के संसाधन, जैसे पर्चा, मार्गदर्शक बिन्दु, मेन्यूअल, पावरप्वाइंट प्रस्तुतिकरण, मल्टीमीडिया पेकेज, कार्य पुस्तक, वीडियों फिल्म, कम्प्यूटर आधारित पाठ इत्यादि तैयार करता हूँ।	
28.	मैं नियमित रूप से विभिन्न विषयों, जैसे शिक्षा मनोविज्ञान, शिक्षा तकनालॉजी, पाठ्यक्रम विकास, मूल्यांकन, इत्यादि पर आयोजित प्रशिक्षण, कार्यशाला एवं संगोष्ठी में भाग लेता हूँ।	
29.	मैं विभिन्न विधियों का उपयोग कर विद्यार्थियों को उनके लक्ष्य प्राप्त करने हेतु प्रेरित एवं प्रोत्साहित करता हूँ।	
30.	मैं अपनी प्रभावशीलता एवं दक्षता का नियमित मूल्यांकन करता हूँ।	
द.	**पद्धति**	
31.	मैं विद्यार्थियों की सीखने की आवश्यकताओं एवं पाठ्यक्रम के प्रावधानों को स्पष्ट रूप से जानता हूँ।	
32.	मैं विद्यार्थियों को सीखने की जवाबदारी लेने के लिए प्रेरित करता हूँ।	
33.	मैं विद्यार्थियों को सीखने की सही आदतों का पालन करने हेतु प्रोत्साहित करता हूँ।	
34.	मैं विद्यार्थियों को सीखने हेतु स्वायत्तता प्रदान करता हूँ।	
35.	मैं विद्यार्थियों के साथ स्वस्थ एवं मित्रवत संबंध रखता हूं।	
36.	मैं विद्यार्थी केन्द्रित रुचिकर, मनोरंजक एवं खुशी से सीखने वाली विधियों का उपयोग करता हूँ।	
37.	मैं सीखने की विभिन्न विधियों की संरचना कर उपयोग करता हूँ। ये विधियाँ इस प्रकार हैं: परिचर्चा, प्रकरण अध्ययन, सिमुलेशन शैक्षणिक खेल, भूमिका अदा करना, सक्रियता से सीखना, सेमीनार, समस्या हल करना, नियतकार्य आदि। इन विधियों का उपयोग कर मैं सीखने हेतु वातावरण एवं चुनौतियाँ तैथार करता हूँ।	

(क्रमशः)

क्र.	पेशेवरता के सूचक	पेशेवरता का स्तर
38.	मैं विद्यार्थियों की सीखने वाली टीम में भाग लेता हूँ।	
39.	मैं प्रभावी सम्प्रेषण करता हूँ।	
40.	मैं विद्यार्थियों में सीखने की प्रक्रिया के दौरान उच्च स्तर के सोचने के गुण विकसित करता हूँ। ऐसा मैं प्रेरक प्रश्न पूछ कर, ताजा मुद्दों पर परिचर्चा करके एवं सीखने के अभ्यास में कठिनता बढ़ाकर करता हूँ।	
41.	मैं सीखने की प्रक्रिया में समय, सीखने की विधि, सीखने की शैली एवं सीखने के स्थान को ध्यान में रखकर लचीली पद्धति का उपयोग करता हूँ।	
42.	मैं सीखने की प्रक्रिया में सृजनशीलता को बढ़ावा देता हूँ।	
43.	मैं विद्यार्थियों के सीखने हेतु संस्था के संसाधनों, समय एवं धन का पूर्ण उपयोग करता हूँ।	
44.	मैं सीखने की सम्पूर्ण एवं योजनाबद्ध पद्धति का उपयोग करता हूँ।	
45.	मैं विद्यार्थियों को मार्गदर्शन प्रदान करता हूँ एवं परामर्श देता हूँ।	
ई.	**अभिवृत्ति**	
46.	मैं अपने कार्य के प्रति समयबद्ध हूँ।	
47.	मैं विद्यार्थियों को सीखाने के लिए समर्पित हूँ।	
48.	मैं स्वयं अनुशासित हूँ।	
49.	मैं मेरे पेशे से सम्बन्धित नयी चीजों को सीखने हेतु प्रेरित रहता हूँ।	
50.	मैं अपने पेशे के नियमों का आदर करता हूँ एवं उनका पालन करता हूँ।	
51.	विद्यार्थी बिना तनाव के आनन्दपूर्वक सीखे इस हेतु में ध्यान देता हूँ।	
52.	मैं विद्यार्थियों के बीच के आपसी अन्तर को ध्यान में रखकर सीखाता हूँ।	
53.	मैं सीखाने के लिए स्वयं पहल करता हूँ।	
54.	मैं विद्यार्थियों के साथ पक्षपात नहीं करता हूँ।	
55.	मैं सिखाने के उच्च मानक प्राप्त करता हूँ।	

(क्रमशः)

क्र.	पेशेवरता के सूचक	पेशेवरता का स्तर
उ.	**नवाचार**	
56.	मैं बहुधा व्याख्यान के विकल्प के बारें में सोचता हूँ।	
57.	विद्यार्थी प्रभावी एवं दक्ष तरीके से सीखे इस हेतु में प्रयोग एवं शोध करता हूँ।	
58.	मैं सीखने की प्रक्रिया में सुधार लाने हेतु सीखने के नये तरीके एवं साधनों का उपयोग करता हूँ।	
59.	मैं प्रभावीरूप से सिखाने के लिए अवसरों का सदुउपयोग करने हेतु जोखिम उठाता हूँ।	
60.	मैं अपनी निपुणता एवं प्रवीणता को चुनौती देता हूँ।	
61.	मैं अपनी भूमिका का निर्वाह करने में नये-नये तरीकों का समावेश करता हूँ।	
62.	मैं साथी प्राध्यापकों के साथ विद्यार्थियों को सिखाने संबंधी अनुभवों को बांटता हूँ।	
63.	मैं सिखाने हेतु नवीन विधियों का उपयोग करता हूँ।	
64.	मैं संस्थान में सुविधाएं तैयार करने के लिए नेतृत्व करता हूँ।	
65.	मैं बदलाव का स्वागत करता हूँ।	
फ.	**मूल्यांकन**	
66.	विद्यार्थियों की सीखने में प्रगति के आधार पर मैं नियमित रूप से अपनी सिखाने की क्षमता का मूल्यांकन करता हूँ।	
67.	मैं अपनी पेशेवरता में सुधार लाने के लिए स्वयं मूल्यांकन एवं अन्य द्वारा दिये गये फीडबैक के आधार पर सुधार लाने के प्रयास करता हूँ।	
69.	मैं मूल्यांकन के द्वारा अपनी अभिवृत्ति में सकारात्मकता लाता हूँ।	
70.	मैं अपनी प्राप्तियों का मूल्यांकन करता हूँ एवं कार्य सम्पादन में सुधार करता हूँ।	

14. अभ्यास प्रश्न (Practice Questions)

1. उच्च एवं तकनीकी शिक्षा के परिपेक्ष्य में सीखने को परिभाषित करिये।
2. उच्च एवं तकनीकी शिक्षा के विद्यार्थियों की पाँच अकादमिक आवश्यकताओं को लिखिये।
3. नियोक्ताओं की उच्च शिक्षा के छात्रों से पाँच अपेक्षाएँ लिखिये।
4. नियोक्ताओं की तकनीकी शिक्षा के छात्रों से की जाने वाली पाँच अपेक्षाओं को लिखिये।

5. पाठ्यक्रम को परिभाषित कीजिये।
6. निपुणता को परिभाषित कीजिये।
7. प्रवीणता को परिभाषित कीजिये।
8. विद्यार्थियों की सीखने की परिपक्वता को परिभाषित कीजिये।
9. उच्च एव तकनीकी शिक्षा के विद्यार्थियों के दस गुण लिखिये।
10. सीखने की प्रविधि को परिभाषित कीजिये।
11. सीखने की प्रविधि के दस आयाम सूचीबद्ध करिये।
12. सीखने की प्रक्रिया को विद्यार्थी केन्द्रित कैसे बनाया जा सकता है?
13. सीखने के क्षेत्रों का संक्षिप्त वर्णन कीजिये।
14. एक प्राध्यापक को सीखने के क्षेत्र की समझ क्यों होना चाहिये?
15. सीखने की विधियों को सूचीबद्ध करिये।
16. अभ्यास करने के पाँच लाभ लिखिये।
17. परियोजनाओं से कौनसी निपुणताओं का विकास होता है?
18. समस्या हल कर सीखने की विधि के पाँच लाभ लिखिये।
19. समस्या हल कर सीखने की विधि से कौनसी निपुणताओं का विकास किया जाता है?
20. विद्यार्थियों को नियत कार्य देना क्यों आवश्यक होता है?
21. परिचर्चा के माध्यम से कौनसी निपुणताओं का विकास किया जाता है?
22. परिचर्चा के माध्यम से कौनसे सीखने के क्षेत्र की निपुणताओं का विकास होता है?
23. आत्म विश्लेषण करना क्यों आवश्यक है?
24. सीखने की प्रक्रिया में संघर्ष का प्रावधान क्यों होना चाहिये?
25. सीखने की प्रक्रिया में चुनौतियों का समावेश करने के क्या लाभ हैं?
26. सामूहिक रूप से सीखने के पाँच लाभ लिखिये?
27. सामूहिक रूप से सीखने से कौनसी निपुणताओं का विकास होता है?
28. सक्रियता से सीखने को परिभाषित करिये।
29. सक्रियता से सीखने के माध्यम से कौनसी निपुणताओं का विकास होता है? किन्हीं पाँच निपुणताओं को लिखिये।
30. सीखने हेतु अवसरों की खोज करने के तीन तरीकों को बताइये।
31. पढ़ते समय उपयोग की जाने वाली पाँच आदतों के बारे में बतलाइये।
32. निरीक्षण द्वारा कौनसी निपुणताओं का विकास होता है?
33. सुनते समय बरती जाने वाली पाँच सावधानियाँ लिखिये।

34. गलतियों से सीखने के पाँच तरीकों के बारे में लिखिये।
35. गलतियों से सीखने के माध्यम से विकसित की जाने वाली तीन निपुणताओं को लिखिये।
36. नकल करके सीखने के तीन लाभ बतलाइये।
37. किसी के मार्गदर्शन में सीखने की तीन सीमाओं के बारे में लिखिये।
38. सीखने की प्रक्रिया में फीडबैक के तीन महत्व लिखिये।
39. फीडबैक के प्रकार बतलाइये।
40. खोज द्वारा सीखने से विकसित होने वाली तीन निपुणताओं को लिखिये।
41. सोचना सीखने के कौनसे क्षेत्र में आता है?
42. भूमिका निर्वाह से कौनसी निपुणताएँ विकसित होती हैं?
43. शैक्षणिक खेल को परिभाषित करिये।
44. एक प्राध्यापक द्वारा शैक्षणिक खेल का उपयोग क्यों करना चाहिये?
45. संगोष्ठी में भाग लेने से किस प्रकार की सीख मिलती है?
46. इन्टरनेट के माध्यम से कौनसी निपुणताएँ विकसित की जाती हैं?
47. शोध के माध्यम से विकसित की जाने वाली तीन निपुणताओं को लिखिये।
48. शारीरिक कौशल का विकास करने के लिए उपयोग की जाने वाली तीन विधियों के बारे में बतलाइये।
49. सृजनशीलता विधियों का उपयोग कर विकसित की जाने वाली पाँच निपुणताओं को लिखिये।
50. मूल्यांकन विधि द्वारा कौनसी निपुणताएँ विकसित होती हैं?
51. प्रयोग करने से सीखने के कौनसे क्षेत्र में कौशल विकसित किये जा सकते हैं?
52. अनुभवों से सीखने के तीन लाभ लिखिये।
53. प्रतिस्पर्धा से कौनसी निपुणताएँ विकसित की जाती हैं?
54. सीखने की प्रक्रिया में सीखने के संसाधनों के दस उपयोग लिखिए।
55. सीखने की शैली को परिभाषित कीजिये।
56. कोल्ब द्वारा सुझायी गई सीखने की शैलियों का संक्षिप्त वर्णन करिये।
57. अरगिरिस द्वारा सुझायी गई एक चक्र एवं दोहरा चक्र सीखने की शैली को परिभाषित कीजिये।
58. बायडेल एवं लेरी द्वारा सुझाये गये कार्य निष्पादन के तीन पद एवं उनसे सम्बद्ध सीखने की शैलियों के नौ पदों के बारे में संक्षिप्त में लिखिये।

59. रोसनबर्ग द्वारा वर्गीकृत की गई सीखने की शैलियों का संक्षिप्त वर्णन करिये।
60. पढ़ाने एवं सीखने की प्रक्रिया का संक्षिप्त वर्णन करिये।
61. सिखाने हेतु प्राध्यापक की भूमिका का संक्षिप्त वर्णन करिये।
62. सिखने की प्रक्रिया में विद्यार्थियों की भूमिका का वर्णन करिये।
63. सिखाने हेतु ध्यान रखने योग्य मार्गदर्शक बिन्दुओं का संक्षिप्त वर्णन करिये।
64. पढ़ाने से सीखने की ओर बदलाव लाने का महत्व बतलाइये।
65. पढ़ाने से सीखने की ओर बदलाव लाने को बदलाव चित्र द्वारा दर्शाइये।

15. गतिविधियाँ (Activities)

गतिविधि 1.1 : प्रपत्र 1.1 का उपयोग कर अपनी पेशेवरता का मूल्यांकन करिये।

गतिविधि 1.2 : अपनी पेशेवरता में सुधार लाने हेतु कार्य योजना बनाइये।

गतिविधि 1.3 : आपके विद्यार्थियों की अपेक्षाओं की सूची तैयार करिये।

गतिविधि 1.4 : नियोक्ताओं की आपके विद्यार्थियों से अपेक्षाओं की सूची तैयार करिये।

गतिविधि 1.5 : आपके विद्यार्थियों की निपुणताओं एवं नियोक्ता द्वारा चाही गई निपुणताओं की तुलना करिये एवं अन्तर ज्ञात कीजिये।

2

व्याख्यान
(Lecture)

सीखने के उद्देश्य (Learning Objectives)

इस अध्याय को पढ़ाने के पश्चात् पाठक:

- व्याख्यान को परिभाषित कर सकेंगे।
- व्याख्यान की शक्तियों एवं सीमाओं को बता सकेंगे।
- निपुणता समूह, निपुणता एवं व्याख्यान आयोजित करने की योजना बना सकेंगे।
- व्याख्यान दे सकेंगे।
- विद्यार्थियों की सीखने की प्रगति का मूल्यांकन कर सकेंगे।
- दिये गये व्याख्यान की प्रभावशीलता एवं दक्षता का मूल्यांकन कर सकेंगे।
- व्याख्यान की प्रभावशीलता बढ़ाने की रणनीतियों को तैयार कर क्रियान्वित कर सकेंगे।

1. प्रस्तावना (Introduction)

अध्यापन हेतु उपयोग की जाने वाली विधियों में व्याख्यान बहुधा उपयोग की जाने वाली विधि है। सभी प्राध्यापक इसका उपयोग करते हैं चाहे वे नये हो या अनुभवी हों। प्राध्यापकों द्वारा इस विधि को उनके प्राध्यापकों से सीखा होता है। प्राध्यापक इस विधि का उपयोग जानकारी प्रदान करने के लिए करते हैं। वे कौशल एवं अभिवृत्ति के बारे में भी जानकारी इसी विधि का उपयोग करके प्रदान करते हैं। प्राध्यापक सोचते हैं कि यह बहुत ही सरल विधि है। जिसमें

कोई विशेष तैयारी करने की आवश्यकता नहीं होती है। प्राध्यापक सोचते हैं कि विषयवस्तु के बारे में जो कुछ भी वे जानते हैं उसे कक्षा में विद्यार्थियों को बतलाना होता है। वे यह भी सोचते हैं कि जो कुछ भी वे पढ़ाते हैं विद्यार्थी उसे सीख लेते हैं। यदि विद्यार्थी पूर्ण रूप से नहीं भी सीख पाते हैं तो जो कुछ भी उन्हें पढ़ाया गया है उसे वे पुस्तक से पढ़कर सीख सकते हैं। प्राध्यापक यह भी सोचते हैं कि जो कुछ वे पढ़ा रहे हैं परीक्षा की दृष्टि से महत्वपूर्ण हैं एवं विद्यार्थियों को परीक्षा उत्तीर्ण करने में सहायता करता है।

प्रशिक्षित एवं अनुभवी प्राध्यापक यह महसूस करते हैं कि व्याख्यान विधि सिखाने हेतु अप्रभावी एवं कमजोर विधि है। यह अप्रभावी इसलिए है कि इसके द्वारा विद्यार्थियों को सीखने के सभी क्षेत्र में नहीं सिखाया जा सकता है। एकतरफा संप्रेषण से उच्च स्तर के कौशल, जैसे योजना बनाना, समस्या हल करना, परिस्थिति का विश्लेषण करना इत्यादि नहीं सिखायें जा सकते हैं। प्राध्यापक का व्याख्यान सुनकर विद्यार्थी पेशेवर अभिवृत्ति का विकास नहीं कर सकते हैं। प्राध्यापक व्याख्यान के माध्यम से शारीरिक कौशल के बारे में जानकारी दे सकता है, परन्तु इनका विकास नहीं कर सकता है। व्याख्यान विधि को संचालित करने वाला मुख्य पात्र प्राध्यापक होता है, अतः पढ़ाने की जवाबदारी भी उसी की होती है। इस विधि में विद्यार्थी सीखने की जवाबदारी नहीं लेते हैं। यदि वे जवाबदारी लेते भी हैं तो सीखने का स्तर कम होता है। किसी प्राध्यापक के व्यक्तिगत गुणों के कारण विद्यार्थी व्याख्यान का आनन्द ले सकते हैं, परन्तु वे सीखने का आनन्द निश्चित रूप से नहीं लेते हैं। सभी विद्यार्थी व्याख्यान को रुचिकर रूप से, उनकी आवश्यकताओं एवं स्तर के अनुरूप नहीं ग्रहण करते हैं। व्याख्यान प्रभावी होते हैं क्योंकि ये विद्यार्थियों की सीखने की आवश्यकता को संतुष्ट नहीं करते हैं।

सीखने के दृष्टिकोण से भी व्याख्यान अप्रभावी होते हैं। विद्यार्थियों को सीखने हेतु ट्यूशन लेनी होती है एवं स्वयं सीखना पड़ता है या उनके साथियों से सीखना पड़ता है। विद्यार्थियों द्वारा सीखने पर लगाये गये दोहरे प्रयासों से राशि एवं समय व्यर्थ जाते हैं। इसके कारण विद्यार्थियों में तनाव उत्पन्न होता है। क्योंकि एक सेमिस्टर का समय तो निश्चित होता है। यह प्राध्यापक के दृष्टिकोण से भी दक्ष विधि नहीं है क्योंकि वह अधिकतम समय व्याख्यान में लगाता है, परन्तु इससे विद्यार्थियों को प्रभावी रूप से सीखने को नहीं मिलता है। व्याख्यान विधि का सीखने पर असर कम होता है, अतः प्राध्यापक भी निराश होकर विद्यार्थियों के बारे में इस प्रकार के निष्कर्ष निकालता है: विद्यार्थी

सीखने में रुचि नहीं लेते हैं, उनकी बुद्धिमत्ता का स्तर कमजोर है, विषय सीखने में कठिन है इत्यादि।

शैक्षणिक मनोविज्ञान, तकनालॉजी, शोध, सूचना प्रौद्योगिकी, समाज शास्त्र, इत्यादि के ज्ञान के उपयोग से विद्यार्थियों की सीखने की प्रक्रिया को समझकर सीखने की प्रविधि की संरचना वैज्ञानिक विधि से की जा सकती है। इन विषयों के सिद्धांतों का उपयोग कर विभिन्न विषयों के प्राध्यापक विद्यार्थियों में वाँच्छित स्तर की निपुणताओं का विकास सुनिश्चित कर सकते हैं। प्राध्यापक व्याख्यान के साथ सीखने की कई अन्य विधियों का उपयोग कर सकते हैं। उन्हें पुस्तक में दी गई सामग्री को श्यामपट् पर या पावरप्वाइन्ट पर उतारने की आवश्यकता नहीं है। उन्हें विद्यार्थियों को वह सामग्री प्रदान करने की आवश्यकता है जो विद्यार्थियों की पहुँच के बाहर है एवं जिसे विद्यार्थी स्वयं नहीं सीख सकते हैं। इन बातों को ध्यान में रखकर प्राध्यापकों को विद्यार्थियों में निपुणता विकास करने की योजना बनाने, क्रियान्वित करने एवं मूल्यांकन करने की आवश्यकता है।

2. व्याख्यान विधि की शक्तियाँ (Strengths of Lecture Method)

एक लम्बे समय से प्राध्यापक एवं शोधकर्ता व्याख्यान विधि की प्रभावशीलता एवं दक्षता बढ़ाने के उद्देश्य से कार्य कर रहे हैं। उन्होंने इस विधि की कमियों को ज्ञात कर उन्हें दूर करने एवं इसकी शक्तियों का दोहन करने हेतु प्रयास किये हैं। व्याख्यान विधि की अनेक एवं विविध क्षमताएं हैं। यदि प्रशिक्षण प्राप्त कर इस विधि का उपयोग किया जाये तो यह काफी हद तक प्रभावी हो सकती हैं। व्याख्यान विधि की क्षमताएं निम्नलिखित हैं:

- इस विधि का उपयोग विद्यार्थियों के एक बड़े समूह (50 से अधिक) के लिए किया जा सकता है। इस विधि द्वारा विद्यार्थियों को नई जानकारी प्रदान करने हेतु किया जाता है, जिसके आधार पर वे उच्च स्तर की मानसिक निपुणताओं का विकास कर सके एवं कौशल एवं अभिवृत्ति के विकास की शुरुआत कर सके।
- यह सिखाने एवं सीखने की लचीली विधि है जिसमें आवश्यकतानुसार सिखाने की अन्य विधियों के साथ उपयोग कर कठिन निपुणताओं का विकास किया जा सकता है।
- व्याख्यान कहीं पर भी एवं कभी भी दिया जा सकता है इस हेतु विशेष भौतिक एवं सीखने के संसाधनों की आवश्यकता नहीं होती है।

- इसके माध्यम से विद्यार्थियों को नयी निपुणता सीखने हेतु प्रोत्साहित किया जा सकता है। प्राध्यापक सीखने की प्रक्रिया को रुचिकर बना सकता है।
- इसके माध्यम से विद्यार्थियों को सीखने की प्रक्रिया से बाहर निकलने से रोका जा सकता है।
- विद्यार्थियों की समस्याओं को तुरन्त हल किया जा सकता है एवं प्रश्नों का उत्तर दिया जा सकता है।
- विद्यार्थियों को सीखने पर तुरन्त पुरस्कृत किया जा सकता है, जिससे उनकी सीख स्थायी होती है।
- प्राध्यापक सीखने की प्रगति को महसूस कर सीखने में कमी को तुरन्त दूर कर सकता है।
- इसके माध्यम से विद्यार्थियों के सीखने के एक से अधिक स्रोतों का उपयोग किया जा सकता है। प्राध्यापक सीखने के संसाधनों, जैसे ट्रांसपेरेन्सी, पावरप्वाइन्ट प्रस्तुतिकरण, फिल्म प्रस्तुतिकरण, इत्यादि का उपयोग कर सकता है। विद्यार्थियों को मॉडल का निरीक्षण करने, सामग्री को छूने एवं चखने हेतु कहकर सीखने की प्रक्रिया में शामिल कर सकता है।
- प्राध्यापक सीखने की प्रगति एवं स्तर का तुरन्त मूल्यांकन कर सकते हैं।
- बुद्धिमान विद्यार्थियों का उपयोग अन्य विद्यार्थियों को सिखने हेतु किया जा सकता है, जिससे बुद्धिमान विद्यार्थियों को मान्यता मिलती है एवं अन्य विद्यार्थी सीखने हेतु प्रेरित होते हैं। वे बुद्धिमान विद्यार्थियों जैसा बनने का प्रयास करते हैं।
- इसके माध्यम से कठिन एवं जटिल विषयवस्तु प्राध्यापकों एवं विद्यार्थियों द्वारा संयुक्त रूप से सीखी जा सकती है। विद्यार्थी प्राध्यापक के साथ चलते हैं। धीरे-धीरे प्राध्यापक सीखने की जवाबदारी विद्यार्थियों को हस्तांतरित कर सकता है।
- प्राध्यापक एवं विद्यार्थियों के बीच एक सामाजिक वातावरण का निर्माण होता है जिससे विद्यार्थियों की सामाजिक आवश्यकताओं की पूर्ति होती है।
- विद्यार्थी उनकी सीख को सत्यापित कर सकते हैं।

3. व्याख्यान हेतु तैयारी (Preparation for Lecture)

व्याख्यान विधि के द्वारा सिखाने की पूर्ण क्षमता का उपयोग करने के लिए प्राध्यापकों को प्रशिक्षित करना चाहिये। व्याख्यान देने के पूर्व उन्हें इसकी योजना

बनानी चाहिये। उन्हें भौतिक एवं सीखने के संसाधनों को योजना के अनुरूप आयोजित कर लेना चाहिये, ताकि व्याख्यान प्रभावी एवं दक्ष तरीके से दे सके। प्राध्यापकों द्वारा विद्यार्थियों में निपुणता विकसित करने की सम्पूर्ण योजना बनानी चाहिये। व्याख्यान के मुख्य चरण निम्नलिखित हैं:

योजना बनाना

- सीखने के उद्देश्य निर्धारित करें।
- विद्यार्थियों का प्रवेश स्तर ज्ञात करें।
- विद्यार्थियों के लिए नियत कार्यों की संरचना करें।
- विषयवस्तु आयोजित करें।
- भौतिक एवं सीखने के संसाधन ज्ञात करें।
- सीखने की अन्य विधियों का समावेश करें।
- मीडिया का चयन एवं उपयोग करें।
- सत्र योजना बनायें।
- संक्षेप करने की विधि तय करें।
- सीखने की प्रगति का मूल्यांकन करने के यंत्र एवं विधि का निर्धारण करें।
- फीडबैक प्रदान करने की विधि तय करें।

व्याख्यान देना

- पूर्व में जो सीखा है उसका स्मरण करवायें।
- व्याख्यान से सीखने की रूपरेखा बतायें।
- सीखने की घटनाओं का उपयोग करें।
- सीखने हेतु अनुभव प्रदान करें।
- सीख का उपयोग करने के लिए नियत कार्य एवं अभ्यास दें।
- सीख का मूल्यांकन करें।
- सीख को प्रगाढ़ बनाये।

सीख का उपयोग

- सीख का उपयोग करने हेतु विद्यार्थियों को अवसर प्रदान करें एवं तैयारी करने का अवसर प्रदान करें।
- सीख का उपयोग करने हेतु मार्गदर्शन प्रदान करें।
- सीख के उपयोग के परिणामों का मूल्यांकन करें।

- निपुणता एवं प्रवीणता प्राप्ति की प्रशंसा करें।
- निपुणता एवं प्रवीणता परिष्कृत करने हेतु प्रोत्साहित करें।

अन्तिम मूल्यांकन

- वास्तविक जीवन से सम्बद्ध परिस्थिति प्रदान कर निपुणता एवं प्रवीणता प्रदर्शन का अवसर प्रदान करें।
- पूर्व निर्धारित मापदण्डों पर निपुणता एवं प्रवीणता का मूल्यांकन करें।
- निपुणता एवं प्रवीणता प्राप्ति का प्रमाण पत्र जारी करे।

योजना बनाना

व्याख्यान विधि की सीखने हेतु प्रभावशीलता एवं दक्षता सुनिश्चित करने के लिए योजना बनाना पहला चरण है। व्याख्यान योजना की प्रभावशीलता कई कारकों जैसे प्राध्यापक की विषयवस्तु में विशेषज्ञता, शैक्षणिक मनोविज्ञान, तकनालॉजी, सूचना प्रौद्योगिकी एवं अनुभव पर निर्भर करती है।

सीखने के उद्देश्य तैयार करना

शैक्षणिक सत्र की शुरुआत में प्राध्यापकों को निपुणताओं के समूह या सम्पूर्ण विषय हेतु योजना बनानी चाहिये। इस योजना को तैयार करने का मुख्य स्रोत पाठ्यक्रम होता है। निपुणताओं के समूह के आधार पर निपुणता प्राप्त करने की योजना एवं निपुणता प्राप्त करने की योजना के आधार पर सीखने के उद्देश्य तैयार किये जाते हैं। निपुणता के समूह की योजना, निपुणता योजना एवं सीखने के उद्देश्य सीखने की प्रविधि में निरंतरता बनाये रखने में सहायक होते हैं। सीखने के उद्देश्य तैयार करने की विधि को चित्र 2.1 में दर्शाया गया है:

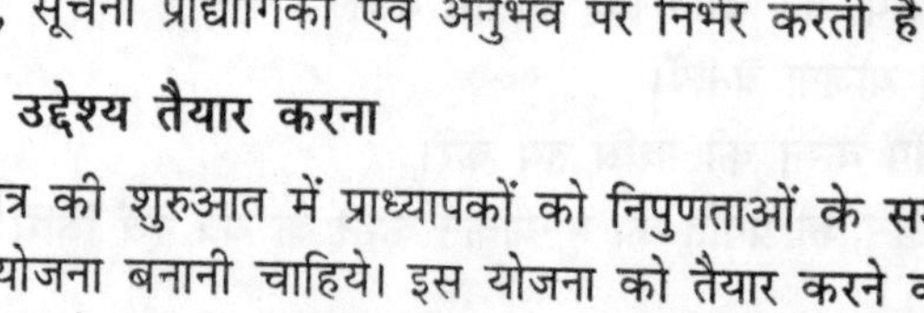

चित्र 2.1: सत्र योजना हेतु सीखने के उद्देश्य

सीखने के तीनों क्षेत्रों मानसिक, शारीरिक एवं भावनात्मक–में सीखने के उद्देश्य तैयार करना आसान रहता है। सिखाने की योजना निपुणता या विषय स्तर

पर पहले बनाना चाहिये न कि सत्र स्तर पर। सीखने के विभिन्न क्षेत्र के उद्देश्यों को प्राप्त करने की सत्र योजना भिन्न हो सकती है।

विद्यार्थियों के प्रवेश स्तर को प्राप्त करना

सीखने के उद्देश्य प्राप्त करने के लिए विद्यार्थियों का प्रवेश स्तर ज्ञात होना आवश्यक है। इसके आधार पर सीखने की घटनाओं का चयन करना सरल होता है। प्राध्यापक द्वारा विद्यार्थियों का प्रवेश परीक्षण भी कर लेना चाहिये ताकि सीखने की उपयुक्त प्रविधि की संरचना की जा सके। ऐसा देखने में आया है कि विद्यार्थी प्रवेश परीक्षा तो उत्तीर्ण कर लेते हैं, परन्तु किसी विशेष निपुणता या विषय को सीखने के लिए उनके पास आवश्यक योग्यता नहीं होती है। ऐसी परिस्थिति में प्राध्यापक तैयारी सत्र या उपचारात्मक सत्र की भी योजना बना सकते हैं। ऐसा करने से विद्यार्थियों का सीखने का मार्ग सरल हो जाता है। यह भी संभावना हो सकती है कि उच्च एवं तकनीकी शिक्षा में ज्ञान, कौशल एवं अभिवृत्ति आपस में सम्बद्ध होती है। अतः एक सत्र के आधार पर दूसरे सत्र की योजना बनायी जा सकती है।

विद्यार्थी विकसित की जाने वाली निपुणता से सम्बन्धित ज्ञान, कौशल एवं अभिवृत्ति पूर्व से ही रखते हो ऐसी परिस्थिति में उनके स्तर से आगे सीखने की योजना बनायी जा सकती है। ऐसा करने से समय एवं प्रयास की बचत होगी। यदि विद्यार्थियों का समूह मिश्रित प्रकार का है तो परिचर्चा के माध्यम से सभी विद्यार्थियों को एक निश्चित स्तर पर ले जाना चाहिये एवं तत्पश्चात आगे सीखने की योजना बनानी चाहिये।

विषयवस्तु को आयोजित करना

निपुणता के निर्धारित स्तर को विकसित करने के लिए विषयवस्तु तार्किक रूप से आयोजित करना चाहिये। विषयवस्तु का आयोजन सीखने के सिद्धांतों को ध्यान में रखकर करना चाहिये। नये प्राध्यापकों को विषयवस्तु आयोजित करने हेतु विषयवस्तु विश्लेषण एवं विषयवस्तु चित्रण का अभ्यास करना चाहिये। विद्यार्थियों में निपुणता का विकास करने के लिए विषयवस्तु के आयोजन हेतु प्राध्यापकों को निम्नलिखित मार्गदर्शक बिन्दुओं का ध्यान रखना चाहियेः

- विषयवस्तु के माध्यम से निपुणता का विकास करने के महत्व को लिखिये। पेशेवर जीवन में निपुणता का सम्बन्ध पेशेवर भूमिका से जोड़िये।
- अन्य निपुणताएं जो सीखी जा चुकी हैं एवं सीखी जानी हैं का सम्बन्ध विषयवस्तु से जोड़िये।

- निपुणता के वाँच्छित स्तर एवं विद्यार्थियों के प्रवेश स्तर को ध्यान में रखकर विषयवस्तु आयोजित करिये। विषयवस्तु को आयोजित करते समय आवश्यक विषयवस्तु का समावेश करना चाहिये न कि जिसे वह जानता है।
- विषयवस्तु को सरल से कठिन के क्रम में आयोजित करना चाहिये। यह क्रम विद्यार्थियों के दृष्टीकोण से निर्धारित करना चाहिये।
- विषयवस्तु को ज्ञात से अज्ञात के क्रम में आयोजित करना चाहिये। विद्यार्थियों को विषयवस्तु की जानकारी इस प्रकार दी जाती है कि वर्तमान जानकारी के आधार पर वह नयी जानकारी का अनुमान लगा सके एवं उनमें इसे जानने की जिज्ञासा उत्पन्न हो सके।
- विषयवस्तु को ठोस से अमूर्त क्रम में आयोजित करें। विद्यार्थियों को ठोस जानकारी पहले दी जानी चाहिये ताकि वे अमूर्त परिकल्पना को समझ सकें। अमूर्त परिकल्पना से सम्बंधित जानकारी एक से अधिक माध्यम से देनी चाहिये ताकि विद्यार्थी परिकल्पना का दृष्य तैयार कर सके।
- विषयवस्तु को सीखने की एक पूर्ण इकाई में प्रदान करिये। ऐसा करने से प्रत्येक सीखने की इकाई के पश्चात् विराम दिया जा सकता है, सीखने का मूल्यांकन किया जा सकता, विद्यार्थियों की शंकाओं का समाधान किया जा सकता है।
- विषयवस्तु के बीच सम्बन्ध ज्ञात करने के लिए मानसिक चित्रण कर कागज पर लिखिये। ऐसा करने से अन्य निपुणताओं के लिए भी विषयवस्तु आयोजित करने में सहायता प्राप्त होगी।

नियत कार्य तैयार करिये

सीखने की प्रत्येक घटना के पश्चात् विद्यार्थियों को सीखने के नियत कार्य दिये जाते हैं ताकि वे अभ्यास कर सीख को मजबूत कर सकें। अभ्यास के माध्यम से विद्यार्थी सीखने के महत्व को जानते हैं एवं सीखने हेतु प्रेरित होते हैं। वे नियतकार्य पूर्ण कर प्राप्ति की अनुभूति करते हैं। वे स्वयं की सीखने की प्रगति का मूल्यांकन करना भी सीखते हैं। विद्यार्थियों को सीखने की प्रक्रिया में शामिल करने की यह एक मजबूत विधि है। नियत कार्य का परिणाम सीख का प्रत्यक्ष साक्ष्य होता है, अतः प्राध्यापकों को विद्यार्थियों की सीखने की प्रगति मापने के लिए अलग से कोई प्रयास नहीं करने पड़ते हैं। नियत कार्य के

परिणाम एवं इसकी जाँच के आधार पर विद्यार्थियों की सीखने की कठिनाइयों का अनुमान लगाकर अतिरिक्त प्रयास कर उन्हें दूर किया जा सकता है। नियत कार्य के कई रूप हो सकते हैं, जैसे प्रश्नों का समूह, पूर्व निर्धारित शब्दों पर प्रतिउत्तर पत्रक, चर्चा हेतु मुद्दा, गतिविधि का संचालन, किसी वस्तु का उत्पादन, मुख्य बिन्दुओं को दोहराना इत्यादि। विविध प्रकार के नियत कार्यों के उपयोग से विद्यार्थी सीखने की प्रक्रिया में पूर्ण रूप से सहभागी हो जाते हैं एवं वे सीखने की प्रक्रिया को स्वयं आगे बढ़ाते हैं। नियत कार्य सीखने के उद्देश्यों को ध्यान में रखकर तैयार किये जाते हैं।

माध्यम का चयन/संरचना करें

एक प्राध्यापक विविध प्रकार के माध्यम का उपयोग विद्यार्थियों को सिखाने हेतु कर सकता है। विषयवस्तु को माध्यम के रूप में या माध्यम द्वारा प्रस्तुत करने में प्राध्यापक काफी समय की बचत कर सकता है, साथ ही वह विद्यार्थियों को सीखने हेतु एक से अधिक इन्द्रियों का उपयोग करने का अवसर प्रदान करता है। माध्यम के द्वारा प्राध्यापक अमूर्त को ठोस, कठिन को सरल एवं अरुचिकर को रुचिकर रूप में प्रस्तुत कर सकता है। वास्तविक कार्यसंसार को व्याख्यान के साथ जोड़कर प्रस्तुत किया जा सकता है। किसी निपुणता को विकसित करने के लिए प्राध्यापक विषयवस्तु का चयन कर माध्यमों की सूची बना सकता है। इन माध्यमों को खरीदा एवं तैयार किया जा सकता है जिसका उपयोग समय-समय पर एवं बार-बार किया जा सकता है।

सत्र योजना बनाना

निपुणता समूह एवं निपुणता योजना के आधार पर सत्र योजना तैयार की जाती है। योजना बनाने के क्रम को चित्र 2.1 में दर्शाया गया है।

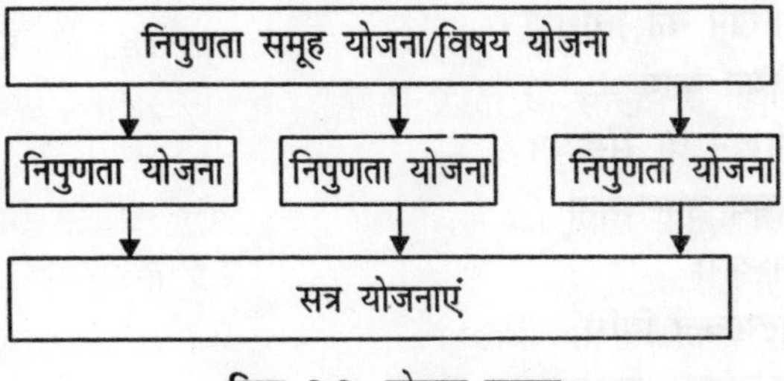

चित्र 2.2: योजना बनाना

निपुणता समूह योजना वृहद होती है एवं इसके आधार पर निपुणता योजना तैयार की जाती है। इसे ब्लूप्रिंट पद्धति भी कह सकते हैं जिसमें सम्पूर्ण सेमिस्टर में विकसित की जाने वाली निपुणताओं को सूचीबद्ध करके उनको विद्यार्थियों में विकसित करने हेतु मोटी रूपरेखा तैयार की जाती है। इस रूपरेखा को विभाग के सभी प्राध्यापक मिलकर क्रियान्वित करते हैं। इस रूपरेखा का आधार पाठ्यक्रम होता है। यह रूपरेखा निम्नलिखित बिन्दुओं पर बनायी जाती है:

- पाठ्यक्रम का नाम
- सेमिस्टर
- निपुणताओं का समूह
- निपुणताएं
- सीखने के उद्देश्य
- विषयवस्तु
- सीखने की विधियाँ
- सीखने के संसाधन
- समय उपलब्धता
- मूल्यांकन पद्धति

निपुणताओं के समूह योजना से निपुणता योजना बनायी जाती है। यह निपुणता अर्जित करने की विस्तृत योजना होती है। निपुणता योजना निम्नलिखित बिन्दुओं पर तैयार की जाती है:

- निपुणता कथन
- सीखने के उद्देश्य
- विद्यार्थियों का प्रवेश स्तर
- विषयवस्तु/विषयवस्तु विश्लेषण चित्र
- सीखने की विधियाँ
- नियत कार्य
- सीखने के संसाधन
- समय उपलब्धता
- अभ्यास
- मूल्यांकन विधि
- मूल्यांकन मापदण्ड
- आवश्यक भौतिक संसाधन

निपुणता विकास योजना विस्तृत परन्तु लचीली होती है। इस योजना में वैकल्पिक विधियों के उपयोग का प्रावधान होता है। यह ऐसी योजना होती है जिसे प्राध्यापक एवं विद्यार्थी मिलकर क्रियान्वित करते हैं। इस योजना को और विस्तृत रूप से सत्र योजना के रूप में तैयार किया जाता है। यदि प्राध्यापक किसी निपुणता का विकास पहली बार कर रहे हैं तो उन्हें सत्र योजना अवश्य बनानी चाहिये। सत्र योजना निम्नलिखित बिन्दुओं पर बनायी जाती है:

- निपुणता/विषय का नाम
- सीखने के उद्देश्य
- अग्रिम जानकारी
- सीखने की घटनाएं
- विषयवस्तु
- नियत कार्य
- सीखने की विधियाँ
- माध्यम
- सीखने के संसाधन
- प्राध्यापक की गतिविधियाँ
- विद्यार्थियों की गतिविधियाँ
- समय उपलब्धता
- बैठक व्यवस्था
- सारांश हेतु बिन्दु
- मूल्यांकन
- सीखने की अग्रिम घटनाएं

सारांश की विधि

व्याख्यान के द्वारा विद्यार्थियों ने जो सीखा है उसको सारांशित करना आवश्यक है ताकि विद्यार्थी सीख का उपयोग प्रयोग करने, समस्या हल करने, एवं उत्पादन करने हेतु कर सके। प्राध्यापक सारांशित करने के लिए पावरप्वाइंट स्लाइड, चार्ट, एलबम, मॉडल इत्यादि का उपयोग कर सकते हैं। सारांशित करने के मुख्य बिन्दु पूर्व से ही लिख लेना चाहिये एवं माध्यम तैयार कर लेना चाहिये।

मूल्यांकन विधि

प्रत्येक सीखने की घटना के पश्चात् सीखने का मूल्यांकन करना चाहिये एवं प्रत्येक निपुणता अर्जित करने के पश्चात् इसको प्रमाणित करना चाहिये।

निपुणता विकास योजना एवं सत्र योजना बनाते समय ही मूल्यांकन विधि एवं यंत्र का निर्धारण कर लेना चाहिये। सतत् मूल्यांकन के द्वारा विद्यार्थियों की सीखने की प्रगति एवं सीखने संबंधी समस्याएं ज्ञात कर उपचारात्मक उपाय किये जा सकते हैं। निपुणता का मूल्यांकन पूर्व निर्धारित मापदण्डों पर किया जाता है। यदि निपुणता मानसिक क्षेत्र से सम्बद्ध है जो निपुणता का मूल्यांकन वास्तविक जीवन की परिस्थिति पर मूल्यांकन करना चाहिये। ये निपुणताएं इस प्रकार हो सकती हैं: योजना बनाना, उत्पाद की संरचना करना, समस्या हल करना, निर्णय लेना, रणनीति के परिणाम का मूल्यांकन करना, असफलता का विश्लेषण करना इत्यादि। यदि मूल्यांकन भावना क्षेत्र से सम्बद्ध है तो मूल्यांकन हेतु ऐसी परिस्थिति का निर्माण करना चाहिये जिसमें उसे निपुणता का प्रदर्शन करने का अवसर प्राप्त हो। यदि निपुणता शारीरिक कौशल से सम्बद्ध है तो निपुणता प्रदर्शित करने हेतु मशीन, औजार, सामग्री एवं अन्य आवश्यक वस्तुएं प्रदान की जानी चाहिये। निपुणता प्राप्ति मूल्यांकन एवं सीखने की प्रगति के आधार पर विद्यार्थियों को सकारात्मक फीडबैक प्रदान किया जा सकता है।

फीडबैक विधि

सीखने की प्रक्रिया में फीडबैक महत्वपूर्ण भूमिका अदा करता है। फीडबैक के द्वारा वाँच्छित व्यवहार को मान्यता प्रदान कर प्रगाढ़ बनाया जाता है एवं अवाँच्छित व्यवहार को हतोत्साहित किया जाता है। सीखने की प्रक्रिया में सुधार लाने हेतु सकारात्मक एवं रचनात्मक फीडबैक का समावेश होना अत्यन्त आवश्यक है। इससे विद्यार्थियों को आगे सीखने हेतु प्रोत्साहन मिलता है। प्राध्यापक एवं साथी विद्यार्थी सीखने की प्रगति पर तुरन्त फीडबैक प्रदान कर सकते हैं। प्राध्यापकों को फीडबैक प्रदान करने की विद्या में प्रशिक्षण प्राप्त करना चाहिये।

व्याख्यान प्रस्तुतिकरण

प्राध्यापक कक्षा में व्याख्यान के माध्यम से विद्यार्थियों को नई-नई जानकारी प्रदान करते हैं। नये प्राध्यापकों को या अनुभवी प्राध्यापकों को जो नया विषय पढ़ाना चाहते हैं सत्र योजना आत्मविश्वास प्रदान करती है। वे सत्रयोजना के कारण ही विद्यार्थियों के सामने दृढ़ता से खड़े होकर उन्हें जानकारी प्रदान कर पाते हैं। ऐसा प्राध्यापक जिसने व्याख्यान की तैयारी नहीं की है विद्यार्थियों को बेतरतीब, गफलती एवं अर्थहीन रूप से जानकारी प्रदान करेगा, जिससे विद्यार्थियों की सीखने में रुचि नहीं रहेगी एवं उनमें सीखने के प्रति कुंठा जागृत होगी। ऐसी परिस्थिति में विद्यार्थी सीखने के बजाय शैतानी करेंगे। एक

जानकारी युक्त सुआयोजित एवं अर्थपूर्ण व्याख्यान विद्यार्थियों को सीखने हेतु प्रेरित करता है। अत: प्राध्यापकों द्वारा सुनियोजित व्याख्यान देना चाहिये।

विद्यार्थियों की पूर्व की सीख को दोहराना (Recall Previous Learning)

व्याख्यान के पहले चरण में विद्यार्थियों ने पिछले सत्रों में जो सीखा है उसे दोहराया जाता है। इस प्रक्रिया के दौरान वह सब कुछ दोहराया जाता है। जो वर्तमान सत्र के लिए उपयोगी होता है। पूर्व की सीख को दोहराने से विद्यार्थियों के प्रवेश स्तर के बारे में जानकारी प्राप्त हो जाती है, उनकी सीख की कमी को पूरा किया जा सकता है एवं उन्हें आगे सीखने के लिए तैयार किया जा सकता है।

अग्रिम जानकारी (Advance Organizer)

व्याख्यान के दूसरे चरण में विद्यार्थियों को सूचित किया जाता है कि वे क्या सीखने वाले हैं, क्यों सीखने वाले हैं, कैसे सीखने वाले हैं, एवं सीख का मूल्यांकन कैसे किया जायेगा? विद्यार्थियों को सीखने के महत्व के बारे में भी बतलाया जाता है। कई सीखने की परिस्थितियों में प्राध्यापक सीखने के महत्व के बारे में नकारात्मक उदाहरणों द्वारा भी बतलाता है। व्याख्यान की अग्रिम जानकारी के माध्यम से विद्यार्थियों में सीखने हेतु रुचि पैदा की जाती है। इससे विद्यार्थियों को यह भी ज्ञात होता है कि सीखने के लिए कितने प्रयास करना होंगे। इसके द्वारा प्राध्यापक अपनी अपेक्षाओं को विद्यार्थियों को बतलाता है एवं सीखने हेतु उनकी वचनबद्धता प्राप्त करता है। व्याख्यान की अग्रिम जानकारी पावरप्वाइन्ट स्लाइड, फ्लिप चार्ट या ट्रान्सपरेन्सी के माध्यम से प्रस्तुत की जा सकती है।

सीखने की घटनाएं

सत्र योजना के अनुसार दूसरे पद के अन्तर्गत प्राध्यापक व्याख्यान को आगे बढ़ाता है जिसमें वह तार्किक रूप से जानकारी को प्रस्तुत करता है। वह नये शब्दों को परिभाषित करता है एवं विषयवस्तु का प्रस्तुतिकरण करने में पावरप्वाइन्ट स्लाइड, ट्रांसपरेन्सी, मॉडल, फ्लिप चार्ट, उपकरण, एलबम, पर्चा इत्यादि का उपयोग करता है। वह विषयवस्तु का प्रस्तुतिकरण करने में संतुलित एवं प्रभावी सम्प्रेषण का उपयोग करता है। वह शाब्दिक एवं शारीरिक भाषा द्वारा संप्रेषण में तालमेल बैठाता है तथा अपनी भावनाओं पर नियंत्रण कर प्रस्तुतिकरण करता है। वह विद्यार्थियों के सामने नई सीखने की विषयवस्तु परत दर परत रुचिकर ढंग से प्रस्तुत करता है। साथ ही साथ वह विद्यार्थियों के हाव-भाव एवं चेहरे को देखकर व्याख्यान

की प्रभावशीलता का मूल्यांकन करता है। विद्यार्थियों का सीखना सुनिश्चित करने के लिए वह प्रत्येक सीखने की घटना के पश्चात् महत्वपूर्ण प्रश्न पूछता है। व्याख्यान द्वारा प्रभावी रूप से सिखाने हेतु प्राध्यापक निम्नलिखित मार्गदर्शक बिन्दुओं का उपयोग कर सकते हैं:

- सीखने की प्रत्येक घटना को जितना संभव हो संक्षिप्त रखिये परन्तु यह भी ध्यान रखिये की यह अपने आप में पूर्ण हो।
- सीखने की घटनाएं विद्यार्थियों के लिए प्रयोजनयुक्त एवं अर्थपूर्ण होना चाहिये।
- नयी जानकारी को प्रदान करने के लिए एवं समझाने के लिए एक से अधिक माध्यम का उपयोग करिये। इससे सीखने की प्रक्रिया की नीरसता टूटती है एवं सीखने में रुचि बढ़ती है।
- परिकल्पनाओं एवं सिद्धांतों को समझाने के लिए ठोस उदाहरणों का उपयोग करिये।
- सीखने के प्रत्येक नये बिन्दु के साथ उदाहरण प्रस्तुत करिये ताकि विद्यार्थी उसे आसानी से याद रख सके एवं आवश्यकता पड़ने पर उपयोग कर सके।
- अमूर्त परिकल्पना को समझाने के लिए एक से अधिक उदाहरण दीजिये। यदि संभव हो तो अनुरूपता या तुलना बतलाइये।
- सीख को प्रयोजनयुक्त बनाने के लिए प्रकरण अध्ययन, घटनाओं, वृत्तांतों एवं उदाहरणों का उपयोग करिये।
- विद्यार्थियों से व्याख्यान के बीच उपयुक्त समय पर प्रश्न पूछने की आदत डालिये ताकि विद्यार्थियों का सीखने के प्रति ध्यान बनाये रखा जा सके एवं उन्हें सीखने की प्रक्रिया में निरंतर रूप से शामिल रखा जा सके।
- व्याख्यान के दौरान अगली जानकारी का रहस्य बनाये या भूमिका तैयार करें ताकि विद्यार्थियों की रुचि बनी रहे।
- विद्यार्थियों को व्याख्यान के दौरान मंच पर आमंत्रित करें, अनुभव बाँटने का मौका दें, पर्चा पढ़ने को कहें, ग्राफ का विश्लेषण करवायें, छोटे-छोटे समूहों में 5 मिनट के लिए चर्चा करने दें एवं प्रश्न पूछने का अवसर दें।
- सीखने के सिद्धातों का उपयोग करें। ये सिद्धांत है: सरल से कठिन, सम्पूर्ण से भाग, भाग से सम्पूर्ण, सामान्य से विशिष्ट, विशिष्ट से सामान्य, परिचित से अपरिचित, ठोस से अमूर्त, वास्तविक से काल्पनिक इत्यादि।

- व्याख्यान के साथ सीखने की अन्य विधियों का उपयोग करिये जिससे विद्यार्थियों के सीखने में विविधता एवं बदलाव आये एवं उन्हें अधिक जानकारी ग्रहण करने के लिए ऊर्जा मिले।
- सीखने के बिन्दुओं पर जोर दे एवं उन्हें दोहरायें। संभव हो तो विद्यार्थियों को सीख को दोहराने हेतु आमंत्रित करें।
- उदाहरण एवं गैर-उदाहरण के द्वारा परिकल्पनाओं को स्पष्ट करें।
- विद्यार्थियों को सीखने की प्रक्रिया के दौरान सामाजिक-मनोवैज्ञानिक सहारा प्रदान करें।
- विद्यार्थियों को स्वतंत्र एवं भयमुक्त रूप से सीखने हेतु वातावरण प्रदान करें। उन्हें सीखने सम्बन्धी प्रश्न पूछने का मौका प्रदान करें!
- व्याख्यान देते समय शब्दों का स्पष्ट उच्चारण करें एवं प्रत्येक वाक्य के पश्चात् छोटा सा विराम दें। यदि आवश्यक हो तो विद्यार्थी को टीप लेने हेतु समय प्रदान करें।
- विद्यार्थियों को महत्वपूर्ण बिन्दुओं के बारे में बतायें एवं उन्हें टीप लेने हेतु कहें।
- व्याख्यान का सारांश दोहराये।

सीख का उपयोग करने हेतु नियत कार्य

पूर्व निर्धारित नियत कार्य को सत्र योजना के अनुसार विद्यार्थियों को प्रदान करें एवं उन्हें इसे पूर्ण कर जमा करने के निर्देश प्रदान करें। जैसाकि पूर्व में बतलाया गया है नियत कार्य एक सरल प्रश्न भी हो सकता है एवं सोचने हेतु एक बड़ा दृश्य भी हो सकता है। मौखिक या लिखित नियत कार्य सुनियोजित एवं संचालित होना चाहिये नहीं तो विद्यार्थियों का एवं आपका समय व्यर्थ हो जायेगा। विद्यार्थियों की सीखने में रुचि का मूल्यांकन उनके द्वारा नियत कार्य पूर्ण करने की प्रक्रिया के दौरान किया जा सकता है। यदि नियतकार्य समूह में दिया गया है तो समूह की प्रभावशीलता का मूल्यांकन भी नियत कार्य पूर्ण करने की प्रक्रिया के दौरान किया जा सकता है। नियत कार्य पूर्ण होने के पश्चात् प्राध्यापक द्वारा विद्यार्थियों को धन्यवाद देना चाहिये एवं नियतकार्य का मूल्यांकन कर उनकी सीखने की प्रगति, कठिनाई एवं गलत सीख (यदि कोई हो) का आंकलन करना चाहिये। इस आंकलन के आधार पर यदि आवश्यक हुआ तो विद्यार्थियों को अतिरिक्त जानकारी, फीडबैक एवं सीखने की सामग्री देनी चाहिये। व्याख्यानों की शृंखला के दौरान नियत कार्यों का उपयोग सत्र योजना के अनुसार होता रहता है।

सीख का मूल्यांकन

सीखने की प्रक्रिया आगे बढ़ाने, इसकी प्रभावशीलता बनाये रखने एवं इसमें सुधार लाने के लिए विद्यार्थियों की सीखने की प्रगति का मूल्यांकन किया जाता है। निपुणता विकास योजना एवं सत्र योजना में मूल्यांकन विधि एवं सत्र का नियोजन किया जाता है। मूल्यांकन यंत्र के कई प्रकार हो सकते हैं, जैसे वस्तुनिष्ठ प्रश्न, संक्षिप्त उत्तर वाले प्रश्न एवं निबंधात्मक प्रश्न। इन यंत्रों में नियत कार्य का परिणाम, समस्या हल, मानसिक खेल इत्यादि का भी उपयोग किया जाता है। व्याख्यान के दौरान प्राध्यापक विद्यार्थियों के व्यवहार का निरीक्षण करके भी मूल्यांकन कर सकते हैं। मूल्यांकन विधि एवं यंत्र ऐसे होने चाहिये जो विद्यार्थियों में तनाव उत्पन्न नहीं करें। मूल्यांकन यंत्रों की संरचना सीखने के उद्देश्य एवं निपुणता को ध्यान में रखकर की जाती है। सतत् मूल्यांकन के द्वारा प्राध्यापक विद्यार्थियों की सीखने की गुणवत्ता को सुनिश्चित करते हैं आगे सिखाने की रणनीति तय करते हैं।

सीखने को समेकित करना

सीखने की प्रत्येक घटना एवं निपुणता प्राप्ति के अन्त में प्राध्यापक द्वारा सीखने को समेकित किया जाता है। सीखे गये बिन्दुओं को समेकित करने के लिए प्राध्यापकों द्वारा निम्नलिखित मार्गदर्शक बिन्दुओं का ध्यान रखना चाहिये:

- सीख को समेकित करने के लिए चित्र, मॉडल-चार्ट, ग्राफ, पावरप्वाइंट स्लाइड, उपकरण, एलबम, इत्यादि का उपयोग करें।
- सीखी गई परिकल्पनाओं, सिद्धांतों, नियमों, विधियों को वास्तविक कार्यस्थल की परिस्थिति से जोड़ें।
- सीखने के महत्वपूर्ण बिन्दुओं को दोहराये एवं विद्यार्थियों को भी उन्हें दोहराने हेतु कहें।
- सीखने के बिन्दु सरल एवं संक्षिप्त रखें।
- सीखने के बिन्दुओं को पूर्व की एवं पश्चात् की सीख से जोड़ें।
- विद्यार्थियों द्वारा सामान्यतया जो गलतियाँ की जाती हैं उन्हें दर्शायें एवं जो सावधानियाँ लेनी हैं उनके बारे में भी बतलायें।
- ऐसे विद्यार्थियों के नाम का उल्लेख करें जिन्होंने कोई नयी जानकारी प्रदान की है। अन्य विद्यार्थियों को इस जानकारी को दोहराने के लिए कहें।
- विद्यार्थियों को पर्चे प्रदान करें। ये पर्चे, सरल, पढ़ने में आसान, संक्षिप्त, तार्किक, चित्रयुक्त एवं रंगीन होने चाहिये; ये पर्चे पुस्तक की नकल नहीं होने चाहिये, वरन् ये वास्तविक कार्यसंसार की परिस्थितियों

की ताजा जानकारी होने चाहिये जो विद्यार्थियों को अतिरिक्त, नयी, रुचिकर एवं ताजा जानकारी प्रदान करें। यदि संभव हो तो विद्यार्थियों को साफ्ट प्रति भी प्रदान करें।

सीख का उपयोग

विद्यार्थियों के द्वारा निपुणता या निपुणताओं का समूह अर्जित करने के पश्चात् उनका वास्तविक जीवन में उपयोग करने का अवसर प्रदान करना चाहिये। ऐसे अवसर प्रकरण अध्ययन, खेल, भूमिका सम्पादन, सीमुलेशन, अभ्यास, सक्रियता से सीखना एवं कार्यस्थल प्रशिक्षण के माध्यम से किया जा सकता है। इस प्रकार के अवसर सीखने की प्रक्रिया में चुनौती तैयार करते हैं एवं अभ्यास के माध्यम से निपुणता परिष्कृत करते हैं।

अन्तिम मूल्यांकन (Summative Evaluation)

निपुणता प्राप्ति एवं अभ्यास के पश्चात् विद्यार्थियों की निपुणता को प्रमाणित करने के लिए अन्तिम मूल्यांकन किया जाता है। यह मूल्यांकन पाठ्यक्रम में पूर्व निर्धारित मापदण्डों के आधार पर किया जाता है। विद्यार्थियों को निपुणता प्रदर्शित करने का अवसर प्रदान किया जाता है एवं उनके प्रदर्शन की प्रक्रिया एवं परिणाम दोनों का ही मूल्यांकन किया जाता है। यह प्रक्रिया उपयुक्त, क्रियान्वयन योग्य एवं कम समय लेने वाली होनी चाहिये।

अन्तिम मूल्यांकन के पूर्व विद्यार्थियों को मूल्यांकन, मूल्यांकन विधि एवं मूल्यांकन मापदण्डों के बारे में सूचित कर देना चाहिये। मूल्यांकन विधि उद्देश्यपरक, विश्वसनीय एवं पारदर्शी होनी चाहिये। मूल्यांकन के परिणाम शीघ्र घोषित कर निपुणता का प्रभावीकरण कर देना चाहिये या सुधार हेतु फीडबैक प्रदान करना चाहिये।

निपुणता के अन्तिम मूल्यांकन के आधार पर भविष्य में विद्यार्थी लाइसेंस प्राप्त कर सकते हैं, उच्च या सम्बद्ध निपुणता हेतु पंजीयन करा सकते हैं, किसी अन्य निपुणता के सन्दर्भ में तुलना कर सकते हैं। इसके आधार पर नियोक्ता द्वारा सीधे नियुक्ति प्रदान की जा सकती है।

4. व्याख्यान का सीखने की अन्य विधियों के साथ उपयोग (Use of Lecture Method with Other Methods of Learning)

व्याख्यान के द्वारा कम समय में अधिक जानकारी प्रदान की जा सकती है, परन्तु एक निश्चित समय तक प्राध्यापक को सुनने के पश्चात् विद्यार्थी का ध्यान कहीं ओर चला जाता है एवं सुनने में वे नीरसता महसूस करने लगते हैं। वे चाहते हैं

कि सीखने की विधि में विविधता हो एवं लम्बे समय तक एक ही विधि का उपयोग नहीं हो। सीखने के विभिन्न क्षेत्र में एवं प्रत्येक क्षेत्र में अलग-अलग स्तर पर सीखने के लिए भी सीखने की एक ही विधि पर्याप्त एवं प्रभावी नहीं होती है। अतः सीखने की प्रविधि में एक निश्चित अन्तराल के पश्चात् बदलाव लाना आवश्यक है। सीखने की प्रविधि में यह बदलाव कई कारकों पर निर्भर करता है, जैसे सीखने के उद्देश्य, कक्षा में विद्यार्थियों की संख्या, विषयवस्तु का प्रकार, कक्षा में बैठक व्यवस्था, कक्षा में उपलब्ध संसाधन, समय उपलब्धता, सीखने के संसाधन, प्राध्यापक की निपुणता एवं अनुभव इत्यादि। इन सभी कारकों को ध्यान में रखते हुए किसी विशिष्ट निपुणता के विकास के लिए सीखने की विधियों के मिश्रण का उपयोग किया जाता है। व्याख्यान के साथ सीखने की किसी भी विधि का उपयोग किया जा सकता है। उदाहरण के लिए चित्र 2.3 देखिये।

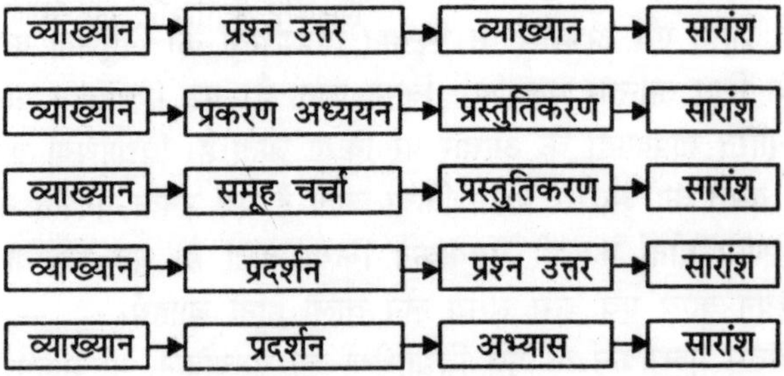

चित्र 2.3: व्याख्यान के साथ सीखने की अन्य विधियों का उपयोग

5. सारांश (Summary)

- उच्च एवं तकनीकी शिक्षा में पारम्परिक व्याख्यान विधि का उपयोग प्राध्यापकों द्वारा प्रायः सभी विषयों को पढ़ाने के लिए किया जाता है।
- कई वर्षों से पढ़ाने की व्याख्यान विधि पर प्रयोग एवं शोध की गई एवं इसकी सीमाओं को ज्ञात कर उनको दूर करने का प्रयास किया गया है।
- व्याख्यान विधि की प्रभावशीलता बढ़ाने हेतु शैक्षणिक मनोविज्ञान, तकनालॉजी, एवं सूचना प्रौद्योगिकी के उपयोग को बढ़ावा दिया गया।
- परिशोधित व्याख्यान विधि में पारम्परिक व्याख्यान विधि की तुलना में कई शक्तियां हैं।
- विद्यार्थियों में पूर्व निर्धारित निपुणता एवं प्रवीणता का विकास करने के लिए प्राध्यापकों को निपुणता समूह, निपुणता एवं सत्र योजना बनाना चाहिये।

- सत्र योजना विस्तृत रूप से बनायी जाती है जिसमें सीखने के उद्देश्य, विद्यार्थियों का प्रवेश स्तर, विषयवस्तु, सीखने की घटनाएं, माध्यम, नियत कार्य, सीखने की विधि, समय की आवश्यकता, प्राध्यापक की गतिविधि, विद्यार्थियों की गतिविधि, मूल्यांकन विधि, यंत्र इत्यादि की जानकारी दी जाती है।
- नये एवं अनुभवी सभी प्राध्यापकों द्वारा पहली बार पढ़ाने एवं सिखाने हेतु सत्र योजना बनानी चाहिये।
- व्याख्यान के पूर्व बैठक व्यवस्था, भौतिक संसाधनों का आयोजन, सीखने के संसाधनों का आयोजन इत्यादि कर लेना चाहिये।
- सत्र की शुरुआत पूर्व की सीख को दोहराने से करना चाहिये एवं वर्तमान सत्र के सीखने के उद्देश्यों को स्पष्ट करना चाहिये।
- व्याख्यान का महत्व स्थापित करने के लिए सीखने के महत्व को कार्यसंसार से जोड़कर स्पष्ट करना चाहिये।
- व्याख्यान आयोजन के दौरान विभिन्न माध्यमों, विधियों, प्रश्नों, गतिविधियों, नियतकार्यों, अभ्यास इत्यादि का उपयोग करना चाहिये ताकि विद्यार्थी सीखने की प्रक्रिया में सहभागी बनें।
- व्याख्यान का बहाव परिचित जानकारी से अपरिचित की ओर, सरल से कठिन की ओर, ठोस से अमूर्त की ओर होना चाहिये।
- अमूर्त परिकल्पनाओं, विधियाँ एवं सिद्धांतों को समझाने के लिए उदाहरणों, गैर-उदाहरणों एवं अनुरूपता का उपयोग करना चाहिये।
- विद्यार्थियों की सीखने की प्रगति का मूल्यांकन कर सीखने की प्रगति पर उन्हें मान्यता प्रदान करना चाहिये एवं कमी रहने पर उन्हें सकारात्मक, रचनात्मक, प्रेरणात्मक फीडबैक देना चाहिये।
- व्याख्यान से सीखे गये बिन्दुओं को सारांशित करना चाहिये।
- विद्यार्थियों को अभ्यास के लिए नियत कार्य देना चाहिये।
- अगले सत्र में सीखे जाने वाले उद्देश्यों की जानकारी देना चाहिये।

6. प्रपत्र (Format)

प्रपत्र 2.1: व्याख्यान की प्रभावशीलता का मूल्यांकन।

एक प्राध्यापक होने के नाते आपको अपनी पेशेवरता में सुधार लाना चाहिये ताकि आप विद्यार्थियों में वाँच्छित निपुणताओं का विकास प्रभावी रूप से कर सकें। आपके द्वारा दिये गये व्याख्यानों की प्रभावशीलता का मूल्यांकन आप स्वयं कर सकते है एवं सुधार लाने हेतु स्वयं फीडबैक प्राप्त कर सकते हैं।

व्याख्यान का मूल्यांकन करने के मापदण्ड एवं सूचक निम्नलिखित प्रपत्र में दिये गये हैं। ये मापदण्ड एवं सूचक वृहद हैं। यह संभव हो सकता है कि किसी विशेष परिपेक्ष्य में ये मापदण्ड पूर्ण नहीं हों या लागू नहीं हों। आप असम्बद्ध मापदण्ड पर मूल्यांकन मत करिये। साथ ही जो मापदण्ड नहीं लिखा गया है उसे जोड़ लीजिये।

एक सेमिस्टर में विश्वसनीय परिणाम हेतु आपके द्वारा दिये गये सभी व्याख्यान को ध्यान में रखते हुए मूल्यांकन करिये।

यह मानक प्रपत्र नहीं है।

प्रपत्र

सूचक: 4-सर्वोच्च, 3-उच्च, 2-मध्यम, 1-निम्न

क्रमांक	*मापदण्ड*	*प्रभावशीलता*
अ.	**योजना**	
1.	सीखने के उद्देश्यों की उपयुक्तता	
2.	विद्यार्थियों के प्रवेश स्तर का मूल्यांकन	
3.	बैठक व्यवस्था	
4.	कक्षा में विद्यार्थियों की संख्या	
5.	भौतिक संसाधनों का आयोजन	
6.	सीखने के संसाधनों का आयोजन	
7.	माध्यम की संरचना	
8.	सीखने के संसाधनों की संरचना/चयन	
9.	उदाहरण, घटनाओं एवं किस्सों का चयन	
10.	सीखने की घटनाओं की संरचना	
11.	नियतकार्यों की संरचना	
12.	सीखने की प्रत्येक घटना हेतु निर्धारित समय	
13.	सीखने का मूल्यांकन करने की विधि एवं यंत्र	
14.	पूर्वाभ्यास	
ब.	**व्याख्यान प्रस्तुतिकरण**	
15.	पूर्व सीख का स्मरण	
16.	पूर्व सूचना	
17.	पेशेवर जीवन एवं आगे सीखने हेतु वर्तमान सीख का महत्व	
18.	नयी जानकारी का प्रस्तुतिकरण	

(क्रमशः)

क्रमांक	*मापदण्ड*	*प्रभावशीलता*
19.	प्रस्तुतिकरण के समय आवाज	
20.	प्रस्तुतिकरण के समय शब्दों का उतार-चढ़ाव	
21.	शारीरिक भाव-भंगिमा का उपयोग	
22.	विद्यार्थियों के चेहरे एवं हाव-भाव पढ़ना एवं सीखने के बारे में फीडबैक प्राप्त करना	
23.	प्रश्न का उत्तर देने, अनुभवों को बांटने, चर्चा में शामिल करके, पर्चा पढ़ने, अभ्यास करने के माध्यम से छात्रों को सीखने की प्रक्रिया में सहभागी बनाना	
24.	विद्यार्थियों को प्रश्न पूछने का अवसर प्रदान करना	
25.	माध्यम का उपयोग	
26.	कार्यसंसार की घटनाओं एवं परिस्थितियों का उपयोग कर उन्हें व्याख्यान की विषयवस्तु से जोड़ना	
27.	उदाहरण एवं गैर-उदाहरण का उपयोग करना	
28.	नयी शब्दावली की परिभाषा	
29.	प्रस्तुतिकरण का क्रम	
30.	विषयवस्तु की समृद्धता	
31.	विचारों को उन्मुख करने वाले सोच को बढ़ावा देने वाले प्रश्न	
32.	भाषा पर पकड़	
33.	सिद्धांत एवं प्रयोग में संबंध जोड़ना	
34.	प्रस्तुतिकरण के दौरान मशीन, उपकरण एवं सामग्री का उपयोग	
35.	प्रस्तुतिकरण के दौरान हंसी मजाक	
36.	प्रस्तुतिकरण के दौरान चहलकदमी	
37.	आचार	
38.	विद्यार्थियों को मानसिक-सामाजिक सहारा	
39.	समय का उपयोग	
40.	सिखाने हेतु विभिन्न इन्द्रियों का उपयोग	
41.	नियत कार्य	
42.	समेकित करना	
43.	सिखाने हेतु सहारात्मक एवं सकारात्मक अभिवृत्ति	
44.	टीप लेने हेतु प्रदान किया गया समय	
45.	सीखने का मूल्यांकन	
46.	सीखने की प्रगति पर फीडबैक	
47.	सीखने के संसाधनों का वितरण	

(*क्रमशः*)

क्रमांक	मापदण्ड	प्रभावशीलता
48.	सभी विद्यार्थी सीखे यह सुनिश्चित करना	
स.	**सीख का उपयोग**	
49.	शैक्षणिक खेल का परिणाम	
50.	सिमुलेशन का परिणाम	
51.	भूमिका अभिनय का परिणाम	
52.	उपकरण का प्रदर्शन	
53.	अभ्यास का परिणाम	
54.	सक्रियता से सीखना	
55.	नियत कार्य का परिणाम	
56.	संरचना करना	
57.	विकास करना	
58.	परिदृश्य तैयार करना	
59.	सीख का मूल्यांकन करना	
60.	सकारात्मक फीडबैक	
द.	**अन्तिम मूल्यांकन**	
61.	निपुणता प्रदर्शन हेतु परिस्थिति का चयन	
62.	निपुणता मूल्यांकन हेतु मापदण्ड का चयन	
63.	मूल्यांकन की विश्वसनियता एवं वैधता	
64.	मूल्यांकन के परिणाम घोषित करने में लगा समय	
65.	निपुणता का प्रमाणीकरण	
66.	निपुणता एवं सत्र योजना में सुधार लाने हेतु फीडबैक	
67.	पाठ्यक्रम में सुधार लाने हेतु फीडबैक	

7. अभ्यास प्रश्न (Practice Questions)

1. व्याख्यान को परिभाषित कीजिये।
2. व्याख्यान विधि की पाँच शक्तियाँ बतलाइये।
3. पारस्परिक एवं उन्नत व्याख्यान की तुलना करिये।
4. पाँच सीखने के सिद्धांत लिखिये।
5. पारम्परिक व्याख्यान की पाँच सीमाएं लिखिए।
6. व्याख्यान विधि सिखाने के कौनसे क्षेत्र के लिए उपयुक्त है?

7. व्याख्यान के दौरान विद्यार्थियों की सीखने की प्रक्रिया में सहभागिता बढ़ाने के पाँच तरीकों का संक्षिप्त वर्णन दीजिये।
8. सीखने की प्रविधि में विविधता लाने के पाँच प्रयोजन लिखिये।
9. अमूर्त परिकल्पना एवं सिद्धांत को सिखाने के लिए उपयोग किये जाने वाले तीन तरीकों के बारे में संक्षिप्त में लिखिये।
10. व्याख्यान विधि में सीखने की जवाबदारी विद्यार्थियों को देने की तीन विधियों को सूचीबद्ध करिये।
11. व्याख्यान विधि में माध्यम का उपयोग करने से सीखने की प्रक्रिया पर पड़ने वाले तीन प्रभाव लिखिये।
12. सीखने के उद्देश्य तैयार करने के दो प्रयोजन बताइये।
13. विद्यार्थियों के प्रवेश स्तर को परिभाषित करिये।
14. प्रवेश स्तर ज्ञात करने के तीन लाभ बतलाइये।
15. व्याख्यान विघि में श्यामपट का उपयोग कब किया जाता है?
16. व्याख्यान की अग्रिम सूचना देना क्यों आवश्यक है?
17. प्राध्यापक द्वारा व्याख्यान देते समय ध्यान रखें जाने वाले 10 मार्गदर्शक बिन्दुओं को लिखिये।
18. व्याख्यान हेतु विषयवस्तु आयोजित करने हेतु उपयोग किये जाने वाले पाँच नियमों को लिखिये।
19. विषयवस्तु आयोजित करने के लिए उपयोग की जाने वाली तकनीक का संक्षिप्त वर्णन करिये।
20. नियत कार्य की संरचना करते समय किन तीन नियमों का पालन करना चाहिये।
21. निपुणता समूह, निपुणता एवं सत्र योजना के बीच के सम्बंध को चित्र द्वारा दर्शाइये।
22. व्याख्यान हेतु सत्र योजना किन बिन्दुओं पर बनायी जाती है उन्हें सूचीबद्ध करिये।
23. व्याख्यान विधि में विद्यार्थियों को फीडबैक कब दिया जाता है?
24. व्याख्यान विधि में विद्यार्थियों की सीखने की प्रगति का मूल्यांकन कौनसी विधियों का उपयोग कर किया जाता है?
25. उदाहरण एवं गैर उदाहरण का आशय एवं उपयोग बतलाइये।
26. व्याख्यान के दौरान सीखने की प्रक्रिया को आगे बढ़ाने के लिए प्राध्यापकों द्वारा विद्यार्थियों से कैसे प्रश्न पूछना चाहिये?

27. सीखने की प्रक्रिया के दौरान प्राध्यापकों द्वारा विद्यार्थियों को सामाजिक-मानसिक सहारा क्यों दिया जाता है?
28. सतत् मूल्यांकन के तीन प्रयोजन बतलाइये?
29. अन्तिम मूल्यांकन के तीन प्रयोजन बतलाइये।
30. व्याख्यान हेतु एक कक्षा में विद्यार्थियों की कितनी संख्या उपयुक्त होती है?
31. सीखने के मूल्यांकन के परिणामों का उपयोग प्राध्यापक किन प्रयोजनों हेतु करता है?
32. मूल्यांकन के मापदण्ड किसे कहते हैं? इनका स्रोत क्या होता है?
33. मूल्यांकन की विश्वसनीयता एवं वैधता से क्या आशय है?
34. व्याख्यान विधि को मजबूती प्रदान करने के लिए इसके साथ सीखने की कौन-कौनसी विधियाँ जोड़ी जा सकती है?
35. सीखने के माध्यम का चयन करते समय किन मापदण्डों का ध्यान रखा जाता है ताकि व्याख्यान प्रभावी हो सके।

8. गतिविधियाँ (Activities)

गतिविधि 2.1: व्याख्यान की प्रभावशीलता का मूल्यांकन

प्रपत्र 2.1 का उपयोग कर पिछले सेमिस्टर में आपके द्वारा दिये गये व्याख्यानों को मूल्यांकन करिये। मूल्यांकन से प्राप्त परिणामों का विश्लेषण कर आपके द्वारा दिये जाने वाले व्याख्यानों में सुधार लाने की दस रणनीतियाँ लिखें।

गतिविधि 2.2: निपुणता विकास की योजना बनाना

किसी एक निपुणता का चयन करिये एवं विद्यार्थियों में उसका विकास करने हेतु विस्तृत निपुणता विकास योजना बनाइये।

गतिविधि 2.3: सत्र योजना बनाना

किसी नयी निपुणता या विषय पर आपके द्वारा दिये जाने वाले व्याख्यान की सत्र योजना बनाइये। इस योजना को क्रियान्वित करने हेतु आवश्यक माध्यम, पर्चे, उदाहरण इत्यादि भी बनाइये या चयनित कीजिये।

3

टीम अध्यापन
(Team Teaching)

सीखने के उद्देश्य (Learning Objectives)

इस अध्याय को पढ़ने के पश्चात् पाठक:

- टीम अध्यापन को परिभाषित कर सकेंगे।
- टीम अध्यापन की आवश्यकता जता सकेंगे।
- टीम अध्यापन के गुण बता सकेंगे।
- टीम अध्यापन आयोजित कर सकेंगे।

1. प्रस्तावना (Introduction)

यह पेशेवरता का जमाना है। हर कोई उत्पाद एवं सेवा से संतुष्टि चाहता है वह भी सस्ते दाम पर कम समय में एवं कम प्रयासों के माध्यम से। यही विद्यार्थी भी चाहते हैं। वे चाहते हैं कि कम समय एवं प्रयासों से अधिक से अधिक सीखें। पेशेवर समस्याओं का हल प्रदान करके जीवन को सरल एवं आनन्दपूर्ण बनाते हैं। यह कई संकायों की मिली-जुली पद्धतियों एवं तेज बदलाव का युग है। यहाँ पर सभी कोई बदल रहे हैं, अत: आवश्यक है कि सीखने सिखाने की विधियों में भी बदलाव आये। उच्च एवं तकनीकी शिक्षा में भी कई नये एवं उभरते हुए संकायों में प्रत्येक बैंच के लिए पाठ्यक्रम में बदलाव लाने की आवश्यकता है। इन संकायों के लिए प्राध्यापकों की अत्यधिक मांग है परन्तु प्राध्यापक उपलब्ध नहीं है। टीम अध्यापन के द्वारा नये एवं उभरते हुए संकाय में अध्यापक तैयार किये जा सकते हैं। साथ ही विद्यार्थियों की सीखने की आवश्यकता को भी संतुष्ट किया जा सकता है।

2. टीम अध्यापन की आवश्यकता (Needs for Team Teaching)

उच्च एवं तकनीकी शिक्षण संस्थाओं की कई समस्याओं, चुनौतियों, एवं संकट का समाधान टीम अध्यापन है। टीम अध्यापन की आवश्यकताएं निम्नलिखित हैं:

- तेजी से बदलते हुए पेशों एवं उभरते हुए पेशों की आवश्यकताओं को संतुष्ट करने का टीम अध्यापन एक हल है।
- नये एवं उभरते संकायों में पूर्व निर्धारित स्तर पर निपुणता एवं प्रवीणता का विकास एक ही प्राध्यापक द्वारा नहीं किया जा सकता है।
- विभिन्न स्तर एवं प्रकार की निपुणताओं का विकास एक ही प्राध्यापक द्वारा नहीं किया जा सकता है, क्योंकि निपुणताओं की प्रकृति आपस में सम्बद्ध होती है।
- साठ से नब्बे विद्यार्थियों की कक्षा में एक प्राध्यापक सभी छात्रों में निपुणता का विकास सुनिश्चित नहीं कर सकता।
- कार्य संसार से सम्बद्ध निपुणताओं को विकसित करने के कई आयाम हैं जैसे निपुणता आवश्यकता ज्ञात करना, पाठ्यक्रम संरचना करना, सीखने की योजना बनाना, सीखने के संसाधन तैयार करना, सत्र आयोजित करना एवं सीखने का मूल्यांकन करना। ये सभी आयाम पारस्परिक हैं एवं एक प्राध्यापक द्वारा प्रभावी रूप से सम्पादित नहीं किये जा सकते हैं।
- पूर्व निर्धारित स्तर पर निपुणता एवं प्रवीणता के विकास की माँग बढ़ती जा रही है। इसके साथ ही विद्यार्थियों एवं नियोक्ताओं की संस्थाओं से अपेक्षाएं बढ़ती जा रही है। एक ही प्राध्यापक व्यक्तिगत रूप से इन अपेक्षाओं को संतुष्ट नहीं कर सकता है।
- टीम अध्यापन के माध्यम से विद्यार्थियों को विविध अवसर जानकारी प्राप्त करने, चर्चा करने, जानकारी बाँटने, शंका दूर करने हेतु उपलब्ध रहते हैं जो किसी विशिष्ट परिपेक्ष में होते हैं।
- टीम अध्यापन के द्वारा सृजनशीलता, लचीलापन एवं विविधता को बढ़ावा देने की मांग को संतुष्ट किया जा सकता है। प्राध्यापकों की टीम सृजनशीलता का प्रदर्शन करती है।
- टीम अध्यापन के द्वारा सीखने की कमी को पूरा किया जा सकता है एवं विद्यार्थियों की व्यक्तिगत आवश्यकता को संतुष्ट किया जा सकता है।

- विद्यार्थियों को परिवर्तित, नयी, एवं उभरती निपुणताएं, चुनने का विकल्प सीखने के विकल्प, जीवंत समस्याओं पर कार्य करने के अवसर प्रदान किये जा सकते हैं।
- नये एवं उभरते संकायों हेतु प्राध्यापकों को तैयार किया जा सकता है।
- प्राध्यापकों को उपयुक्त भूमिका आंवटित करना।
- नयी चुनौतियों को स्वीकार करने हेतु प्राध्यापकों की दूसरी श्रृंखला तैयार करना।
- विशेषज्ञ प्राध्यापकों की कमी को पूरा करना।
- सीखने की संस्कृति का विकास करना।
- सिखाने-सीखने की प्रक्रिया में नवाचार लाना।

3. टीम अध्यापन की परिकल्पना (Definition of Team Teaching)

यह अन्तर्संकाय एवं बहुसंकाय से सम्बद्ध निपुणताओं को या उच्च स्तर की निपुणताओं को विद्यार्थियों में विकसित करने की एक विधि है, जो नये एवं उभरते संकाय में अधिक उपयोग की जाती है। इस विधि के संचालन हेत विषयवस्तु विशेषज्ञ, उद्योग से विशेषज्ञ, शोधकर्ता, नये प्राध्यापक एवं निर्देशक की टीम बनायी जाती है।

4. अध्यापन टीम के कार्य (Functions of Team Teaching)

टीम निम्नलिखित कार्य करती है:

- पाठ्यक्रम तैयार करना।
- निपुणता विकास योजना बनाना।
- सत्र योजना बनाना एवं क्रियान्वित करना।
- सीखने की प्रगति का मूल्यांकन करना एवं सीखने में सुधार लाने हेतु फीडबैक प्रदान करना।
- सीखने के संसाधन एवं माध्यम तैयार करना।
- पाठ्यक्रम में सुधार एवं परिवर्तन लाने हेतु फीडबैक प्रदान करना।
- टीम अध्यापन के अनुभवों को लिपिबद्ध करना।
- टीम अध्यापन पर शोध करना।

5. अध्यापन टीम की बनावट (Composition of Team)

निपुणता विकास की आवश्यकता को ध्यान में रखते हुए टीम की बनावट तय की जाती है। सामान्यतया यह कार्य विभागाध्यक्ष द्वारा किया जाता है। टीम में

विषय विशेषज्ञ, अनुभवी एवं नये प्राध्यापक, शोधकर्ता, उद्योग विशेषज्ञ, निर्देशक, इत्यादि हो सकते हैं। टीम का आकार भी निपुणता की आवश्यकता को ध्यान में रखते हुए तय किया जाता है। यदि निपुणता उच्च स्तर की एवं कठिन होती है तो एक आन्तरिक या मुख्य टीम हो सकती है जिसकी सहायता कई सहयोगी टीम कर सकती हैं। टीम वृहद प्रयोजन हेतु कार्य करती है ताकि सभी विद्यार्थियों में वाँच्छित निपुणता एवं प्रवीणता का विकास किया जा सके। टीम विद्यार्थियों में आन्तरिक निपुणता के साथ-साथ सम्बद्ध निपुणताएं विकसित करने हेतु विविध विधियों का उपयोग करती है। ये सम्बद्ध निपुणताएं इस प्रकार हैं: सीखने की आदत, जाँच करना, प्रयोग करना, समस्या हल करना, चुनौतियाँ स्वीकार करना, परिस्थिति का सामना करना, प्रभावी संप्रेषण करना, परिस्थिति के साथ तालमेल बैठाना, जोखिम उठाना इत्यादि। प्राध्यापकों एवं संसाधन व्यक्तियों की टीम भी इन निपुणताओं का प्रदर्शन करती है जोकि संगठित क्षेत्र की माँग है।

6. टीम अध्यापन के गुण (Characteristics of Team Teaching)

टीम अध्यापन के बहुत से विशिष्ट गुण होते हैं। शैक्षणिक संस्थाओं को सीखने वाली, नवाचारी एवं पेशेवर संस्था बनाने हेतु यह एक सशक्त पद्धति है, यदि संस्था स्तर पर उपयोग की जाये तो यह संस्था के टीम के ढाँचे के अनुरूप होती है। संस्था की राजकीय टीम एवं प्रबंधन टीम प्रभावी रूप से कार्य करती है। संस्था में टीम का ढाँचा होने पर यह आसानी से टीम अध्यापन को बढ़ावा दे सकती है। टीम अध्यापन के महत्वपूर्ण गुण निम्नलिखित हैं:

- टीम अध्यापन संस्था के टीम ढाँचे के अनुरूप होता है। अतः टीम निर्माण में अधिक अभ्यास की आवश्यकता नहीं होती है।
- टीम अध्यापन वचनबद्धता, समन्वयन, सहयोग एवं सहकार्य के सिद्धांत पर आधारित होता है, जिसके माध्यम से विद्यार्थियों में निपुणता एवं प्रवीणता विकसित करने का लक्ष्य प्राप्त किया जाता है, ताकि वे नयी एवं भिन्न निपुणताओं का प्रदर्शन कर सकें।
- टीम अध्यापन के माध्यम से विद्यार्थियों में बदलती हुई निपुणताओं का विकास करने की जवाबदारी बढ़ायी जाती है।
- टीम अध्यापन के माध्यम से कार्य की सम्पूर्ण सोच विकसित की जाती है एवं तदानुसार निपुणताएं विकसित की जाती है।

- टीम अध्यापन में पढ़ाने वाले पदानुक्रम के सभी पदों एवं विशेषज्ञों के समूह से आते है, अतः संकाय, ज्ञान, कौशल एवं अभिवृत्ति सभी दृष्टिकोण से विद्यार्थियों की निपुणता का विकास होता है।
- टीम प्रयोजन प्राप्त करने अर्थात् विद्यार्थियों की सीखने की आवश्यकताओं को पूरा करने के लिए बनायी जाती हैं। प्रयोजन की प्राप्ति के पश्चात् टीम बिखर जाती है। अतः विद्यार्थियों को विभिन्न टीमों से सीखने एवं टीमों में कार्य करने का अवसर प्राप्त होता है।
- टीम के साथी सदस्य एक दूसरे की सीखने की एवं अन्य आवश्यकताओं को संतुष्ट करते हैं। टीम के सदस्यों के बीच अन्तर होता है एवं इस अन्तर के कारण ही वे एक दूसरे की सीखने की आवश्यकताओं को संतुष्ट करते हैं।
- टीम अध्यापन में सीखने हेतु अन्तर्निहित गुण होते हैं जो इस प्रकार है: सृजनशीलता, नवाचार, एवं बदलाव। इन गुणों को विद्यार्थी प्राकृतिक रूप से सीखते हैं।
- टीम अध्यापन के माध्यम से शैक्षणिक कार्यक्रमों में सतत् सुधार लाया जाता है। यह सुधार विषयवस्तु एवं विधि दोनों में ही देखा जा सकता है।
- सीखने के विभिन्न आयामों पर विद्यार्थियों की अलग-अलग टीम समानान्तर रूप से सीखती है।
- टीम अध्यापन के माध्यम से विद्यार्थियों की अकादमिक एवं अन्य समस्याओं का हल आसानी से किया जा सकता है। क्योंकि सभी सदस्य सार्वलौकिक प्रयोजन हेतु सीखते हैं।
- टीम अध्यापन द्वारा विद्यार्थियों के बीच एवं विद्यार्थियों एवं प्राध्यापकों को बीच संप्रेषण में सुधार आता है।
- टीम अध्यापन के दौरान विकसित की गई छात्रों की टीम सरलता से चुनौतीपूर्ण शोध परियोजना एवं कार्य संसार की जटिल समस्याओं पर काम कर सकती है।

7. टीम अध्यापन का आयोजन (Organizing Team Learning)

जिन संस्थाओं में टीमगत ढाँचा है वहाँ पर टीम अध्यापन क्रियान्वित किया जाना बहुत ही सरल है। संस्था में कार्यरत टीम पहले से ही टीम में कार्य करने के लाभ, जैसे की सृजनशीलता, एक-दूसरों की कमजोरियों को ढकना,

चुनौतियों को स्वीकार कर पूरा करना, आपसी लाभ हेतु अनिश्चितता में कार्य करना, कार्य अनुभवों को बाँटना, आपस में कार्य के बारे में सीखना, जोखिम को बाँटना, स्वस्थ संस्कृति को बढ़ावा देना, सभी सदस्यों के संसाधनों को गतिशील बनाना इत्यादि। उन्हें टीम निर्माण, टीम विकास, टीम में कार्य करने एवं लक्ष्य प्राप्ति का पूर्व से ही अनुभव होता है।

टीम बनाना (Formation of Team)

अध्यापन हेतु टीम की बनावट कई कारकों, जैसे विद्यार्थियों की संख्या, विषय या निपुणता की माँग, निपुणता की आवश्यकता, टीम के सदस्यों का अनुभव, एवं विशेषज्ञता, किसी क्षेत्र विशेष में सदस्य की रुचि, संसाधनों की उपलब्धता, सीखने के संसाधन, विषय या निपुणता में नयापन, पढ़ाने का अनुभव, निपुणता एवं प्रवीणता का स्तर इत्यादि पर निर्भर करती है। टीम बनाने का कार्य पहले विभाग स्तर पर किया जाता है, तत्पश्चात् अन्य विभागों एवं संस्थाओं से टीम के सदस्य बनाये जाते हैं। टीम का आकार 2 से 5 सदस्यों का हो सकता है। टीम अध्यापन में आवश्यकतानुसार निम्नलिखित सदस्य हो सकते हैं।

- आन्तरिक एवं बाहरी सदस्य,
- अत्यधिक अनुभवी एवं विशेषज्ञ या एक दम नये प्राध्यापक,
- अन्य संकाय के प्राध्यापक एवं निर्देशक,
- अन्य संस्थाओं के संसाधन व्यक्ति, इत्यादि।

टीम अध्यापन हेतु बनायी जाने वाली टीम को विद्यार्थियों में कम से कम एक निपुणता का विकास करना चाहिये। अलग-अलग निपुणताओं के लिए अलग-अलग टीम हो सकती है। इन सभी टीमों को औपचारिक रूप से प्रशिक्षित किया जाना चाहिये, ताकि ये प्रभावी एवं दक्ष तरीके से निपुणता का विकास कर सकें।

टीम में अध्यापन हेतु योजना बनाना

टीम निपुणता एवं सत्र योजना बनाती है। यह योजना टीम के सभी सदस्यों के विचारों को जानकर बनायी जाती है। योजना बनाने हेतु प्रपत्र 2.1 का उपयोग किया जा सकता है जिसे व्याख्यान हेतु उपयोग किया गया है। टीम के सभी सदस्य उनकी भूमिका को निर्धारित एवं स्पष्ट करते हैं। सभी सदस्य टीम लीडर के नेतृत्व में भूमिका निधारित करते हैं। ये सभी सदस्य उनकी भूमिका का निर्वाह करने हेतु वचनबद्ध एवं जवाबदार होते हैं। वे अपनी विशेषज्ञता एवं अनुभव भी बाँटते हैं। टीम

अध्यापन योजना में विद्यार्थियों के लिए समानांतर गतिविधियाँ भी हो सकती हैं। विद्यार्थियों की एक टीम प्रयोगशाला जा सकती है, दूसरी टीम इन्टरनेट पर कार्य कर सकती है, तीसरी टीम समस्या हल कर सकती है, चौथी टीम कार्यशाला में उत्पाद के विकास के लिए जा सकती है एवं पाँचवीं टीम क्षेत्र भ्रमण हेतु जा सकती है। विद्यार्थियों की प्रत्येक टीम का आकार निपुणता की आवश्यकता एवं पारिस्थितिकीय कारकों को ध्यान में रखकर तय किया जाता है। विद्यार्थियों की टीम का आकार एवं बनावट सीखने के प्रयोजन पर भी निर्भर करता है। ये टीमें समरूप, मिश्रित एवं भिन्न भी हो सकती हैं। बिद्यार्थियों की प्रत्येक टीम का नेतृत्व एक प्राध्यापक या संसाधन व्यक्ति या निर्देशक करता है। नियत कार्य समाप्त होने पर विद्यार्थियों एवं प्राध्यापकों की सभी टीमें एकत्र होती हैं एवं सीखने के अनुभवों का आदान-प्रदान करती हैं। प्रत्येक टीम भी विस्तृत योजना बनाती है। टीम अध्यापन योजना का एक सूचक उदाहरण चित्र 3.1 में दर्शाया गया है।

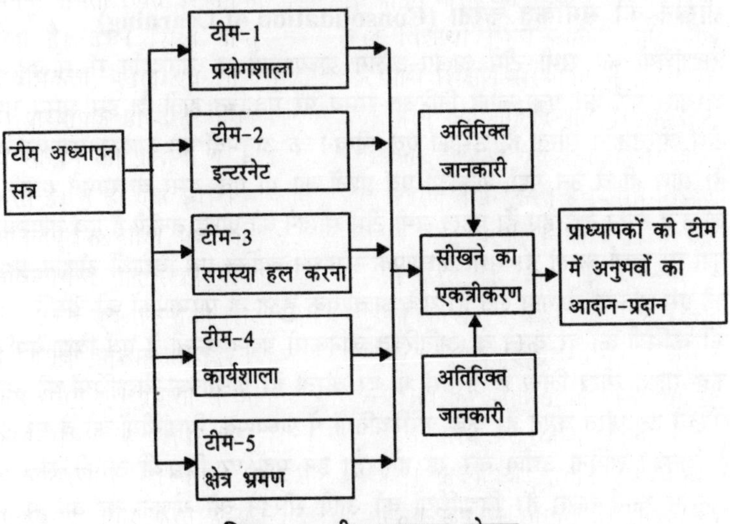

चित्र 3.1: टीम अध्यापन योजना

योजना का क्रियान्वयन (Implementation of Plan)

टीम के सदस्य उनकी वचनबद्धता के अनुसार योजना का क्रियान्वयन करते हैं। शुरुआत में विषयवस्तु विशेषज्ञ नेतृत्त्व करता है एवं सभी को जानकारी प्रदान करता हैं। तत्पश्चात अलग-अलग क्षेत्र के विशेषज्ञ सम्बन्धित जानकारी प्रदान करते हैं। सभी विशेषज्ञ जानकारी प्रदान करने हेतु विविध माध्यमों का उपयोग करते हैं ताकि

समय की बचत की जा सके एवं जानकारी को रुचिकर बनाया जा सके। संसाधन व्यक्ति पर्चों एवं साफ्ट कापी के माध्यम से भी जानकारी प्रदान करते हैं। शुरुआत में जानकारी प्रदान करने की एक श्रृंखला होती है। जानकारी प्रस्तुत करने के पश्चात् विद्यार्थियों को प्रश्न पूछने का अवसर प्रदान किया जाता है, जिसके द्वारा वे अपनी शंकाओं का समाधान करते हैं। तत्पश्चात् विद्यार्थियों की टीमों को अभ्यास करने हेतु अवसर प्रदान किया जाता है। निपुणता की आवश्यकता को ध्यान में रखकर अलग-अलग टीम के लिए अलग-अलग नियत कार्य दिये जाते हैं जैसे भूमिका निर्वाह, प्रश्न उत्तर, परिचर्चा, प्रदर्शन, प्रयोग, भ्रमण, उत्पादन करना इत्यादि। इन सभी नियत कार्यों का नेतृत्व एक संसाधन व्यक्ति द्वारा किया जाता है। सभी टीमें कार्य करके सीखती हैं एवं सीखने के अनुभवों को सूचीबद्ध करती हैं। सभी टीमें अपनी शंकाओं को भी लिख लेती हैं। सीखने को समेकित करने के लिए एक सत्र का आयोजन किया जाता है, जिसके लिए सभी टीमें तैयारी करती हैं।

सीखने को समेकित करना (Consolidation of Learning)

विद्यार्थियों की सभी टीमें अलग-अलग प्राध्यापकों के मार्गदर्शन में सीखने के अभ्यास पूर्ण कर एक जगह निश्चित समय पर एकत्रित होती है। इस समय सभी टीमें जो उन्होंने सीखा है, उसका एवं सीखने के अनुभवों का आदान-प्रदान करती है। साथ ही वे उन मुद्दों, शंकाओं एवं प्रश्नों को भी एक दूसरे के सामने रखती है जो उन्हें स्पष्ट नहीं हुए हैं। पहले सभी टीमें सीखने को प्रगाढ़ बनाती हैं एवं तत्पश्चात् मुद्दों पर चर्चा करती हैं। सभी प्राध्यापक संसाधन व्यक्ति एवं विद्यार्थी आदान-प्रदान की इस प्रक्रिया में भाग लेते हैं। यदि आवश्यक हुआ तो प्राध्यापकों की टीम सीखने की कमियों को दूर करने के अतिरिक्त जानकारी प्रदान करती है एवं विद्यार्थियों ने कुछ गलत सीख लिया है तो उसे भी दूर करती है। प्राध्यापक विद्यार्थियों को आगे सीखने हेतु प्रेरित करते हैं। कुछ परिस्थितियों में प्राध्यापक विद्यार्थियों को वे मुद्दें देते हैं जिनका सामना उद्योग कर रहे होते हैं। इन मुद्दों पर विद्यार्थी उनकी रुचि के अनुसार कार्य करते हैं। विद्यार्थियों को आगे सीखने की योजना के बारे में भी बतलाया जाता है। इस प्रकार टीम अध्यापन के द्वारा विद्यार्थियों में एक निपुणता का विकास किया जाता है।

प्राध्यापकों एवं संसाधन व्यक्तियों की टीम में अनुभवों का आदान-प्रदान (Experience Sharing in Professors and Resource Persons Team)

प्राध्यापक एवं संसाधन व्यक्ति टीम में कार्य करने के अनुभव बाँटते हैं तथा टीम अध्यापन द्वारा सिखाने की पद्धति का मूल्यांकन करते हैं। वे टीम की एवं

इसके सदस्यों की कार्य सम्पादन क्षमता बढ़ाने हेतु भी कार्य करते हैं। वे टीम की प्रभावशीलता का मूल्यांकन प्रपत्र 3.1 में दिये गये मापदण्डों पर करते हैं।

8. सारांश (Summary)

- टीम अध्यापन के माध्यम से विद्यार्थियों में अन्तर्संकाय निपुणताओं, नये संकाय एवं उभरते हुए संकाय की निपुणताओं का विकास किया जाता है।
- इसके द्वारा पदानुक्रम में उच्च स्तर की निपुणताओं का भी विकास किया जाता है।
- प्राध्यापकों, शोधकर्ताओं, संसाधन व्यक्तियों एवं निर्देशकों की टीम बनायी जाती है, जिसका आकार आवश्यकता के अनुसार 2 से 5 सदस्यों का हो सकता है। यह टीम निपुणता विकास हेतु पाठ्यक्रम तैयार करने, निपुणता विकास एवं सत्र योजना बनाने, योजना को क्रियान्वित करने एवं निपुणता का मूल्यांकन करने का कार्य करती है।
- यह टीम सीखने के संसाधन एवं माध्यम तैयार करती है एवं विद्यार्थियों की टीम का सीखने हेतु नेतृत्व करती है।
- टीम अध्यापन के अनुभवों के आधार पर यह पाठ्यक्रम संरचना, क्रियान्वयन एवं मूल्यांकन में सुधार लाने हेतु सुझाव देती है।
- टीम अध्यापन के लिए एक आन्तरिक टीम हो सकती है एवं अलग-अलग प्रयोजन के लिए आन्तरिक टीम को सहयोग देने के लिए सहयोगी टीमें हो सकती है।
- टीम अध्यापन के द्वारा विद्यार्थियों में सहउत्पाद के रूप में कई निपुणताओं का विकास किया जाता है। ये निपुणताएं इस प्रकार हैं सृजनशीलता, नवाचार, जोखिम उठाना, प्रस्तुतिकरण, किसी उत्पाद या विधि का दृश्य तैयार करना, संसाधनों का मिलजुल कर उपयोग करना, नेतृत्व करना, सामूहिक रूप से समस्या हल करना एवं निर्णय लेना, इत्यादि।
- टीम अध्यापन के पारम्परिक सीखने की विधियों की तुलना में कई लाभ है जैसे सम्पूर्ण सोच का विकास, सृजनशीलता को बढ़ावा देना, सोच को उद्वेगित करना, नये प्राध्यापकों का प्रशिक्षण, सीखने की विभिन्न विधियों का उपयोग करना, इत्यादि।
- टीम का गठन सीखने की आवश्यकता के अनुसार किया जाता है। प्राध्यापकों के साथ विद्यार्थियों की टीमें भी बनायी जाती हैं जो प्राध्यापकों के नेतृत्व में अलग-अलग मुद्दों पर कार्य कर सीखती है।
- सर्वप्रथम टीम अध्यापन के निपुणता के महत्व को बतलाया जाता है। प्राध्यापक एवं संसाधन व्यक्ति सत्र योजना के अनुसार विद्यार्थियों को

नयी जानकारी प्रदान करते हैं। जानकारी प्रदान करने के लिए वे व्याख्यान, प्रदर्शन, प्रश्न–उत्तर, चर्चा, भूमिका प्रदर्शन, फिल्म दिखाना इत्यादि विधियाँ का उपयोग करते है।

- विद्यार्थियों को जानकारी प्रदान करने के पश्चात् विद्यार्थियों की टीमें अलग–अलग मुद्दों पर कार्य करती हैं एवं सीखती हैं। इस दौरान वे सीखने की कठिनाइयों एवं सीख को लिख लेती हैं।
- अन्त में सभी टीमें एकत्रिकरण सत्र में भाग लेती है जिसमें उनकी सीख एवं सीखने की कठिनाईयाँ को आपस में समझा जाता है। सभी सदस्य उनके सीखने के अनुभवों का आदान–प्रदान करते हैं।
- प्राध्यापकों की टीम विद्यार्थियों को सीखने में सुधार लाने हेतु सकारात्मक एवं प्रेरणादायक फीडबैक प्रदान करती हैं।
- प्राध्यापकों की टीम टीम अध्यापन के अनुभवों को बाँटती है एवं इसमें सुधार लाने हेतु प्रयास करती है।

9. प्रपत्र (Format)

प्रपत्र 3.1: टीम अध्यापन की प्रभावशीलता का मूल्यांकन

निम्नलिखित प्रपत्र में टीम अध्यापन की प्रभावशीलता का मूल्यांकन करने हेतु मापदण्ड दिये गये हैं। प्रपत्र में दिये गये प्रत्येक मापदण्ड पर नीचे दिये गये सूचक के अनुसार मूल्यांकन कर आप टीम अध्यापन की प्रभावशीलता ज्ञात कर सकते हैं।

सूचक: 5–सर्वोच्च स्तर, 4–उच्च स्तर, 3–मध्यम स्तर, 2–निम्नस्तर, 1–न्यूनतम स्तर

क्रमांक	*मापदण्ड*	*प्रभावशीलता*
अ.	**विद्यार्थियों की सीख**	
1.	विद्यार्थियों में निपुणता का विकास	
2.	व्यक्तिगत सीखने की आवश्यकता की पूर्ति	
3.	सीखने में रुचि एवं आनन्द	
4.	सम्बद्ध निपुणताओं का विकास, जैसे नेतृत्व, सम्प्रेषण, समस्या हल करना, निर्णय लेना इत्यादि	
5.	विद्यार्थियों द्वारा निपुणता का प्रदर्शन	

(क्रमशः)

क्रमांक	मापदण्ड	प्रभावशीलता
ब.	**संसाधनों का उपयोग**	
6.	सीखने की विधियों की प्रभावशीलता एवं दक्षता	
7.	माध्यम की प्रभावशीलता	
8.	समय उपयोग में प्रभावशीलता	
9.	भौतिक संसाधनों के उपयोग में प्रभावशीलता	
10.	सीखने के संसाधनों के उपयोग में प्रभावशीलता	
स.	**टीम में सीखने की प्रभावशीलता**	
11.	टीम के सदस्यों की सीख	
12.	टीम के सदस्यों के बीच वचनबद्धता, समन्वयन, सहयोग एवं सहकार्य	
13.	टीम लीडर की प्रभावशीलता	
14.	सृजनशीलता एवं नवाचार का स्तर	
15.	समस्याओं एवं मतभेद को हल करने की प्रभावशीलता	
द.	**असर**	
16.	टीम में कार्य करने की वचनबद्धता	
17.	नये नियत कार्य करने में रुचि	
18.	नेतृत्व करने की इच्छा	
19.	चुनौतीपूर्ण परियोजना में कार्य करने की इच्छा	
20.	संगठित संस्कृति	

10. अभ्यास प्रश्न (Practice Questions)

1. टीम अध्यापन को परिभाषित करिये।
2. टीम अध्यापन किस प्रकार की निपुणताओं के विकास हेतु उपयोग किया जाता है?
3. टीम अध्यापन के लिए टीम का आकार क्या होना चाहिए?
4. टीम अध्यापन के लिए टीम के सदस्यों को चुनने के मापदण्डों को बतलाइये।
5. टीम अध्यापन के गुण बतलाइये।
6. टीम अध्यापन में निपुणता विकास योजना बनाने की विधि बतलाइये।
7. टीम अध्यापन में टीम के सदस्यों का चयन कैसे किया जाता है?
8. टीम अध्यापन प्रक्रिया द्वारा मुख्य निपुणता के अतिरिक्त और कौनसी निपुणताओं का विकास होता है?
9. टीम अध्यापन करते समय किन बिन्दुओं पर ध्यान देना चाहिये?

10. टीम अध्यापन की प्रभावशीलता का मूल्यांकन किन बिन्दुओं पर किया जाता है?

11. गतिविधियाँ (Activities)

गतिविधि 3.1: निपुणताओं की सूची तैयार करना

टीम अध्यापन द्वारा विकसित की जाने वाली निपुणताओं की सूची तैयार करिये एवं अपने साथियों से इसका सत्यापन करवाइये।

गतिविधि 3.2: टीम अध्यापन योजना बनाना

गतिविधि 3.1 में तैयार की गई निपुणताओं की सूची से एक निपुणता का चयन करिये जिसे टीम अध्यापन द्वारा विकसित किया जा सकता है। इस निपुणता के विकास के लिए टीम का गठन करिये एवं निपुणता विकास एवं सत्र योजना बनाइये।

गतिविधि 3.3: टीम अध्यापन का क्रियान्वयन करना

गतिविधि 3.2 में बनायी गयी निपुणता विकास योजना का क्रियान्वयन करिये एवं इसकी प्रभावशीलता का मूल्यांकन करिये।

4

प्रश्न उत्तर
(Question Answer)

सीखने के उद्देश्य (Learning Objectives)

इस अध्याय को पढ़ने के पश्चात् पाठक:

- प्रश्न उत्तर विधि को परिभाषित कर सकेंगे।
- प्रश्न उत्तर विधि से प्राप्त होने वाली सीख को सूचीबद्ध कर सकेंगे।
- प्रश्न उत्तर विधि का उपयोग करने की योजना बना सकेंगे।
- प्रश्न उत्तर विधि के विभिन्न रूपों का विवरण दे सकेंगे।
- प्रश्न उत्तर विधि हेतु प्रश्न तैयार करने के मार्गदर्शक बिन्दु बना सकेंगे।
- प्रश्न उत्तर आयोजित करने हेतु मार्गदर्शक बिन्दु बना सकेंगे।
- प्रश्न उत्तर विधि की प्रभावशीलता का मूल्यांकन कर सकेंगे।

1. प्रस्तावना (Introduction)

विद्यार्थियों ने जिस संकाय को अध्ययन के लिए चुना है उसके बारे में वे जानने को उत्सुक रहते हैं। वे प्राध्यापकों से केरियर, शैक्षणिक कार्यक्रम एवं सीखने से सम्बन्धित बहुत से प्रश्न पूछना चाहते हैं। वे महाविद्यालय में उनकी सीखने की आवश्यकताओं एवं आकांक्षाओं को संतुष्ट करने आते हैं।

प्रश्न पूछना एक मानव प्रवृत्ति है। ऐसा कहा जाता है कि किसी भी पेशे के बारे में आपके जितने अधिक प्रश्न होते हैं आप उसके बारे में उतना ही अधिक सीखते हैं। सीखने की भूख स्वयं से एवं अन्य से प्रश्न करके संतुष्ट की जा सकती है। प्रश्न विद्यार्थियों के अन्दर से आते हैं अत: वे उनका उत्तर खोजने का प्रयास करते हैं। वे प्रश्न का उत्तर प्राप्त करने के लिए उत्तर के सभी स्रोतों को ज्ञात कर उनका उपयोग करते हैं। इसका आशय

यह हुआ कि प्रश्नों के उत्तर खोजना भी प्राकृतिक प्रक्रिया है। प्राध्यापकों द्वारा विद्यार्थियों की प्रश्न करने एवं उत्तर खोजने की इस प्रवृत्ति का उपयोग उन्हें सिखाने हेतु करना चाहिये।

सिखाने हेतु प्रश्न उत्तर विधि का उपयोग सरल है क्योंकि प्राध्यापक एवं विद्यार्थी दोनों ही इससे परिचित हैं। प्रयोजनयुक्त एवं आवश्यकता आधारित सिखाने के लिए यह विधि एक मजबूत विधि है। यह सोचने हेतु सोचने के कौशल को सिखाने की शुरुआत करती है। यह विद्यार्थियों में प्रश्नों का उत्तर देने हेतु आत्मविश्वास जागृत करती है। यह उनमें सीखने की परिपक्वता का विकास करती है।

2. प्रश्न उत्तर विधि द्वारा सीखना
(Learning from Question Answer Method)

प्रश्न उत्तर विधि नई एवं भिन्न जानकारी प्राप्त करने की एक सशक्त विधि है। यह विधि मुख्य रूप से मानसिक सोच का विकास करती है। प्रश्न उत्तर विधि के द्वारा विकसित किये जाने वाले कौशल निम्नलिखित हैं:

- जानकारी प्राप्त करने एवं प्रदान करने हेतु आत्मविश्वास में वृद्धि।
- मुद्दे एवं प्रश्नों के परिवेश में जानकारी को तार्किक रूप से आयोजित करना।
- अवधारणा बनाना एवं उसका परीक्षण करना।
- पूर्व में सीखी हुई जानकारी को याद कर दी गई परिस्थिति में उपयोग करना।
- परीक्षण एवं सत्यापन कौशल का विकास करना।
- जाँच करने की अभिवृत्ति का विकास करना।
- सीख का मूल्यांकन करना।
- किसी परिपेक्ष्य, समस्या एवं मुद्दे के सन्दर्भ में जानकारी का विश्लेषण करना।
- तुलना करना।
- न्याय करना।
- समस्या का हल खोजना।
- निर्णय लेना।
- सोचना।
- लिखित एवं मौखिक संप्रेषण करना।
- मूल्यांकन करना।

- प्रशंसा करना।
- निरीक्षण करना।

3. प्रश्न उत्तर विधि के प्रकार (Types of Question Answer Method)

प्रश्न उत्तर विधि के पाँच प्रकार हैं जिनका उपयोग सीखने की आवश्यकता को ध्यान में रखकर किया जा सकता है।

प्रथम प्रकार–प्रश्न उत्तर विधि

प्रश्न उत्तर विधि के इस प्रकार में प्राध्यापक सीखने के उद्देश्यों की पूर्ति हेतु विद्यार्थियों को जानकारी प्रदान करता है एवं तत्पश्चात् चुने हुए विद्यार्थियों से प्रश्न पूछता है। इस विधि के द्वारा विद्यार्थियों को मनोवैज्ञानिक एवं शारीरिक रूप से सीखने के लिए सक्रिय रखा जाता है। इस विधि के द्वारा विद्यार्थियों की सीख के स्तर को ज्ञात किया जा सकता है एवं उनकी सीखने की प्रगति को मान्यता प्रदान की जाती है। इस विधि द्वारा विद्यार्थियों की सीख में कमी को भी ज्ञात किया जा सकता है एवं सुधारात्मक उपचार किया जाता है। अधिकतर प्राध्यापक इस विधि का उपयोग करते हैं। यह सीखने की शक्तिशाली विधि नहीं है परन्तु इसे विभिन्न प्रकार के प्रश्नों, जैसे परिचयात्मक प्रश्न, विकासात्मक प्रश्न, मूल्यांकन प्रश्न इत्यादि के द्वारा समृद्ध बनाया जा सकता है। इस विधि का उपयोग करते समय प्राध्यापकों को प्रश्न करते समय यह ध्यान रखना चाहिये कि विद्यार्थी प्रश्नों को सीखने की प्रक्रिया का भाग समझे न कि मूल्यांकन का भाग। इस विधि को क्रियान्वित करने के विभिन्न पद चित्र 4.1 में दर्शाये गये हैं।

द्वितीय प्रकार–प्रश्न उत्तर विधि

प्रश्न उत्तर विधि के इस प्रकार में प्राध्यापक विद्यार्थियों को पर्चे, पाठ्य-पुस्तक, सन्दर्भ पुस्तक पढ़ने को कहते हैं। वे विद्यार्थियों से फिल्म देखने, किसी मशीन का अध्ययन करने, किसी तकनीक का निरीक्षण करने हेतु भी कहते हैं।

विद्यार्थी प्राध्यापक द्वारा दिये गये निर्देशों के अनुरूप अध्ययन करते हैं। तत्पश्चात् वे पूर्व निर्धारित समय, दिनांक एवं स्थान पर एकत्रित होते हैं। प्राध्यापक विद्यार्थियों से प्रश्न करते हैं एवं विद्यार्थी प्रश्नों का उत्तर देते हैं। यदि कोई विद्यार्थी प्रश्न का गलत या अपूर्ण उत्तर देता है तो प्राध्यापक अन्य छात्र को सही उत्तर देने को कहता है। यदि विद्यार्थी प्रश्न का सही उत्तर देते हैं तो प्राध्यापक अगला प्रश्न करता है जो कि पहले प्रश्न से जुड़ा होता है, परन्तु कठिन होता है।

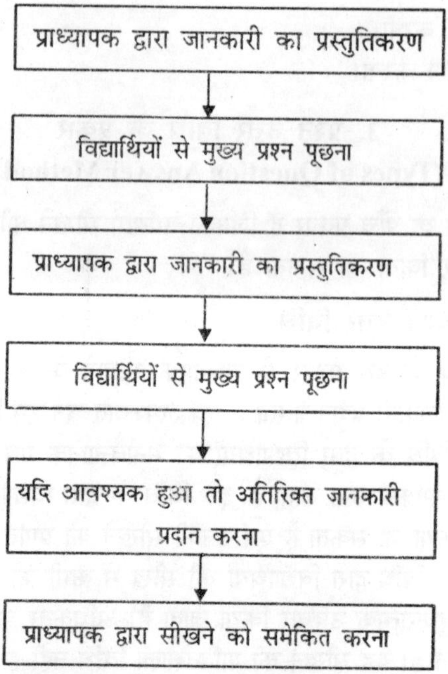

चित्र 4.1: प्रथम प्रकार–प्रश्न उत्तर त्रिधि

इस प्रक्रिया का उपयोग कर प्राध्यापक सीखने के उद्देश्यों की पूर्ति करता है। इस प्रक्रिया में सभी विद्यार्थियों से अलग–अलग प्रश्न किये जाते हैं एवं उन्हें प्रश्नों का उत्तर देने के लिए प्रोत्साहित किया जाता है। प्रश्नों का उत्तर देने के लिए विद्यार्थियों को संकेत भी दिये जाते हैं। यदि आवश्यक हुआ तो प्राध्यापक बीच बीच में संक्षिप्त जानकारी भी प्रदान कर सकता है। प्रश्न उत्तर प्रक्रिया समाप्ति पर प्राध्यापक सीखने के बिन्दुओं को समेकित करता है। इस विधि को क्रियान्वित करने के विभिन्न पद चित्र 4.2 में दर्शाये गये हैं।

प्रश्न उत्तर की द्वितीय विधि के द्वारा प्राध्यापक उनका समय बचाते हैं। उन्हें वे पाठ तैयार करने की आवश्यकता नहीं होती है जिनको विद्यार्थी सरलता से सीख सकते हैं। प्राध्यापक का जो समय बचता है उसका उपयोग वे स्वयं के विकास या नवाचार के कार्य करने में लगा सकते हैं। इस विधि के द्वारा विद्यार्थियों में स्वयं सीखने की आदत डाली जाती है एवं सीखने की जवाबदारी उनको दी जाती है। यहाँ पर यह बात जानना महत्वपूर्ण है कि विद्यार्थी इस विधि द्वारा प्राध्यापकों की अपेक्षा से कहीं अधिक सीखते हैं। कई परिस्थितियों में विद्यार्थी ताजा जानकारी के साथ प्रश्नों का उत्तर देने आते हैं जो प्राध्यापकों को भी ज्ञात नहीं होती है।

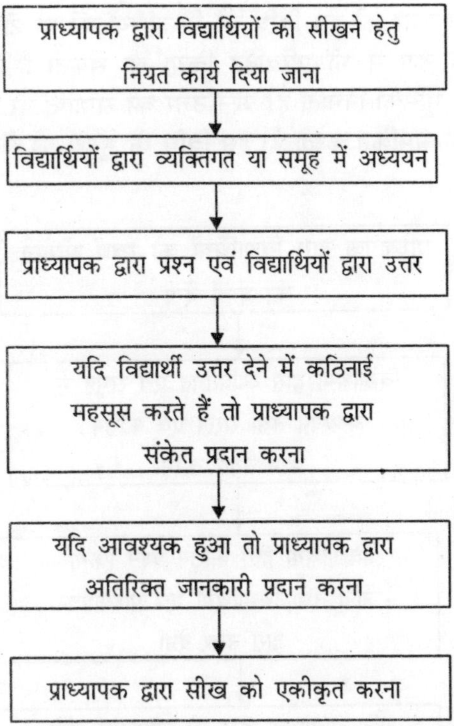

चित्र 4.2: द्वितीय प्रकार–प्रश्न उत्तर विधि

तृतीय प्रकार–प्रश्न उत्तर विधि

प्रश्न उत्तर के इस प्रकार में प्राध्यापक विद्यार्थियों को सीखने के उद्देश्य के बारे में बतलाता है, सीखने की सामग्री देता है, सीखने के अन्य स्रोत के बारे में बतलाता है एवं विद्यार्थियों को अध्ययन करने हेतु प्रेरित करता है। वह विद्यार्थियों को जो सामग्री देता है उस पर प्रश्न तैयार करने हेतु कहता है। कक्षा का प्रत्येक विद्यार्थी कम से कम एक प्रश्न तैयार करता है। तत्पश्चात् प्राध्यापक विद्यार्थियों को सीखने के अनुभवों को बाँटने हेतु आमंत्रित करता है। वह विद्यार्थियों को प्रश्न करने एवं शंकाओं को दूर करने का अवसर प्रदान करता है। पहले वह विद्यार्थियों के प्रश्नों का उत्तर देने के लिए अन्य विद्यार्थियों को अवसर देता है। यदि विद्यार्थी उत्तर नहीं दे पाते हैं तो प्राध्यापक स्वयं उत्तर देता है। प्राध्यापक भी कुछ प्रश्न विद्यार्थियों से पूछने हेतु तैयार रखता है। इन प्रश्नों का उपयोग कर वह विद्यार्थियों की सीखने की प्रगति एवं गहराई का परीक्षण

करता है। प्रश्न उत्तर की इस विधि को विद्यार्थियों की दो टीमों के बीच प्रश्न उत्तर खेल के रूप में भी परिवर्तित किया जा सकता है जिसमें प्राध्यापक न्यायाधीश की भूमिका निभाता है। प्रश्न उत्तर की समाप्ति पर प्राध्यापक सीखने के बिन्दुओं को समेकित करता है। इस विधि के मुख्य पद चित्र 4.3 में दर्शाये गये हैं।

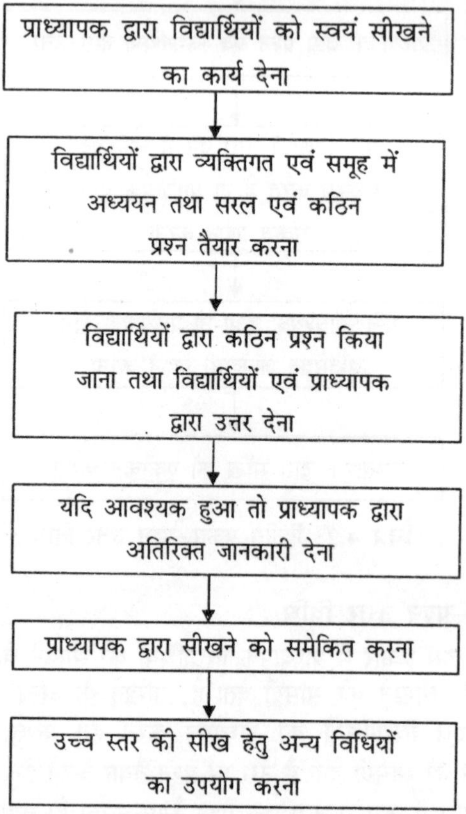

चित्र 4.3: तृतीय प्रकार—प्रश्न उत्तर विधि

विद्यार्थियों द्वारा संचालित प्रश्न उत्तर विधि प्राध्यापकों का समय बचाती है। इस विधि का उपयोग करने के पूर्व प्रथम एवं द्वितीय प्रकार की विधि का उपयोग करना चाहिये ताकि विद्यार्थी प्रश्न उत्तर विधि से परिचित हो जायें एवं स्वतंत्र रूप से कार्य कर सकें। इस विधि का उपयोग द्वितीय, तृतीय एवं चतुर्थ वर्ष के विद्यार्थियों को सिखाने हेतु करना चाहिये।

चतुर्थ प्रकार–प्रश्न उत्तर

प्रश्न उत्तर के इस प्रकार में किसी विषय पर प्रश्न एवं उत्तर की शृंखला की वीडियो फिल्म बनायी जाती है। इस फिल्म में एक व्यक्ति प्रश्न करता है एवं विशेषज्ञ जवाब देता है।

प्रश्न उत्तर की शृंखला विद्यार्थियों की आवश्यकता के अनुरूप होती है जिसमें क्रम, तर्क एवं विषयवस्तु की कठिनता का ध्यान रखा जाता है। विशेषज्ञ किसी प्रश्न का उत्तर देते समय पावरप्वाइन्ट स्लाइड्स मॉडल्स, चार्ट, ग्राफ, पूर्व से रिकार्ड की गई प्रविधि, भूमिका निर्वाह इत्यादि का उपयोग कर सकता है। सैद्धान्तिक उत्तर को कार्यसंसार से जोड़ा जाता है एवं उससे सम्बंधित रिकार्डिंग को दिखाया जाता है। ऐसा करने से विद्यार्थियों में सिद्धांत एवं उनका उपयोग करने के बारे में सीखने में रुचि बढ़ती है। प्रश्न उत्तर की सम्पूर्ण प्रक्रिया रिकार्ड करके हजारों विद्यार्थियों को दी जा सकती है। विद्यार्थी इस रिकार्डिंग को उनकी सुविधा के अनुसार देख सकते हैं एवं सीख सकते हैं। अन्त में एक निश्चित दिन एवं समय पर परामर्श सत्र का आयोजन किया जाता है, जिसमें प्राध्यापक विद्यार्थियों की शंकाओं का समाधान करता है एवं अतिरिक्त जानकारी प्रदान करता है। वह उच्च स्तर की सीखने की प्रक्रिया भी शुरू करता है। प्रश्न उत्तर की इस विधि के पदों को चित्र 4.4 में दर्शाया गया है।

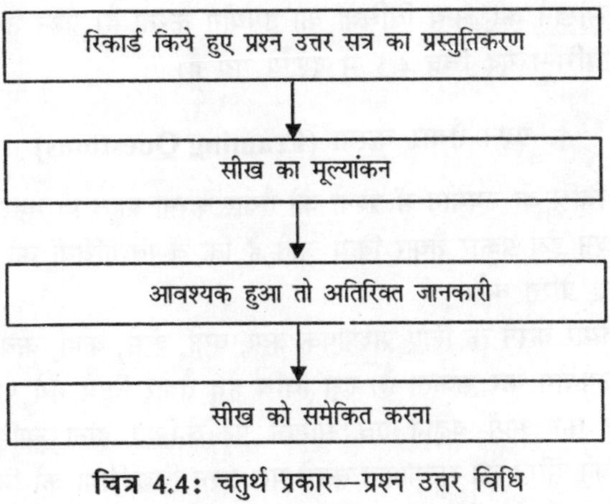

चित्र 4.4: चतुर्थ प्रकार—प्रश्न उत्तर विधि

पाँचवां प्रकार—प्रश्न उत्तर विधि

प्रश्न उत्तर के इस प्रकार में प्राध्यापक फोटोग्राफ, चित्र, चार्ट इत्यादि विद्यार्थियों को दिखाता है एवं उनसे संबंधित प्रश्न पूछता है। विद्यार्थी दिखाये गये चित्र का अध्ययन करते हैं एवं प्राध्यापक के प्रश्नों का उत्तर देते हैं। यदि विद्यार्थी को प्रश्न कठिन लगता है तो प्राध्यापक उत्तर देने के लिए संकेत देते हैं। इस विधि द्वारा विद्यार्थी निरीक्षण कौशल, विश्लेषण कौशल एवं परिकल्पना कौशल का विकास करते हैं। वे स्वयं जानकारी प्राप्त करते हैं एवं इसे पूर्व में सीखी गई जानकारी के साथ याद रखते हैं। इस विधि के माध्यम से कार्यसंसार को कक्षा में लाया जा सकता है एवं विद्यार्थियों में निरीक्षण द्वारा सीखने की आदत डाली जा सकती है। इसी प्रकार विद्यार्थियों को कार्यक्षेत्र या उद्योग में ले जाकर उन्हें किसी प्रविधि का निरीक्षण करने को कहा जाता है, तत्पश्चात प्राध्यापक प्रश्न उत्तर सत्र का आयोजन करता है ताकि वह विद्यार्थियों की सीख का मूल्यांकन कर सके तथा जिन विद्यार्थियों के सीखने में कमी रह गयी है, वे भी अन्य विद्यार्थियों के उत्तर से कमी को पूरा कर सकें।

तत्पश्चात् प्राध्यापक विद्यार्थियों को कार्यसंसार में सिद्धांत के उपयोग के बारे में बतलाते हैं। प्रश्न उत्तर की इस विधि के माध्यम से विद्यार्थियों में सीखने के प्रति रुचि जागृत होती है। इस विधि द्वारा विद्यार्थी जो कुछ सीखते हैं उसे वे हमेशा जो कुछ उन्होंने निरीक्षण किया था उससे जोड़कर देखते हैं, अतः उनकी सीख स्थायी रहती है। यह विधि पूर्ण होने पर आगे की सीख के लिए प्राध्यापक सीखने की अन्य विधियों का उपयोग करता है। प्रश्न उत्तर की इस विधि के विभिन्न पद चित्र 4.5 में दर्शाये गये है।

4. प्रश्न तैयार करना (Framing Questions)

प्रश्न उत्तर विधि के उपयोग में प्रश्नों को तैयार करना बहुत ही महत्वपूर्ण कार्य है। सभी प्रश्न इस प्रकार तैयार किये जाते हैं कि वे विद्यार्थियों को प्रश्न उत्तर देने के लिए प्रेरित करें।

प्रश्न तैयार करने के लिए प्राध्यापक क्या, क्यों, कैसे, कहाँ, कब, किसको, शब्दों का उपयोग कर सकता है। इस विधि हेतु तैयार किये गये प्रश्न सीखने की प्रक्रिया को आगे बढ़ाने एवं सीखने पर केन्द्रित होना चाहिये न कि विद्यार्थियों की सीख का मूल्यांकन करने पर। प्रश्न विद्यार्थियों को निम्नलिखित गतिविधियाँ करने हेतु प्रेरित करना चाहिये:

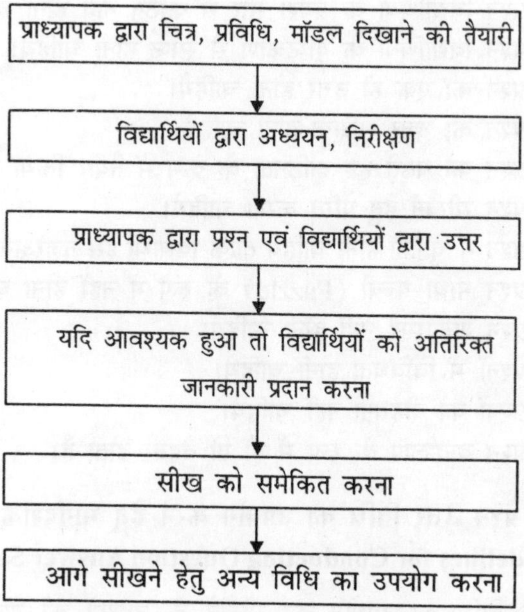

चित्र 4.5: पाँचवाँ प्रकार—प्रश्न उत्तर विधि

- सीखने से संबंधित साहित्य को पढ़ना एवं समझना,
- विषय से संबंधित नई सामग्री खोजना एवं अध्ययन करना,
- दिये गये विषय पर सोचना,
- अज्ञात कार्य संसार के बारे में जानना,
- साथी विद्यार्थियों से विषय पर चर्चा करना,
- तर्क का उपयोग करना,
- अनुमान लगाना,
- पूर्व की सीख का स्मरण कर आगे सीखना,
- विषयवस्तु से संबंधित समरूपता ढूँढना,
- तुलना करना, इत्यादि।

इस विधि के संचालन हेतु यदि प्राध्यापक प्रश्न तैयार कर रहा है तो उसे इसका उत्तर मालूम होना चाहिये। प्रश्न उत्तर विधि हेतु प्रश्न बनाते समय प्राध्यापकों को निम्नलिखित मार्गदर्शक बिन्दुओं का ध्यान रखना चाहिये:

- प्रश्न सीखने के उद्देश्यों एवं निपुणता से सम्बद्ध होना चाहिये।

- प्रश्न विद्यार्थियों के प्रवेश स्तर से कठिन नहीं होना चाहिये।
- प्रश्न विद्यार्थियों के दृष्टिकोण से स्पष्ट होना चाहिये।
- प्रश्न का एक ही उत्तर होना चाहिये।
- प्रश्न का उत्तर संक्षिप्त होना चाहिये।
- प्रश्न को बढ़ते हुए कठिनता के क्रम में तैयार किया जाना चाहिये।
- प्रश्न सीखने हेतु प्रेरित करना चाहिये।
- प्रश्न में चुनौती होनी चाहिये ताकि विद्यार्थी इसे नजरअन्दाज नहीं करे।
- प्रश्न माथा-पच्ची (Puzzle) के रूप में नहीं होना चाहिये।
- प्रश्न शंकास्पद नहीं होना चाहिये।
- प्रश्नों में विविधता होनी चाहिये।
- प्रश्नों को दोहराना नहीं चाहिये।
- प्रश्न वार्तालाप के रूप में हो तो बेहतर होता है।

5. प्रश्न उत्तर विधि का उपयोग करने हेतु मार्गदर्शक बिन्दु (Guidelines for Conducting Question Answer Sessions)

प्रश्न उत्तर विधि का उपयोग कर सीखने के उद्देश्यों को प्राप्त करने हेतु प्राध्यापकों को योजनाबद्ध रूप से प्रश्न उत्तर सत्र का आयोजन करना होता है। वे निम्नलिखित मार्गदर्शक बिन्दुओं का पालन कर सकते हैं:

योजना बनाते समय

- यह सुनिश्चित करना कि प्रश्न-उत्तर विधि विद्यार्थियों में सीखने के वाँच्छित स्तर को प्राप्त करने हेतु प्रभावी एवं दक्ष विधि है।
- विद्यार्थियों के प्रवेश स्तर एवं सीखने के उद्देश्यों को ध्यान में रखते हुए प्रश्नों की गुणवत्ता, क्रम, तर्क, कठिनता, इत्यादि की जाँच करिये। इस हेतु आप अपने को विद्यार्थी की स्थिति में रखिये एवं सोचिये कि प्रश्न आपके दिमाग में प्राकृतिक रूप से आ रहे हैं।
- आपके द्वारा तैयार किये गये सभी प्रश्नों के उत्तर तैयार कर लीजिये। (यदि संभव हो तो उत्तर का स्रोत भी लिख लीजिये)।
- विद्यार्थियों को सीखने के उद्देश्यों एवं समय उपलब्धता के बारे में बतलाइये।
- सीखने के संसाधनों का वितरण कर दीजिये एवं अतिरिक्त स्रोत के बारे में भी बतलाइये।

- यदि विद्यार्थियों को निरीक्षण कर सीखना है तो कार्यस्थल या उद्योग भ्रमण का आयोजन करिये।
- प्रश्न उत्तर सत्र का आयोजन करने के पूर्व सभी प्रकार के भौतिक एवं सीखने के संसाधनों का आयोजन करिये।

संचालन स्तर

- एक परिचय सत्र आयोजित करिये जिसमें विद्यार्थियों को सीखने के उद्देश्यों, सीखने का महत्व एवं प्रश्न उत्तर विधि के बारें में बतलाइये।
- विद्यार्थियों से प्रश्न उत्तर विधि के माध्यम से आप जो अपेक्षाएँ रखते हैं, उन्हें स्पष्ट करिये।
- अगले सत्र, समय एवं विधि के बारे में बतलाइये।
- सीखने की सामग्री का वितरण करिये एवं इससे सीखने की विधि के बारे में विद्यार्थियों को बतलाइये।
- सीखने की प्रक्रिया में सभी विद्यार्थियों को सहभागी बनाने के लिए उपयुक्त, प्रेरणादायक एवं पारितोषिक प्रदान करने वाले वातावरण का निर्माण करिये।
- सभी विद्यार्थियों को प्रश्न पूछने एवं उत्तर देने हेतु बराबरी के अवसर प्रदान करिये। यह सुनिश्चित करिये कि विद्यार्थियों का एक विशिष्ट समूह ही प्रश्न उत्तर सत्र का संचालन नहीं करे।
- विद्यार्थियों द्वारा दिये गये उत्तर की प्रशंसा करें, उन्हें पुरस्कृत करें एवं प्रोत्साहित करें।
- यदि आवश्यक हुआ तो विद्यार्थियों को अतिरिक्त जानकारी प्रदान करें।
- उचित हस्तक्षेप द्वारा विवाद, अनावश्यक चर्चा, एवं मतभेद का निपटान करें।
- विद्यार्थियों की प्रश्न करने की जिज्ञासा, तत्परता एवं रुचि का आदर करें एवं उनके प्रश्नों का उत्तर प्रदान करें।
- सीखने की प्रक्रिया को अतिरिक्त जानकारी प्रदान कर एवं विद्यार्थियों की रुचि बढ़ाकर सहारा देवें एवं आगे बढ़ावे।
- सीखने के मुख्य बिन्दुओं को सारांशित कर सीख को एकीकृत करें।
- प्रश्न उत्तर विधि के माध्यम से विद्यार्थियों के द्वारा किये गये प्रयासों की प्रशंसा करें।
- विद्यार्थियों को सीखने की अगली घटनाओं के बारें में बतलाइये।

6. सारांश (Summary)

- प्रश्न उत्तर विधि प्राकृतिक एवं स्वाभाविक रूप से सीखने का अवसर प्रदान करती है।
- इस विधि के द्वारा प्राध्यापक सीखने की जवाबदारी विद्यार्थियों को देते हैं।
- प्रश्न उत्तर विधि के कई रूप हैं जिनमें से पारम्परिक रूप का उपयोग अधिकतर प्राध्यापक करते हैं। परन्तु इस विधि की कई सीमाएँ हैं।
- पारम्परिक प्रश्न उत्तर विधि के अतिरिक्त इस अध्याय में दी गई चार विधियों में विद्यार्थी अधिक एवं कठिन परिस्थितियों के बारे में सीखते हैं।
- सामान्यतया प्राध्यापक विद्यार्थियों को सीखने की सामग्री प्रदान करते हैं एवं विद्यार्थी इस सामग्री के द्वारा सीखकर प्रश्न तैयार करते हैं। इन प्रश्नों के माध्यम से प्राध्यापक एवं विद्यार्थी सीखने की प्रक्रिया को आगे बढ़ाते हैं।
- सीखने हेतु प्रश्नों को इस प्रकार तैयार किया जाता है, जिससे सीखने का उच्च स्तर प्राप्त होता है एवं प्रश्नों के माध्यम से किसी प्रकार की शंका एवं जटिलता उत्पन्न नहीं होती है।
- प्रश्नों के माध्यम से प्राध्यापक सीखने की प्रक्रिया को आगे बढ़ाते हैं। प्रश्नों को तैयार करने के लिए प्राध्यापक मार्गदर्शक बिन्दुओं का पालन करते हैं।
- प्रश्न उत्तर सत्र का आयोजन सकारात्मक, रचनात्मक एवं प्रेरणादायक वातावरण में किया जाता है एवं विद्यार्थियों के सीखने को प्रगति एवं योगदान को मान्यता प्रदान की जाती है।
- प्रश्न उत्तर सत्र के अन्त में प्राध्यापक सीख को समेकित करता है।

7. प्रपत्र (Format)

प्रपत्र 4.1: प्रश्न उत्तर विधि की प्रभावशीलता ज्ञात करना

आपके द्वारा अयोजित किये गये प्रश्न उत्तर सत्रों की प्रभावशीलता का मूल्यांकन करने हेतु निम्नलिखित प्रपत्र में मापदण्ड दिये गये हैं। प्रपत्र में दिये गये प्रत्येक मापदण्ड पर नीचे दिये गये सूचक के अनुसार मूल्यांकन कर आप प्रश्न उत्तर सत्र की प्रभावशीलता ज्ञात कर सकते हैं।

सूचक: 5–सर्वोच्च स्तर, 4–उच्च स्तर, 3–मध्यम स्तर, 2–निम्नस्तर, 1–न्यूनतम स्तर

क्र.	मापदण्ड	प्रभावशीलता
अ.	**विद्यार्थियों की सीख**	
1.	सभी विद्यार्थियों द्वारा निपुणता अर्जित करना	
2.	व्यक्तिगत आवश्यकताओं की संतुष्टि	
3.	सीखने में रुचि एवं आनन्द का स्तर	
4.	सीखने में लचीलापन	
5.	प्रवीणता का स्तर	
ब	प्राध्यापकों की सीख	
6.	विषयवस्तु की समृद्धता	
7.	प्रश्न उत्तर सत्र आयोजित करने की निपुणता	
8.	समय की बचत	
9.	सीखने के संसाधनों एवं सामग्री में सुधार	
10.	विद्यार्थियों की समस्या हल करने में कठिनाई	
स.	**संसाधनों का उपयोग**	
11.	माध्यम की प्रभावशीलता	
12.	समय उपयोग की प्रभावशीलता	
13.	भौतिक संसाधनों के उपयोग की प्रभावशीलता	
14.	सीखने के संसाधनों के उपयोग की प्रभावशीलता	
15.	कक्षा में सीखने के वातावरण में सुधार	

8. अभ्यास प्रश्न (Practice Questions)

1. सीखने की प्रविधि में प्रश्न-उत्तर विधि के तीन महत्व बतलाइये।
2. प्रश्न उत्तर विधि के पाँच महत्वपूर्ण गुण बतलाइये जो अन्य विधियों से भिन्न है।
3. प्रश्न उत्तर विधि के माध्यम से सीखने के किस क्षेत्र में सीखने को मिलता हैं?
4. पारम्परिक प्रश्न उत्तर विधि की पाँच सीमाएँ बतलाइये।
5. प्रश्न उत्तर विधि के विभिन्न प्रकार के नाम बतलाइये।
6. विभिन्न प्रकार की प्रश्न उत्तर विधियों का संक्षिप्त वर्णन निम्नलिखित बिन्दुओं पर करिये। उद्देश्य, समय, सीखने के संसाधन, सीख का स्तर, प्राध्यापकों के प्रयास एवं विद्यार्थियों के प्रयास।

7. प्रश्न–उत्तर विधि में उपयोग किये जाने वाले प्रश्नों के पाँच गुण बतलाइये।
8. प्रश्न उत्तर विधि सत्र की योजना बनाते समय किन बिन्दुओं पर ध्यान दिया जाता है?
9. प्रश्न उत्तर विधि संचालित करते समय किन बिन्दुओं का पालन किया जाता है?
10. प्रश्न उत्तर विधि के मूल्यांकन हेतु उपयोग किये जाने वाले मापदण्डों का संक्षिप्त वर्णन करिये।

9. गतिविधियाँ (Activities)

गतिविधि 4.1: प्रश्न उत्तर सत्र की प्रभावशीलता का मूल्यांकन करना

पिछले एक वर्ष में आपके द्वारा आयोजित प्रश्न उत्तर सत्रों का मूल्यांकन प्रपत्र 4.1 का उपयोग कर करिये।

गतिविधि 4.2: प्रश्न उत्तर सत्र के आयोजन हेतु सत्र योजना तैयार करना।

इस अध्याय में दी गयी विभिन्न प्रकार की प्रश्न उत्तर विधियों का उपयोग करने हेतु सत्र योजना तैयार करिये।

गतिविधि 4.3: प्रश्न उत्तर सत्र का मूल्यांकन करना

उपरोक्त योजना को क्रियान्वित करने के पश्चात् आपके द्वारा आयोजित किये गये प्रश्न उत्तर सत्रों का मूल्यांकन कर उनमें सुधार लाने की रणनीतियों के बारे में सोचिये।

गतिविधि 4.4: अन्य प्राध्यापकों द्वारा आयोजित किये गये प्रश्न उत्तर सत्र का मूल्यांकन करना

आपके साथी प्राध्यापकों द्वारा उपयोग किये जा रहे प्रश्न उत्तर सत्र का मूल्यांकन कर इसमें सुधार लाने हेतु उन्हें फीडबैक प्रदान करिये।

5

प्रदर्शन
(Demonstration)

सीखने के उद्देश्य (Learning Objectives)

इस अध्याय को पढ़ने के पश्चात् पाठक:

- सिखाने की प्रदर्शन विधि को परिभाषित कर सकेंगे।
- सिखाने की प्रदर्शन विधि का महत्व बतला सकेंगे।
- सीखने की प्रदर्शन विधि के प्रकार बतला सकेंगे।
- प्रदर्शन विधि के साथ सिखाने की अन्य विधियों का वर्णन कर सकेंगे।
- सिखाने की प्रदर्शन विधि का उपयोग करने सम्बन्धी मार्गदर्शन बिन्दुओं का पालन कर सकेंगे।
- सीखने की प्रदर्शन विधि का मूल्यांकन कर सकेंगे।

1. प्रस्तावना (Introduction)

सीखने की प्रविधि में अवलोकन द्वारा सीखना एक महत्वपूर्ण प्रक्रिया है। विद्यार्थी एक से अधिक इन्द्रियों का उपयोग कर सीखते हैं। इससे वे गहराई से एवं प्रगाढ़ रूप से सीखते हैं। विद्यार्थियों को सीखने की प्रक्रिया में एक से अधिक इन्द्रियों का उपयोग करने का अवसर प्रदान किया जाये तो उनकी सीखने में रुचि बढ़ती है। इससे वे मनोवैज्ञानिक रूप से सीखने की प्रक्रिया में शामिल होते हैं। प्रदर्शन विधि द्वारा विद्यार्थियों को सीखने की प्रक्रिया में सरलता से सहभागी बनाया जा सकता है।

2. प्रदर्शन (Demonstration)

विद्यार्थियों की सभी इन्द्रियों का सीखने हेतु उपयोग करने के लिए प्राध्यापक इस विधि का उपयोग करते हैं।

इसके माध्यम से सीखने के निम्नलिखित आयामों को सरलता से समझाया जा सकता है:

- परिकल्पना को स्पष्ट करना,
- उत्पादन प्रक्रिया को सम्पूर्णता में समझना,
- मशीन की कार्य प्रणाली का विस्तृत वर्णन करना,
- किसी प्रविधि में दोष ज्ञात करना,
- कार्य सम्पादन का सही तरीका समझना,
- अभिवृत्ति का पालन किया जाना,
- किसी प्रक्रिया के दौरान सावधानी बरतना,
- किसी उत्पादन के लिए कौशल का उपयोग किया जाना,
- संसाधनों को आयोजित करने का तरीका ज्ञात करना,
- कार्य सम्पन्न करने के पद समझना,
- औजार का उपयोग करने की सही विधि समझना।

इस विधि का उपयोग सीखने की उन परिस्थितियों के बदले करते है जहाँ पर वास्तविक कार्य संसार में अनुभव प्राप्त करना खतरनाक हो, कार्य कठिन एवं जटिल हो, कार्य परिस्थिति तक पहुँचना असंभव हो एवं सीखना एक महंगी प्रक्रिया हो। प्रदर्शन के माध्यम से सीखने के तीनों क्षेत्रों में कौशल विकास की शुरुआत की जाती है।

प्रदर्शन विधि में सीखने के निम्नलिखित सिद्धांतों का पालन होता है:

- सरल से कठिन,
- ठोस से अमूर्त,
- उदाहरण एवं गैर-उदाहरण का उपयोग।
- वास्तविकता के करीब की परिस्थिति से सीखना,
- सीखने की प्रक्रिया में विद्यार्थियों की सहभागिता,
- सीखने की प्रगति का सतत् मूल्यांकन एवं सुधार हेतु फीडबैक।

3. प्रदर्शन के प्रकार (Types of Demonstration)

प्रदर्शन के द्वारा किसी उपकरण या मशीन के बारे में बताया जाता है, इसकी कार्यप्रणाली समझायी जाती है एवं प्रविधि के दौरान बरती जाने वाली सावधानियों का प्रदर्शन किया जाता है। प्रदर्शन को कई मापदण्डों पर वर्गीकृत किया जा सकता है, जो निम्नलिखित है:

प्रदर्शन का स्थान, जैसे कक्षा, प्रयोगशाला, कर्मशाला, कम्प्यूटर केन्द्र, उद्योग में उत्पादन स्थल, कार्य स्थल, इत्यादि।

प्रदर्शन विधि: प्राध्यापक द्वारा, उद्योग के अनुभवी व्यक्ति द्वारा, वीडियो फिल्म के माध्यम से सीखने के सिद्धांत पर आधारित, जैसे परिकल्पना एवं सिद्धातों को सीखना, शारीरिक कौशल का विकास, अभिवृत्ति का विकास या तीनों प्रकार के कौशल के विकास की शुरुआत। प्रदर्शन जागरूकता पैदा करने, शिक्षित करने एवं उच्च स्तर के कौशल का विकास करने हेतु उपयोग किया जाता है।

4. सीखने की अन्य विधियों के साथ प्रदर्शन विधि का उपयोग (Use of Demonstration with Other Methods of Learning)

प्रदर्शन को सीखने की किसी भी विधि के साथ उपयोग किया जा सकता है। इसके माध्यम से विद्यार्थियों को सीखने की प्रक्रिया में सहभागी बनाया जा सकता है। सीखने की प्रविधि की प्रभावशीलता बढ़ाने के लिए प्रदर्शन का उपयोग उपयुक्त समय पर किया जा सकता है। सिखाने की अन्य विधियों के साथ प्रदर्शन का उपयोग चित्र 5.1 में दर्शाया गया है।

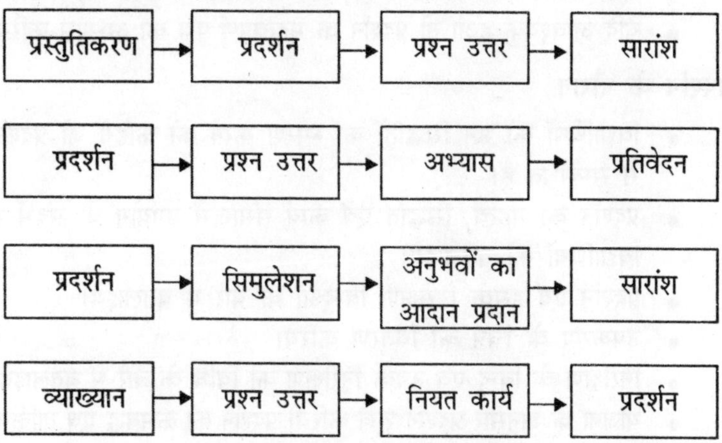

चित्र 5.1: प्रदर्शन का सीखने की अन्य विधियों के साथ उपयोग

5. प्रदर्शन विधि के प्रभावी उपयोग हेतु मार्गदर्शन बिन्दु (Guidelines to Effectively Use Demonstration Method)

प्राध्यापकों द्वारा प्रदर्शन विधि के प्रभावी उपयोग हेतु निम्नलिखित बिन्दुओं का ध्यान रखना चाहिये:

प्रदर्शन पूर्व

- सीखने के उद्देश्यों का विश्लेषण करिये एवं उनके बारे में विद्यार्थियों को बतलाइये।
- गतिविधियों, संसाधनों, समय, सीखने के संसाधनों एवं विधियों के आधार पर प्रदर्शन की योजना बनाइये।
- प्रदर्शन विधि में सहभागी व्यक्तियों की भूमिका का निर्धारण करिये। यह सुनिश्चित करिये कि वे अपनी भूमिका समझ गये है एवं आपके साथ तालमेल बैठाकर इसका प्रदर्शन कर सकेंगे।
- विद्यार्थियों को प्रदर्शन के समय, स्थान एवं विषय की अग्रिम सूचना प्रदान करें।
- प्रदर्शन के पूर्व यदि विद्यार्थियों द्वारा कोई तैयारी की जाना है तो उसके बारे में सूचित करें। यह तैयारी विषय का अध्ययन करने, मेन्यूअल को पढ़ने, प्रश्नों की सूची बनाने, नोट्स लेने एवं सुरक्षा सम्बन्धी तैयारी से सम्बन्धित हो सकती है।
- सभी प्रकार के आवश्यक संसाधनों का आयोजन प्रदर्शन पूर्व करिये।
- यदि आवश्यक हुआ तो प्रदर्शन के महत्वपूर्ण पदों का अभ्यास करिये।

प्रदर्शन के दौरान

- विद्यार्थियों को उन सिद्धांतों का स्मरण करने को कहिये जो प्रदर्शन से सम्बंधित हैं।
- प्रदर्शन का महत्व, सिद्धांत एवं कार्य संसार में उपयोग के संदर्भ में विद्यार्थियों को बतलाइये।
- प्रदर्शन एवं इसके निरीक्षण बिन्दुओं के बारे में बतलाइये।
- उपकरण के चित्र का वितरण करिये।
- निरीक्षण के बिन्दु एवं उनके निरीक्षण की विधि के बारे में बतलाइये।
- योजना के अनुसार प्रदर्शन शुरू करिये। प्रदर्शन को क्रमबद्ध एवं तार्किक रूप से करिये जैसाकि वास्तविक कार्यसंसार में घटित होता है।
- किसी प्रक्रिया के घटित होने के कारण भी बतलाइये।
- प्रदर्शन के महत्वपूर्ण पड़ाव पर विद्यार्थियों का सूक्ष्म निरीक्षण करने, नोट्स लेने एवं प्रश्न पूछने का अवसर प्रदान करिये।
- महत्वपूर्ण पड़ाव के पश्चात् आप भी विद्यार्थियों से उनकी सीख संबंधी प्रश्न पूछिये।

- विद्यार्थियों में से किसी एक विद्यार्थी का चयन करिये एवं आपने जो प्रदर्शन किया है उसे दोहराने को कहिये।
- विद्यार्थियों को उनके प्रश्नों के आधार पर एवं प्रदर्शन की गुणता पर फीडबैक प्रदान करिये।
- योजना के अनुसार प्रदर्शन पूर्ण करिये एवं सम्पूर्ण प्रक्रिया को सारांश में दोहराइये।
- आपकी आवाज एवं हावभाव को प्रदर्शन की आवश्यकता के अनुसार बदलिये।

प्रदर्शन पश्चात्

- विद्यार्थियों को कहिये कि उन्होंने जो सीखा है उसे दोहराइये।
- आप प्रदर्शन करिये एवं इसका वर्णन विद्यार्थियों को करने के लिए कहिये।
- विद्यार्थियों को प्रदर्शन करने हेतु आमंत्रित करिये।
- विद्यार्थियों को उनके अनुभव बाँटने को कहिये।
- सम्पूर्ण प्रदर्शन को सिद्धान्त एवं कार्यसंसार से जोड़िये।

6. प्रदर्शन की सीमाएँ (Limitations of Demonstration)

प्रदर्शन विधि की कुछ सीमाएँ भी हैं। यदि प्राध्यापक इन सीमाओं का ध्यान रखते हुए प्रदर्शन करते हैं तो उनके द्वारा दिये गये प्रदर्शन की प्रभावशीलता बढ़ सकती है। प्रदर्शन की कुछ महत्वपूर्ण सीमाएँ निम्नलिखित हैं:

- प्रदर्शन करने हेतु सभी प्राध्यापकों में कौशल नहीं होते हैं। इन्हें प्रशिक्षण के माध्यम से अर्जित किया जा सकता है।
- प्रदर्शन हेतु कई संसाधनों को आयोजित करना पड़ता है। जिसमें समय एवं प्रयास लगते हैं।
- प्रदर्शन हेतु टीम में कार्य करने की आवश्यकता होती है। टीम के सभी सदस्यों के बीच तालमेल बैठाना थोड़ा कठिन होता है।
- छात्रों के बड़े समूह (15 से अधिक) के लिए कई प्रकार की अन्य व्यवस्थाएं करनी पड़ती है।
- कक्षा, प्रयोगशाला एवं कार्यस्थल इन सभी स्थानों पर प्रदर्शन करने की अलग-अलग सीमाएँ होती हैं।
- प्रदर्शन के दौरान विद्यार्थियों को सीखने की प्रक्रिया में सहभागी बनाना थोड़ा कठिन कार्य है।

- कार्यस्थल पर प्रदर्शन हेतु संस्थान की अनुमति एवं सहयोग की आवश्यकता होती है।

7. प्रदर्शन में टेक्नालॉजी का उपयोग (Use of Technology in Demonstration)

साधारण उपकरण, मशीन, प्रक्रिया एवं तकनालॉजी के बारें में प्रदर्शन विधि द्वारा बतलाया जा सकता है। परन्तु जटिल उपकरण, मशीन, प्रक्रिया एवं तकनालॉजी का प्रदर्शन वास्तविक कार्यसंसार में नहीं किया जा सकता है। वास्तविक कार्यसंसार तक पहुँच बहुत मुश्किल होती है क्योंकि वे बहुत महंगी, खतरनाक एवं जोखिम भरी हो सकती है। सुरक्षा या अन्य कारणों से इनके निरीक्षण की अनुमति नहीं मिलती है। इनके अतिरिक्त कुछ ऐसी परिस्थितियाँ भी होती हैं जहाँ पर प्रदर्शन संभव नहीं है, जैसे अत्यधिक आवाज वाला क्षेत्र, अत्याधिक या कम प्रकाश, अत्यधिक धूल, अत्यधिक या न्यूनतम तापमान, तेज कम या कम गति, एक से अधिक व्यक्ति के लिए पहुँच संभव नहीं इत्यादि।

उपरोक्त प्रकार की परिस्थितियों को फिल्मकार विद्यार्थियों को दिखाया जा सकता है। इस प्रकार कार्यसंसार को कक्षा या प्रयोगशाला में लाया जा सकता है। इस प्रदर्शन को रंगीन एवं संगीतमय बनाकर विद्यार्थियों की सीखने में रुचि बढ़ायी जा सकती है। इससे सीखते समय, प्रयास एवं खर्च में कमी लायी जा सकती है। इस प्रकार के प्रदर्शन इलैक्ट्रॉनिक एवं मैकेनिकल सिमुलेटर के माध्यम से भी किये जा सकते हैं। इस प्रकार के प्रदर्शन राष्ट्रीय स्तर पर पेशेवर संस्था या उत्कृष्ट संस्था द्वारा तैयार किये जाने चाहिये ताकि सभी संस्थाओं को इसका लाभ मिल सके।

8. सारांश (Summary)

- शारीरिक कौशल एवं अभिवृत्ति विकसित करने के लिए निरीक्षण द्वारा सीखना सीखने की प्रक्रिया का पहला चरण है।
- प्रदर्शन का नियंत्रण प्राध्यापक करता है। इसके द्वारा विद्यार्थियों को सीखने की प्रक्रिया में सहभागी बनाया जाता है एवं सीखने के प्रति उनकी वचनबद्धता बढ़ायी जाती है।
- यह कौशल एवं अभिवृत्ति का विकास करने की शुरुआती विधि है।
- प्रशिक्षित प्राध्यापक सीखने हेतु प्रदर्शन के दौरान विद्यार्थियों की सभी इन्द्रियों का उपयोग करते हैं।

- प्रदर्शन के पूर्व प्राध्यापकों को सभी प्रकार के संसाधनों को आयोजित कर लेना चाहिये।
- प्रदर्शन स्थल, विधि एवं तकनालॉजी के आधार पर वर्गीकृत किये जा सकते हैं।
- कई परिस्थितियों में प्रदर्शन संभव नहीं होता है, ऐसी परिस्थितियों को रिकार्ड कर प्रस्तुत किया जाता है।
- परिस्थिति को रिकार्ड कर प्रदर्शन का रूप देने के लिए राष्ट्रीय स्तर की पेशेवर संस्था या उत्कृष्ट संस्थान द्वारा प्रयास करना चाहिये।
- प्राध्यापकों द्वारा प्रदर्शन हेतु मार्गदर्शक बिन्दुओं का पालन करना चाहिये।
- प्रदर्शन समाप्ति पर विद्यार्थियों को इसे दोहराने को कहना चाहिये।

9. प्रपत्र (Format)

प्रपत्र 5.1: प्रदर्शन सत्र की प्रभावशीलता का मूल्यांकन

आपके द्वारा आयोजित किये गये प्रदर्शन सत्रों की प्रभावशीलता का मूल्यांकन करने हेतु निम्नलिखित प्रपत्र में मापदण्ड दिये गये हैं। प्रपत्र में दिये गये प्रत्येक मापदण्ड पर नीचे दिये गये सूचक के अनुसार मूल्यांकन कर आप प्रदर्शन की प्रभावशीलता ज्ञात कर सकते हैं।

सूचक: 5–सर्वोच्च स्तर, 4–उच्च स्तर, 3–मध्यम स्तर, 2–निम्नस्तर, 1–न्यूनतम स्तर

क्र.	*मापदण्ड*	*प्रभावशीलता*
1.	विधि का चुनाव	
2.	उपकरणों, मशीनों एवं औजारों का आयोजन	
3.	विद्यार्थियों की संख्या	
4.	प्रदर्शन स्थान की उपयुक्तता	
5.	प्रदर्शन की योजना	
6.	अभ्यास	
7.	विद्यार्थियों की अग्रिम जानकारी	
8.	निरीक्षण के बिन्दुओं की जानकारी	
9.	विद्यार्थियों की बैठक व्यवस्था	
10.	सीखने के संसाधनों का वितरण	

(क्रमशः)

क्र.	मापदण्ड	प्रभावशीलता
11.	प्रदर्शन के पद	
12.	प्रदर्शन में निरंतरता	
13.	सीखने के बिन्दुओं का विस्तार एवं कार्यसंसार से सम्बंध	
14.	सभी विद्यार्थियों की सीख सुनिश्चित करना	
15.	सभी विद्यार्थियों की सीखने में सहभागिता	
16.	प्रदर्शन के दौरान प्रश्न उत्तर	
17.	उपकरणों, मशीनों एवं सामग्री का उपयोग	
18.	प्रदर्शन की स्पष्टता	
19.	प्रदर्शन की गति	
20.	सीखने हेतु जिज्ञासा जागृत करना	
21.	प्रदर्शन के दौरान आवाज, आत्मविश्वास एवं गतिविधियों का संचालन	
22.	गतिविधियाँ दोहराने हेतु विद्यार्थियों को अवसर	
23.	सभी विद्यार्थियों के लिए सीखने के बिन्दु एंव फीडबैक	
24.	विद्यार्थियों को प्रश्न करने हेतु अवसर	
25.	समय प्रबंधन	
26.	कौशल का प्रदर्शन	
27.	अभिवृत्ति का प्रदर्शन	
28.	विषय पर नियंत्रण	
29.	भाषा पर नियंत्रण	
30.	सीख का सिद्धांत एवं कार्य	
31.	सीख को समेकित करना	
32.	अगले सत्र की जानकारी	
33.	नियत कार्य	
34.	यदि सिमुलेटर का उपयोग किया है तो उसकी प्रभावशीलता	
35.	यदि फिल्म का उपयोग किया है तो उसकी प्रभावशीलता	

10. अभ्यास प्रश्न (Practice Questions)

1. सीखने में प्रदर्शन विधि के महत्व को बतलाइये।
2. प्रदर्शन विधि को परिभाषित कीजिये।
3. प्रदर्शन विधि में सीखने के किन सिद्धांतों का उपयोग होता है?
4. प्रदर्शन विधि के प्रकार का संक्षिप्त वर्णन कीजिए।
5. प्रदर्शन विधि की सीमाओं को बतलाइये।

6. प्रदर्शन विधि की व्याख्यान से तुलना करिये।
7. प्रर्दशन विधि को किन विधियों के साथ उपयोग किया जा सकता है?
8. प्रदर्शन से सीखने के कौनसे क्षेत्र में कौशल का विकास होता है?
9. एक प्राध्यापक द्वारा प्रदर्शन विधि का उपयोग करते समय किन मार्गदर्शक बिन्दुओं का पालन करना चाहिये?
10. प्रदर्शन विधि का मूल्यांकन किन मापदण्डों पर करना चाहिये?
11. प्रदर्शन विधि में विद्यार्थियों को सहभागी बनाने के तीन तरीके बतलाइये।
12. फिल्म द्वारा प्रदर्शन किन परिस्थितियों में किया जाता है?
13. सिमुलेशन द्वारा प्रदर्शन किन परिस्थितियों में किया जाता है?
14. प्रदर्शन विधि का चयन करते समय किन मापदण्डों का ध्यान रखना चाहिये?
15. प्रदर्शन विधि के विभिन्न पदों का संक्षिप्त वर्णन करिये।

11. गतिविधियाँ (Activities)

गतिविधि 5.1: प्रदर्शन की प्रभावशीलता का मूल्यांकन करना

पिछले एक वर्ष में आपके द्वारा आयोजित प्रदर्शन सत्रों का मूल्यांकन प्रपत्र 5.1 का उपयोग कर करिये।

गतिविधि 5.2: प्रदर्शन हेतु सत्र योजना तैयार करना

इस अध्याय में दी गई जानकारी के आधार पर प्रदर्शन हेतु सत्र योजना बनाइये।

गतिविधि 5.3: प्रदर्शन का मूल्यांकन

उपरोक्त योजना को क्रियान्वित करने के पश्चात् आपके द्वारा आयोजित किये गये प्रदर्शन सत्रों का मूल्यांकन कर उनमें सुधार लाने की रणनीतियों के बारे में सोचिये।

गतिविधि 5.4: अन्य प्राध्यापकों द्वारा आयोजित किये गये प्रदर्शन सत्रों का मूल्यांकन

आपके साथी प्राध्यापकों द्वारा आयोजित प्रदर्शन सत्रों का मूल्यांकन कर इसमें सुधार लाने हेतु उन्हें फीडबैक प्रदान करिये।

6

समूह विधि
(Group Method)

सीखने के उद्देश्य (Learning Objectives)

इस अध्याय को पढ़ने के पश्चात् पाठक:

- समूह में सीखने के महत्व को बतला सकेंगे।
- समूह विधियों में सीखने की प्रक्रिया का वर्णन कर सकेंगे।
- समूह में सीखने के लाभ बतला सकेंगे।
- समूह विधियों में सीखने की प्रक्रिया का वर्णन कर सकेंगे।
- समूह में सीखने के लाभ बतला सकेंगे।
- समूह में सीखाने हेतु प्राध्यापक की भूमिका बतला सकेंगे।
- समूह विधि का मूल्यांकन कर सकेंगे।

1. प्रस्तावना (Introduction)

उच्च एवं तकनीकी शिक्षा के विद्यार्थी विभिन्न शक्तियों, कमजोरियों, पृष्ठभूमि, आवश्यकता, रुचि एवं आकांक्षाओं के साथ शिक्षण संस्थाओं में प्रवेश लेते हैं ताकि वे उनकी पसन्द की तकनीकी एवं पेशे की निपुणताओं का विकास कर सके। उनकी कमजोरियों को उन्हीं की शक्तियों का उपयोग कर दूर किया जा सकता है। इन्हें सीखने के ऐसे अवसर दिये जा सकते हैं, जिनमें वे उनकी सामाजिक आवश्यकताओं की पूर्ति करते हुए तकनीकी एवं पेशेवर निपुणता का विकास कर सकें। इस प्रकार की परिस्थितियों में उन्हें विभिन्न संस्कृतियों, आदतों एवं मूल्यों के बारें में सीखने को मिलता है जो आगे चलकर उन्हें विभिन्न स्थानों एवं व्यक्तियों के साथ कार्य करने में सहायक होती है। समूह

में सीखना मानसिक एवं भावात्मक कौशल का विकास करने की एक शक्तिशाली विधि है। विद्यार्थी समूह में सीखने एवं समूह से सीखने में आनन्द प्राप्त करते हैं।

2. समूह में निपुणताओं का विकास (Competency Development in Groups)

समूह में सीखने के माध्यम से निम्नलिखित निपुणताओं का विकास होता है:

- किसी व्यक्ति से विशिष्ट प्रयोजन हेतु संबंध बनाना,
- अन्त: वैयक्तिक संबंध प्रगाढ़ करना,
- सामाजिक कौशल का विकास करना,
- उद्देश्यपरक नेतृत्व प्रदान करना,
- समस्या का समाधान खोजना,
- परिस्थिति का विश्लेषण करना,
- उद्यमशीलता को बढ़ाना,
- किसी परिस्थिति में प्रभावी संप्रेषण करना,
- किसी मुद्दे पर समझौता करना,
- किसी सम्पदा पर तोल-मोल करना,
- चुनौती का सामना करने हेतु सहकार्य करना,
- सामूहिक रूप से सीखना।

3. सीखने वाले समूह के प्रकार (Types of Learning Groups)

प्राध्यापक द्वारा विद्यार्थियों के समूह बनाये जाते हैं एवं उन्हें सीखने का औपचारिक वातावरण प्रदान किया जाता है। इसके अतिरिक्त विद्यार्थी भी सीखने हेतु उनकी रुचि एवं पसंद के अनुसार सीखने के समूह तैयार करते हैं। औपचारिक समूह बनाने के लिए प्राध्यापक विभिन्न मापदण्डों, जैसे सीखने की आवश्यकता, समय उपलब्धता, सीखने के संसाधनों की उपलब्धता एवं प्राध्यापक की निपुणता का उपयोग करता है। सीखने वाले समूहों का वर्गीकरण निम्नलिखित है:

(1) **औपचारिक समूह :** दो विद्यार्थियों, तीन से पाँच, छः से दस, ग्यारह से पन्द्रह विद्यार्थियों का समूह।

(2) अनौपचारिक समूह: अध्ययन समूह, रुचि समूह, एवं खेलकूद समूह।

(1) औपचारिक समूह

प्राध्यापक विद्यार्थियों के अध्ययन समूह बनता है। इन समूहों का मुख्य उद्देश्य होता है कि सीखने के उद्देश्यों को प्रभावी एवं दक्ष तरीके से प्राप्त किया जा सके। औपचारिक समूहों का प्रयोजन निम्नलिखित है:

(क) दो विद्यार्थियों का समूह: विद्यार्थियों में निम्नलिखित कौशल का विकास करना:

- किसी परिपेक्ष्य में परिचय प्राप्त करना,
- किसी परिस्थिति के सन्दर्भ में जानकारी प्राप्त करना,
- संदेश संप्रेषित करना,
- वचनबद्धता प्राप्त करना,
- शिकायत का निराकरण करना,
- प्रयोजन के सन्दर्भ में चर्चा करना,
- सीखने की समस्याओं को हल करना,
- अनुभवों का आदान-प्रदान करना,
- तर्कशक्ति का विकास करना,
- किसी निर्णय पर सहमति प्राप्त करना,
- सावधानीपूर्वक सुनना।

(ख) तीन से पाँच विद्यार्थियों का समूह: विद्यार्थियों में उपरोक्त कौशल के अतिरिक्त निम्नलिखित कौशल का विकास करना:

- किसी परिस्थिति में न्याय करना,
- दी गई परिस्थिति में प्रभावी निर्णय लेना,
- मतभेद एवं द्वंद्व का निपटान करना,
- किसी रणनीति या नीति पर सहमति प्राप्त करना,
- सुधार हेतु फीडबैक प्रदान करना एवं प्राप्त करना,
- दी गई जानकारी के आधार पर निष्कर्ष निकालना।

(ग) छः से दस विद्यार्थियों का समूह: उपरोक्त सभी कौशल के अतिरिक्त निम्नलिखित कौशल का विकास करना:

- किसी कार्य को करने की पहल करना,

- चुनौतीपूर्ण लक्ष्य प्राप्त करने हेतु योजना बनाना,
- कुछ नया सोचना,
- भविष्य दृश्य तैयार करना,
- किसी झुकाव का अनुमान लगाना,
- किसी सिद्धांत को सारगर्भित रूप में प्रस्तुत करना,
- किसी प्रक्रिया का सूक्ष्म निरीक्षण करना,
- कार्य प्रगति या सर्वेक्षण का प्रतिवेदन तैयार करना,
- अन्य की भावनाओं का आदर करना,
- सृजनशीलता को बढ़ाना,
- समूह में उद्देश्य प्राप्ति हेतु कार्य करना।

(घ) ग्यारह से पन्द्रह विद्यार्थियों का समूह: उपरोक्त सभी कौशल के अतिरिक्त निम्नलिखित कौशल का विकास करना:

- बड़े समूह का नेतृत्व करना,
- टीम निर्माण हेतु रणनीति तैयार करना,
- जटिल समस्याओं का हल करना,
- चुनौतियों को स्वीकार कर उनको प्राप्त करने की रणनीति बनाना,
- लाभ हेतु जोखिम उठाना,
- लाभ हेतु प्रतिस्पर्धा का सामना करना,
- बदलाव रणनीति तैयार करना,
- आपदा एवं संकट प्रबंधन करना।

(2) अनौपचारिक समूह

किसी विशिष्ट प्रयोजन को प्राप्त करने के लिए विद्यार्थी स्वयं पहल कर समूह बनाते हैं। उनका प्रयोजन अकादमिक या गैर-अकादमिक हो सकता है। कई परिस्थितियों में प्राध्यापक भी छात्रों को अनौपचारिक समूह बनाकर कार्य करने हेतु कहते हैं। इन अनौपचारिक समूहों में प्राध्यापक भी सदस्य हो सकते हैं। ये समूह उनकी सुविधा के अनुसार सप्ताह में या पन्द्रह दिन में एक बार मिलते हैं एवं प्रयोजन प्राप्ति की दिशा में कार्य करते हैं। इन समूहों को प्राध्यापक सीखने हेतु या कार्य करने हेतु आवश्यक संसाधन उपलब्ध करवाते हैं। इन समूहों का प्रयोजन निम्नलिखित हो सकता है:

- नयी एवं उन निपुणताओं को सीखना जो पाठ्यक्रम का भाग नहीं हैं,

- अन्तःसंकाय की निपुणताओं को सीखना,
- सीखने की समस्याओं को हल करना,
- दैनिक जीवन में आने वाली समस्याओं को रोकना,
- मनोरंजन करना, इत्यादि।

पिछले दशक में उच्च एवं तकनीकी शिक्षा में अनौपचारिक समूहों को योजनाबद्ध रूप से प्रोत्साहित किया गया जिसके परिणाम उत्साहवर्धक हैं। इन समूहों ने अकादमिक एवं गैर-अकादमिक क्षेत्र में उल्लेखनीय योगदान दिया है।

4. समूह में सीखने के लाभ (Advantages of Learning in Groups)

समूह में सीखने के लाभ निम्नलिखित हैं:

समूह निम्नलिखित कौशल का विकास करता है:

- चर्चा अभिवृत्ति,
- मूल्यांकन सोच,
- सामाजिक-भावात्मक सहारा देना,
- सृजनशीलता,
- सीखने हेतु वाँच्छित अभिवृत्ति,
- सीखने हेतु अधिक ऊर्जा,
- व्यक्तिगत मतभेद के साथ सामंजस्य,
- खुशी एवं आनन्द के लिए अवसर।

समूह निम्नलिखित व्यवहार को रोकता है:

- एकान्तपन की अनुभूति,
- सीखने हेतु तनाव,
- सीखने की समस्याओं के कारण सीखने की प्रक्रिया से बाहर होना,
- नकारात्मक सोच,
- निरुत्साहित होना,
- थकावट महसूस करना,
- एकाधिकार,
- असफलता का डर।

5. सीखने की विधियों में समूह का उपयोग (Use of Groups in Learning Methods)

समूह में सीखने की प्रक्रिया एक समृद्ध प्रक्रिया है। यदि इस विधि का उपयोग सीखने की अन्य विधियों के साथ किया जाये तो यह अतिरिक्त लाभ प्रदान करती है। ऐसा करने से सीखने की प्रक्रिया में उचित बदलाव भी आते हैं। समूह विधि के भी कई रूप हैं जिनके माध्यम से अलग-अलग उद्देश्यों की पूर्ति की जाती है। सीखने की प्रक्रिया को समृद्ध बनाने के लिए प्राध्यापक किसी एक समूह विधि या अधिक का उपयोग कर सकता है।

समूह में सीखने की शक्ति का निम्नलिखित सीखने की विधियों में उपयोग किया जाता है:

- परियोजना
- सेमीनार
- पेनल चर्चा
- फोरम चर्चा
- भूमिका सम्पादन
- सक्रियता से सीखना
- प्रकरण अध्ययन
- भ्रमण
- प्रायोगिक प्रशिक्षण
- सृजनशीलता
- बज समूह

6. प्राध्यापक की भूमिका (Role of Professor)

विद्यार्थियों को समूह में सिखाने हेतु प्राध्यापकों को विविध भूमिकाओं को संम्पादित करना पड़ता है ताकि उनकी सीख उत्पादक, प्रयोजन युक्त, एवं गहरी हो। समूह में सिखाने के विभिन्न पदों पर प्राध्यापक की भूमिका बदलती है। समूह विधि में प्राध्यापक इस बात का ध्यान रखता है कि सीखने की प्रक्रिया को विद्यार्थी ही आगे बढ़ायें। वह सीखने की प्रक्रिया को विभिन्न स्तरों पर बढ़ावा देने के लिए विचार जरूर देता है। जैसे-जैसे विद्यार्थियों की समूह में सीखने की परिपक्वता बढ़ती है वैसे-वैसे वह सीखने की प्रक्रिया से अपने आपको अलग कर लेता है। वह विद्यार्थियों में इतनी योग्यता एवं क्षमता का

विकास कर देता है कि वे अपने आप सीख सकें। समूह विधि के प्रभावी संचालन हेतु प्राध्यापकों की भूमिका निम्नलिखित है:

समूह में सीखने हेतु तैयारी

प्राध्यापक पाठ्यक्रम का विश्लेषण कर ऐसे सीखने के उद्देश्य ज्ञात करता है जिन्हें समूह विधि द्वारा प्रभावी एवं दक्ष रूप से प्राप्त किया जा सकता है। यह कार्य निपुणता विकास योजना या विषय योजना बनाते समय सेमीस्टर के शुरुआत में किया जाता है। यदि सीखने का मुख्य भाग मानसिक एवं भावनात्मक क्षेत्र से सम्बद्ध है तो समूह में सीखने की विधियों का उपयोग किया जाता है। प्राध्यापक कार्यसंसार की उपयुक्त परिस्थिति का चयन कर उसका विवरण मुद्दे, समस्या, या अन्य सीखने की आवश्यकता के अनुरूप करता है। यह विवरण कार्यसंसार की परिस्थिति से रिकार्ड कर विद्यार्थियों को दिखाया भी जा सकता है। यदि सीखने के उद्देश्य भावनात्मक क्षेत्र से जुड़े हैं तो प्राध्यापक वास्तविक परिस्थिति का प्रतिरूप कक्षा, प्रयोगशाला, कर्मशाला या कम्प्यूटर केन्द्र में तैयार करता है एवं विद्यार्थियों को अभ्यास का अवसर प्रदान करता है।

विद्यार्थियों को परिस्थिति से अवगत करवाना

प्राध्यापक विद्यार्थियों को कार्यसंसार की परिस्थिति से अवगत करवाता है एवं संभव हुआ तो इसका लिखित या रिकार्ड किया हुआ विवरण उन्हें देता है। साथ ही विद्यार्थियों को चर्चा करने हेतु मुद्दे या विषय भी देता है। प्राध्यापक विद्यार्थियों को समूह विधि के बारे में भी बतलाता है। वह चर्चा का मुद्दा, उपलब्ध समय, बैठक व्यवस्था एवं चर्चा के निष्कर्षों के प्रस्तुतिकरण के बारे में भी बतलाता है।

विद्यार्थियों द्वारा परिस्थिति को समझना

विद्यार्थी निर्धारित समूह में उचित स्थान पर जाकर दी गई परिस्थिति को व्यक्तिगत रूप से एवं सामूहिक रूप से समझने का प्रयास करते हैं। वे उन बिन्दुओं को भी निर्धारित करते हैं जिन पर उन्हें अतिरिक्त जानकारी या स्पष्टीकरण की आवश्यकता होती है। प्राध्यापक सभी समूहों के पास जाकर उन्हें वाँच्छित जानकारी का स्पष्टीकरण प्रदान करता है। यदि दो से अधिक समूह होते हैं तो अलग-अलग समूह के लिए प्राध्यापकों की टीम कार्य करती है।

परिस्थिति पर चर्चा

विद्यार्थी उनके समूह के लीडर एवं निष्कर्ष प्रस्तुतकर्ता का चयन करते हैं, एवं चर्चा की शुरुआत करते हैं। चर्चा के दौरान वे निम्नलिखित गतिविधियाँ करते हैं:

- परिस्थिति को समूह में स्पष्टरूप से समझना,
- समस्या को निर्धारित एवं परिभाषित करना,
- चर्चा की विधि स्पष्ट करना,
- परिस्थिति में छुपे हुए मुद्दे को बाहर निकालना,
- चर्चा को मुद्दें पर केन्द्रित रखना,
- चर्चा के निष्कर्षों को लिखना,
- अन्य विद्यार्थियों को चर्चा में सहभागी बनने हेतु प्रेरित करना,
- समूह के सदस्यों के विचारों को मान्यता प्रदान करना,
- समूह के सदस्यों के विचारों को स्वीकार करना या निरस्त करना,
- निष्कर्ष निकालना,
- चर्चा से सीख का मूल्यांकन करना, इत्यादि।

प्रस्तुतिकरण की तैयारी करना

निर्धारित समय में चर्चा समाप्त कर प्रस्तुतिकरण की तैयारी करना। प्रस्तुतिकरण हेतु प्रतिवेदन लीडर एवं प्रस्तुतकर्ता द्वारा संयुक्त रूप से तैयार किया जाता है। प्रस्तुतिकरण तैयार करते समय लीडर समूह सदस्यों की सहायता भी ले सकता है। प्रस्तुतिकरण हेतु बिन्दुओं को पावरप्वांइट, फ्लिप चार्ट या ट्रांसपरेंसी पर तैयार किया जाता है। प्रस्तुतिकरण सारगर्भित, स्पष्ट एवं आकर्षक होना चाहिये। यदि प्रस्तुतिकरण समूह के सदस्य मिलकर करने वाले हैं तो उन्हें अपनी भूमिका तय कर अभ्यास कर लेना चाहिये।

निष्कर्षों का प्रस्तुतिकरण

समूह द्वारा उनकी योजना के अनुसार प्रस्तुतिकरण किया जाता है। इस प्रस्तुतिकरण पर अन्य समूह के विद्यार्थी टिप्पणी करते हैं एवं सीखने के बिन्दु लिख लेते हैं। वे परिस्थिति से सम्बन्धित अपने विचार भी प्रदान करते हैं। यदि उनका कोई प्रश्न होता है तो इसका उत्तर भी प्रस्तुतकर्ता द्वारा दिया जाता है। यहाँ इस बात का ध्यान रखा जाता है कि प्रश्न उत्तर तर्क-वितर्क में नहीं बदले। प्राध्यापक भी सकारात्मक एवं रचनात्मक फीडबैक प्रदान करता है। यही प्रक्रिया सभी समूहों द्वारा दोहराई जाती है। अन्त में प्राध्यापक सीख को एकीकृत करता है एवं सिद्धांत का कार्यसंसार से जुड़ाव बतलाता है।

7. प्राध्यापक द्वारा उपयोग किये जाने वाले यंत्र (Tools used by Professor)

समूह विधि में सीखने की प्रभावशीलता बढ़ाने के लिए प्राध्यापक कुछ यंत्रों का उपयोग कर सकता है जिसका संक्षिप्त वर्णन निम्नलिखित है:

वार्तालाप चित्रण (Sociogram)

समूह चर्चा के दौरान प्राध्यापक वार्तालाप की सम्पूर्ण प्रक्रिया का निरीक्षण करता है। यह निरीक्षण पूर्व निर्धारित मापदण्डों की सूची के आधार पर करता है। वह विद्यार्थियों के वार्तालाप का चित्रण भी करता है ताकि वह चर्चा के तरीके के ऊपर भी सकरात्मक फीडबैक दे सके। वार्तालाप चित्रण के माध्यम से नेतृत्त्व, वार्तालाप, सदस्यों का व्यवहार, समूह में वार्तालाप का झुकाव, विद्यार्थियों की आपस में स्वीकार्यता इत्यादि। वार्तालाप चित्रण के माध्यम से समूह की सामाजिक वार्ता का प्रदर्शन करता है। वार्तालाप चित्रण के माध्यम से प्राध्यापक विद्यार्थियों के समूह में सीखने के व्यवहार को समझता है एवं उसे सुधारने हेतु सकारात्मक फीडबैक प्रदान करता है। इसकी सहायता से उन विद्यार्थियों को ज्ञात किया जा सकता जो चर्चा के केन्द्र हैं एवं उन्होंने अन्य विद्यार्थियों को प्रभावित किया है। इससे यह भी ज्ञात होता है कि किन विद्यार्थियों ने चर्चा में खुलकर भाग नहीं लिया है। किन विद्यार्थियों ने प्रोत्साहन मिलने पर भी चर्चा में भाग नहीं लिया। इस प्रकार वार्तालाप चित्रण के माध्यम से प्राध्यापक सीखने की एवं सीखने की प्रक्रिया सम्बन्धी समस्याओं को ज्ञात कर उनका उपचार कर सकता है।

वार्तालाप चित्रण के माध्यम से सीखने हेतु बनाये गये बड़े समूह में छोटे-छोटे समूह को भी ज्ञात किया जा सकता है। इसके माध्यम से विद्यार्थियों की शक्ति, प्यार एवं प्राप्ति की आवश्यकता को भी ज्ञात किया जा सकता है। इसकी सहायता से विद्यार्थियों की तकनीकी दक्षता एवं पूर्व की सीख का स्तर भी ज्ञात किया जा सकता है। इस चित्रण से विद्यार्थियों को उनकी पूर्ण क्षमता का विकास एवं उपयोग करने हेतु तैयार किया जा सकता है। चित्र 6.1 में वार्तालाप चित्रण दर्शाया गया है।

उपरोक्त वार्तालाप चित्रण से स्पष्ट है कि सदस्य क्रमांक 2 सम्पूर्ण वार्तालाप का केन्द्र है एवं वही वार्तालाप प्रक्रिया को प्रभावित कर रहा है। इस चित्र से यह भी स्पष्ट है कि समूह समरूप नहीं है एवं सभी सदस्यों ने चर्चा में खुलकर भाग नहीं लिया है। सामान्यतया सीखने की शुरुआती प्रक्रिया में ऐसे रूप देखने को मिलते हैं परन्तु अभ्यास एवं फीडबैक के माध्यम से इसमें सुधार लाया जाता है। समूह को सीखने हेतु प्रभावी बनाने के लिए लीडर एवं प्राध्यापक की भूमिका अहम होती है।

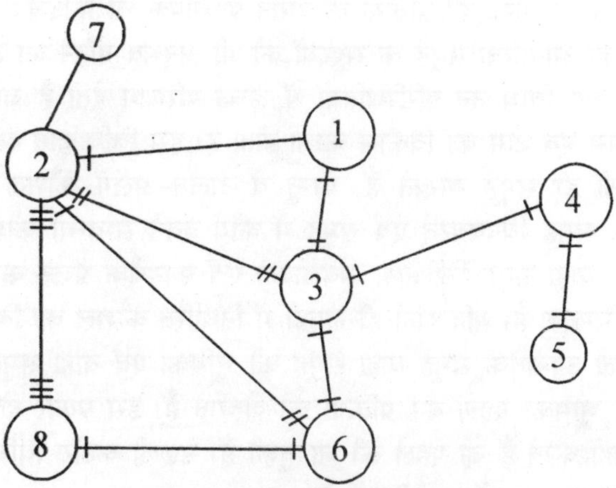

चित्र 6.1: वार्तालाप चित्रण

व्यवहार का अवलोकन करने की मेट्रिक्स पद्धति (Matrix Approach to Observe the Behaviour)

समूह में सीखने की प्रक्रिया का अवलोकन मैट्रिक्स पद्धति द्वारा किया जा सकता है। इस पद्धति में विद्यार्थियों के नाम कॉलम एवं व्यवहार के मापदण्ड रो में लिखे जाते हैं। व्यवहार के उन मापदण्डों पर अधिक जोर दिया जाता है जिनका विकास किया जाना होता है। व्यवहार का अवलोकन प्रपत्र 6.1 में दर्शाये मापदण्डों पर किया जा सकता है।

मछली कटोरा (Fish Bowl)

समूह विधि में किसी विशेष प्रयोजन हेतु यदि इस यंत्र का उपयोग करना होता है तो प्राध्यापक विद्यार्थियों के दो समूह बनाता है। एक समूह आन्तरिक वृत्त में एवं एक समूह बाह्य वृत्त में बैठता है। आन्तरिक समूह सीखने के नियत कार्य पर कार्य करता है। बाह्य समूह जिसे निरीक्षण समूह भी कहते हैं आन्तरिक समूह के सदस्यों के व्यवहार का अवलोकन करता है। निरीक्षण समूह आन्तरिक समूह के सदस्यों के व्यवहार का अवलोकन पूर्व निर्धारित मापदण्डों पर करता है। साथ ही यदि कोई विशिष्ट व्यवहार दिखायी देता है तो उसको भी नोट करता है। सीखने का कार्य समाप्त होने के पश्चात् निरीक्षण समूह के सदस्य आन्तरिक समूह के सदस्यों को व्यक्तिगत एवं सामूहिक फीडबैक प्रदान करते हैं। यह फीडबैक सकारात्मक, रचनात्मक एवं विकासान्मुख होता है।

फीडबैक प्रदान करने की प्रक्रिया के दौरान प्राध्यापक भी फीडबैक प्रदान करते हैं। साथ ही आन्तरिक समूह के सदस्यों को भी अनुभव बाँटने का अवसर दिया जाता है। यह विधि उन परिस्थितियों में अच्छे परिणाम देती है जब अभिवृत्ति का विकास एवं टीम का विकास करना होता है। इस विधि द्वारा आन्तरिक एवं बाह्य दोनों ही समूह सीखते हैं, परन्तु वे अलग-अलग कौशल सीखते हैं। आन्तरिक समूह विषयवस्तु एवं समूह में कार्य करने सम्बन्धी कौशल सीखता है जबकि बाह्य समूह निरीक्षण, अवलोकन एवं फीडबैक प्रदान करने सम्बन्धी कौशल सिखाता है। यदि दोनों ही समूहों में निर्धारित कौशल का विकास करना होता है तो आन्तरिक समूह बाह्य समूह की भूमिका एवं बाह्य समूह आन्तरिक समूह ही भूमिका ग्रहण कर प्रक्रिया को दोहराते हैं। इस प्रकार दोनों समूह वे त्रुटियाँ नहीं करते हैं जो पहले की जा चुकी हैं। मछली कटोरा विधि हेतु बैठक व्यवस्था चित्र 6.2 में दर्शायी गई है।

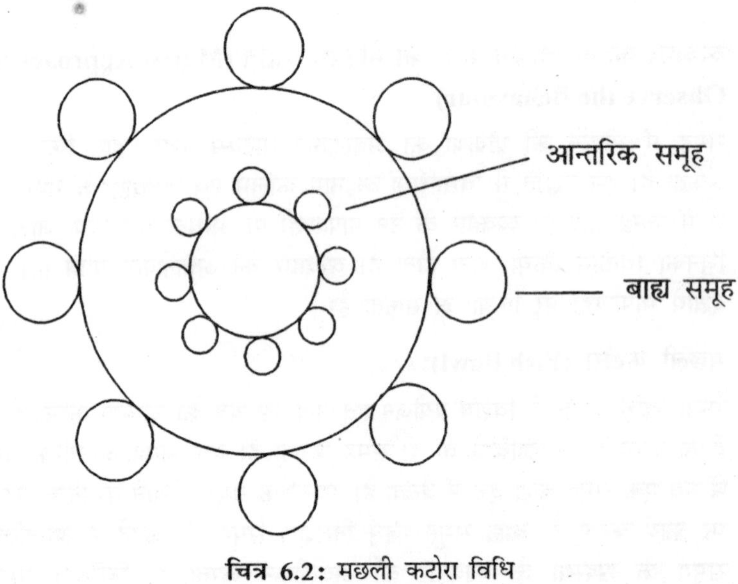

चित्र 6.2: मछली कटोरा विधि

वार्तालाप चित्रण, निरीक्षण मैट्रिक्स एवं मछली कटोरा विधि के द्वारा विद्यार्थी तकनीकी, समूह में कार्य करने, अवलोकन करने, एवं फीडबैक प्रदान करने के कौशल सीखते हैं। वे पूर्व में सीखे गये कौशल का उपयोग कर उन्हें परिमार्जित भी करते हैं।

8. समूह में सीखने का अन्य विधियों के साथ उपयोग (Use of Learning in Group with Other Methods of Learning)

समूह में सीखना एक धनाड्य विधि है। सीखने की आवश्यकता को ध्यान में रखते हुए इसे सीखने की अन्य विधियों के साथ उपयोग किया जा सकता है। प्राध्यापक सृजनशीलता का उपयोग कर सीखने की प्रक्रिया को प्रभावी एवं प्रयोजनयुक्त बना सकता है। विभिन्न विधियों को समूह विधि से चित्र 6.3 में दर्शाये अनुसार जोड़ा जा सकता है।

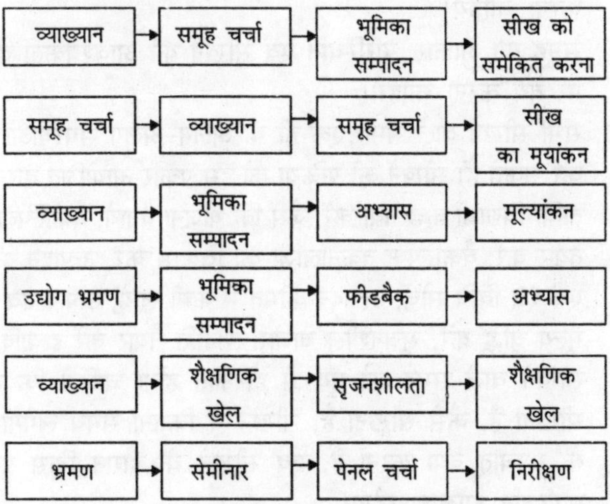

चित्र 6.3: समूह विधि का अन्य विधियों के साथ उपयोग

9. समूह में सीखने हेतु मार्गदर्शक बिन्दु (Guidelines for Using Groups Method)

समूह में सीखने से तकनीकी एवं सामाजिक निपुणताओं का विकास होता है। समूह में सीखने की पूर्ण क्षमता का दोहन करने के लिए प्राध्यापक निम्नलिखित मार्गदर्शक बिन्दु का पालन कर सकते हैं।

- समूह में सीखने की योजना बनाना चाहिये एवं प्रयास करना चाहिये कि सीख मानसिक एवं भावनात्मक क्षेत्र में उच्च स्तर से सम्बद्ध हो। सीखने की विधि क्रमबद्ध रूप से आयोजित की जानी चाहिये।
- सीखने के उद्देश्य चुनौतीपूर्ण, कठिन एवं जटिल होने चाहिये ताकि

विद्यार्थी सीखने हेतु प्रेरित होवे एवं उनकी सृजनशीलता, सोच, विश्लेषण शक्ति एवं बुद्धिमानी का सीखने हेतु उपयोग करें।

- सीखने की विषयवस्तु विद्यार्थियों के प्रवेश स्तर के अनुरूप होना चाहिये नहीं तो वे सीखने की प्रक्रिया से बाहर भी निकल सकते हैं।
- कक्षा में कार्यसंसार की समस्या को चर्चा हेतु लाना चाहिये। प्राध्यापक द्वारा परिस्थिति की पूर्ण विवरण समस्या, प्रश्न, मुद्दे, निर्णय आवश्यकता के रूप में देनी चहिये। यदि संभव हो तो परिस्थिति का रिकार्ड प्रस्तुत करना चाहिये।
- समूह का आकार, परिस्थिति एवं सीखने की आवश्यकता के आधार पर तय करना चाहिये।
- सभी सीखने वाले समूह एक ही या अलग-अलग समस्याओं पर कार्य कर सकते हैं। सीखने की प्रक्रिया को इस प्रकार आयोजित करना चाहिये ताकि विद्यार्थी कुछ नया करें, जैसे कि योजना बनायें, वैकल्पिक रणनीति तैयार करें, वैकल्पिक तकनालॉजी का विकास करें, उत्पादन की प्रभावी एवं दक्ष विधि सोचें, उत्पादन कीमत में कमी लायें, उत्पाद एवं सेवा की मूल्य वृद्धि करें, सृजनशील बाजार रणनीति तैयार करें इत्यादि।
- सीखने वाले समूह को पूर्व से ही ज्ञात होना चाहिये कि उसे क्या सीखना है, कैसे सीखना है, सीखने में कितना समय लगेगा, सीखने के पश्चात् क्या करना है, एवं सीखने के दौरान किस प्रकार का मार्गदर्शन उपलब्ध रहेगा।
- सीखने की प्रक्रिया को प्रभावी एवं दक्ष बनाने के लिए स्थान, समय, बैठक व्यवस्था, समूह का आकार, समूह नेतृत्व, सीखने के संसाधनों की उपलब्धता इत्यादि पूर्व में ही निश्चित कर विद्यार्थियों को बता देना चाहिये।
- विद्यार्थियों को समूह में सीखने के लिए प्रोत्साहित करने एवं मार्गदर्शन देने के लिए चर्चा के दौरान उपलब्ध रहना चाहिये। यदि उसे लग रहा है कि समय या प्रयास व्यर्थ जा रहे हैं तो उसे उपयुक्त समय पर हस्तक्षेप करना चाहिये।
- किसी भी हालात में समूह गतिविधि के दौरान प्राध्यापक द्वारा भाषण नहीं देना चाहिये।
- विद्यार्थियों को प्रेरित करना चाहिये कि वे गतिविधि, संघर्ष, सृजनशीलता, फीडबैक, मूल्यांकन एवं त्रुटियों से सीखें।

- प्राध्यापक द्वारा विद्यार्थियों के व्यवहार का अवलोकन करते रहना चहिये एवं इस हेतु वह वार्तालाप चित्रण, मेट्रिक्स एवं मछली कटोरा पद्धति का उपयोग कर सकता है। यदि सीखने का उद्देश्य अभिवृत्ति विकास है तो उसे सीखने की सम्पूर्ण प्रक्रिया को रिकार्ड करना चाहिये। इस रिकार्ड को विद्यार्थियों को दिखाकर उन्हें उनकी कमियों एवं सीख को बतलाना चाहिये। इसके माध्यम से उन्हें अभिवृत्ति में सुधार लाने हेतु फीडबैक प्रदान करना चाहिये।
- समूह में सीखने की प्रक्रिया में सुधार लाने हेतु प्राध्यापक द्वारा समय-समय पर सम्पूर्णता में एवं विशिष्ट फीडबैक प्रदान किया जाना चाहिये। फीडबैक निम्नलिखित बिन्दुओं पर देना चाहिये।
    - सीखने के उद्देश्यों की प्राप्ति,
    - सीखने की प्रक्रिया में सुधार,
    - सीखने का स्तर,
    - सीखने की अभिवृत्ति,
    - सीखने के दौरान समूह भावना,
    - सृजनशीलता का उपयोग,
    - सीखने के संसाधनों का उपयोग,
    - समूह की प्रेरणा का स्तर,
    - सीखने की प्रभावशीलता,
    - समय एवं संसाधनों का उपयोग,
    - अत: वैयक्तिक संबंधों का स्तर,
    - संप्रेषण की प्रभावशीलता इत्यादि।
    - अन्त में सीखने के बिन्दुओं पर जोर देकर इन्हें सिद्धांत एवं कार्यसंसार के परिपेक्ष्य में बतलाना चाहिये।

10. साराँश (Summary)

- समूह में सीखना तकनीकी एवं पेशेवर निपुणता अर्जित करने का एक सामाजिक तरीका है।
- प्राध्यापक विद्यार्थियों को समूह में सीखने हेतु कक्षा, प्रयोगशाला, कर्मशाला एवं कार्य संसार में अवसर प्रदान करता है।

- समूह में सीखने से सामाजिक एवं तकनीकी आवश्यकता की पूर्ति होती है।
- समूह में सीखने से सीखने की सामूहिक शक्ति का दोहन होता है। इससे नया, भिन्न एवं उच्च स्तर का सीखने को मिलता है।
- सीखने हेतु औपचारिक एवं अनौपचारिक समूह होते हैं। औपचारिक समूह का गठन प्राध्यापक करते हैं। ये समूह दो, तीन से पाँच, छः से दस एवं ग्यारह से पन्द्रह विद्यार्थियों के हो सकते हैं। अनौपचारिक समूह विद्यार्थी स्वयं बनाते हैं। इनका उद्देश्य अकादमिक या गैर अकादमिक हो सकता है।
- प्राध्यापक सीखने की प्रविधि की संरचना करता है एवं इसे क्रियान्वित करता है ताकि सीखने में लगने वाले समय एवं प्रयास की बचत की जा सके।
- समूह विधि को सीखने की अन्य विधियों के साथ मिलाकर भी क्रियान्वित किया जा सकता है ताकि विविध प्रकार की सीखने की आवश्यकता को संतुष्ट किया जा सके।
- समूह विधि में सीखने को आगे बढ़ाने के लिए प्राध्यापक एक मार्ग दर्शक, सहायता प्रदान करने वाले, सीखने की समस्या दूर करने वाले, सीखने के संसाधन प्रदान करने वाले एवं फीडबैक प्रदान करने वाले की भूमिका अदा करता है।
- प्राध्यापक व्यक्तिगत एवं समूह में सीखने में सुधार लाने हेतु फीडबैक प्रदान करता है।
- प्राध्यापक सीख को समेकित करता है एवं विद्यार्थियों को उनकी प्रगति पर बधाई देता है।

11. प्रपत्र (Format)

प्रपत्र 6.1: समूह में सीखने की विधि की प्रभावशीलता का मूल्यांकन

समूह में सीखने की विधि की प्रभावशीलता सुनिश्चित करने एवं मूल्यांकन करने हेतु निम्नलिखित प्रपत्र में मापदण्ड दिये गये हैं। प्रपत्र में दिये गये प्रत्येक मापदण्ड पर नीचे दिये गये सूचक के अनुसार प्रत्येक विद्यार्थी के व्यवहार का मूल्यांकन कर सकते हैं।

सूचक: 5–सर्वोच्च, 4–उच्च, 3–मध्यम 2–निम्न, 1–न्यूनतम

क्र.	व्यवहार	विद्यार्थी				
		1	2	3	4	5
1.	प्रभावकारी					
2.	नेतृत्त्व					
3.	तार्किकता					
4.	स्वीकार्यता					
5.	निष्कर्ष					
6.	पहल					
7.	समस्या हल करना					
8.	सृजनशीलता					
9.	प्रेरणा					
10.	जानकारी प्रदान करना					
11.	प्रश्न करना					
12.	जवाब देना					
13.	आदर करना					
14.	दूसरों की भावना को समझना					
15.	सुनना					
16.	दबाव बनाना					
17.	अन्य के दृष्टिकोण को समझना					
18.	मनाना					
19.	सहयोग					
20.	प्रस्तुतिकरण					
21.	जानकारी एकत्र ही करना					
22.	जानकारी की सत्यता परखना					
23.	सीखने की प्राथमिकता					
24.	सकारात्मक सोच					
25.	फीडबैक					

12. अभ्यास प्रश्न (Practice Questions)

1. समूह में सीखने की विधि के पाँच महत्व बतलाइये।
2. समूह में सीखने के तीन लाभ बतलाइये।
3. समूह का वर्गीकरण किन मापदण्डों पर किया जाता है?
4. औपचारिक समूह के प्रकार बतलाइये।
5. अनौपचारिक समूह का महत्व बतलाइये।

6. औपचारिक समूह में सीखने की प्रक्रिया के फलस्वरूप कौनसी निपुणताओं का विकास होता है? किन्ही दस निपुणताओं की सूची तैयार करिये।
7. औपचारिक समूह के माध्यम से जो अभिवृत्ति विकसित की जाती है उसकी सूची तैयार करिये।
8. सीखने की ऐसी दस विधियों का नाम लिखिये जिसमें समूह का उपयोग होता है।
9. समूह में सीखने की विधि के प्रभावी संचालन में प्राध्यापक की भूमिका का संक्षिप्त वर्णन करिये।
10. समूह में सीखने की प्रक्रिया में वार्तालाप चित्रण के पाँच उपयोग बतलाइये।
11. वार्तालाप चित्रण करने का कार्य किसका रहता है?
12. समूह में सीखते समय विद्यार्थियों के व्यवहार का मूल्यांकन करने के लिए उपयोग की जाने वाली मैट्रिक्स पद्धति का संक्षिप्त विवरण दीजिये।
13. मछली कटोरा विधि द्वारा किस प्रकार के कौशल का विकास किया जाता है? किन्हीं पाँच कौशलों का नाम लिखिये।
14. समूह में सीखने की विधि का क्रियान्वयन करते समय प्राध्यापकों द्वारा पालन किये जाने वाले पाँच मार्गदर्शक बिन्दुओं को बतलाइये।
15. समूह में सीखने में सीखने के किन सिद्धांतों का उपयोग होता है?
16. समूह में सीखने की प्रक्रिया में फीडबैक के महत्व का संक्षिप्त वर्णन करिये।
17. समूह में सीखने की योजना किन बिन्दुओं पर तैयार की जाती है?
18. समूह में कौनसे कौशल नहीं सीखे जा सकते हैं?
19. समूह में सीखने की तुलना व्याख्यान से करिये।

13. गतिविधियाँ (Activities)

गतिविधि 6.1: समूह में सीखने की प्रभावशीलता का मूल्यांकन करना

पिछले एक वर्ष में आपके द्वारा आयोजित किये गये समूह में सीखने के सत्रों की प्रभावशीलता का मूल्यांकन करिये।

गतिविधि 6.2: समूह में सीखने की सत्र योजना तैयार करना

आपके द्वारा पढ़ाये जाने वाले विषय या निपुणता के विकास करने हेतु समूह में सीखने की विधि की सत्र योजना बनाइये।

गतिविधि 6.3: समूह में सीखने की विधि का मूल्यांकन करना

उपरोक्त योजना को क्रियान्वित करने के पश्चात् आपके द्वारा आयोजित किये गये समूह विधि सत्रों का मूल्यांकन कर उनमें सुधार लाने की रणनीतियों के बारे में सोचिये।

गतिविधि 6.4: विद्यार्थियों के व्यवहार का मूल्यांकन करना

आपके द्वारा आयोजित किये गये समूह में सीखने के सत्रों के दौरान आपके द्वारा विद्यार्थियों के व्यवहार का मूल्यांकन प्रपत्र 6.1 में किया गया होगा। इस मूल्यांकन के विश्लेषण के आधार पर विद्यार्थियों के व्यवहार के बारें में निष्कर्ष निकालिये।

गतिविधि 6.5: मछली कटोरा विधि का उपयोग करना

विद्यार्थियों में अभिवृत्ति का विकास करने हेतु मछली कटोरा पद्धति का उपयोग करिये एवं अपने अनुभवों को सूचीबद्ध करिये।

7

भंवरा समूह
(Buzz Group)

सीखने के उद्देश्य (Learning Objectives)

इस अध्याय को पढ़ने के पश्चात् पाठक:

- भंवरा समूह को परिभाषित कर सकेंगे।
- भंवरा समूह के महत्व को बतला सकेंगे।
- भंवरा समूह के आकार एवं माप के बारे में बतला सकेंगे।
- भंवरा समूह के उपयोग की विधि बतला सकेंगे।

1. प्रस्तावना (Introduction)

सीखने में विद्यार्थियों की रुचि बनाये रखने के लिए सीखने की प्रक्रिया में प्रत्येक पन्द्रह मिनट पश्चात् कुछ बदलाव लाना आवश्यक है। भंवरा समूह के माध्यम से यह बदलाव सम्भव है। सामान्यतया भंवरा समूह अपने आपमें पूर्ण विधि नहीं है। यह सीखने की मुख्य विधियों के साथ विशेष प्रयोजन हेतु उपयोग की जाती है।

2. भंवरा समूह का उपयोग (Use of Buzz Group)

भंवरा समूह का उपयोग प्राध्यापक कई प्रयोजन प्राप्त करने हेतु करते हैं। भंवरा समूह के महत्वपूर्ण उपयोग निम्नलिखित हैं:

- पूर्व में सीखे गये ज्ञान एवं कौशल का उपयोग करने के लिए।
- पूर्व की सीख का स्मरण करने के लिए।
- संप्रेषण कौशल सुधारने के लिए।

- भावनाओं को बाँटने के लिए।
- नये मुद्दों पर सोचने के लिए।
- किसी विचार पर राय देने के लिए।
- निर्णय पर सहमति प्राप्त करने के लिए।
- बदलाव के लिए इसे प्राध्यापक कई प्रयोजन, जैसे विद्यार्थियों को चर्चा में शामिल करना, सोचना, वातावरण बदलना, प्रेरित करना, इत्यादि के लिए करते हैं। इसका उपयोग करने से प्राध्यापकों को सीखने की प्रक्रिया के दौरान ऊर्जा मिलती है। इससे विद्यार्थियों की सामाजिक आवश्यकता की पूर्ति भी होती है।

3. भंवरा समूह का माप (Size of the Buzz Group)

भंवरा समूह का आकार 2 से 7 के बीच रखा जाता है। यह माप कई कारकों, जैसे चर्चा के मुद्दे की वृहदता, समय उपलब्धता, सीखने के उद्देश्य इत्यादि पर निर्भर करता है।

4. चर्चा का मुद्दा (Issue for Discussion)

सामान्यतया भंवरा समूह का उपयोग व्याख्यान के दौरान किया जाता है। अतः विद्यार्थियों को सामान्य स्तर का अभ्यास दिया जाता है, जिसे वे 5 से 10 मिनट में पूर्ण कर सकें। यह मुद्दा, प्रश्न, तुलना, समस्या, विषयवस्तु, उपयोग, सृजनशीलता, इत्यादि के रूप में हो सकता है जो विद्यार्थियों को समूह में चर्चा करने हेतु प्रेरित करे। समूह बनाने के लिए प्राध्यापकों को कोई विशेष प्रयास नहीं करना पड़ता है, क्योंकि विद्यार्थी जिस स्थिति में बैठे होते हैं उसी स्थिति में चर्चा कर सकते हैं।

5. भंवरा समूह संचालन की विधि (Method of Conducting Buzz Group)

किसी विशेष निपुणता का विकास करने हेतु प्राध्यापक विद्यार्थियों को जानकारी प्रदान करता है। एक छोटी इकाई समाप्त होने पर वह विभिन्न समूहों को संक्षिप्त चर्चा करने हेतु प्रश्न देता है एवं विद्यार्थियों से कहता है कि ये तेज आवाज में चर्चा करें। विद्यार्थी 3 से 10 मिनिट तक चर्चा कर चर्चा के निष्कर्ष का प्रस्तुतिकरण करते हैं। प्राध्यापक इस चर्चा का नियंत्रण करता है एवं सीखने को समेकित करता है। तत्पश्चात् प्राध्यापक अगली इकाई या घटना का

प्रस्तुतिकरण करता है। भंवरा समूह के माध्यम से सीखने की प्रगति, सीखने की समस्या एवं आगे सीखने हेतु प्रेरणा के स्तर का निर्धारण किया जा सकता है। भंवरा समूह विद्यार्थियों एवं प्राध्यापकों के लिए सीखने की प्रक्रिया में एक अच्छा बदलाव होता है।

6. सारांश (Summary)

- भंवरा समूह विधि का उपयोग सीखने की प्रक्रिया में बदलाव लाने, विद्यार्थियों को सीखने की प्रक्रिया में सहभागी बनाने, सोचने के कौशल बढ़ाने, एवं विद्यार्थियों को विशिष्ट मुद्दे पर चर्चा करने के लिए किया जाता है।
- भंवरा समूह विधि का उपयोग सीखने की सभी विधियों के साथ किया जाता है।
- भंवरा समूह विधि का उपयोग प्रभावी रूप से करने पर विद्यार्थियों में सीखने की प्रक्रिया के फलस्वरूप कई कौशल का विकास होता है।

7. अभ्यास प्रश्न (Practice Questions)

1. भंवरा समूह को भंवरा समूह क्यों कहते हैं?
2. भंवरा समूह की तीन विशेषताएँ बतलाइये।
3. भंवरा समूह के सीखने की प्रक्रिया में पाँच उपयोग लिखिये।
4. भंवरा समूह की तीन सीमाएँ बतलाइये।
5. भंवरा समूह का आकार एवं माप छोटा क्यों होता है?
6. भंवरा समूह में चर्चा हेतु अधिकतम कितना समय दिया जाता है?
7. भंवरा समूह का उपयोग करने से प्रक्रिया फलस्वरूप कौनसे कौशल का विकास होता है?

8. गतिविधियाँ (Activities)

गतिविधि 7.1: भंवरा समूह का संचालन करना

निर्धारित पाठ्यक्रम के अनुसार सीखने के उद्देश्य ज्ञात कीजिये, जिन्हें भंवरा समूह का उपयोग कर प्राप्त किया जा सकता है। अलग-अलग समूह के लिए समस्या, मुद्दा, एवं विषय का चयन करें। भंवरा समूह क्रियान्वयन योजना बनाकर इसे क्रियान्वित कीजिये। (सीखने की प्रक्रिया का निरीक्षण कीजिये एवं इसकी प्रभावशीलता का आंकलन करिये।)

8

डलिया में
(In Basket)

सीखने के उद्देश्य (Learning Objectives)

इस अध्याय को पढ़ने के पश्चात् पाठक:

1. 'डलिया में' विधि के महत्व को बतला सकेंगे।
2. 'डलिया में' विधि के उपयोग को बतला सकेंगे।
3. 'डलिया में' विधि द्वारा विकसित किये जाने वाले कौशल को सूचीबद्ध कर सकेंगे।
4. 'डलिया में' विधि के मुख्य पदों को बतला सकेंगे।
5. 'डलिया में' विधि का मूल्यांकन कर सकेंगे।

1. प्रस्तावना (Introduction)

सीखने की प्रक्रिया के दौरान यदि वास्तविक कार्य संसार की परिस्थतियों का विवरण तैयार कर विद्यार्थियों को दिया जाये तो उनकी सीखने में रुचि बढ़ती है। साथ ही उनकी निपुणता एवं प्रवीणता में वृद्धि होती है। प्राध्यापक इस प्रकार की परिस्थितियों का विवरण तैयार करते हैं जिसका उपयोग कई प्रयोजन हेतु किया जा सकता है। वास्तविक कार्यसंसार की समस्याओं का विवरण एवं उसके पक्ष में अन्य दस्तावेज भी तैयार किये जा सकते हैं। जब प्राध्यापक विद्यार्थियों में निपुणता का विकास कर देता है तो सामुहिक रूप से आगे सीखने के लिए, विद्यार्थियों की सीखने सम्बन्धी समस्याओं को ज्ञात करने के लिए एवं अनुभवों का आदान-प्रदान करने के लिए 'डलिया में' विधि का उपयोग किया जाता है। यह विधि सीखने के मानसिक क्षेत्र में

उच्च स्तर के कौशल का विकास करती है। यह विधि सामान्यतया: सेमिस्टर के अन्त में उपयोग की जाती है।

2. कौशल विकास (Skill Development)

'डलिया में' विधि के माध्यम से विद्यार्थियों में निम्नलिखित कौशल का विकास किया जा सकता है:

- निर्धारित लक्ष्य की योजना बनाना।
- प्राथमिकता तय करना।
- समस्याओं की छंटनी करना।
- समस्या को परिभाषित करना एवं कारण खोजना।
- समस्या के समाधान को संप्रेषित करना।
- किसी निर्णय पर सहमति प्राप्त करना।
- किसी विचार पर अपना पक्ष रखना।
- जानकारी को उद्देश्य या समस्या के अनुरूप आयोजित करना।

3. 'डलिया में' विधि की संरचना (Design of 'In Basket')

प्राध्यापक विद्यार्थियों को सीखने हेतु सामान्य से कठिन 'डलिया में' अभ्यास की संरचना कर सकता है। यह सीखने के उद्देश्य पर निर्भर करता है। इस अभ्यास में भाग लेने के लिए प्राध्यापक विद्यार्थियों के लिए विस्तृत निर्देश तैयार करता है। इस अभ्यास में भाग लेने के पूर्व विद्यार्थियों को निर्देश दिये जाते हैं। तत्पश्चात् 'डलिया में' समस्याओं के पर्चे बनाकर रख दिये जाते हैं। प्राध्यापक विषयवस्तु, सीखने के उद्देश्य, एवं अन्य प्रयोजन को ध्यान में रखकर 'डलिया में' के लिए समस्याओं का चयन करता है। यह चयन निम्नलिखित से संबंधित हो सकता है:

- सम्बन्धित तकनीकी शब्द, जैसे बांध, नहर, पुल, सड़क, इत्यादि।
- विभिन्न उपकरणों या मशीनों के कार्य, जैसे ट्रांसफारमर, कन्डेंसर, पंखा, कैपेसिटर, स्विच, इत्यादि।
- कम्प्यूटर की विभिन्न इकाइयों के बीच संबंध, जैसे हार्डडिस्क, मॉनिटर, माऊस, मॉडेम, प्रिंटर स्केनर, वेब केमरा, वोल्टेज स्टेपलाइजर की बोर्ड, इत्यादि।
- किसी मशीन, या संरचना या प्रणाली के असफल होने का कारण।

- शब्दों के बीच सम्बन्ध।
- किसी प्रविधि की संरचना करना।
- असफलता का विश्लेषण।
- किसी उद्देश्य प्राप्ति के लिए परिदृश्य तैयार करना, इत्यादि।

4. 'डलिया में' अभ्यास का आयोजन (Organizing in Basket Exercise)

इस अभ्यास को करवाने के लिए प्राध्यापक योजना के अनुसार सभी संसाधनों को आयोजित कर विद्यार्थियों को निर्देश देता है। वह विद्यार्थियों को इस अभ्यास के उद्देश्य भी स्पष्ट करता है। तत्पश्चात् प्राध्यापक डलिया को समस्याओं से भर देता है एवं विद्यार्थियों को आमंत्रित करता है कि वे एक समस्या ले एवं तुरन्त उस समस्या के ऊपर अपने विचार व्यक्त करें। यदि विद्यार्थी इस समस्या का उत्तर नहीं दे पाता है तो उसे एक और समस्या डलिया में से निकालने को कहा जाता है। इस समस्या पर उसे विचार व्यक्त करने हेतु कहा जाता है। यदि वह विचार व्यक्त नहीं कर पाता है तो अगले विद्यार्थी को अन्य समस्या को चुनने हेतु कहा जाता है। प्रत्येक विद्यार्थी को उत्तर देने के लिए तीन से पाँच मिनट का समय दिया जाता है। इसी प्रकार प्रत्येक विद्यार्थी को डलिया में से समस्या उठाने एवं उत्तर देने के लिए समान अवसर प्रदान किये जाते हैं। अन्त में अनुत्तरित प्रश्नों का उत्तर प्राध्यापक देता है। अगली 'डलिया में' विधि के दौरान प्राध्यापक समस्या की कठिनाई के स्तर को बढ़ा देता है। डलिया में विधि के दौरान प्राध्यापक विद्यार्थियों के व्यवहार का निर्धारित मापदण्डों पर निरीक्षण करते हैं। ये मापदण्ड विद्यार्थियों की सीखने की प्रगति, परिस्थिति से निपटने के लिए उपयोग किये गये कौशल, प्रस्तुतिकरण देते समय विद्यार्थी के हावभाव, आत्मविश्वास इत्यादि से संबंधित होते हैं। इस प्रकार के मापदण्ड प्राध्यापक निर्धारित कर एक निरीक्षण प्रपत्र तैयार करता है। वह विद्यार्थियों के प्रदर्शन का मूल्यांकन इसी निरीक्षण प्रपत्र पर करता है। सभी विद्यार्थियों के प्रदर्शन के स्तर का मूल्यांकन कर वह सीखने की समस्याओं एवं सीखने की कमी को ज्ञात करता है एवं उन्हें दूर करने के लिए अतिरिक्त जानकारी प्रदान करता है। अन्त में वह सीख को समेकित करता है। 'डलिया में' अभ्यास की कठिनता का स्तर अगले सेमिस्टर में बढ़ाया जाता है। कठिनता का स्तर बढ़ाने के लिए प्राध्यापक शर्तें एवं मापदण्ड बढ़ाता जाता है। कभी-कभी अनिश्चितता एवं

चुनौती तैयार करने हेतु प्राध्यापक मापदण्डों एवं शर्तों को मौके पर ही घोषित करता है। कठिन अभ्यास पूर्ण होने पर प्राध्यापक आगे सोचने हेतु विद्यार्थियों को और कठिन मुद्दा देता है। विद्यार्थी इस विधि को पंसद करते हैं क्योंकि जो कुछ उन्होंने सीखा है उसका उपयोग एवं प्रदर्शन करने का उन्हें अवसर प्राप्त होता है। इस विधि के द्वारा सीखना एवं मूल्यांकन करने का कार्य साथ-साथ होता है।

5. सारांश (Summary)

- 'डलिया में' विधि के द्वारा विद्यार्थियों ने जो सीखा है उसे वास्तविक कार्यसंसार में उपयोग करने का अवसर प्राप्त होता है।
- इस विधि में भाग लेने से विद्यार्थियों में किसी भी परिस्थिति का सामना करने का विश्वास बढ़ता है।
- प्राध्यापक कई बातों को ध्यान में रखकर 'डलिया में' के लिए वास्तविक जीवन से परिस्थितियाँ चुनता है एवं उनका सारगर्भित विवरण तैयार करता है। इस प्रक्रिया के दौरान प्राध्यापक वास्तविक कार्यसंसार एवं सिद्धांत के बीच के सेतु को समझता है।
- विद्यार्थी 'डलिया में' विधि में भाग लेकर मानसिक क्षेत्र की उच्च स्तर की निपुणताओं का विकास करते हैं।
- 'डलिया में' विधि में समस्याओं की कठिनाई सीखने की प्रगति के साथ बढ़ायी जाती है। यह कठिनाई शर्त एवं मापदण्ड लगाकर भी बढ़ायी जा सकती है।
- जब विद्यार्थी परिस्थिति पर प्रस्तुतिकरण दे रहे होते हैं प्राध्यापक उनकी सीख एवं व्यवहार का मूल्यांकन कर रहा होता है। इस मूल्यांकन के आधार पर प्राध्यापक विद्यार्थियों को फीडबैक प्रदान करता है।
- 'डलिया में' विधि के अन्त में प्राध्यापक सीख का सारांश प्रस्तुत करता है।

6. अभ्यास प्रश्न (Practice Questions)

1. 'डलिया में' विधि के पाँच लाभों को बतलाइये।
2. 'डलिया में' विधि से प्राध्यापकों में कौनसे कौशल का विकास होता है?

3. 'डलिया में' विधि से विद्यार्थियों में कौन से कौशल का विकास होता है।
4. 'डलिया में' विधि को संचालित करने के मुख्य पदों के नाम लिखिये।
5. 'डलिया में' विधि के लिए समस्याएँ किन बातों में ध्यान रखकर तैयार की जाती हैं?

7. गतिविधियाँ (Activities)

गतिविधि 8.1: 'डलिया में' विधि की प्रभावशीलता ज्ञात करना

'डलिया में' विधि की प्रभावशीलता ज्ञात करने के लिए मापदण्ड तैयार करिये

गतिविधि 8.2: 'डलिया में' विधि के दौरान अवलोकन प्रत्रक तैयार करना

विद्यार्थियों की सीख एवं व्यवहार के मूल्यांकन के लिए एक निरीक्षण पत्रक तैयार कर विद्यार्थियों की सीख एवं व्यवहार का मूल्यांकन करिये।

गतिविधि 8.3: 'डलिया में' विधि की योजना बनाना

आप जो विषय पढ़ा रहे हैं या जो निपुणता विकसित कर रहे हैं उनमें से उन सीखने के उद्देश्यों को ज्ञात करिये जिन्हें 'डलिया में' विधि के द्वारा विकसित किया जा सकता है। इन सीखने के उद्देश्यों को प्राप्त करने के लिए योजना बनाइये एवं इसको क्रियान्वित कीजिये।

9

पेनल चर्चा
(Panel Discussion)

सीखने के उद्देश्य (Learning Objectives)

इस अध्याय को पढ़ने के पश्चात् पाठक:

1. पेनल चर्चा को परिभाषित कर सकेंगे।
2. पेनल चर्चा के महत्व को बतला सकेंगे।
3. पेनल चर्चा से सीख को सूचीबद्ध कर सकेंगे।
4. पेनल चर्चा आयोजित कर सकेंगे।

1. प्रस्तावना (Introduction)

कार्यसंसार को संस्थान के केम्पस एवं कक्षा में लाने की आवश्यकता है ताकि विद्यार्थी व्यापार के ताजा झुकाव एवं तकनालॉजी के बारे में जान सकें। विद्यार्थी संगठित क्षेत्र के किसी विशेष प्रकार में अपना केरियर देख रहे होते हैं या देखना चाहते हैं। यह भी संभव है कि कुछ विद्यार्थी किसी विशेष क्षेत्र में उद्यमी भी बनना चाहते हों। इन सब संभावनाओं एवं वास्तविक कार्यसंसार के आयामों का न्यूनतम समय में पेनल चर्चा के माध्यम से पता लगाया जा सकता है। कार्यसंसार के विभिन्न विशेषज्ञों को संस्था में आमंत्रित किया जाता है ताकि वे पेनल चर्चा में भाग लेकर, विद्यार्थियों को लाभांवित करें। पेनल चर्चा विद्यार्थियों के सीखने की आवश्यकता को ध्यान में रखकर सामान्य विषयों पर, किसी झुकाव पर, विकास की संभावना पर, किसी उत्पाद की मांग पर, संस्थान की समस्याओं पर आयोजित की जाती है।

इसी प्रकार चुने हुए विद्यार्थियों के द्वारा भी अन्य विद्यार्थियों के सीखने के लिए एवं स्वयं के कौशल को परिमार्जित करने के लिए प्राध्यापक के मार्गदर्शन

में पेनल चर्चा आयोजित की जाती है। चुने हुए विद्यार्थी चर्चा में भाग लेने के लिए दिए गये विषय पर शोध करते हैं ताकि वे चर्चा में प्रभावी रूप से भाग ले सकें।

संसाधन व्यक्तियों एवं विशेषज्ञों की पेनल चर्चा एवं विद्यार्थियों की पेनल चर्चा दोनों ही प्रकार का उपयोग पढ़ाई के अन्तिम वर्ष में अधिक किया जाता है ताकि विद्यार्थी कार्यसंसार की चुनौतियों एवं समस्याओं से परिचित हो सके। यदि पेनल चर्चा विद्यार्थियों के संकाय से संबंधित है तो यह दूसरे एवं तीसरे वर्ष में भी आयोजित की जा सकती है। सामान्यतया पेनल चर्चा एक बार की गतिविधि होती है एवं यह संभव है कि इसमें भाग लेने वाले सदस्य पुनः मिले ही नहीं।

2. पेनल चर्चा से सीख (Learning from Panel Discussion)

पेनल चर्चा से विद्यार्थियों को भविष्य के लिए तैयार किया जाता है। उन्हें केरियर एवं केरियर से संबंधित झुकाव के बारे में जानकारी मिलती है। पेनल चर्चा में भाग लेकर वे कई कौशल विकसित करते हैं जो इस प्रकार हैं–किसी परिस्थिति में छुपे हुए मुद्दें की खोज करना, योजनाबद्ध रूप से जानकारी एकत्र करना, जानकारी को तार्किक रूप में प्रस्तुत करना, किसी के द्वारा किये गये प्रश्नों का जवाब देना, किसी प्रश्न पर योजनाबद्ध रूप से कार्य करना, अन्य के विचारों का आदर करना, प्रश्न करना, पेनल चर्चा की रणनीति बनाना, संबंध बनाना, सकारात्मक रूप से प्रश्नों का जवाब देना, किसी सन्दर्भ में जानकारी का स्मरण करना इत्यादि।

3. पेनल चर्चा की विधि (Method of Panel Discussion)

पेनल चर्चा अन्य विधियों की अपेक्षा अधिक अनौपचारिक एवं लचीली होती है। पेनल चर्चा में भाग लेने वाले पूर्ण तैयारी के साथ आते हैं परन्तु आवश्यक नहीं है कि वे चर्चा के पूर्व आपस में कोई बात करें। चर्चा में भाग लेने वाले सदस्य निर्धारित समय में अपने विचारों को खुले रूप में रखते हैं एवं विचारों का आदान-प्रदान करते हैं। सम्पूर्ण चर्चा अनौपचारिक होती है एवं कठिन नियमों द्वारा नियंत्रित नहीं होती है। चर्चा के सहभागी उनके नये, अनोखे एवं भिन्न विचारों को रखने के लिए स्वतंत्र होते हैं। पेनल चर्चा के मुख्य पद निम्नलिखित हैं:

- पेनल चर्चा के विषय का चयन करना,
- विषय पर विद्यार्थियों द्वारा या संसाधन व्यक्तियों द्वारा तैयारी करना,
- पेनल चर्चा आयोजित करना,
- सामूहिक चर्चा एवं प्रश्न उत्तर।

प्राध्यापक संसाधन व्यक्ति की परामर्श से या स्वयं पेनल चर्चा हेतु विषय का चयन करता है। सामान्यतया विषय का चयन करते समय कई मापदण्डों

जैसे सामान्य मुद्दा, समस्या, रुचि, अवसर, झुकाव इत्यादि का उपयोग किया जाता है। इस विषय की सूचना पेनल चर्चा में भाग लेने वाले प्रतिभागियों को दी जाती है ताकि वे तैयारी कर सकें। यदि पेनल चर्चा में विद्यार्थी भाग ले रहे हैं तो उनको विषय के अलग-अलग आयाम दिये जाते हैं एवं चर्चा में भाग लेने हेतु मार्गदर्शन प्रदान किया जाता है।

पूर्व निर्धारित समय एवं स्थान पर पेनल चर्चा शुरू होती है। इस पेनल चर्चा की अध्यक्षता करने के लिए नामी व्यक्ति को भी आमंत्रित किया जाता है नहीं तो चर्चा में भाग लेने वाले सदस्य ही अध्यक्ष का चयन कर लेते हैं। प्राध्यापक सभी सदस्यों का परिचय करवाता है एवं चर्चा के विषय का संक्षिप्त परिचय देता है। पेनल का अध्यक्ष सभी प्रतिभागियों का स्वागत करता है एवं उन्हें समय उपलब्धता, चर्चा में भाग लेने के नियम, चर्चा विधि एवं प्रतिभागियों की अपेक्षाओं से अवगत करवाता है। तत्पश्चात् प्रतिभागी चर्चा शुरू करते हैं एवं ताजा जानकारी तर्क के साथ प्रस्तुत करते हैं। चर्चा में कोई क्रम का पालन नहीं किया जाता है परन्तु सभी प्रतिभागियों को चर्चा में भाग लेने हेतु समान अवसर प्रदान किया जाता है। कोई भी प्रतिभागी पूर्व में प्रस्तुत किये गये विचारों एवं जानकारी का उपयोग कर समर्थन एवं अमान्य कर सकता है। अध्यक्ष चर्चा के महत्वपूर्ण बिन्दुओं को सूचीबद्ध करता है। वह उन प्रतिभागियों को प्रोत्साहित करता है जिन्होंने चर्चा में खुलकर भाग नहीं लिया है। चर्चा के 2 से 5 दौर पूरे होने पर चर्चा बन्द की जाती है एवं अध्यक्ष चर्चा का निष्कर्ष प्रस्तुत करता है। तत्पश्चात् अध्यक्ष चर्चा को सभी सुनने वालों के लिए भी खोल देता है। श्रोता भी इस खुली चर्चा में भाग लेते हैं एवं उनके विचार, प्रश्न एवं जानकारी प्रस्तुत करते हैं। यह खुली चर्चा 15 से 45 मिनट तक जारी रखी जा सकती है। यह चर्चा की गहराई एवं नवीनता पर निर्भर करता है। अन्त में अध्यक्ष धन्यवाद के साथ चर्चा बन्द करता है।

4. सारांश (Summary)

- पेनल चर्चा वास्तविक कार्यसंसार के महत्वपूर्ण मुद्दों पर प्रकाश डालने के लिए आयोजित की जाती है।
- यह चर्चा सामान्यतया अन्तिम वर्ष के छात्रों के लिए आयोजित की जाती है।
- इस चर्चा में किसी संकाय विशेष के अलग-अलग स्त्रोत व्यक्ति विशेषज्ञ भाग लेते हैं। यह चुने हुए विद्यार्थियों द्वारा भी आयोजित की जा सकती है।
- पेनल चर्चा का स्वरूप वृहद होता है एवं यह सीखने के उद्देश्यों पर निर्भर करता है।

- पेनल चर्चा का आयोजन अध्यक्ष के मार्गदर्शन एवं नियंत्रण में होता है। इस चर्चा में सभी सदस्यों को उनके विचार रखने हेतु बराबरी का अवसर एवं समय दिया जाता है।
- प्राध्यापक पेनल चर्चा की योजना, आयोजन एवं मूल्यांकन से संबंधित सभी सुविधाएँ उपलब्ध करवाता है।
- सामान्यतया चर्चा अनौपचारिक होती है एवं अन्त में अध्यक्ष चर्चा के निष्कर्ष प्रस्तुत करता है। तत्पश्चात् चर्चा में भाग लेने हेतु अन्य प्रतिभागियों को भी अवसर प्रदान किया जाता है। इस दौरान वे अपने प्रश्नों, शंकाओं एवं समस्याओं का समाधान करते हैं एवं अतिरिक्त जानकारी भी प्रदान करते हैं।
- अन्त में अध्यक्ष के धन्यवाद के साथ चर्चा समाप्त होती है।
- पेनल चर्चा के माध्यम से विद्यार्थी वास्तविक कार्यसंसार की समस्याओं, चुनौतियों, एवं विकास से परिचित होते हैं।

5. अभ्यास प्रश्न (Practice Questions)

1. पेनल चर्चा के तीन महत्व बतलाइये।
2. पेनल चर्चा के लिए विषय का चयन करने के लिए तीन मापदण्ड बतलाइये।
3. पेनल चर्चा से किस प्रकार के कौशल का विकास किया जाता है?
4. पेनल चर्चा के फलस्वरूप विकसित होने वाले पाँच कौशल बतलाइये।
5. पेनल चर्चा आयोजन एवं क्रियान्वयन के समय किन बातों का ध्यान रखा जाता है?
6. पेनल चर्चा की प्रभावशीलता का मूल्यांकन किन मापदण्डों पर किया जाता है?

6. गतिविधियाँ (Activities)

गतिविधि 9.1: स्रोत व्यक्तियों की पेनल चर्चा आयोजित करना

आपके संकाय के अन्तिम वर्ष के छात्रों के लिए स्रोत व्यक्तियों एवं विशेषज्ञों की एक पेनल चर्चा आयोजित करने की योजना बनाईये, इसे क्रियन्वित कीजिये एवं इसकी सीखने पर प्रभावशीलता का मूल्यांकन करिये।

गतिविधि 9.2: विद्यार्थियों की पेनल चर्चा आयोजित करना

आपके संकाय के अन्तिम वर्ष के विद्यार्थियों को पेनल चर्चा का विषय दीजिये। विद्यार्थियों को चर्चा हेतु तैयारी के लिए पर्याप्त समय एवं मार्गदर्शन प्रदान करिये। उनकी चर्चा का आयोजन करिये। विद्यार्थियों की इस पेनल चर्चा की प्रभावशीलता का मूल्यांकन करिये।

10

प्रकरण विधि
(Case Method)

सीखने के उद्देश्य (Learning Objectives)

इस अध्याय को पढ़ने के पश्चात् पाठक:

1. प्रकरण को परिभाषित कर सकेंगे।
2. सीखने हेतु प्रकरण के महत्व को बतला सकेंगे।
3. प्रकरण के माध्यम से विकसित किये जाने वाले कौशल को सूचीबद्ध कर सकेंगे।
4. प्रकरण के गुणों को सूचीबद्ध कर सकेंगे।
5. प्रकरण तैयार करने की विधि का वर्णन कर सकेंगे।
6. प्रकरण तैयार करते समय ध्यान रखे जाने वाले मार्गदर्शक बिन्दुओं को सूचीबद्ध कर सकेंगे।
7. प्रकरण विधि को योजनाबद्ध रूप से क्रियान्वित कर सकेंगे।
8. प्रकरण विधि के साथ अन्य विधियों का उपयोग कर सकेंगे।
9. प्रकरण विधि की प्रभावशीलता का मूल्यांकन कर सकेंगे।

1. प्रस्तावना (Introduction)

विद्यार्थियों में उच्च स्तर की निपुणता का विकास करना आवश्यक है ताकि वे बेहतर नौकरी प्राप्त कर पेशेवर ढंग से कार्य कर सकें या उनका स्वयं का उद्यम चला सकें। सीखने की कई विधियाँ हैं जिनके माध्यम से प्राध्यापक विद्यार्थियों में उच्च स्तर के कौशल का विकास कर सकते हैं। प्रकरण विधि के माध्यम से प्राध्यापक विद्यार्थियों के मानसिक क्षेत्र के उच्च स्तर के कौशल का विकास

करता है। इसके माध्यम से विद्यार्थी को वास्तविक कार्य संसार की अनुभूति भी करवायी जाती है। प्रकरण विधि में दो पद होते हैं। पहले पद में प्राध्यापक प्रकरण तैयार करता है या बने बनाये प्रकरणों में से उपयुक्त प्रकरण का चयन करता है। दूसरे चरण में इस प्रकरण का उपयोग विद्यार्थियों को सिखाने के लिए करता है।

प्रकरण विधि का उपयोग करने के लिए प्राध्यापक में दो प्रकार की निपुणताओं का होना आवश्यक है। पहली निपुणता प्रकरण तैयार करने या चयन करने की एवं दूसरी निपुणता प्रकरण का सिखाने हेतु उपयोग करने की। इन दोनों ही निपुणताओं में प्राध्यापक की पारंगता सिखाने की प्रक्रिया को समृद्ध बनाती है।

2. प्रकरण (Case)

यह एक लिखित या रिकार्ड किया हुआ दस्तावेज होता है, जिसमें वास्तविक कार्यसंसार की परिस्थिति का वर्णन रहता है। वास्तविक कार्यसंसार की परिस्थिति निम्नलिखित बिन्दुओं से संबंधित हो सकती है:

- समस्या ग्रसित परिस्थिति का वर्णन।
- ऐसी परिस्थिति जिसमें निर्णय लिया जाना आवश्यक है एवं निर्णय महत्वपूर्ण है।
- संकटमयी परिस्थिति जिसमें संकट से उभरना अति आवश्यक है।
- उत्पाद तैयार करने वाली किसी प्रविधि की असफलता।
- उत्पाद की ऐसी प्रक्रिया जिसमें अत्यधिक अपव्यय हो रहा है।
- ऐसी परिस्थिति जिसमें मानव संसाधन का उत्पादकता बढ़ाने हेतु मनोबल बढ़ाना है, इत्यादि।

उपरोक्त प्रकार की परिस्थितियाँ संस्था, विभाग, केन्द्र, समूह या व्यक्तिगत हो सकती है। परिस्थिति के इस विवरण का उपयोग सीखने हेतु किया जाता है। प्रकरण के बारे में कुछ लेखक कहते हैं कि प्रकरण उदाहरण, परिस्थिति का संक्षिप्त वर्णन, प्रदर्शन, खेल या छोटी घटना नहीं है। अर्थात् प्रकरण एक बड़ी परिस्थिति का विस्तृत विवरण है। प्रकरण का प्रस्तुतिकरण लिखित रूप में, ध्वनि के रूप में, फिल्म एवं स्लाइड के रूप में किया जा सकता है। एक बड़े एवं जटिल प्रकरण में उपरोक्त सभी माध्यमों या कुछ का मिश्रित उपयोग हो सकता है। प्रकरण तैयार करने हेतु प्रशिक्षण, अनुभव एवं सृजनशीलता की

आवश्यकता होती है। प्राध्यापक उनकी सृजनशीलता, योग्यता एवं अनुभव का उपयोग कर प्रकरण को मजबूत एवं रुचिकर बना सकते हैं।

3. प्रकरण से सीख (Learning from Case Study)

सीखने की प्रत्येक विधि की शक्तियाँ एवं सीमाएं होती हैं, अतः कोई भी विधि निपुणता का विकास करने के लिए अपने आप में पूर्ण नहीं होती है। सीखने की विधि का चयन कई कारकों, जैसे विद्यार्थियों का प्रवेश स्तर, संसाधन एवं समय की उपलब्धता, सीखने की आवश्यकता, प्राध्यापक की निपुणता इत्यादि पर निर्भर करता है। प्रकरण विधि सीखने के मानसिक क्षेत्र में उच्च स्तर के कौशल का विकास करती है। इन कौशलों की नमूना सूची निम्नलिखित है:

- दी हुई परिस्थिति में समस्या को ज्ञात करना।
- किसी भी समस्या, मुद्दे, घटना, परिस्थिति एवं व्यवहार का विश्लेषण करना।
- वैकल्पिक समाधान, रणनीति, मॉडल, विधि, तरीका खोजना।
- किसी भी रणनीति, निर्णय, विधि, कार्यक्रम की दक्षता एवं प्रभावशीलता का मूल्यांकन करना।
- निर्णय लेने के मापदण्ड तैयार करना।
- परिकल्पना, सिद्धांत, विधि, रणनीति, मॉडल इत्यादि का वास्तविक कार्य संसार की परिस्थिति में उपयोग करना।
- किसी विशिष्ट परिस्थिति में वाँच्छित बदलाव लाने हेतु रणनीति, विधि, मॉडल, योजना इत्यादि तैयार करना।
- एक जटिल परिस्थिति की घटनाओं का विश्लेषण करना एवं विभिन्न तत्वों के बीच सम्बन्ध या झुकाव ज्ञात करना।
- तैयार की गई रणनीति हेतु जोखिम ज्ञात करना।
- संभावित समस्याओं के बीच प्राथमिकता तय करना एवं उनका विश्लेषण करना।
- सिद्धांत एवं कार्यसंसार के बीच संबंध ज्ञात करना।
- दी गई परिस्थिति की जानकारी के आधार पर निष्कर्ष निकालना।
- सोचने हेतु सोचना एवं सीखने हेतु सीखना कौशल का विकास करना।
- किसी परिस्थिति से संबंधित बिखरी हुई जानकारी एकत्र करना एवं इसके आधार पर परिस्थिति की रचना करना।

- वर्तमान प्रचलनों का मूल्यांकन करना एवं सुधार लाने हेतु अतिरिक्त गतिविधियाँ चलाना।
- संप्रेषण कौशल एवं प्रस्तुतिकरण कौशल का विकास करना।

प्रकरण विधि में एक से अधिक समूह कार्य करते हैं अत: समूह में सीखने की विधि की शक्तियों का भी प्रकरण विधि में उपयोग होता है। समूह के कारण परिस्थिति पर अधिक जानकारी एवं विचार, दृष्टिकोण एवं पद्धति, सृजनशीलता एवं विश्लेषण, स्वीकृति एवं नकारना इत्यादि कौशलों का विकास होता है। साथ ही साथ समूह में सीखने की सीमाओं, जैसे समूह सोच, लक्ष्य से भटकाव, इत्यादि को भी दूर किया जा सकता है। प्रकरण विधि के माध्यम से अभिवृत्ति के क्षेत्र में भी निम्नलिखित कौशल का विकास किया जा सकता है:

- सुरक्षा, पर्यावरण, अपव्यय इत्यादि के बारे में चिंता प्रकट करना एवं सुधारात्मक प्रयास करना।
- अन्य व्यक्तियों के विचारों को सावधानीपूर्वक सुनना एवं उनका सीखने हेतु उपयोग करना।
- परिस्थिति के प्रति सजग रहना एवं, परिस्थिति से निपटने हेतु उपयुक्त कार्य करना।
- दूसरों के विचारों एवं भावनाओं का आदर करना।
- अन्य विद्यार्थियों को लक्ष्य प्राप्ति के लिए योगदान देने हेतु प्रेरित करना।
- आत्म विश्वास के स्तर को बढ़ाना।
- अन्य विद्यार्थियों को प्रभावित करना एवं उनका नेतृत्व करना।
- आपसी विश्वास को बढ़ावा देना।

4. अध्ययन प्रकरण के गुण (Characteristics of Case Study)

प्रकरण विधि के माध्यम से विद्यार्थियों को प्रभावी रूप से सिखाने के लिए एक प्रकरण में निम्नलिखित गुण होना चाहिये:

- यह वास्तविक कार्य संसार की एक परिस्थिति का पूर्ण विवरण होना चाहिये। इस विवरण के आधार पर विद्यार्थी अपने आपको प्रकरण में दी गई परिस्थिति में रखने में सक्षम होना चाहिये।
- सीखने के उद्देश्यों को ध्यान में रखते हुए प्रकरण अपने आपमें पूर्ण होना चाहिये। यह सीखने की आवश्यकता के अनुरूप होना चाहिये।

- यह ताजा जानकारी पर आधारित होना चाहिये।
- इसका विवरण सारगर्भित होना चाहिये एवं इसमें अनावश्यक जानकारी नहीं होनी चाहिये।
- प्रकरण का प्रस्तुतिकरण रुचिकार होना चाहिये।
- प्रकरण में विद्यार्थी सहभागी बन जाना चाहिये।
- प्रकरण विद्यार्थियों की सोचने एवं सृजनशीलता कौशल को बढ़ावा देना चाहिये।
- इसमें सीखने हेतु चुनौतियाँ होनी चाहिये।
- यह विद्यार्थियों के प्रवेश स्तर के अनुरूप होना चाहिये।
- यह विश्वसनीय जानकारी पर आधारित होना चाहिये।
- जिस संस्था की परिस्थिति पर प्रकरण तैयार किया गया है उस संस्था से इसका सीखने हेतु उपयोग करने के लिए अनुमति प्राप्त कर लेना चाहिये।

5. प्रकरण तैयार करने हेतु मार्गदर्शन (Guidelines for Writing a Case Study)

एक प्रकरण विद्यार्थियों में वाँच्छित कौशल विकसित करने के लिए तैयार किया जाता है। इसे प्रयोजनयुक्त एवं रुचिकर बनाने के लिए प्राध्यापकों को निम्नलिखित मार्गदर्शक बिन्दुओं का ध्यान रखना चाहिये:

- यह समस्या हल करने, निर्णय लेने एवं योजना बनाने वाले के दृष्टिकोण से तैयार की जानी चाहिये। दूसरे शब्दों में प्रकरण को पढ़कर, देखकर एवं सुनकर विद्यार्थियों को यह महसूस करना चाहिये कि वे परिस्थिति के भाग हैं।
- यह तथ्यों पर आधारित होना चाहिये न कि राय पर। प्रकरण तैयार करते समय प्राध्यापकों को उनकी राय, विवेचना एवं टिप्पणी को परिस्थिति लिखने में शामिल नहीं करना चाहिये, परन्तु परिस्थिति के पात्र की राय, टिप्पणी एवं विचारों को जरूर शामिल करना चाहिये।
- प्रकरण को तृतीय वचन में लिखना चाहिये। यदि परिस्थिति में पूर्णता लाने की आवश्यकता है तो इसमें परिस्थिति की जगह एवं उसका विवरण, वार्तालाप आंकड़े, चित्र, तालिका, चार्ट, ग्राफ इत्यादि का समावेश करना चाहिये।

- वास्तविक कार्यसंसार की विशिष्ट समय अवधि हेतु प्रकरण तैयार किया जाना चाहिये। परिस्थिति बहुत पुरानी नहीं होना चाहिये नहीं तो विद्यार्थी इसको स्वीकार नहीं करेंगे क्योंकि इसमें पुरानी तकनालॉजी एवं तकनीक का समावेश होगा।
- इसे कहानी के रूप में लिखना चाहिये ताकि विद्यार्थियों की रुचि बनी रहे। इसे पूर्ण परिस्थिति के रूप में विकसित करना चाहिये एवं सीखने हेतु उपयुक्त भागों का उपयोग करना चाहिये। यह परिस्थिति के विभिन्न भागों पर भी हो सकती है जिसके माध्यम से पूर्ण परिस्थिति का दृश्य तैयार करने हेतु सीखा जाता है।
- यह विद्यार्थी के ज्ञान कौशल एवं अभिवृत्ति के अनुरूप होना चाहिये ताकि विद्यार्थी प्रकरण का हल निकालने में उनकी निपुणता का उपयोग कर सके।
- इसे प्रशिक्षित प्राध्यापक द्वारा ही तैयार करना चाहिये जो विषय विशेषज्ञ भी हो।
- व्यक्तियों, स्थान एवं संस्था का नाम बदल देना चाहिये ताकि प्रकरण का अन्य प्रयोजन हेतु दुरुपयोग नहीं हो सके।
- यह व्याकरण एवं मात्रा की त्रुटि से मुक्त होना चाहिये।
- जहाँ तक संभव हो इसे सक्रिय रूप में प्रस्तुत करना चाहिये।
- प्रकरण की परिस्थिति में सीखने हेतु पर्याप्त अवसर होना चाहिये।
- प्रकरण को हल करने सम्बन्धी प्रयासों का भी संक्षिप्त वर्णन किया जाना चाहिये।
- प्रकरण लिखते समय प्राध्यापक को चाहिये कि वह परिस्थिति में सहभागी नहीं बनें।
- प्रकरण तैयार करने हेतु जानकारी एकत्र करने के लिए एक प्रश्नावली तैयार कर लेनी चाहिये, जिसमें क्या, कब, कैसे, कौन, क्यों, किसके द्वारा, कहाँ प्रश्नों का समावेश करना चाहिये।
- जानकारी की सत्यता एवं विश्वसनीयता सुनिश्चित करने के लिए जानकारी प्राथमिक एवं अन्य स्त्रोतों से एकत्रित करना चाहिये।
- आँकड़े बढ़ते हुए क्रम में प्रस्तुत करना चाहिये। यदि आवश्यक हुआ तो चित्र, प्रक्रिया की संरचना, वर्तमान प्रचलन से संबंधित नस्ती लगाना चाहिये।

- प्रकरण में सही या गलत उत्तर शामिल नहीं करना चाहिये। प्रकरण को एक आकर्षक शीर्षक देना चाहिये।
- शुरुआत में एक सामान्य परिस्थिति पर प्रकरण तैयार किया जाना चाहिये।
- प्रकरण तैयार करने में समय, प्रयास एवं कीमत लगती है। अतः प्रकरण तैयार करने का कार्य अधूरा नहीं छोड़ना चाहिये।
- प्रकरण को एक प्रतिवेदन के रूप में भी तैयार किया जा सकता है, परन्तु इसमें लेखक की आलोचना, विश्लेषण, निष्कर्ष एवं टिप्पणी शामिल नहीं होना चाहिये।
- प्रकरण की लम्बाई 10 पेज की लिखित सामग्री से अधिक नहीं होमा चाहिये। यदि लम्बा विवरण आवश्यक है तो इसे एक से अधिक चरणों में विभाजित कर लेना चाहिये। प्रत्येक चरण के पश्चात् विद्यार्थियों के सीखने के लिए प्रश्न दिये जाना चाहिये। प्राध्यापक द्वारा चरणबद्ध रूप से प्रकरण का उपयोग कर विद्यार्थियों में निपुणता का विकास करना चाहिये।
- प्रकरण के माध्यम से परिस्थिति की अनुभूति होनी चाहिये न कि सिर्फ जानकारी मिलनी चाहिये। विद्यार्थियों के लिए इसे सोचने एवं चर्चा के माध्यम का काम करना चाहिये।
- प्रकरण का मुख्य उद्देश्य होता है कि विद्यार्थियों ने जो कुछ सीखा है उसका उपयोग वास्तविक जीवन की परिस्थिति में करें।
- सभी प्रकार के वार्तालाप को जैसा का तैसा प्रस्तुत करना चाहिये।
- प्रकरण विवरण में अधिक से अधिक चित्रों, फोटो एवं ग्राफ का उपयोग करना चाहिये ताकि इससे पढ़ने में रुचि बनी रहे। सांख्यिकी तकनीकों का उपयोग भी किया जाना चाहिये ताकि विद्यार्थियों में विश्लेषणात्मक एवं मूल्यांकन कौशल का विकास किया जा सके।
- प्रकरण में संक्षिप्त सूचक एवं अनावश्यक जानकारी का उपयोग नहीं करना चाहिये।
- इसे प्राध्यापक द्वारा स्वयं तैयार कर उपयोग करना चाहिये।
- प्रकरण के साथ इसे उपयोग करने वाले अन्य प्राध्यापकों के मार्गदर्शन हेतु सूचना जोड़ना चाहिये।
- प्रकरण पर संस्था का अनुमोदन प्राप्त कर लेना चाहिये।

6. प्रकरण विधि का सीखने की अन्य विधियों के साथ उपयोग (Use of Case Method with Other Methods of Learning)

प्रकरण विधि को जब सीखने की अन्य विधियों के साथ उपयोग किया जाता है तो यह सीखने के अनुभवों को समृद्ध बनाती है। यह सीखने की प्रक्रिया में बदलाव लाती है, सीखने की शैली में भी बदलाव लाती है एवं विद्यार्थियों को सीखने में सहभागी बनाती है। प्रकरण विधि का सीखने की अन्य विधियों के साथ उपयोग के एक नमूने को चित्र 10.1 में दर्शाया गया है।

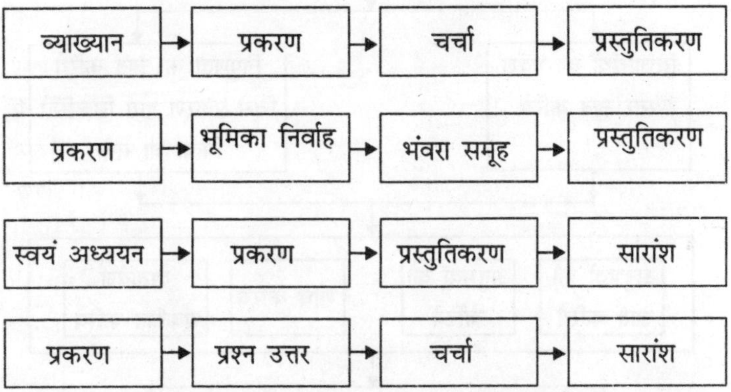

चित्र 10.1: प्रकरण विधि का सीखने की अन्य विधियों के साथ उपयोग

प्राध्यापक सीखने की विभिन्न विधियों का उपयोग कर सीख को प्रयोजन युक्त एवं रुचिपूर्ण बनाते हैं। सीखने की विभिन्न विधियों का उपयोग सीखने के उद्देश्य समय उपलब्धता, सीखने के संसाधनों की उपलब्धता, प्राध्यापक की विशेषज्ञता एवं अनुभव इत्यादि पर निर्भर करता है। सेमिस्टर के शुरुआत में व्याख्यान, प्रस्तुतिकरण एवं प्रकरण विधि का उपयोग किया जाता है ताकि विद्यार्थियों को महत्वपूर्ण जानकारी दी जा सके। प्रकरण विधि के साथ समूह चर्चा का उपयोग सृजनशीलता, प्रयोगात्मक सीख एवं सोचने को बढ़ावा देने हेतु किया जाता है। जिन्हें निदेशात्मक विधियों द्वारा नहीं सिखाया जा सकता है। इसके अतिरिक्त समूह का उपयोग कर भावात्मक कौशल का भी विकास किया जाता है एवं उनको प्रगाढ़ बनाया जाता है। प्रकरण के साथ प्रस्तुतिकरण का उपयोग कर प्रस्तुतिकरण कौशल का विकास करते हैं। सीखने की विभिन्न विधियों का उपयोग इस प्रकार किया जाता है कि सिखाने हेतु उनकी शक्तियों का उपयोग कर अन्य विधियों की सीमाओं को दूर किया जाता है।

7. प्रकरण तैयार करने की विधि (Method of Developing Case Study)

प्रकरण तैयार करने की विधि को चित्र 10.2 में दर्शाया गया है एवं प्रत्येक पद का संक्षिप्त वर्णन आगे दिया गया है।

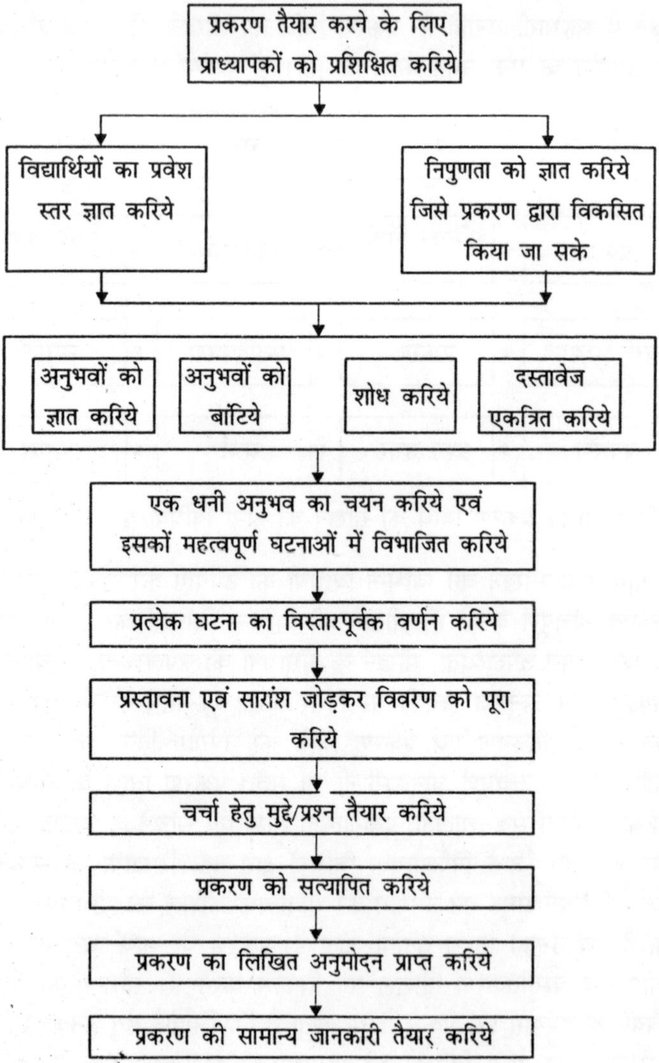

चित्र 10.2: प्रकरण तैयार करने की विधि

प्राध्यापकों को प्रकरण तैयार करने हेतु प्रशिक्षण देना

सामान्यतया प्राध्यापकों को प्रकरण तैयार करने हेतु प्रशिक्षित नहीं किया जाता है। अतः प्राध्यापक प्रकरण तैयार कर उपयोग नहीं करते हैं। अतः सभी प्राध्यापकों को कार्यशाला आयोजित कर प्रकरण तैयार करने हेतु प्रशिक्षित किया जाना चाहिये ताकि वे प्रकरण तैयार करने की न्यूनतम निपुणता अर्जित कर सकें। इस कार्यशाला के उद्देश्य निम्नलिखित हो सकते हैं:

- निपुणता एवं सीखने के उद्देश्यों का चयन करना जो प्रकरण विधि द्वारा विकसित की जा सकती है।
- अनुभवों को याद करना या अन्य प्राध्यापकों एवं संसाधन व्यक्तियों के अनुभव को समझना जिन्हें प्रकरण के रूप में परिवर्तित किया जा सकता है।
- शोध एवं प्रयोग करना ताकि प्रकरण तैयार करने हेतु जानकारी एकत्रित की जा सके।
- अनुभव को प्रमुख घटनाओं में विभाजित करना।
- प्रकरण तैयार करने के लिए प्रत्येक घटना का पूर्ण विवरण तैयार करना।
- सीखने के उद्देश्य प्राप्त करने हेतु मुद्दे या प्रश्न तैयार करना।
- प्रकरण पर संस्था से अनुमोदन प्राप्त करना।

विद्यार्थियों का प्रवेश स्तर ज्ञात करना। प्रकरण तैयार करने के लिए विद्यार्थियों का प्रवेश स्तर ज्ञान होना आवश्यक है अन्यथा प्रकरण विद्यार्थियों के समझ में नहीं आयेगा। प्रकरण समझ में नहीं आने के कारण विद्यार्थी इस पर कार्य नहीं करेंगे परिणामस्वरूप उनके समय एवं प्रयास व्यर्थ जायेंगे। यदि इस प्रकार के अनुभव की पुनरावृत्ति होती है तो उनकी पढ़ाई के प्रति रुचि कम भी हो सकती है। विद्यार्थी अलग-अलग पृष्ठभूमि से आते हैं। अतः प्रकरण वृहद होना चाहिये एवं सीखने हेतु दिशा प्रदान करनी चाहिये। प्राध्यापकों द्वारा प्रकरण विधि का आयोजन करने के पूर्व विद्यार्थियों के प्रवेश स्तर का मूल्यांकन कर लेना चाहिये एवं यदि यह वाँच्छित स्तर का नहीं है तो प्रकरण विधि का उपयोग करने के पूर्व विद्यार्थियों के प्रवेश स्तर को वाँच्छित स्तर पर लाने के लिए पर्याप्त जानकारी प्रदान करना चाहिये।

पाठ्यक्रम से निपुणताओं एवं सिखाने के उद्देश्यों का चयन निपुणता एवं सीखने के उद्देश्यों को प्राप्त करने के लिए वैकल्पिक विधियों या एक से अधिक विधियों का चयन किया जा सकता है। ऐसी निपुणताओं एवं सीखने के उद्देश्यों का चयन करिये जिन्हें प्रकरण विधि के द्वारा विकसित किया जा सकता

है। इस अध्याय के बिन्दु 2 में प्रकरण विधि द्वारा प्रभावी रूप से विकसित की जा सकने वाली निपुणताओं का वर्णन किया गया है। सामान्यतया सीखने के मानसिक क्षेत्र में उच्च स्तर की निपुणताओं का विकास करने के लिए प्रकरण विधि का उपयोग किया जाता है। प्राध्यापक प्रशिक्षण एवं अनुभव के माध्यम से प्रकरण विधि का चयन करने में पारंगत हो जाते हैं।

अनुभव का उपयोग करिये

प्राध्यापक उनके अनुभवों का उपयोग कर वाँच्छित सीखने के उद्देश्यों का विकास करने के लिए प्रकरण तैयार कर सकते हैं। किसी भी प्रकरण को तैयार करने के लिए उससे सम्बद्ध पुराने अनुभवों का स्मरण कर ऐसे प्रकरण का चयन करना चाहिये जो समृद्ध हो एवं सीखने के लिए अधिक दायरा प्रदान करता है। प्राध्यापक के अनुभवों पर आधारित प्रकरण के एक तरफ होने की संभावना रहती है, परन्तु प्रकरण तैयार करने के लिए यह एक अच्छी शुरुआत हो सकती है। यदि प्राध्यापक वास्तविक कार्यसंसार के बारें में अनुभवी नहीं है तो उसे अन्य प्राध्यापकों या संसाधन व्यक्तियों के अनुभवों के आधार पर प्रकरण तैयार करना चाहिये। अन्य व्यक्तियों के अनुभवों पर प्रकरण तैयार करते समय भी ध्यान रखना चाहिये कि वे उनके अनुभवों का एकतरफा आयाम ही प्रस्तुत नहीं करें। इस हेतु प्राध्यापक उनके अनुभवों को समझने के लिए एवं प्रकरण को सर्म्पूणता में प्रस्तुत करने के लिए एक साक्षात्कार प्रश्नावली तैयार कर सकते हैं। यदि अनुभवी व्यक्ति भी उपलब्ध नहीं है तो प्राध्यापक पास प्रकरण तैयार करने हेतु छोटा प्रयोग कर परिस्थिति तैयार कर लेना चाहिये एवं इस परिस्थिति पर प्रकरण तैयार कर लेना चाहिये। यदि प्राध्यापक के पास पर्याप्त समय उपलब्ध नहीं है तो उसे गौण जानकारी के आधार पर भी प्रकरण तैयार कर लेना चाहिये। यह गौण जानकारी छपे हुए दस्तावेज, जैसे शोधपत्र, प्रतिवेदन, पत्राचार, समाचारपत्र, मेन्यूअल, विभिन्न प्रकार के नियमित रूप से रखे जाने वाले दस्तावेज से प्राप्त की जा सकती है।

प्रगाढ़ अनुभव का चयन करें एवं इसे महत्वपूर्ण घटनाओं में विभाजित करें। उपरोक्त परिस्थितियों में प्रगाढ़ अनुभव का चयन करें जो सीखने के उद्देश्यों की पूर्ति कर सकता है। चयनित की गई परिस्थिति को महत्वपूर्ण घटनाओं में विभाजित करें। इन घटनाओं की क्रमबद्ध रूप से संक्षिप्त में शीर्षक के रूप में लिखे। इस प्रकार आप वैज्ञानिक एवं तार्किक रूप से परिस्थिति का सम्पूर्ण वर्णन कर पायेंगे।

प्रत्येक घटना का विवरण लिखे प्रत्येक घटना का विवरण प्रकरण लिखने हेतु बताये गये मार्गदर्शक बिन्दुओं को ध्यान में रखकर लिखें। प्रत्येक घटना का विवरण इस प्रकार लिखें कि विवरण अपने आपमें पूर्ण, सारगर्भित, संप्रेषण योग्य, पक्षपात् रहित, एवं आंकड़ों के रूप में पूर्ण हो। घटना के विवरण में कठिन एवं जटिल शब्दों का प्रयोग नहीं करें एवं इसे विद्यार्थियों के समझ में आने वाली भाषा में प्रस्तुत करें। यदि घटना बड़ी है तो इसे कई बिन्दुओं में विभाजित कर लिखा जा सकता है। घटनाओं का विवरण तैयार करने के लिए कोई विशेष प्रपत्र नहीं हैं परन्तु पहली घटना से आखरी घटना तक एक समान बहाव होना चाहिये। घटना का विवरण सामान्यतया भूतकाल में किया जाता है। प्रत्येक घटना को रोचक बनाने के लिए जहाँ तक संभव हो इसमें तालिका, ग्राफ, वार्तालाप, फोटो, राय, आलोचना इत्यादि का समावेश करना चाहिये।

प्रकरण पूर्ण करिये

पहली घटना के पूर्व प्रस्तावना के माध्यम से परिस्थिति का संक्षिप्त परिचय दीजिये ताकि विद्यार्थियों को प्रकरण का महत्व समझ में आये। प्रस्तावना में संस्था का या परिस्थिति का संक्षिप्त एवं अग्रिम परिचय दिया जा सकता है या परिस्थिति की पृष्ठभूमि तैयार की जा सकती है। प्रस्तावना के आखरी भाग के माध्यम से पहली घटना को जोड़ना चाहिये। इसी प्रकार प्रकरण की आखरी घटना के अन्त में एक सारांश पैरा जोड़ना चाहिये। यह पैरा इस प्रकार लिखना चाहिये कि घटना का अन्त स्पष्ट हो सके। इस पैरे के माध्यम से परिस्थिति के बारे में किसी प्रकार का निष्कर्ष सम्प्रेषित नहीं करना चाहिये।

चर्चा हेतु मुद्दे तैयार करिये

विद्यार्थी प्रकरण के परिपेक्ष्य में सीख सके इस हेतु प्रश्न या मुद्दे तैयार किये जाते हैं। इन प्रश्नों को ध्यान में रखकर विद्यार्थी सोचते हैं या चर्चा करते हैं। प्रश्नों को इस प्रकार तैयार किया जाता है कि विद्यार्थियों ने जो पूर्व में सीखा है उसका उपयोग कर सके एवं और अधिक सोचकर एवं चर्चा करके परिस्थिति में दी गई समस्या को हल कर सकें या चुनौती का सामना करने के लिए रणनीति बना सकें। ऐसा प्रश्न तैयार नहीं करना चाहिये जिसका उत्तर प्रकरण में दिया गया है नहीं तो प्रकरण उपयोग करने का प्रयोजन पूर्ण नहीं होगा। प्रश्न इतना मजबूत होना चाहिये कि यह विद्यार्थियों को गहराई से सोचने हेतु एवं सृजनशील बनने के लिए प्रोत्साहित करें। यदि प्रकरण लम्बा है तो प्रकरण के विभिन्न पदों पर भी प्रश्न तैयार किये जा सकते हैं। प्रश्न तैयार करते

समय निपुणता एवं सीखने के उद्देश्यों का ध्यान रखना चाहिये एवं सीखने के उसी स्तर के प्रश्न तैयार किये जाने चाहिये जिस स्तर पर उद्देश्य लिखे गये हैं। एक प्रकरण का उपयोग प्रश्न बदलकर सीखने के अलग-अलग उद्देश्यों को प्राप्त करने के लिए किया जा सकता है या विभिन्न समूहों के लिए किया जा सकता है। यह प्राध्यापक की निपुणता पर निर्भर करता है।

प्रकरण को सत्यापित करवाइये

उपरोक्त विधि का पालन कर तैयार किये गये प्रकरण को सत्यापित करने के लिए इसके पात्रों को दीजिये एवं उनसे इसका सत्यापन करवाइये। यदि प्रकरण में सुधार लाने हेतु कुछ सुझाव आते हैं तो इनके आधार पर प्रकरण को परिशोधित करिये। तत्पश्चात् प्रकरण को उन चुने हुए विद्यार्थियों को दीजिये जिन्हें इसके माध्यम से सीखाना है। यदि वे प्रकरण को पढ़कर परिस्थिति की कल्पना कर सकते हैं तो प्रकरण का उपयोग सिखाने के लिए किया जा सकता है। यदि वे परिस्थिति को नहीं समझ पा रहे है तो प्रकरण में और अधिक जानकारी का समावेश कर इसे समझने के स्तर तक ले जाइये। यदि आप जटिल शब्दों का प्रयोग कर रहे हैं तो उनको परिभाषित करिये ताकि विद्यार्थी परिस्थिति को बिना सहायता के स्वयं समझ सकें प्रकरण का उपयोग करने हेतु अनुमति प्राप्त करिये। प्रकरण के अन्तिम विवरण को उस संस्था को प्रस्तुत करिये जिसपर यह तैयार किया गया है। संस्था भी उसके हिसाब से प्रकरण में सुधार करने के लिए सुझाव दे सकती है। इन सुझावों का समावेश कर प्रकरण को सिखाने हेतु उपयोग करने की अनुमति प्राप्त करिये। इस प्रकरण का उपयोग कर इसकी प्रभावशीलता का मूल्यांकन कर इसको और परिष्कृत किया जा सकता है।

प्रकरण की सामान्य जानकारी तैयार करिये

प्रकरण की सामान्य जानकारी जैसे प्रकरण का शीर्षक, लेखक का नाम एवं पता, प्रकरण जारी करने की तारीख, पृष्ठों की संख्या, मुख्य विषय एवं निपुणता केन्द्र, प्रकरण के उपयोग हेतु आवश्यक समय, प्राध्यापक हेतु टिप्पणी, इत्यादि। प्राध्यापकों हेतु टिप्पणी में प्रकरण को उपयोग करने हेतु सुझाव, पूर्व के अनुभव एवं प्रकरण का उपयोग करने हेतु आवश्यक संसाधनों की जानकारी का समावेश किया जाता है।

8. प्रकरण का चयन (Selection of a Case)

कई ऐसे स्रोत हैं जहाँ से प्रकरण प्राप्त कर सीखने के लिए उपयोग किया जा

सकता है। सामान्यतया प्राध्यापक प्रकरण तैयार कर विद्यार्थियों को सिखाने के लिए उपयोग करते हैं, परन्तु कुछ परिस्थितियों में वे उपलब्ध प्रकरणों का उपयोग भी करते हैं। उपलब्ध प्रकरणों का सिखाने हेतु उपयोग करने के लिए निम्नलिखित मापदण्डों का उपयोग करना चाहिये ताकि विद्यार्थियों में वाँच्छित निपुणता प्रभावी रूप से विकसित की जा सके:

- सीखने के उद्देश्यों को प्राप्त करने हेतु प्रकरण की उपयुक्तता।
- सीखने के उद्देश्यों से सम्बद्धता।
- प्रकरण की शुरुआत की आकर्षकता।
- प्रकरण के विवरण की वृहदता।
- परिस्थिति के बारे में जानकारी की व्यापकता।
- प्रकरण के अन्दर जुड़ाव।
- ग्राफ, चित्र, तालिका एवं फोटो का उपयोग।
- पात्रों के बीच वार्तालाप।
- प्रकरण के बहाव की प्रभावशीलता।
- प्रकरण की भाषा की सरलता।
- प्रकरण का समापन।
- प्रकरण के अन्त में किये गये प्रश्न की सीखने के उद्देश्यों से सम्बद्धता, विशिष्टता, गहराई एवं बनावट।
- समय निर्धारण।
- चर्चा एवं सोचने हेतु दायरा।
- उपयोग कर्ता हेतु जानकारी।

9. प्रकरण विधि का उपयोग (Use of Case Method)

लेखक के पिछले सत्ताइस वर्षों के अनुभवों पर आधारित एक मॉडल का विकास किया गया है। इस मॉडल को चित्र 10.3 में दर्शाया गया है एवं इसके पदों का संक्षिप्त वर्णन किया गया है।

प्रकरण विधि क्रियान्वित करने के लिए प्राध्यापक की तैयारी

प्रकरण विधि का उपयोग करने के लिए प्राध्यापक द्वारा पूर्व तैयारी करनी होती है। प्राध्यापक द्वारा प्रकरण को पढ़कर इसकी विषयवस्तु एवं शब्दों को समझ लेना चाहिये। प्रकरण की प्रत्येक घटना पर वह अपने नोट्स बना सकता है। प्रकरण के माध्यम से विद्यार्थियों की सोचने की शक्ति एवं सृजनशीलता बढ़ायी

जाती है, अतः प्राध्यापक द्वारा किसी एक समाधान पर जोर नहीं देना चाहिये। सभी प्रश्नों के वैकल्पिक उत्तर तैयार कर लिख लेना चाहिये। प्रकरण पर लिखे नोट्स को भी देख लेना चाहिये। प्रकरण विधि का उपयोग करने के लिए सत्र योजना बना लेना चाहिए।

प्रकरण का परिचय दीजिये

मानसिक क्षेत्र में उच्चस्तर की निपुणता एवं कौशल का विकास करने के लिए प्रकरण का उपयोग किया जाता है। प्राध्यापक प्रकरण में दी गई परिस्थिति के पूर्व परिकल्पना, सिद्धांत, विधि, मॉडल, रणनीति के बारे में जानकारी प्रदान करता है तथा प्रकरण में दी गई परिस्थिति का संक्षिप्त परिचय देता है। वह सीखने हेतु वातावरण का निर्माण करता है एवं सीखने में रुचि पैदा करता है। वह प्रकरण में दी गई परिस्थिति के महत्वपूर्ण बिन्दु एवं कठिन शब्दों का स्पष्टीकरण भी देता है। प्रकरण परिचय में 5-20 मिनट का समय लग सकता है।

प्रकरण का विद्यार्थियों द्वारा व्यक्तिगत अध्ययन

प्राध्यापक प्रकरण का लिखित विवरण विद्यार्थियों को प्रदान करता है एवं उन्हें इसका व्यक्तिगत अध्ययन करने हेतु कहता है। यदि प्रकरण रिकार्ड किया हुआ है तो इसे देखने को कहता है। तत्पश्चात् वह विद्यार्थियों से पूछता है कि क्या वे अपने आपको प्रकरण में दी गई परिस्थति में रख पाये हैं। यदि हाँ तो वे प्रकरण में दिये गये प्रश्नों या मुद्दों पर योजना के अनुसार सोचना एवं चर्चा शुरू कर सकते हैं। यदि विद्यार्थी अपने आप को प्रकरण में दी गई परिस्थिति में नहीं रख पाते हैं तो उन्हें उनके द्वारा चाही गई अतिरिक्त जानकारी दी जाती है। अतिरिक्त जानकारी देते समय प्राध्यापक को ध्यान रखना चाहिये कि वह प्रकरण के हल पर उसके विचार, मार्गदर्शन एवं निष्कर्ष प्रस्तुत नहीं करें।

प्राध्यापक विद्यार्थियों को कह सकता है कि वे परिस्थिति को समझने के लिए अवधारणा बना सकते हैं परन्तु इन अवधारणाओं को उन्हें स्पष्ट करना चाहिये।

सत्र योजना स्पष्ट करिये

विद्यार्थी जब प्रकरण का व्यक्तिगत अध्ययन कर लेता है तो प्राध्यापक प्रकरण विधि क्रियान्वित करने के लिए निम्नलिखित व्यवस्थाएं करता है:

समूह बनाना: प्राध्यापक प्रकरण पर चर्चा करने हेतु विद्यार्थियों के पूर्व में ही समूह बना कर रखते हैं। समूह का माप 5 से 8 विद्यार्थियों का होता है। विद्यार्थियों के समूह में विभिन्न पृष्ठभूमि के विद्यार्थियों को रखा जाता है ताकि

सृजनशीलता को बढ़ावा दिया जा सके। इससे कम अनुभवी एवं कमजोर विद्यार्थियों को काफी सीखने को मिलता है। प्रकरण पर चर्चा हेतु समरूप समूह नहीं बनाना चाहिये, क्योंकि प्रकरण पर पर्याप्त एवं अनोखे विचार आने की संभावना कम रहती है।

बैठक व्यवस्थाः विभिन्न समूहों के बैठने के लिए वृत्ताकार बैठक व्यवस्था करना चाहिये। यदि प्रत्येक समूह के लिए अलग-अलग कक्ष उपलब्ध हो तो चर्चा प्रभावी रूप से आयोजित की जा सकती है।

सभी विद्यार्थियों को मालूम होना चाहिये कि वे किस समूह के सदस्य हैं। चर्चा के दौरान विद्यार्थियों को मार्गदर्शन प्रदान करने के लिए एक प्राध्यापक उपलब्ध रहना चाहिये। चर्चा के दौरान प्रत्येक प्राध्यापक विद्यार्थियों के व्यवहार का निरीक्षण एवं मूल्यांकन भी करता है।

विद्यार्थियों से अपेक्षाएंः प्राध्यापक द्वारा चर्चा से निकाले जाने वाले निष्कर्षों, समूह चर्चा विधि, विद्यार्थियों के व्यवहार इत्यादि के बारे में अपेक्षाओं को स्पष्ट किया जाता है।

समय उपलब्धताः विद्यार्थियों को समय उपलब्धता के बारे में बतला देना चाहिये नहीं तो विद्यार्थी बिना किसी ठोस सीख के समय व्यर्थ गवा देंगे। सामान्यतया प्रकरण पर चर्चा हेतु 30 से 45 मिनट का समय दिया जाता है, निष्कर्ष प्रस्तुतिकरण हेतु तैयारी के लिए 5 से 15 मिनट का समय दिया जाता है। प्रस्तुतिकरण हेतु 5-15 मिनट प्रत्येक समूह को दिया जाता है। प्रस्तुतिकरण समाप्त होने के पश्चात् चर्चा हेतु 10 से 30 मिनट का समय रखा जाता है जिसमें प्राध्यापक की मुख्य भूमिका रहती है।

निष्कर्ष प्रस्तुतिकरणः विद्यार्थियों को पूर्व से ही स्पष्ट कर दिया जाता है कि निष्कर्ष प्रस्तुतिकरण की विधि, समय एवं तरीका क्या होगा?

प्रकरण परिचर्चा का अनुश्रवण

प्रकरण परिचर्चा योजना स्पष्ट होने के पश्चात् विद्यार्थी उनके समूह में चर्चा हेतु निश्चित स्थान पर चले जाते हैं। चर्चा के दौरान प्राध्यापक कोई दखल नहीं देता है वरन् चर्चा का निरीक्षण करता है। वह चर्चा की अच्छाइयों एवं कमियों को नोट करता है। यदि समूह मुद्दे से भटक जाता है तो उसे पुनः मुद्दे के बारे में स्मरण करवाता है। वह समय, सहभागिता एवं संप्रेषण के बारे में भी विद्यार्थियों को याद दिलाता है। वह समूह चर्चा का वार्तालाप चित्रण भी तैयार करता है। वह सम्पूर्ण प्रक्रिया पर बारिकी से नजर रखता है एवं नोट्स

लेता है जिसका उपयोग वह सीखने को समेकित करते समय करता है। यदि विडियो रिकार्डिंग की व्यवस्था हो तो सम्पूर्ण प्रक्रिया की रिकार्डिंग की जाती है ताकि विद्यार्थियों को उनके व्यवहार एवं सीखने की शैली पर विशिष्ट फीडबैक प्रदान किया जा सके।

समूह द्वारा निष्कर्षों का प्रस्तुतिकरण

समूह में परिचर्चा पूर्ण होने पर जब सभी समूह उनके द्वारा निकाले गये निष्कर्षों की प्रस्तुति की तैयारी कर लेते हैं तब एक-एक करके समूहों को प्रस्तुतिकरण हेतु आमंत्रित किया जाता है। समय की बचत एवं प्रस्तुतिकरण की पुनरावृत्ति को रोकने के लिए प्राध्यापक प्रत्येक समूह से केवल एक ही प्रश्न पर प्रस्तुतिकरण करने को कहता है। यह प्रस्तुतिकरण प्रश्नों के क्रम में किया जाता है। प्रत्येक प्रस्तुतिकरण के पश्चात् शेष समूह अतिरिक्त जानकारी जोड़ सकते हैं। प्रकरण के सभी प्रश्नों पर प्रस्तुतिकरण पूर्ण होने पर प्रकरण पर एक संक्षिप्त चर्चा आयोजित की जाती है। सम्पूर्ण प्रस्तुतिकरण की प्रक्रिया प्रभावी रखने के लिए पूर्ण प्रक्रिया प्राध्यापक के मार्गदर्शन में आयोजित की जाती है। विवादास्पद मुद्दों पर प्राध्यापक नियंत्रण रखता है।

सीख का एकीकरण

प्रस्तुतिकरण के अन्त में प्राध्यापक सीख का एकीकरण करता है। सीख का एकीकरण करते समय प्राध्यापक निम्नलिखित बातों का ध्यान रखता है:

- विद्यार्थियों ने जो प्रस्तुतिकरण दिया है उसको दिशा देना।
- लिखित रूप से प्रस्तुतिकरण के मूल्यांकन एवं सुधार लाने पर फीडबैक प्रदान करना।
- सम्पूर्ण प्रकरण विधि की विवेचना करना।
- सीखने के महत्वपूर्ण बिन्दुओं का प्रस्तुतिकरण।
- गहराई से सीखने हेतु मुद्दे प्रदान करना।
- सिद्धांत को कार्यसंसार के साथ जोड़ना एवं कार्यसंसार को सिद्धांत के साथ जोड़ना।
- सीखने हेतु आवश्यक अभिवृत्ति पर जोर देना।
- व्यक्तिगत रूप से सुधार लाने हेतु विद्यार्थियों को फीडबैक प्रदान करना।

प्रकरण विधि-प्रक्रिया के परिणामों से सम्बन्धित निम्नलिखित प्रश्नों का उत्तर भी प्राध्यापक द्वारा विद्यार्थियों को बतलाना चाहिये:

- किस विद्यार्थी ने किसके साथ वार्तालाप किया?
- किस विद्यार्थी ने चर्चा पर दबाव बनाये रखा?
- संप्रेषण का केन्द्र बिन्दु कौन विद्यार्थी था?
- चर्चा से कौन विद्यार्थी अलग हट गया?
- चर्चा की विधि में किस प्रकार सुधार लाया जा सकता था?
- चर्चा के दौरान कौनसे आचरण का पालन करना चाहिये?
- समूह के लीडर का चयन कैसे करना चाहिये?
- ऐसे विद्यार्थी को कैसे प्रेरित करना चाहिये जो चर्चा के दौरान चर्चा से अलग हो गया है।
- क्या चर्चा संतुलित थी?

अन्त में प्राध्यापक द्वारा चर्चा को धन्यवाद के साथ समाप्त करना चाहिये।

10. प्रकरण विधि का सीखने की अन्य विधियों के साथ उपयोग करने हेतु मार्गदर्शक बिन्दु (Guidelines for Using Case Method with Other Methods of Teaching Learning)

प्रकरण विधि को सीखने की अन्य विधियों के साथ उपयोग कर सीखने की प्रक्रिया को समृद्ध बनाने के लिए निम्नलिखित मार्गदर्शक बिन्दुओं का पालन करना चाहियेः

- किसी नयी परिकल्पना, सिद्धाँत, मॉडल, प्रक्रिया, विधि का परिचय देने के लिए उपयुक्त सीखने की विधि जैसे व्याख्यान, प्रश्न उत्तर, समूह चर्चा, इत्यादि का उपयोग करिये। कम से कम समय 5–30 मिनट का उपयोग कर जानकारी प्रदान करिये।
- किसी विषय की जानकारी विद्यार्थियों को प्रदान करते समय जानकारी ज्यादा विस्तार से देने की आवश्यकता नहीं है।
- प्रकरण विधि का उपयोग करने के लिए विस्तृत सत्र योजना बनानी चाहिये एवं तदनुसार सत्र आयोजित करना चाहिये।
- विद्यार्थियों का समूह बनाते समय विभिन्न गुणों के विद्यार्थियों को समूह में रखना चाहिये।
- सम्पूर्ण प्रकरण विधि का क्रियान्वयन स्वयं के मार्गदर्शन एवं निगरानी में आयोजित किया जाना चाहिये।

- सम्पूर्ण प्रक्रिया का निरीक्षण कर महत्वपूर्ण घटनाओं के नोट्स तैयार करना चाहिये जिनका उपयोग सीख को समेकित करते समय करना चाहिये।
- विद्यार्थियों के लम्बे प्रस्तुतिकरण को अनुमति नहीं देना चाहिये।
- प्राध्यापक द्वारा प्रकरण विधि के दौरान आने वाले मतभेद को दूर करना चाहिये एवं समूह भावना को बढ़ावा देना चाहिये।
- प्राध्यापक द्वारा प्रकरण विधि द्वारा सीखे गये बिन्दुओं को सारांश में प्रस्तुत करना चाहिये एवं इनका संदर्भ समूह प्रस्तुतिकरण एवं सीखने के उद्देश्यों के साथ प्रस्तुत करना चाहिये।
- यदि प्रकरण विधि का उपयोग करने के लिए पर्याप्त समय उपलब्ध नहीं है तो इस विधि का उपयोग नहीं करना चाहिये।
- सम्पूर्ण प्रकरण विधि की वीडियो रिकार्डिंग कर विद्यार्थियों को सीखने में सुधार लाने हेतु फीडबैक प्रदान करना चाहिये।

11. प्रकरण विधि का मूल्यांकन (Evaluation of Case Method)

प्रकरण विधि का उपयोग करने की कोई मानक विधि नहीं है। इसका उपयोग प्राध्यापकों की सृजनशीलता प्रशिक्षण एवं अनुभव पर निर्भर करता है। फिर भी प्रकरण विधि की प्रभावशीलता एवं दक्षता का मूल्यांकन निम्नलिखित मापदण्डों का उपयोग कर किया जा सकता है:

- सीखने के उद्देश्यों को प्राप्त करने हेतु प्रकरण एवं प्रकरण विधि की उपयुक्तता।
- विद्यार्थियों को प्रकरण की परिस्थिति से अवगत करवाना।
- प्रकरण विधि हेतु आवंटित समय की पर्याप्तता।
- समूह की बनावट एवं माप।
- अपेक्षित परिणाम।
- समय योजना।
- प्राध्यापक द्वारा प्रकरण विधि के विभिन्न पदों पर निर्वाह की गई भूमिका की प्रभावशीलता।
- सीखने की अन्य विधियों के साथ प्रकरण विधि का सामंजस्य।
- प्रस्तुतिकरण की प्रभावशीलता।
- सारांश की प्रभावशीलता।
- सीखने को प्रगाढ़ बनाने में योगदान।

12. सारांश (Summary)

- प्रकरण विधि में दो प्रकार की योग्यताओं की आवश्यकता होती है। पहला प्रकरण तैयार करना या सिखाने के लिए प्रकरण का चयन करना एवं दूसरा सिखाने हेतु प्रकरण का उपयोग करना। दोनों ही योग्यताएँ प्रशिक्षण एवं अनुभव से प्राप्त होती हैं।
- प्रकरण विधि सीखने के मानसिक क्षेत्र की उच्च स्तर की निपुणताओं एवं कौशल का विकास करती है। साथ ही यदि इसका उपयोग बार-बार किया जाये तो यह अभिवृत्ति का विकास भी करती है।
- प्रकरण विधि के माध्यम से विषय की बाधाओं को तोड़कर सीखने को मिलता है।
- प्रकरण तैयार करते समय प्राध्यापक वास्तविक कार्यसंसार के बारे में सीखता है एवं प्रकरण का अध्ययन कर विद्यार्थी सीखते हैं।
- विद्यार्थियों को सीखने की प्रक्रिया में सहभागी बनाने एवं सीखने हेतु प्रोत्साहित करने की यह अच्छी विधि है।
- प्रकरण सिद्धांत एवं कार्यसंसार के बीच एक सेतु का कार्य करता है।
- सीखने की अन्य विधियों के साथ प्रकरण विधि का उपयोग करने से सीखने की प्रक्रिया समृद्ध होती है।
- प्रकरण विधि का उपयोग योजनाबद्ध रूप से किया जाता है ताकि इसके माध्यम से सीखने के उद्देश्यों को प्रभावी रूप से प्राप्त किया जा सके।
- प्रकरण विधि का संचालन प्राध्यापक के मार्गदर्शन एवं नियंत्रण में किया जाता है।
- प्रकरण विधि के दौरान प्राध्यापक सम्पूर्ण प्रक्रिया का निरीक्षण करता है एवं महत्वपूर्ण बिन्दुओं एवं विद्यार्थियों के व्यवहार को नोट करता है।
- प्रकरण को समय एवं बदलाव के साथ परिशोधित किया जाता है।
- विद्यार्थियों को प्रकरण पढ़ने, इस पर सोचने, चर्चा करने एवं निष्कर्षों का प्रस्तुतिकरण करने का अवसर प्राप्त होता है जिसके आधार पर प्राध्यापक उन्हें सीखने में सुधार लाने हेतु फीडबैक प्रदान करते हैं।

13. प्रपत्र (Formats)

प्रपत्र 10.1: निर्धारित निपुणता के विकास हेतु प्रकरण का चयन

निर्धारित निपुणता के विकास हेतु आपके द्वारा चयनित एवं उपयोग किये गये प्रकरणों की प्रभावशीलता का मूल्यांकन निम्नलिखित प्रपत्र में दिये गये मापदण्डों पर करिये।

सूचक: 5-सर्वोच्च, 4-उच्च, 3-मध्यम, 2-निम्न, 1-न्यूनतम

क्र.	मापदण्ड	प्रभावशीलता
1.	सीखने के उद्देश्य प्राप्त करने हेतु उपयुक्तता	
2.	सीखने के उद्देश्य से सम्बद्धता	
3.	प्रकरण का आरम्भ	
4.	प्रकरण का विवरण	
5.	जानकारी की पर्याप्तता	
6.	प्रकरण के अन्दर जानकारी की सम्बद्धता	
7.	चित्र एवं तालिका का उपयोग	
8.	पात्रों के बीच वार्तालाप का उपयोग	
9.	प्रकरण का बहाव	
10.	भाषा की उपयुक्तता	
11.	प्रकरण का समापन	
12.	बहस के मुद्दे/प्रश्नों की सम्बद्धता	
13.	बहस के मुद्दों की विशिष्टता	
14.	चर्चा हेतु आंवटित समय	
15.	समूह चर्चा में सृजनशीलता हेतु अवसर	
16.	उपयोगकर्ता हेतु मार्गदर्शन	

प्रपत्र 10.2: प्रकरण विधि की प्रभावशीलता

आपके द्वारा संचालित की गई प्रकरण विधि की प्रभावशीलता का मूल्यांकन निम्नलिखित प्रपत्र में दिये गये मापदण्डों पर करिये।

सूचक: 5-सर्वोच्च, 4-उच्च, 3-मध्यम, 2-निम्न, 1-न्यूनतम

क्र.	मापदण्ड	प्रभावशीलता
1.	चयनित प्रकरण की सीखने के उद्देश्य के परिपेक्ष्य में उपयुक्तता	
2.	प्रकरण के परिचय की विधि	
3.	विद्यार्थियों को प्रकरण पढ़ने हेतु दिया गया समय	
4.	विद्यार्थियों के समूह की बनावट	
5.	विद्यार्थियों से अपेक्षित अपेक्षाओं की जानकारी	
6.	स्मय योजना	
7.	समूह चर्चा का नियंत्रण	
8.	स्मूह चर्चा के दौरान दिया गया मार्गदर्शन	
9.	विद्यार्थियों द्वारा किय गया प्रस्तुतिकरण	
10.	विवादस्पद मुद्दों का निराकरण	
11.	विद्यार्थियों को प्रेरित एवं प्रोत्साहित करने की विधि	
12.	सांराश	
13.	सीख की प्रगाढ़ता	

14. अभ्यास प्रश्न (Practice Questions)

1. प्रकरण को परिभाषित करिये।
2. प्रकरण विधि के माध्यम से किस प्रकार के कौशल विकसित किये जाते हैं? आपके संकाय से पाँच कौशल को लिखिये।
3. प्रकरण विधि के पाँच लाभ लिखिये।
4. प्रकरण तैयार करने की विधि के महत्वपूर्ण पदों का संक्षिप्त वर्णन करिये।
5. प्रकरण तैयार करते समय किन मार्गदर्शक बिन्दुओं का ध्यान रखना चाहिये?
6. प्रकरण का चयन करते समय किन मापदण्डों का उपयोग करना चाहिये?
7. प्रकरण से किस प्रकार की अभिवृत्ति का विकास किया जाता है? आपके संकाय से पाँच अभिवृत्तियों को लिखिये।
8. प्रकरण को आकर्षक एवं प्रभावी कैसे बनाया जाता है?
9. प्रकरण कितने प्रकार के होते हैं?
10. एक मजबूत प्रकरण के आठ गुण लिखिये।
11. प्रकरण विधि के दौरान प्राध्यापक की भूमिका का संक्षिप्त वर्णन करिये।
12. प्रकरण विधि का सीखने की अन्य विधियों के साथ उपयोग करते समय किन बातों का ध्यान रखा जाता है?
13. प्रकरण विधि का उपयोग करने के लिए प्राध्यापकों को किस प्रकार का प्रशिक्षण दिया जाता है?
14. प्रकरण विधि का मूल्यांकन किन मापदण्डों पर किया जाता है।
15. प्रकरण का मूल्यांकन किन मापदण्डों पर किया जाता है?
16. प्रकरण को सत्यापित करवाकर इसके उपयोग की अनुमति लेना क्यों आवश्यक है?
17. प्रकरण पर प्रकरण के बारे में जानकारी क्यों लिखी जाती है?
18. प्रकरण के अन्त में प्रश्न या बहस के मुद्दे क्यों लिखे जाते हैं?
19. सीखने हेतु प्रकरण का उपयोग कितने तरीकों से किया जा सकता है।
20. प्रकरण के अन्त में प्रश्न तैयार करने का आधार क्या होता है?
21. प्रकरण विधि का अवलोकन कर प्राध्यापक विद्यार्थियों को किस प्रकार का फीडबैक देता है?

22. दूसरें व्यक्ति द्वारा तैयार किये गये प्रकरण का उपयोग करते समय किन बातों का ध्यान रखना चाहिये?
23. प्रकरण विधि एवं व्याख्यान में क्या अन्तर है?
24. क्या एक ही प्रकरण का सीखने के अलग-अलग उद्देश्यों को प्राप्त करने हेतु उपयोग किया जा सकता है? यदि हाँ तो कैसे?
25. प्रकरण बैंक के पाँच लाभ बतलाइये।

15. गतिविधियाँ (Activities)

गतिविधि 10.1: सीखने के उद्देश्य प्राप्त करने हेतु प्रकरण का चयन करन।

आप जो विषय पढ़ा रहे हैं उसके पाठ्यक्रम से ऐसी विषयवस्तु का चयन करिये जिसे प्रकरण विधि का उपयोग कर प्रभावी रूप से सिखाया जा सकता है। इस विषयवस्तु को सिखाने हेतु उपयुक्त प्रकरण का चयन करिये।

गतिविधि 10.2: सीखने के उद्देश्य प्राप्त करने हेतु प्रकरण तैयार करना

पूर्व निर्धारित सीखने के उद्देश्यों को प्राप्त करने हेतु वास्तविक कार्य संसार की परिस्थिति का चयन कर प्रकरण तैयार करिये।

गतिविधि 10.3: प्रकरण विधि का उपयोग करना

पूर्व निर्धारित विषय योजना के आधार पर उपयुक्त प्रकरण का चयन कर प्रकरण विधि का आयोजन करिये। यह आयोजन इस अध्याय में सुझायी गई विधि का पालन कर करिये।

गतिविधि 10.4: प्रकरण विधि का मूल्यांकन

पिछले अकादमिक सत्र में आपके द्वारा क्रियान्वित की गई प्रकरण विधियों की प्रभावशीलता का मूल्यांकन इस अध्याय में दिये गये प्रपत्र 10.2 का उपयोग कर करिये। प्रभावशील मूल्यांकन के आधार पर सुधारात्मक उपाय सोचिये।

गतिविधि 10.5: प्रकरण का अंकेक्षण

सीखने के उद्देश्यों को प्राप्त करने हेतु आपके द्वारा उपयोग किये जा रहे प्रकरणों का अंकेक्षण इस अध्याय में दिये गये प्रपत्र 10.1 का उपयोग कर करिये। अंकेक्षण परिणामों के आधार पर प्रकरण चयन में सुधार लाने के उपाय सोचिये।

11

विचारगोष्ठी
(Seminar)

सीखने के उद्देश्य (Learning Objectives)

इस अध्याय को पढ़ने के पश्चात् पाठक:

1. विचारगोष्ठी को परिभाषित कर सकेंगे।
2. विचारगोष्ठी से होने वाली सीख को सूचीबद्ध कर सकेंगे।
3. विचारगोष्ठी के लाभ सूचीबद्ध कर सकेंगे।
4. विचारगोष्ठी आयोजित करने की विधि का वर्णन कर सकेंगे।
5. विचारगोष्ठी की प्रभावशीलता का मूल्यांकन कर सकेंगे।
6. विचारगोष्ठी आयोजित करने की रूपरेखा तैयार कर सकेंगे।

1. प्रस्तावना (Introduction)

प्राध्यापक विद्यार्थियों को नई जानकारी प्रदान कर उन्हें सीखने के लिए प्रेरित एवं प्रोत्साहित करता है। प्राध्यापक विद्यार्थियों के सीखने के लिए नये-नये अवसर सृजित करता है। विचार गोष्ठी एक ऐसी विधि है जिसका उपयोग कर प्राध्यापक विद्यार्थियों को अलग-अलग एवं समूह में अवसर प्रदान करता है कि वे किसी विषय, समस्या, प्रविधि, सिद्धांत, मॉडल इत्यादि पर गहराई से सीखें एवं अपनी सीख को अन्य विद्यार्थियों के साथ सांझा करें। इसी उद्देश्य को लेकर विद्यार्थी उनको दिये गये विषय पर प्राध्यापक के मार्गदर्शन में शोध कार्य करते हैं एवं उनकी सीख पर एक पर्चा तैयार करते हैं। यदि वे किसी समस्या पर शोध करते हैं तो समस्या का विश्लेषण विभिन्न आयामों पर करते हैं। ये आयाम दक्षता, प्रभावशीलता, गुणवत्ता, अपव्यय, सुरक्षा इत्यादि से सम्बन्धित हो सकते हैं।

विचारगोष्ठी में भाग लेने हेतु विद्यार्थी शोध कार्य करते हैं एवं यह कार्य साहित्य अध्ययन एवं निष्कर्ष, समस्या हल करना, रणनीति तैयार करना, नया उत्पाद तैयार करना, नयी विधि तैयार करना इत्यादि से सम्बन्धित हो सकता है।

2. विचारगोष्ठी से सीख (Learning from Seminar)

विचारगोष्ठी का आयोजन निपुणता प्राप्ति या सीखने के उद्देश्यों को प्राप्त करने के अन्तिम पड़ाव पर किया जाता है। प्राध्यापक विद्यार्थियों के सीखने हेतु विचारगोष्ठी के विषय की सूची तैयार करते हैं। विचारगोष्ठी के विषय तैयार करते समय प्राध्यापक पुस्तकालय एवं इन्टरनेट का उपयोग करते हैं। वे औद्योगिक समस्याओं का भी अध्ययन करते हैं। इस प्रक्रिया के दौरान वे विषय एवं कार्यसंसार से संबंधित ताजा जानकारी प्राप्त करते हैं एवं सीखते हैं। विद्यार्थी विचारगोष्ठी हेतु दिये गये विषय पर कार्य कर एवं संसाधन व्यक्तियों से जानकारी प्राप्त कर सीखते हैं। संसाधन व्यक्ति भी विद्यार्थियों के साथ जीवंत मुद्दे पर कार्य कर सीखते हैं। शेष विद्यार्थी विचारगोष्ठी में भाग लेकर अन्य विद्यार्थियों के प्रस्तुतिकरण से सीखते हैं। विचारगोष्ठी द्वारा निम्नलिखित कौशल का विकास एवं परिशोधन किया जाता है:

- किसी मुद्दे विशेष के परिपेक्ष्य में जानकारी एकत्रित करना।
- जानकारी को योजनाबद्ध रूप से आयोजित करना।
- प्रणाली का आलोचनात्मक अध्ययन करना।
- किसी विशेष समस्या का विश्लेषण करना।
- सिद्धांतों का कार्यक्षेत्र में उपयोग करना।
- दी गई समस्या के वैकल्पिक हल खोजना।
- दी गई परिस्थिति में निर्णय लेना।
- प्रस्तुतिकरण कौशल का प्रदर्शन करना।
- किसी प्रकरण की जाँच कर प्रतिवेदन प्रस्तुत करना।
- किसी प्रक्रिया का निरीक्षण द्वारा मूल्यांकन प्रतिवेदन प्रस्तुत करना।
- टीम के लीडर एवं सदस्य के रूप में कार्य करना।
- मूल्य वृद्धि, नवाचार एवं सुधार से जुड़े कार्य करना।
- साथी विद्यार्थियों एवं प्राध्यापकों के प्रश्नों का उत्तर देना।
- अनुभवों का आदान-प्रदान करना।
- शोध पत्र तैयार करना।

- नियत कार्य को करने के लिए संसाधनों को जुटाना एवं उनका आयोजन करना।

3. विचारगोष्ठी आयोजन की विधि (Method of Organizing Seminar)

प्राध्यापक वास्तविक कार्यसंसार से सम्बद्ध ज्वलंत मुद्दों से जुड़े हुए विषयों की सूची तैयार करते हैं। ये विषय निम्नलिखित बिन्दुओं पर केन्द्रित हो सकते हैं:

- वर्तमान समस्याएं जो कि विद्यार्थियों की निपुणता से सम्बन्धित हैं।
- साहित्य का मूल्यांकन एवं प्रतिवेदन।
- वर्तमान प्रचलन एवं उनमें आपस में तुलना।
- नवाचार एवं बदलाव की संरचना।
- नया उत्पाद तैयार करना, इत्यादि।

विचार गोष्ठी हेतु विद्यार्थियों के लिए विषय का निर्धारण करने में प्राध्यापक की विशेषज्ञता एवं अनुभव काम आता है। प्रत्येक विद्यार्थी या विद्यार्थियों के समूह के लिए विषय ज्ञात कर उनको आवंटित किया जाता है एवं कार्य करने के दिशा निर्देश दिये जाते हैं। प्राध्यापक विद्यार्थियों को उसकी अपेक्षाएँ बतलाता है। विचारगोष्ठी से अपेक्षित परिणाम, विषय पर कार्य करने की विधि एवं समय, विद्यार्थियों की भूमिका, उपलब्ध संसाधन, उद्योग के साथ संबंध इत्यादि के बारे में भी सूचित करता है ताकि विचारगोष्ठी हेतु प्रभावी रूप से कार्य किया जा सके। प्राध्यापक विद्यार्थियों को अतिरिक्त जानकारी एवं मार्गदर्शन प्रदान करने हेतु अवसर प्रदान करता है। विद्यार्थी प्राध्यापक से मार्गदर्शन प्राप्त कर विचारगोष्ठी हेतु दिये गये मुद्दें पर तैयारी करने की योजना बनाते हैं एवं प्राध्यापक से इस योजना को सत्यापित करवाते हैं। विद्यार्थी योजना के अनुसार दिये गये विषय पर कार्य करते हैं एवं कार्य के परिणामों को सूचीबद्ध करते हैं। कार्य पूर्ण होने पर वे किये गये कार्य एवं उससे मिली सीख पर एक प्रस्तुतिकरण तैयार करते हैं। प्रत्येक विद्यार्थी या विद्यार्थियों के समूह को संगोष्ठी के दौरान सभी विद्यार्थियों के समक्ष किये गये कार्य पर प्रस्तुतिकरण करने का अवसर प्राप्त होता है। इस प्रस्तुतिकरण के लिए प्रत्येक विद्यार्थी या विद्यार्थी के समूह को 15 से 30 मिनट का समय दिया जाता है। विद्यार्थियों के एक समूह द्वारा प्रस्तुतिकरण पूर्व होने पर प्रतिभागी विद्यार्थियों को प्रश्न करने

का अवसर दिया जाता है जिसके उत्तर प्रस्तुतिकरण करने वाला समूह देता है। प्रतिभागी विद्यार्थी एवं प्राध्यापक जानकारी एवं अनुभव का आदान-प्रदान भी कर सकते हैं। यह प्रक्रिया सभी विद्यार्थियों के समूहों द्वारा दोहरायी जाती है। सभी प्रस्तुतिकरण पूर्ण होने पर प्राध्यापक सीख को सारांशित करता है। आगे प्रभावी रूप से सीखने हेतु सकारात्मक एवं रचनात्मक फीड़बैक देता है। प्राध्यापक विद्यार्थियों द्वारा सीखने हेतु किये गये प्रयासों की सराहना करता है। साथ ही प्राध्यापक विद्यार्थियों द्वारा किये गये कार्य, प्रस्तुतिकरण एवं व्यवहार का मूल्यांकन भी प्रस्तुत करता है। वह अन्य विद्यार्थियों को भी प्रेरित करता है कि वे आगे आयोजित की जाने वाली संगोष्ठियों में भाग लें। सामान्यतया विचारगोष्ठी सेमिस्टर के अन्त में आयोजित की जाती है एवं प्रयास किया जाता है कि कोई उद्योग इसे प्रायोजित करे।

4. सारांश (Summary)

- विचारगोष्ठी विधि के द्वारा विद्यार्थियों को जो कुछ उन्होंने सीखा है उसका उपयोग करने का अवसर प्राप्त होता है एवं इस उपयोग से वे आगे भी सीखते हैं।
- विद्यार्थी विचारगोष्ठी में भाग लेने हेतु किसी एक विषय या मुद्दे, या समस्या, या परिस्थिति पर कार्य करते हैं एवं उनके द्वारा किये गये कार्य एवं सीख पर प्रस्तुतिकरण तैयार कर अन्य विद्यार्थियों एवं प्राध्यापकों के साथ पूर्व निर्धारित दिन एवं समय पर सांझा करते हैं, विचारविमर्श करते हैं, प्रश्न उत्तर करते हैं एवं किये गये कार्य पर फीडबैक प्राप्त करते हैं।
- विचारगोष्ठी के अन्त में प्राध्यापाक सीख को सारांशित करता है, विद्यार्थियों के द्वारा किये गये कार्यों की प्रशंसा करता है एवं आगे सीखने हेतु फीडबैक प्रदान करता है।

5. प्रपत्र (Format)

प्रपत्र 11.1: विचारगोष्ठी का मूल्यांकन
सीखने हेतु उपयोग की गई विचारगोष्ठी की प्रभावशीलता का मूल्यांकन निम्नलिखित प्रपत्र का उपयोग कर किया जा सकता है।
सूचक: 4-सर्वोत्तम, 3-उच्च, 2-मध्यम, 1-निम्न

क्र.	*मापदण्ड*	*प्रभावशीलता*
1.	विचारगोष्ठी हेतु विषय का चयन	
2.	विचारगोष्ठी आयोजन हेतु योजना	
3.	विचारगोष्ठी में भाग लेने हेतु विद्यार्थियों को दिये गये निर्देश की स्पष्टता	
4.	विचारगोष्ठी में भाग लेने हेतु विद्यार्थियों की दी गई प्रेरणा एवं मार्गदर्शन	
5.	विषय पर कार्य करने हेतु विद्यार्थियों को दी गई सामग्री एवं सामग्री के स्रोत	
6.	विषय पर तैयारी हेतु दिया गया समय एवं प्रगति का अनुश्रवण	
7.	विद्यार्थियों द्वारा किया गया प्रस्तुतिकरण	
8.	विद्यार्थियों द्वारा पूछे गये प्रश्न एवं उनका समाधान	
9.	विद्यार्थियों की सहभागिता	
10.	प्राध्यापक द्वारा किया गया सीख का सारांश एवं विद्यार्थियों को दिया गया फीडबैक	

6. अभ्यास प्रश्न (Practice Questions)

- विचारगोष्ठी को परिभाषित करिये।
- विचारगोष्ठी आयोजित करने के प्रयोजन लिखिये।
- विचारगोष्ठी के माध्यम से विद्यार्थियों में किस प्रकार की निपुणताओं एवं कौशल का विकास होता है?
- विचारगोष्ठी के प्रभावी आयोजन के लिए प्राध्यापक को किस प्रकार की भूमिका निभानी चाहिये।
- विचारगोष्ठी में भाग लेने हेतु विद्यार्थियों को किन मार्गदर्शक बिन्दुओं का पालन करना चाहिये?

7. गतिविधियाँ (Activities)

गतिविधि 11.1: विचारगोष्ठी आयोजन करने की योजना तैयार करना

आपके विषय से संबंधित विचारगोष्ठी आयोजित करने के लिए एक कार्य योजना बनायें जिसमें विचारगोष्ठी के विषय, मार्गदर्शक बिन्दु, समय, संसाधन, आयोजन इत्यादि की विस्तृत जानकारी लिखिये।

गतिविधि 11.2: विचारगोष्ठी का मूल्यांकन करना

पिछले तीन वर्षों में आपके द्वारा आयोजित की गई विचारगोष्ठियों की प्रभावशीलता का मूल्यांकन प्रपत्र 11.1 में दिये गये मापदण्डों का उपयोग कर करिये।

12

भूमिका निर्वाह
(Role Play)

सीखने के उद्देश्य (Learning Objectives)

इस अध्याय को पढ़ने के पश्चात् पाठक:

1. सीखने की प्रविधि में भूमिका निर्वाह के महत्व को बतला सकेंगे।
2. भूमिका निर्वाह से विकसित की जा सकने वाली निपुणताओं की सूची बना सकेंगे।
3. भूमिका निर्वाह से विकसित किये जा सकने वाली अभिवृत्ति की सूची तैयार कर सकेंगे।
4. भूमिका निर्वाह को आयोजित करने के विभिन्न पदों का वर्णन कर सकेंगे।
5. भूमिका निर्वाह के प्रकार बतला सकेंगे।
6. भूमिका निर्वाह की योजना बना सकेंगे।
7. भूमिका निर्वाह विधि की प्रभावशीलता का मूल्यांकन कर सकेंगे।

1. प्रस्तावना (Introduction)

कार्यसंसार में कई परिस्थितियाँ ऐसी होती हैं जो मानवीय सम्बंधों से सम्बद्ध होती हैं। ये मानवीय सम्बन्ध भी उतने ही महत्वपूर्ण होते हैं जितनी तकनीकी योग्यताएँ। प्रत्येक व्यक्ति को कार्यसंसार में मशीनों एवं व्यक्तियों के साथ कार्य करना होता है। व्यक्तियों के साथ कार्य करने में उनकी भावनाओं, अभिरुचियों एवं मूल्यों का ध्यान रखना पड़ता है। साथ ही उनको ग्राहकों, हितग्राहियों, सामग्री प्रदायकर्ताओं, साथियों, वरिष्ठों एवं अन्य सरोकार समूहों की अपेक्षाओं को समझना पड़ता है।

इन सरोकार समूहों एवं व्यक्तियों के साथ उन्हें संप्रेषण, समझौता, एवं सहकार्य करना पड़ता है ताकि उन्हें प्रभावित किया जा सके। पद धारकों को कई नियमों, आचार संहिताओं एवं मूल्यों का पालन करना पड़ता है। यदि पद धारक के पास इस प्रकार की निपुणताएं होती हैं तो संस्था में उनकी अलग छवि बनती है एवं कार्य प्रभावी रूप से सम्पन्न होता है।

भूमिका निर्वाह विधि का प्रयोग वृहद स्तर पर पेशेवर अभिवृत्ति एवं निपुणताओं का विकास करने के लिए किया जाता है। इसके माध्यम से अन्तः वैयक्तिक कौशल, मूल्य एवं भावनाओं का विकास किया जाता है ताकि कार्य उत्पादकता बढ़ायी जा सके एवं ग्राहकों को संतुष्ट किया जा सके। इसके माध्यम से व्यक्तियों के प्रति संवेदना का विकास प्रभावी रूप से किया जाता है। परिस्थिति के परिपेक्ष्य में भूमिका निर्वाह के माध्यम से स्वयं को एवं अन्य को जानने का जीवंत अनुभव प्राप्त होता है। इसका उपयोग कक्षा में एवं प्रयोगशाला में प्रभावी रूप से किया जा सकता है। यह विधि मनोविज्ञान एवं सीखने के सिद्धांतों, जैसे वास्तविक जीवन के करीब, अनुभव द्वारा सीख, परिस्थिति को जानने की आकांक्षा, बेहतर कार्यसम्पादन हेतु सोच, परिस्थिति की आवश्यकता के अनुरूप रणनीति तैयार करना, सीखने की प्रगति पर फीडबैक सीखने की प्रक्रिया में सहभागिता, कार्य सम्पादन का मूल्यांकन एवं सतत् सुधार इत्यादि के उपयोग पर आधारित होती है। त्वरित उत्पादन के लिए अन्तः वैयक्तिक एवं पेशेवर निपुणता अति महत्वपूर्ण होती है जिनका विकास भूमिका निर्वाह विधि द्वारा संभव है। कार्य सम्बंधी व्यवहार का प्रदर्शन एवं मूल्यांकन भी इस विधि के माध्यम से संभव है।

2. भूमिका सम्पादन (Role Playing)

किसी विशिष्ट उद्देश्य को प्राप्त करने के लिए वास्तविक कार्यसंसार में विभिन्न व्यक्तियों के साथ अनेक प्रकार के कार्य करने पड़ते हैं। इन व्यक्तियों को व्यवहार एक बड़े दायरे में फैला होता है। इन व्यक्तियों की भिन्न-भिन्न आवश्यकता, पसन्द, व्यवहार का तरीका होता है, अतः उनके साथ कार्य सम्बंधों को ध्यान में रखते हुए व्यवहार करना पड़ता है। अतः प्रत्येक पेशेवर व्यक्ति को अन्य व्यक्तियों के व्यवहार का विश्लेषण करने एवं उनको प्रभावित करने की रणनीति बनाने की आवश्यकता होती है ताकि उद्देश्यों को प्रभावी रूप से प्राप्त किया जा सके। पेशेवर व्यक्तियों को कार्य परिस्थिति का ध्यान रखते हुए उनके व्यवहार में परिवर्तन एवं लचीलापन लाना होता है।

तकनीकी एवं उच्च शिक्षा के विद्यार्थियों में अंगीकर करने एवं लचीला व्यवहार प्रदर्शित करने की योग्यता विकसित करना आवश्यक है ताकि वे सभी प्रकार के व्यक्तियों के साथ मिलकर कार्य कर लक्ष्यों को प्रभावी रूप से प्राप्त कर सके। भूमिका निर्वाह के मांध्यम से इन योग्यताओं की शुरुआत की जाती है। भूमिका निर्वाह वास्तविक कार्यसंसार का प्रतिरूप होता है जिसमें विद्यार्थियों को सुरक्षित वातावरण में विभिन्न पात्रों, जैसे *वरिष्ठ, कनिष्ठ,* ग्राहक, विशेषज्ञ, परामर्शदाता, प्रदायकर्ता, इत्यादि की भूमिका अदा करने का अवसर प्राप्त होता है। विद्यार्थी प्रतिरूपित परिस्थिति में कार्य योजना उत्पादन प्रक्रिया, रखरखाव, इत्यादि के बारे में सीखते हैं। भूमिका निर्वाह के द्वारा विद्यार्थी वास्तविक कार्यसंसार की जटिलता, चुनौतियाँ एवं प्रतिस्पर्धा को भी समझते हैं। भूमिका निर्वाह के अनुभव के द्वारा वे अन्य व्यक्तियों के व्यवहार के बारे में सीखते हैं। वे इस व्यवहार के प्रति जवाबदार कारण एवं व्यवहार को बदलने की रणनीति तैयार करना सीखते है। वे स्वयं के व्यवहार एवं दी गई परिस्थिति में वांच्छित व्यवहार के बारे में सीखते हैं। वे व्यवहार का विश्लेषण कर इसमें सुधार लाने के बारे में सीखते हैं। वे भूमिका निर्वाह पर स्वयं मूल्यांकन कर स्वयं फीडबैक प्राप्त करते हैं साथ ही शिक्षकों का भी फीडबैक प्राप्त करते हैं।

3. भूमिका निर्वाह द्वारा सीख
(Learning Produced through Role Play)

विद्यार्थियों में विभिन्न प्रकार की निपुणताओं का विकास करने के लिए पाठ्यक्रम की आवश्यकता को देखते हुए कार्यसंसार से ऐसी परिस्थिति का चयन करना चाहिये जो वाँच्छित निपुणता का विकास कर सकें। भूमिका निर्वाह के माध्यम से निम्नलिखित योग्यताएं विकसित की जाती हैं:

- विशिष्ट समस्याओं का हल करना।
- दी गई परिस्थिति की मांग के अनुसार निर्णय लेना।
- किसी विशेष परिस्थिति में हुए मतभेद को दूर करना।
- विशेष परिस्थिति में उत्पादन टीम के सदस्यों को प्रभावित करना ताकि निर्धारित लक्ष्य प्राप्त किये जा सकें।
- व्यक्तियों के साथ सम्बन्ध बनाना।
- दिये गये मुद्दों पर सहमति प्राप्त करना।
- कार्य एवं व्यवहार में सुधार लाने हेतु फीडबैक प्रदान करना।

- व्यवहार में सुधार लाने हेतु परामर्श देना।
- व्यवहार में सुधार लाने हेतु मार्गदर्शन देना।
- अपनी भावनाओं को व्यक्त करना।
- अन्य व्यक्तियों के कार्य निष्पादन का मूल्यांकन करना।
- किसी दी गई परिस्थिति में जाँच करना।
- दी गई शिकायतों का निपटान करना।
- किसी उद्देश्य की प्राप्ति हेतु वचनबद्धता अर्जित करना।
- कार्य सम्पादन करते समय नियमों एवं आचरणों का पालन करना।
- किसी प्रयोजन को प्राप्त करने हेतु समझौता करना।
- अधिकार को सौंपना।
- समस्या पैदा करने वाले कर्मचारियों से निपटना।
- संस्था की संस्कृति को परिष्कृत करना।
- सांझा उद्देश्य प्राप्त करने के लिए सहकार्य करना।
- कार्य संस्कृति का निर्माण करना।

पेशेवर जीवन में विविध प्रकार की अभिवृत्ति की आवश्यकता होती है ताकि कार्य पेशेवर एवं सुरक्षित तरीके से किया जा सके। पेशेवर जीवन से सम्बंधित अभिवृत्तियों का विकास भूमिका निर्वाह विधि के माध्यम से किया जाता है। कुछ सूचक अभिवृत्तियाँ निम्नलिखित हैं:

- जाँच करने एवं जानकारी प्राप्त करने की अभिवृत्ति।
- योजनाबद्ध उपायों को लागू करने एवं पालन करने की अभिवृत्ति।
- अन्य व्यक्तियों का सम्मान करने की अभिवृत्ति।
- सामंजस्य के साथ कार्य करने की अभिवृत्ति।
- पर्यावरण संरक्षण एवं संवर्धन का ध्यान रखना।
- परिस्थिति के साथ तालमेल बैठाना।
- अन्य के प्रति चिंता रखना।
- विविधता का आदर करना।
- शुद्धता का ध्यान रखना।
- प्रयोग करने की अभिवृत्ति।
- सेवा भावना का प्रदर्शन करना।
- सहकार्य करना एवं संवेदना व्यक्त करना।
- संवेदनशीलता का प्रदर्शन करना।

4. भूमिका निर्वाह विधि (Role Play Method)

भूमिका निर्वाह विधि की संरचना प्राध्यापक द्वारा की जाती है। प्राध्यापक पाठ्यक्रम का विश्लेषण कर जिन निपुणताओं का विकास करना होता है उन्हें ज्ञात करता है। इन निपुणताओं के आधार पर वह सीखने के उद्देश्य ज्ञात करता है एवं इन्हें प्राप्त करने हेतु कार्यसंसार से उपयुक्त परिस्थिति का चयन कर भूमिका निर्वाह की संरचना करता है। भूमिका निर्वाह द्वारा निर्धारित निपुणताओं का विकास करने हेतु निम्नलिखित चरणों का पालन करता है:

- कार्यसंसार से परिस्थिति का चयन एवं उसका विवरण करना।
- विद्यार्थियों का चयन कर उन्हें भूमिका का आवंटन करना।
- भौतिक संसाधनों का आयोजन करना।
- भूमिका सम्पादन हेतु तैयारी करना।
- भूमिका सम्पादन करना।
- सीख को सांझा करना एवं फीडबैक।
- फीडबैक के आधार पर भूमिका को पुनः अदा कर सुधार लाना।
- सीख को सांझा करना।
- सीख को समेकित करना।

कार्यसंसार से परिस्थिति का चयन

प्राध्यापक कार्यसंसार से उपयुक्त परिस्थिति का चयन करता है एवं उसका वर्णन निम्नलिखित बिन्दुओं पर करता है:

- परिस्थिति की भूमिका का वर्णन।
- विभिन्न पात्रों की भूमिका।
- परिस्थिति की मांग।
- संसाधनों की उपलब्धता।
- भौतिक योजना।
- नियम एवं कानून।
- समय उपलब्धता, इत्यादि।

प्राध्यापक प्रत्येक पात्र की भूमिका का वर्णन बारीकी से करता है जिसमें उस पात्र की पसन्द, मूल्यों, अभिवृत्तियों, भावों, व्यक्तित्व, संप्रेषण, नेतृत्व, प्रेरणा, पद्धति इत्यादि का समावेश करता है। साथ ही वह निरीक्षण पत्रक भी तैयार करता है जिसका उपयोग कर वह विद्यार्थियों के व्यवहार का अवलोकन

कर मूल्यांकन करता है। यह निरीक्षण पत्रक अलग-अलग पात्रों के लिए भिन्न या एक समान हो सकता है यह परिस्थिति के ऊपर निर्भर करता है। एक सूचक निरीक्षण प्रपत्र इस अध्याय के अन्त में दिया गया है।

भूमिका निर्वाह हेतु विद्यार्थी का चयन

प्राध्यापक सभी विद्यार्थियों को परिस्थिति का विवरण लिखित रूप से देता है एवं मौखिक रूप से भी बतलाता है। वह विद्यार्थियों का चयन कर उन्हें विभिन्न पात्रों की भूमिका प्रदान करता है। इन पात्रों के व्यवहार का वर्णन भी इन्हें प्रदान करता है। वह सभी पात्रों को उनसे अपेक्षित भूमिका एवं उसके परिणामों के बारे में बतलाता है। साथ ही वह प्रशिक्षित निरीक्षक की भी नियुक्ति करता है जो विभिन्न पात्रों की भूमिका सम्पादन की प्रभावशीलता का निरीक्षण एवं मूल्यांकन कर सके।

भौतिक संसाधनों का आयोजन कर भौतिक वातावरण तैयार करना

भूमिका निर्वाह हेतु प्राध्यापक सभी प्रकार के संसाधनों का आयोजन कर कक्षा या प्रयोगशाला में भूमिका सम्पादन आयोजित करते हैं। वे प्रयास करते हैं कि वास्तविक कार्यसंसार कक्षा कमरे या प्रयोगशाला में सम्पादित हो सके। उदाहरण के लिए कार्यस्थल पर पर्यवेक्षक एवं कामगर के बीच कार्य को लेकर हुए मतभेद के कारण हुई दुर्घटना या किसी अन्य परिस्थिति में प्रबंधक पर्यवेक्षक एवं कामगारों को गुणवत्ता सुनिश्चित करने हेतु परामर्श प्रदान करता है। इस प्रकार की परिस्थिति का निर्माण कक्षा या कर्मशाला में प्राध्यापक द्वारा किया जाता है साथ ही निरीक्षकों हेतु एवं रिकार्डिग हेतु भी प्रबंध किया जाता है।

भूमिका सम्पादन हेतु तैयारी

विद्यार्थी उनको आवंटित भूमिका को समझते हैं एवं इसको अदा करने का अभ्यास करते हैं। यदि विद्यार्थियों को उनकी भूमिका के बारे में कोई शंका होती है तो वे प्राध्यापकों से स्पष्टीकरण लेते हैं। वे भूमिका अदा करने हेतु मानसिक योजना बनाते हैं। यदि आवश्यक हुआ तो वे भूमिका अदा करने के पद, उनका विवरण, पद्धति, संप्रेषण इत्यादि को लिख लेते हैं। विद्यार्थियों को इस प्रक्रिया के दौरान आपसी वार्तालाप नहीं करने दिया जाता है। उन्हें उनके द्वारा बनायी गई योजना पर भी वार्तालाप की अनुमति नहीं रहती है। वे उनकी व्यक्तिगत भूमिका का अभ्यास भी कर सकते हैं।

भूमिका सम्पादन

प्राध्यापक द्वारा दी गई योजना के अनुसार विद्यार्थी भूमिका सम्पादित करते हैं। वे योजनाबद्ध रूप से संसाधनों एवं कौशल का उपयोग कर भूमिका सम्पादन करते हैं। विद्यार्थियों द्वारा भूमिका निर्वाह वास्तविक कार्यसंसार के काफी करीब होता है। वे भूमिका में सहभागी होकर उद्देश्य प्राप्ति हेतु आगे बढ़ते है। प्रशिक्षित निरीक्षक विभिन्न पात्रों के व्यवहार के प्रदर्शन का निरीक्षण कर निर्धारित मापदण्डों पर उनका मूल्यांकन करते हैं। इस प्रक्रिया के दौरान निरीक्षक एवं पात्रों में किसी प्रकार का वार्तालाप नहीं होता है। भूमिका सम्पादन का कार्य उद्देश्य प्राप्त होने पर या निर्धारित समय से अधिक समय होने पर रोक दिया जाता है।

सीखने के अनुभवों को सांझा करना एवं फीडबैक प्रदान करना भूमिका सम्पादन पूर्ण होने पर प्राध्यापक अनुभवों को सांझा करने हेतु सत्र का आयोजन करते हैं जिसमें सभी विद्यार्थी, निरीक्षक एवं प्राध्यापक भाग लेते हैं। प्राध्यापक सभी प्रतिभागियों को एक-एक कर अनुभव सांझा करने हेतु आमंत्रित करते हैं। सभी प्रतिभागी संक्षेप में अनुभवों को सांझा करते हैं एवं अन्य व्यक्तियों के प्रश्नों का उत्तर देतें हैं। तत्पश्चात् सभी निरीक्षकों को भी उनके द्वारा किये गये निरीक्षण को सांझा करने के लिए आमंत्रित करते हैं। सभी निरीक्षक बारी-बारी अपने अनुभव सुनाते हैं एवं सम्बधित विद्यार्थियों को फीडबैक प्रदान करते हैं। अन्त में प्राध्यापक उनके अनुभव सांझा करते हैं एवं भूमिका सम्पादन में सुधार लाने हेतु सुझाव देते हैं। वे विशिष्ट प्रकार के व्यवहार एवं अभिवृत्ति पर जोर देते हैं जिसकी परिस्थिति से उभरने में आवश्यकता होती है। भूमिका सम्पादन के इस चरण पर सभी विद्यार्थी वाँच्छित एवं अवाँच्छित व्यवहार, सही पद्धति एवं रणनीति के महत्व को समझते हैं।

भूमिका का पुनः सम्पादन

सभी विद्यार्थी फीडबैक के आधार पर भूमिका निर्वाह की सुधारित योजना बनाते हैं एवं जीवंत भूमिका निर्वाह करने हेतु प्रेरित करते हैं। विद्यार्थियों के लिए भी यह वास्तविक भूमिका अदा करने जैसा होता है, क्योंकि उन्हें भूमिका का अनुभव एवं इसके सम्पादन पर फीडबैक प्राप्त हो चुका होता है। वे चैतन्य रूप से भूमिका अदा करने का प्रयास करते हैं।

सीख को समेकित करना

प्राध्यापक भूमिका निर्वाह से प्राप्त सीख को समेकित करते हैं एवं विद्यार्थियों को इसमें सुधार लाने हेतु मार्गदर्शन प्रदान करते हैं। प्राध्यापक

सिद्धांत एवं प्रचलन के बीच सम्बन्ध भी बतलाते हैं। प्राध्यापक निपुणता विकास के सामान्य नियम बतलाते हैं एवं इसे अन्य निपुणताओं से जोड़ते भी है।

5. भूमिका निर्वाह के प्रकार (Types of Role Play)

भूमिका निर्वाह के कई प्रकार हैं जो विद्यार्थियों की सीखने की आवश्यकता की पूर्ति करते हैं। सामान्यतया सीखने की परिस्थिति वास्तविक जीवन या उसके करीब की परिस्थिति से सम्बद्ध होती है। परिस्थिति एकल भूमिका हो सकती है जिसमें सुरक्षा नियमों का पालन करते हुए गुणवत्ता को सुनिश्चित करना होता है या सामग्री की देखरेख करना या सही औजार का सही तरीके से उपयोग कर कार्य करना इत्यादि। इस प्रकार की एकल भूमिका सम्पादन द्वारा शारीरिक एवं अभिवृत्ति से सम्बद्ध कौशल का विकास किया जाता है एवं कार्य संबंधी निपुणता बढ़ायी जाती है। किसी परिस्थिति में दो पात्रों की दो भूमिकाएं हो सकती हैं, जैसे परामर्श देना एवं लेना, मार्गदर्शन देना एवं प्राप्त करना, निर्देश देना एवं प्राप्त करना, फीडबैक आदान-प्रदान करना, जाँच करना एवं जाँच का सामना करना, सम्बन्ध बनाना, शिकायत निवारण, अधिकार सौंपना, व्यक्तिगत समस्याओं को सांझा करना, कार्य निष्पादन का मूल्यांकन करना, योजना का संप्रेषण करना, जानकारी प्राप्त करना, चुनौतीपूर्ण लक्ष्य प्राप्त करने हेतु किसी को प्रोत्साहित करना, संस्था के लिए सहकार्य से की जाने वाली परियोजना को खोजना, ग्राहक की अपेक्षाओं का विश्लेषण करना इत्यादि। इस प्रकार की परिस्थितियों से सम्बन्धित कौशल का विकास करने के लिए युगल भूमिका तैयार की जाती है।

किसी परिस्थिति में एक से अधिक पात्र हो सकते हैं, जैसे कई संस्थाओं के बीच सामंजस्य बैठाना, जटिल समस्या हल करना, जन सुनवाई करना, संस्था के उत्पाद एवं सेवा को बाजार में बेचना, संस्था के विजन दस्तावेज का संप्रेषण करना, किसी प्रयोजन हेतु संस्कृति निर्माण करना, बदलाव की संरचना कर क्रियान्वित करना, टीम में कार्य करना, कर्मचारियों की शिकायतों को दूर करना, कई कर्मचारियों की जीवन शैली पर प्रभाव डालने वाली योजना पर सहमति प्रदान करना, तकनालॉजी से सम्बद्ध बदलाव लाना, दो संस्थाओं के संविलयन की रणनीति तैयार करना, वेतन संशोधन पर कर्मचारियों के साथ समझौता करना इत्यादि। भूमिका निष्पादन का केन्द्र अभिवृत्ति विकास से

सम्बन्धित हो सकता हैं जैसे संस्कृति निर्माण, सुरक्षा नियमों का पालन इत्यादि। यह शारीरिक कौशल विकास से सम्बद्ध भी हो सकता है। यह मानसिक कौशल से सम्बद्ध भी हो सकता है।

6. सारांश (Summary)

- सीखने की भूमिका निर्वाह विधि कार्यसंसार की परिस्थिति का प्रतिरूप होती है, जिसमें विभिन्न पात्र पूर्व निर्धारित लक्ष्यों को प्राप्त करने की प्रक्रिया में भाग लेते हैं एवं भूमिका निष्पादन कर कार्य करने सम्बंधी कौशल सीखते हैं। भूमिका निर्वाह विधि अभिवृत्ति के विकास हेतु सर्वोत्तम विधि है। यह विधि कार्य निष्पादन कर सीखने एवं सीख में सुधार लाने हेतु फीडबैक प्राप्त करने हेतु विद्यार्थियों को अवसर प्रदान करती है। भूमिका निष्पादन कक्षा, प्रयोगशाला एवं कर्मशाला में किया जा सकता है। भूमिका निर्वाह के द्वारा पेशेवर निपुणताओं के विकास की शुरुआत भी की जाती है।
- सीखने की आवश्यकता एवं विद्यार्थियों के स्तर को ध्यान में रखकर प्राध्यापक भूमिका निर्वाह हेतु परिस्थिति का चयन करता है एवं इसका वर्णन करता है। सामान्यतया यह वर्णन लिखित रूप में करता है।
- प्राध्यापक परिस्थिति के पात्रों के अनुसार विद्यार्थियों को व्यक्तिगत रूप से एवं समूह में भूमिका आवंटित करता है।
- विद्यार्थी दी गई परिस्थिति को सम्पूर्णता में समझते है एवं योजनाबद्ध रूप से भूमिका निष्पादित करते हैं।
- भूमिका निष्पादन पूर्ण होने पर प्राध्यापक विद्यार्थियों को सकारात्मक, विकासात्मक एवं सुधारात्मक फीडबैक प्रदान करते हैं।
- विद्यार्थी भी भूमिका निष्पादन के अनुभवों को सांझा करते हैं एवं आपस में एक दूसरे के अनुभवों से सीखते हैं।
- सीखने हेतु समय उपलब्ध होने पर विद्यार्थी पुनः भूमिका निष्पादन करते हैं। इस बार वे बेहतर प्रदर्शन करने का प्रयास करते हैं।
- अन्त में प्राध्यापक भूमिका निष्पादन से सीखे गये कौशल को समेकित करता है एवं सीख को प्रगाढ़ बनाता है।

7. प्रपत्र (Format)

प्रपत्र 12.1: भूमिका निर्वाह के दौरान विभिन्न पात्रों के प्रदर्शन का निरीक्षण

भूमिका निर्वाह के दौरान विभिन्न पात्रों के कार्य निष्पादन एवं व्यवहार का मूल्यांकन करने के लिए विभिन्न मापदण्ड तैयार कर उनकी निपुणता एवं व्यवहार का मूल्यांकन किया जा सकता है। निम्नलिखित नमूना प्रपत्र का उपयोग कर आप विद्यार्थियों की भूमिका निष्पादन की प्रभावशीलता का मूल्यांकन कर सकते हैं।

सूचक: 4-सर्वोच्च, 3-उच्च, 2-मध्यम, 1-निम्न

क्र.	*मापदण्ड*	*प्रभावशीलता*
1.	जाँच की अभिवृत्ति	
2.	योजनाबद्ध रूप से कार्य करने की अभिवृत्ति	
3.	सुरक्षा नियमों का पालन	
4.	अन्य के प्रति सम्मान	
5.	नजर अंदाज करने की अभिवृत्ति	
6.	टीम भावना	
7.	पर्यावरण सुरक्षा एवं संरक्षण की अभिवृत्ति	
8.	परिस्थिति के साथ सामंजस्य	
9.	अपव्यय रोकने एवं इसमें कमी लाने की अभिवृत्ति	
10.	अन्य के प्रति चिंता	
11.	विविधता का आदर	
12.	शुद्धता की अभिवृत्ति	
13.	प्रयोग करने की अभिवृत्ति	
14.	सेवाभाव	
15.	सहकारिता एवं सहकार्य की अभिवृत्ति	
16.	स्वच्छता की अभिवृत्ति	
17.	प्रभावी संप्रेषण के प्रति ध्यान	
18.	शुद्धता के साथ कार्य निष्पादन	
19.	उद्देश्यों की पूर्ति	
20.	सीख का मूल्यांकन	

प्रपत्र 12.2: भूमिका निर्वाह की प्रभावशीलता का मूल्यांकन

सीखने हेतु उपयोग की गई भूमिका निर्वाह विधि की प्रभावशीलता का मूल्यांकन निम्नलिखित प्रपत्र का उपयोग कर किया जा सकता है।

सूचक: 4-सर्वोत्तम, 3-उच्च, 2-मध्यम, 1-निम्न

क्र.	मापदण्ड	प्रभावशीलता
1.	सीखने के उद्देश्य का चयन	
2.	कार्यसंसार की परिस्थिति का चयन	
3.	कार्यसंसार की परिस्थिति एवं पात्रों की भूमिका का वर्णन	
4.	विद्यार्थियों को भूमिका आवटंन एवं मार्गदर्शन	
5.	भूमिका निर्वाह हेतु संसाधन एवं जगह का आयोजन	
6.	विद्यार्थियों को तैयारी हेतु दिया गया समय	
7.	विद्यार्थियों द्वारा भूमिका निष्पादन	
8.	प्राध्यापक एवं संसाधन व्यक्तियों द्वारा विद्यार्थियों के कार्य निष्पादन एवं व्यवहार निष्पादन एवं व्यवहार का निरीक्षण	
9.	भूमिका निष्पादन पूर्ण होने के पश्चात् अनुभवों का आदान-प्रदान	
10.	विद्यार्थियों को उनकी भूमिका निष्पादन पर दिया गया फीडबैक	
11.	पुनः भूमिका निष्पादन	
12.	सीख को समेकित करना एवं प्रगाढ़ बनाना	

8. अभ्यास प्रश्न (Practice Questions)

1. भूमिका निर्वाह को परिभाषित कीजिये।
2. भूमिका निर्वाह द्वारा किस प्रकार की निपुणताओं का विकास किया जाता है?
3. सीखने की भूमिका निर्वाह विधि के अन्य विधियों की तुलना में क्या लाभ है?
4. भूमिका निर्वाह विधि की संरचना करने के प्रमुख पदों की सूची बनाइये।
5. भूमिका निर्वाह विधि की संरचना करते समय किन बातों का ध्यान रखना चाहिये।
6. भूमिका निर्वाह द्वारा कौन-कौनसी मानसिक निपुणताओं का विकास किया जा सकता है?
7. भूमिका निर्वाह द्वारा कौन-कौनसी शारीरिक निपुणताओं का विकास किया जा सकता है?

8. भूमिका निर्वाह द्वारा कौन-कौन की अभिवृत्तियों का विकास किया जा सकता है?
9. भूमिका निर्वाह का वर्गीकरण कर प्रत्येक प्रकार का संक्षिप्त वर्णन कीजिये।
10. भूमिका निर्वाह हेतु किस प्रकार के संसाधनों की व्यवस्था की जाती है?
11. एक बार भूमिका निष्पादन करने के पश्चात् विद्यार्थियों को एक और अवसर क्यों दिया जाता है।

9. गतिविधियाँ (Activities)

गतिविधि 12.1: भूमिका निष्पादन हेतु परिस्थिति का वर्णन करना

सीखने के उद्देश्यों की पूर्ति हेतु वास्तविक कार्यसंसार से उपयुक्त कार्य परिस्थिति का चयन कर भूमिका निर्वाह करने हेतु उसका वर्णन करिये।

गतिविधि 12.2: भूमिका निष्पादन करना

सीखने के उद्देश्य प्राप्त करने हेतु विद्यार्थियों को परिस्थिति का लिखित विवरण दीजिये। उन्हें भूमिका निर्वाह हेतु तैयारी करने के लिए कहिये। साथ ही भूमिका निर्वाह हेतु उपयुक्त स्थल एवं समय का चयन कर विद्यार्थियों को भूमिका निर्वाह करने हेतु अवसर प्रदान करिये। भूमिका निष्पादन के दौरान विद्यार्थियों के व्यवहार का निरीक्षण कर उन्हें सीखने में सुधार लाने हेतु सकारात्मक एवं रचनात्मक फीडबैक प्रदान करिये।

गतिविधि 12.3: भूमिका निर्वाह का मूल्यांकन करना

आपके साथी प्राध्यापक द्वारा निर्धारित सीखने के उद्देश्यों को प्राप्त करने हेतु आयोजित किये गये भूमिका निर्वाह सत्र की प्रभावशीलता का मूल्यांकन करिये एवं सुधार लाने हेतु रचनात्मक फीडबैक प्रदान करिये।

13

प्रतिरूप
(Simulation)

सीखने के उद्देश्य (Learning Objectives)

इस अध्याय को पढ़ने के पश्चात् पाठक:

1. सीखने की प्रविधि में प्रतिरूप विधि के महत्व को बतला सकेंगे।
2. प्रतिरूप विधि के प्रकार बतला सकेंगे।
3. प्रतिरूप विधि के माध्यम से सिखायी जा सकने वाली निपुणताओं को सूचीबद्ध कर सकेंगे।
4. उन सिद्धांतों को सूचीबद्ध कर सकेंगे जिन पर प्रतिरूप विधि आधारित है।
5. प्रतिरूप विधि के प्रयोग में प्राध्यापक की भूमिका स्पष्ट कर सकेंगे।
6. प्रतिरूप विधि की प्रभावशीलता का मूल्यांकन कर सकेंगे।

1. प्रस्तावना (Introduction)

विद्यार्थी परिस्थिति की उत्तेजना के द्वारा कार्य करके एवं महसूस करके सीखते हैं। वे कार्य निष्पादन करना चाहते हैं एवं इस दौरान वे स्वयं कुछ खोजना चाहते हैं। वे सीखने एवं कार्य करने की खुशी एवं कष्ट को महसूस करना चाहते हैं। वे प्रयोग कर अनुभव प्राप्त करना चाहते हैं। वे चाहते हैं कि वास्तविक परिस्थिति से सीखे एवं कार्य की प्रक्रिया में सहभागी बन जायें। वे उनके द्वारा बनायी गयी योजना के परिणाम देखना चाहते हैं। परन्तु सीखने की वास्तविक परिस्थितियों में कई खतरे भी हैं। अत: विद्यार्थियों के लिए ऐसी परिस्थिति का निर्माण करने की आवश्यकता है जो जोखिम रहित हो एवं सीखने को भी मिले।

प्रतिरूप विधि के द्वारा वास्तविक जीवन के करीब की परिस्थिति का निर्माण किया जाता है जिसमें विद्यार्थी स्वयं कार्य एवं प्रयोग कर सीखते हैं। इस विधि में प्राध्यापक उन घटनाओं को भी जोड़ सकता है जो वर्तमान में प्रचलन में नहीं है परन्तु भविष्य की आवश्यकता है। इस विधि के माध्यम से विद्यार्थियों में सोचने एवं कार्य करने के कौशल का विकास किया जाता है। यह विधि विद्यार्थियों को वर्तमान के परे ले जाती है एवं भविष्य दृष्य तैयार करने में सहायता करती है। यह विधि विद्यार्थियों के सीखने की आन्तरिक इच्छा के करीब होती है। यह जोखिम भरी परिस्थितियों से संबंधित कौशल विकास को सरल बना देती है। इस विधि की क्षमता को देखते हुए इसका उपयोग शिक्षण एवं प्रशिक्षण हेतु किया जाता है। इस विधि के माध्यम से सीखने के तीनों क्षेत्रों में कौशल का विकास किया जाता है। इस विधि के माध्यम से सोचने, कार्य करने एवं महसूस करने की प्रक्रिया में तालमेल बैठाया जा सकता है।

2. प्रतिरूप के प्रकार (Types of Simulation)

जोखिम रहित सिखने के वातावरण में सीखाने हेतु प्राध्यापक कई प्रकार की प्रतिरूप विधियों का उपयोग कर सकता है। ये विधियाँ निम्नलिखित हैं:

- भूमिका निर्वाह,
- शैक्षणिक खेल,
- बाहरी प्रतिरूप,
- परस्पर वार्तालाप प्रयोग,
- कम्प्यूटर आधारित प्रतिरूप,
- इलेक्ट्रिकल मैकेनिकल मशीन प्रतिरूप।

3. प्रतिरूप विधि के माध्यम से सीख (Learning from Simulation)

वास्तविक कार्यसंसार में सीखना सर्वोत्तम माना जाता है परन्तु कई परिस्थितियों में सीखना संभव नहीं होता है। इन परिस्थितियों में निम्नलिखित कारकों के कारण सीखना संभव नहीं होता है:

- कार्यस्थल पर काफी अधिक आवाज,
- उत्पादन प्रक्रिया के कारण अत्यधिक धूल,
- उत्पादन प्रविधि जटिल एवं कठिन,
- उपकरणों का आकार अत्यधिक बढ़ा या छोटा,

- उत्पादन स्थल पर अत्यधिक तापमान,
- हानिकारक गैस एवं पदार्थों का रिसाव,
- प्रविधि पूर्ण होने में सूक्ष्म समय लगना,
- प्रविधि पूर्ण होने तक कार्यस्थल पर रुकना संभव नहीं,
- जोखिम भरी परिस्थिति, इत्यादि।

उपरोक्त कारकों के कारण परिस्थिति का प्रतिरूप तैयार करना आवश्यक होता है। यह प्रतिरूप कक्षा या प्रयोगशाला में सरलता से तैयार किया जा सकता है। विद्यार्थियों में उच्च स्तर के कौशल का विकास प्रतिरूप विधि द्वारा किया जाता है जो वास्तविकता के करीब होती है। इसके द्वारा सही अभिवृत्ति का विकास भी किया जाता है। इसके द्वारा अन्त: वैयक्तिक कौशल का विकास भी किया जाता है जो बहुराष्ट्रीय संस्थाओं में टीम में कार्य करने हेतु आवश्यक होते हैं। इन संस्थाओं में व्यक्ति अलग-अलग जाति, धर्म एवं संस्कृति से आते हैं। इस विधि के माध्यम से विद्यार्थियों को प्रयास एवं त्रुटि कर सीखने का अवसर प्राप्त होता है। प्रतिरूप विधि में कठिनाई को बढ़ाया जा सकता है जिससे विद्यार्थी कठिन परिस्थिति का सामना कर सके एवं उच्च स्तर के कौशल सीख सकें। कठिन एवं जटिल कार्य को करने हेतु विद्यार्थियों की प्रेरणा के स्तर को बढ़ाया जा सकता है। विद्यार्थियों को विभिन्न परिस्थितियों में रखा जा सकता है जिनमें वे नये विचारों की उत्पत्ति कर उनको लागू कर सके। इस विधि के माध्यम से विद्यार्थियों की सीख की प्रगति का मूल्यांकन भी किया जाता है। प्रतिरूप विधि निम्नलिखित सीखने की शैलियों एवं सिद्धांतों पर आधारित है:

- कार्य कर सीखना।
- त्रुटि कर सीखना।
- सोचकर सीखना।
- सीख पर पुनर्विचार कर सीखना।
- प्रयोग कर सीखना।
- परिणामों का विश्लेषण कर सीखना।
- कार्य की प्रगति से फीडबैक प्राप्त कर सीखना।
- अन्य व्यक्तियों से फीडबैक प्राप्त कर सीखना।

प्रतिरूप विधि वास्तविक कार्यसंसार के काफी करीब होती है, अत: इसके माध्यम से विद्यार्थियों में निम्नलिखित कौशल का विकास किया जा सकता है:

- नवीन विधियों का उपयोग कर समस्या हल करना।
- अनिश्चितता में निर्णय लेना।
- शारीरिक कौशल विकास की शुरुआत करना।
- विशिष्ट प्रयोजन हेतु परिकल्पना, सिद्धांत एवं विधियों को समेकित करना।
- जोखिम भरी परिस्थिति का सामना करने के लिए सही कौशल का विकास करना।
- उत्पाद को योजनाबद्ध रूप से बाजार में उतारना।
- शिकायतों का पेशेवर ढंग से निराकरण करना।
- ग्राहकों को बेहतर सेवा प्रदान करना।
- आधी-अधूरी जानकारी के आधार पर निर्णय लेना।
- जाँच करने की अभिवृत्ति का विकास करना।
- सोच एवं कार्य में तालमेल बैठाना।
- प्रबंध कौशल का विकास करना।
- अपरिचित परिस्थिति में नयी रणनीति की संरचना करना।
- संस्था में बदलाव को क्रियान्वित करना।
- ढाँचे, सॉफ्टवेअर, उत्पाद, रणनीति इत्यादि की संरचना करना।
- दुर्घटना या चोरी की जाँच करना।
- असफलता का विश्लेषण करना।
- व्यक्तित्व का विकास करना।
- अन्य व्यक्तियों की समस्याओं को समझना।

4. प्रतिरूप विधि के आयोजन एवं संचालन में प्राध्यापक की भूमिका (Role of a Teacher in Organising and Conducting Simulation)

प्रतिरूप विधि की संरचना करने, क्रियान्वित करने एवं मूल्यांकन करने में प्राध्यापक महत्वपूर्ण भूमिका अदा करता है। प्रतिरूप विधि का प्रभावी एवं दक्ष रूप से उपयोग करने के लिए प्राध्यापक को निम्नलिखित पदों का उपयोग करना चाहिये।

- प्रतिरूप विधि की संरचना करना।
- प्रतिरूप परिस्थिति में सीखने हेतु निदेश।
- प्रतिरूप विधि द्वारा सीखना।
- सीख को प्रगाढ़ बनाना।

प्रतिरूप विधि की संरचना करना

विद्यार्थियों की सीखने की आवश्यकता को ध्यान में रखते हुए वास्तविक कार्यसंसार से परिस्थिति का चयन कर प्राध्यापक प्रतिरूप की संरचना करता है। इस प्रतिरूप में सीखने हेतु पर्याप्त चुनौतियाँ एवं अवसर होते हैं। इस प्रतिरूप में सीखना थोड़ा कठिन होता हैं परन्तु सीखने के उद्देश्यों को प्राप्त किया जा सकता है। उदाहरण के लिए सीखने के उद्देश्य किसी प्रकरण की जाँच करने एवं प्रतिवेदन बनाने से सम्बद्ध है तो जाँच हेतु प्रतिरूप तैयार किया जा सकता है। यदि सीखने के उद्देश्य मानसिक क्षेत्र से सम्बद्ध है तो प्राध्यापक जानकारी प्रदान कर एवं भौतिक आयोजन करता है जिसमें विद्यार्थी पूर्व की सीख का उपयोग कर समस्या हल करते हैं, निर्णय लेते हैं, रणनीति तैयार करते हैं, बदलाव लाते हैं, वचनबद्धता प्राप्त करते हैं एवं वैकल्पिक रणनीति तैयार करते हैं। यदि प्राध्यापक वीडियों या कम्यूटर आधारित प्रतिरूप तैयार करते हैं तो उन्हें प्रतिरूप तैयार करते समय सीखने के सिद्धांतों का पालन करना चाहिये। कम्प्यूटर आधारित जीवंत प्रतिरूप सोचने के कौशल एवं सही अभिवृत्ति के विकास में सहायक होता है। यदि प्रतिरूप भूमिका निर्वाह से सम्बन्धित है तो पात्रों की भूमिका स्पष्टरूप से तैयार की जानी चाहये। प्रतिरूप हमेशा जीवंत एवं वास्तविक कार्यसंसार के करीब होना चाहिये।

प्रतिरूप परिस्थिति में कार्य करने हेतु निर्देश

प्राध्यापक द्वारा विद्यार्थियों को प्रतिरूप परिस्थिति में कार्य करने हेतु स्पष्ट निर्देश दिये जाते हैं। ये निर्देश प्रतिरूप परिस्थिति में सिद्धांतों का उपयोग करने से सम्बन्धित होते हैं। इसके अतिरिक्त वे बिन्दु भी होते हैं जिन पर सीखने की प्रक्रिया के दौरान अधिक ध्यान देने की आवश्यकता है। सीखने की प्रक्रिया के दौरान बरती जाने वाली सावधानियों के बारे में भी निर्देश दिये जाते हैं। प्रतिरूप परिस्थिति में निहित जोखिम एवं अनिश्चितता के बारे में भी विद्यार्थियों को बतलाया जाता है। विद्यार्थियों को उनकी भूमिका भी स्पष्ट की जाती है।

प्रतिरूप विधि के माध्यम से सीखना

प्रतिरूप परिस्थिति में जब विद्यार्थी कार्य करते हैं तब प्राध्यापक उनके निष्पादन के तरीके एवं कार्य सम्बंधी व्यवहार का निरीक्षण करते हैं। यह निरीक्षण पूर्व निर्धारित मापदण्डों पर किया जाता है एवं विद्यार्थियों के व्यवहार का मूल्यांकन किया जाता है। विद्यार्थियों की दक्षता के स्तर के आधार पर उन्हें सीखने में सुधार लाने हेतु सुधारात्मक एवं रचनात्मक फीडबैक प्रदान किया जाता है।

फीडबैक के आधार पर विद्यार्थी कार्य पद्धति में सुधार लाते हैं एवं प्राध्यापक से कौशल का मूल्यांकन करवाते हैं। यदि आवश्यक हुआ तो प्राध्यापक सीखने में सुधार लाने हेतु मार्गदर्शन भी प्रदान करते हैं। प्रतिरूप विधि द्वारा सीखना समाप्त होने पर प्राध्यापक विद्यार्थियों को अनुभव साझा करने हेतु अवसर प्रदान करते हैं। वे सीख को प्रगाढ़ भी बनाते हैं।

सीख को प्रगाढ़ बनाना

कई परिस्थितियों में सीखने की प्रक्रिया विभिन्न चरणों में पूरी की जाती है। सीखने की प्रक्रिया का प्रत्येक चरण पूर्ण होने के पश्चात् प्राध्यापक सीख का मूल्यांकन करता है एवं सीख को प्रगाढ़ करता है। वह सीख को वास्तविक कार्य संसार से जोड़कर उसके महत्व को बतलाता है। वह सीख में रह गयी कमियों को भी इंगित करता है एवं सुधार लाने हेतु फीडबैक प्रदान करता है। विद्यार्थियों के आचरण को भी दक्षता, प्रभावशीलता, कार्य संस्कृति इत्यादि के साथ जोड़कर देखा जाता है। अन्त में सीखे गये बिन्दुओं एवं निपुणताओं को समेकित किया जाता है।

5. सारांश (Summary)

- वास्तविक कार्य संसार से सम्बद्ध निपुणताओं का विकास करने के लिए प्रतिरूप विधि एक प्रभावी विधि है।
- प्रतिरूप विधि द्वारा सीखने के तीनों क्षेत्रों में निपुणताओं का विकास किया जा सकता है।
- प्रतिरूप विधि में सीखने की आवश्यकताओं को ध्यान में रखकर आवश्यकतानुसार बदलाव किये जा सकते हैं।
- वास्तविक कार्यसंसार की सीमाओं को इस विधि के द्वारा दूर किया जा सकता है।
- प्रतिरूप विधि कई प्रकार की होती है, जैसे भूमिका निर्वाह, शैक्षणिक खेल, कम्प्यूटर आधारित, वीडियो आधारित, इलेक्ट्रिकल-मैकेनिकल प्रतिरूप इत्यादि।
- प्रतिरूप विधि से सीखने के सिद्धांतों का समावेश होता है एवं इनका समावेश करके इस विधि की संरचना की जाती है।
- प्रतिरूप विधि के द्वारा विद्यार्थी उनकी सीख को सांझा करते हैं एवं प्राध्यापक सीख को प्रगाढ़ बनाता है।

6. प्रारूप (Format)

प्रारूप 13.1: प्रतिरूप विधि की प्रभावशीलता का मूल्यांकन

सीखने की प्रतिरूप विधि की प्रभावशीलता का मूल्यांकन निम्नलिखित प्रपत्र का उपयोग कर किया जा सकता है।

सूचक: 4-सर्वोत्तम, 3-उच्च, 2-मध्यम, 1-निम्न

क्र.	मापदण्ड	प्रभावशीलता
1.	सीखने के उद्देश्य का चयन	
2.	प्रतिरूप का चयन या संरचना	
3.	प्रतिरूप विधि द्वारा सीखने हेतु दिशा निर्देश	
4.	विद्यार्थियों को तैयारी हेतु दिया गया समय	
5.	विद्यार्थियों द्वारा अपनायी गयी सीखने की विधि	
6.	प्रतिरूप विधि से सीखने के दौरान प्राध्यापक द्वारा दिया गया मार्गदर्शन एवं फीडबैक	
7.	विद्यार्थियों का सीखने का स्तर	
8.	विद्यार्थियों को अनुभवों को सांझा करने हेतु दिया गया समय	
9.	फीडबैक के आधार पर लाया गया सुधार	
10.	सम्पूर्ण सीख को समेकित करने की विधि	

7. अभ्यास प्रश्न (Practice Questions)

1. सीखने की प्रतिरूप विधि को परिभाषित कीजिये।
2. प्रतिरूप विधि से किस प्रकार के कौशल का विकास किया जा सकता है?
3. प्रतिरूप विधि के अन्य विधियों की तुलना में क्या लाभ हैं।
4. प्रतिरूप विधि में सीखने के कौनसे सिद्धांतों का उपयोग होता है?
5. प्रतिरूप विधि के प्रकार बतलाइये।
6. प्रतिरूप विधि से सिखाते समय किन बातों का ध्यान रखा जाता है?
7. प्रतिरूप विधि संचालन में प्राध्यापक की भूमिका का वर्णन करिये।

8. गतिविधियाँ (Activities)

गतिविधि 13.1: प्रतिरूप विधि की संरचना करना

पाठ्यक्रम से उन निपुणताओं का चयन करिये जिन्हें प्रतिरूप विधि द्वारा प्रभावी रूप से विकसित किया जा सकता है। इन निपुणताओं के लिए प्रतिरूप विधि की संरचना कर क्रियान्वित कीजिये।

गतिविधि 13.2: प्रतिरूप विधि का मूल्यांकन करना

प्रपत्र 13.1 का उपयोग कर आपके द्वारा पूर्व में संचालित की गई प्रतिरूप विधियों का मूल्यांकन करिये। मूल्यांकन परिणामों के आधार पर इस विधि में सुधार लाने के उपाय सोचिये।

14

शैक्षणिक खेल
(Educational Games)

सीखने के उद्देश्य (Learning Objectives)

इस अध्याय को पढ़ने के पश्चात् पाठक:

1. सीखने की प्रविधि में शैक्षणिक खेल के महत्व को बतला सकेंगे।
2. शैक्षणिक खेल से विकसित किये जाने वाले कौशल को सूचीबद्ध कर सकेंगे।
3. शैक्षणिक खेल को परिभाषित कर सकेंगे।
4. शैक्षणिक खेल आयोजित कर सकेंगे।
5. शैक्षणिक खेल की प्रभावशीलता का मूल्यांकन कर सकेंगे।

1. प्रस्तावना (Introduction)

शैक्षणिक खेल के माध्यम से सक्रिय एवं जीवंत रूप से सीखने को मिलता है। शैक्षणिक खेल का मुख्य केन्द्र सीखना होता है, जबकि शारीरिक रूप से खेले जाने वाले खेल का केन्द्र स्वस्थ रहना होता है। विद्यार्थियों के लिए दोनों ही खेल महत्वपूर्ण एवं आवश्यक होते हैं। शैक्षणिक खेल के माध्यम से सीखने की चुनौतियाँ स्वीकार करने एवं उनको पूरा करने के अवसर उत्पन्न किये जाते हैं। शैक्षणिक खेल खेलते समय विद्यार्थी खेल का आनन्द लेते हैं एवं अन्य बातों को खेल के दौरान भूल जाते हैं। शैक्षणिक खेल के समय विद्यार्थी तनाव रहित रहते हैं। शैक्षणिक खेल विधि के माध्यम से सीखने की प्रविधि में बदलाव भी आता है। वास्तव में इनके द्वारा आगे सीखने हेतु उर्जा प्राप्त होती है, इनके माध्यम से जो कुछ सीखा है उसका प्रयोग करने, अभ्यास करने एवं

पूर्व सीख को परिष्कृत करने का अवसर प्राप्त होता है। इसके माध्यम से विद्यार्थी एवं प्राध्यापक निपुणता एवं प्रवीणता के स्तर को बढ़ाते हैं।

शैक्षणिक खेल सीखने हेतु प्राकृतिक वातावरण का निर्माण करते हैं। सुव्यवस्थित ढंग से तैयार एवं संचालित किये गये शैक्षणिक खेल विद्यार्थियों को योजना बनाने, प्रयास करने, अनुभव करने, मान्यता प्राप्त करने, प्रयोग करने, अनुभव करने, पुरस्कार जीतने एवं आलोचना सुनने के अवसर प्रदान करते हैं ताकि विद्यार्थी सीख को प्रगाढ़ बना सके। शैक्षणिक खेल सीखने हेतु आनन्दमय वातावरण का निर्माण करते हैं। इनके माध्यम से सीखने की जवाबदारी एवं स्वयं सीखने की आदत को बढ़ावा मिलता है।

2. शैक्षणिक खेल से सीख (Learning from Games)

शैक्षणिक खेल के माध्यम से उच्च स्तर के विविध प्रकार के कौशल का विकास किया जाता है। प्रशिक्षित प्राध्यापक शैक्षणिक खेल का उपयोग विशिष्ट कौशल की गहरी सीख, सिद्धांत को प्रगाढ़ बनाने, सिद्धांत की खोज करने एवं सीख का मूल्यांकन करने हेतु करते हैं। यह विद्यार्थियों को सीखने की प्रक्रिया में सहभागी बनाने एवं उनकी सीखने की क्षमता का दोहन करने की अच्छी विधि है। इस विधि द्वारा विकसित किये जाने वाले कौशल की सूची निम्नलिखित है:

मानसिक क्षेत्र के कौशल

- परिस्थिति के परिपेक्ष्य में सोचना।
- दो या अधिक प्रक्रियाओं की तुलना करना।
- पूर्व की सीख का विभिन्न परिस्थितियों में उपयोग करना।
- परिस्थिति या रणनीति का विश्लेषण करना।
- रणनीति की संरचना करना।
- अनुमान लगाना एवं भविष्य दृश्य तैयार करना।
- नवीन विधियों का उपयोग कर समस्या हल करना।
- अनिश्चितता में निर्णय लेना।
- असफलता का विश्लेषण करना।
- अनिश्चितता का मुकाबला करना।
- नये उत्पाद, मशीन, साफ्टवेअर, प्रक्रिया, रणनीति की संरचना करना।

शारीरिक क्षेत्र के कौशल

- किसी उत्पाद या सेवा की शुद्धता सुनिश्चित करना।
- परिस्थिति या सोच को परिभाषित करना।
- शारीरिक कौशल का सहज रूप से उपयोग करना।

अभिवृत्ति से सम्बद्ध कौशल

- जोखिम भरी परिस्थिति का सामना सही पद्धति से करना।
- जाँच करने की अभिवृत्ति का प्रदर्शन।
- सोच एवं कार्य में तालमेल बैठाना।
- सुरक्षा नियमों का पालन करना।
- वैयक्तिक कौशल।
- प्रभावी सम्प्रेषण करना।
- दी गई परिस्थिति में समझौता करना।
- तोल-मोल करना।
- कार्य सम्बन्ध स्थापित करना।

पेशेवर कौशल

- चुनौतियाँ स्वीकार करना।
- प्रतिस्पर्धा में भाग लेना।
- परिस्थिति के साथ चलना।
- अनिश्चितता में दक्ष रूप से कार्य करना।
- उत्पाद एवं सेवा गुणवत्ता बढ़ाना।
- अपव्यय को रोकना।
- रणनीति तैयार करना।

3. शैक्षणिक खेल की परिभाषा (Definition of Educational Games)

पूर्व निर्धारित निपुणता एवं प्रवीणता का विकास करने हेतु परिस्थितियों की संरचना कर क्रियान्वित करना जिसमें विद्यार्थियों के एक से अधिक दल भाग लेकर सीख सकें। विद्यार्थी शैक्षणिक खेल में भाग लेने हेतु तैयारी करते हैं एवं उनके ज्ञान, कौशल एवं अनुभव का उपयोग खेल को जीतने के लिए करते हैं। विद्यार्थी सोच, सृजनशीलता एवं कल्पना शक्ति का उपयोग खेल को जीतने की रणनीति बनाने हेतु करते हैं। वे प्रतिस्पर्धात्मक वातावरण में जीतने की भावना के साथ शैक्षणिक खेल में भाग लेते हैं। वे पूर्व की सीख को समेकित करते

हैं एवं वर्तमान परिस्थिति में इसका उपयोग करते हैं। वे परिस्थिति की बदलती हुई माँग की आवश्यकता के अनुसार रणनीति तैयार करते हैं। इस विधि के माध्यम से सीखने की जवाबदारी विद्यार्थियों को सौंपी जाती है। यह विधि सरल एवं सस्ती है। कोई भी प्रशिक्षित प्राध्यापक इस विधि की संरचना कर सकता है। सामान्यतया शैक्षणिक खेल 10 से 60 मिनट की अवधि के रखे जाते हैं। खेल के साथ-साथ इसमें भाग लेने के नियम एवं शर्तें भी तैयार की जाती हैं ताकि खेल के दौरान अनुशासन रखा जा सके।

4. शैक्षणिक खेल की संरचना एवं संचालन (Designing and Conducting Educational Games)

शैक्षणिक खेल की संरचना एवं संचालन करने में प्राध्यापक की महत्वपूर्ण भूमिका होती है। शैक्षणिक खेल के आयोजन के महत्वपूर्ण पदों का संक्षिप्त विवरण निम्नलिखित है।

शैक्षणिक खेल की संरचना करना

शैक्षणिक खेल की संरचना सीखने के उद्देश्यों पर निर्भर करती है। विभिन्न विषयों में कई खेल बने बनाये उपलब्ध होते हैं तो कई की संरचना करना होती है। शैक्षणिक खेल की संरचना करने में प्राध्यापक की योग्यता अनुभव एवं प्रशिक्षण का महत्व होता है। अनुभवी एवं प्रशिक्षित प्राध्यापक चुनौतीपूर्ण, रुचिकर एवं प्रेरणादायक खेलों की रचना कर सकते हैं। खेल की संरचना की प्रभावशीलता प्राध्यापक की सृजनशीलता पर भी निर्भर करती है। शैक्षणिक खेलों की एक लम्बीशृंखला तैयार की जा सकती है जो इस प्रकार है: नये शब्दों को ज्ञात कर उनको परिभाषित करना, नये शब्दों का उपयोग करना, मशीन के पुर्जों का या मशीन का उपयोग करना, किसी मशीन का उपयोग करने में बरती जाने वाली सावधानियाँ, मशीन के प्रकार, पद्धति आधारित, प्रश्न उत्तर आधारित, किसी वस्तु का उत्पादन, किसी उत्पाद की संरचना, प्रक्रिया में लगने वाले समय में कमी लाना, तकनालॉजी एवं तकनीक को बेहतर बनाकर समय, प्रयास एवं धन की बचत करना, सूक्ष्म निरीक्षण करना, कमी ज्ञात करना इत्यादि। शैक्षणिक खेल की संरचना सीखने के सिद्धांतों को ध्यान में रखकर करना चाहिये। प्रत्येक खेल एवं इसमें भाग लेने के नियम विद्यार्थियों को स्पष्ट होने चाहिये। खेल के द्वारा तैयारी करने, प्रतिस्पर्धा में भाग लेने, चुनौती

स्वीकार करने एवं जीतने की भावना का विकास होना चाहिये। इसके माध्यम से टीम भावना, सकारात्मक अभिवृत्ति, आगे सीखने की प्रवृत्ति एवं जानकारी को खोजने की प्रवृत्ति का विकास भी होना चाहिये। प्रत्येक खेल का लिखित विवरण तैयार कर विद्यार्थियों को दिया जाना चाहिये।

शैक्षणिक खेल के नियम बनाना

शैक्षणिक खेल के नियम कम से कम होना चाहिये एवं कार्य सम्पादन हेतु मापदण्ड एवं कार्य व्यवहार हेतु शर्तें तैयार की जानी चाहिये। खेल में भाग लेने की न्यूनतम योग्यता, मापदण्ड एवं शर्तें विद्यार्थियों को लिखित रूप में दी जानी चाहिये। खेल के मापदण्डों एवं शर्तों में कठिन एवं जटिल शब्दों, लम्बे वाक्यों एवं तकनीकी शब्दों का उपयोग नहीं करना चाहिये। सभी प्रतिभागियों के नियम एक समान होने चाहिये। विद्यार्थियों की सीख का मूल्यांकन करने के मापदण्ड विशिष्ट होना चाहिये एवं इनको भी खेल शुरू करने के पूर्व विद्यार्थियों को बतला देना चाहिये।

सीखने वाली टीम बनाना

शैक्षणिक खेल व्यक्तिगत रूप से एवं टीम में खेला जा सकता है। सीखने की आवश्यकता समय एवं संसाधनों की उपलब्धता का ध्यान में रखते हुए प्राध्यापक खेल की रणनीति तैयार करता है। टीम को इस प्रकार बनाया जाता है कि तकनीकी कौशल के साथ-साथ पेशेवर, सामाजिक एवं प्रबंध कौशल का विकास किया जा सके। साथ ही टीम में सीखने के विभिन्न आयामों, सृजनशीलता, तर्क एवं विश्लेषण का उपयोग करने के भी अवसर हो। सीखने की आवश्यकता को ध्यान में रखते हुए सभी बुद्धिमान विद्यार्थियों की टीम, मिश्रित टीम या एक जैसे स्तर वाले विद्यार्थियों की टीम बनायी जाती है। विद्यार्थियों की रुचि, योग्यता एवं आकाँक्षा को ध्यान में रखकर भी टीम बनायी जाती है।

खेल के नियमों एवं सीख के बारे में बतलाना शैक्षणिक खेल से सम्बंधित सभी नियमों, मापदण्डों, आचरण इत्यादि के बारे में विद्यार्थियों को लिखित रूप से एवं मौखिक रूप से बतलाइये। उन्हें संसाधनों की उपलब्धता के बारे में भी बतलाना चाहिये। उन्हें सभी नियम एवं शर्तें समझ में आ गयी हैं यह सुनिश्चित करना चाहिये। उन्हें खेल के अपेक्षित परिणाम एवं सीख के बारे में भी बतलाना चाहिये वरना खेल से वाँच्छित योग्यताओं का विकास

नहीं होगा। विद्यार्थियों को खेल जीतने के पुरस्कार एवं उसके महत्व भी मालूम होने चाहिये।

संसाधनों का आयोजन

खेल की आवश्यकता को ध्यान में रखते हुए जगह एवं संसाधनों का आयोजन करना चाहिये ताकि खेल में किसी प्रकार की रुकावट नहीं आये। यदि विद्यार्थियों के व्यवहार एवं सीख का मूल्यांकन करना है तो पूर्व से निरीक्षक एवं निरीक्षण प्रपत्र तैयार रहना चाहिये। यदि निर्णायक की आवश्यकता है तो वह भी समय पर उपलब्ध रहना चाहिये एवं उसे भूमिका स्पष्ट होनी चाहिये। निर्णायक का निर्णय स्वतंत्र एवं पारदर्शी होना चाहिये।

शैक्षणिक खेल का आयोजन

प्राध्यापक द्वारा दिये गये मार्गदर्शन के आधार पर विद्यार्थी खेल में भाग लेने की तैयारी करते हैं। वे खेल को जीतने की रणनीति बनाते हैं जो कि लचीली एवं परिस्थिति की आवश्यकता के अनुरूप होती है। खेल खेलते समय विद्यार्थी विरोधी टीम की रणनीति का अनुमान लगाते है एवं अपनी रणनीति में सुधार लाते हैं। वे प्रगति का मूल्यांकन करते हैं एवं प्रगति के अनुसार आगे की रणनीति तैयार करते हैं। वे विरोधी टीम की रणनीति का मूल्यांकन करते हैं एवं उनकी रणनीति में बदलाव लाते हैं। खेल खेलते समय वे आत्मविश्वास, मनोबल एवं सावधानी का प्रदर्शन करते हैं। वे साथी सदस्य से शाब्दिक एवं अशाब्दिक रूप से संप्रेषण करना सीखते है। वे लय एवं ताल के साथ समेकित रूप से आगे बढ़ना सीखते हैं। वे उनके द्वारा की गई भूल, त्रुटि एवं चूक का अनुभव भी करते हैं। विद्यार्थी खेल को अन्त तक खेलते हैं, सीखते हैं एवं आनन्द लेते हैं। निरीक्षक, निर्णायक एवं प्राध्यापक विद्यार्थियों के कार्य एवं कार्य सम्बन्धी व्यवहार का निरीक्षण करते हैं एवं इसे निर्धारित प्रपत्र में दर्ज करते हैं।

सीखने के अनुभवों को सांझा करना

अन्त में प्राध्यापक शैक्षणिक खेल से प्राप्त हुए अनुभवों एवं सीख को सांझा करने हेतु एक सत्र का आयोजन करता है, जिसमें विद्यार्थी सीखने के अनुभव, सीखने के तरीके, खेल की अनुभूतियों, टीम के सदस्यों के व्यवहार खेल के दौरान आयी समस्याओं, समस्याओं को हल करने हेतु अपनाये गये तरीकों, इत्यादि के बारे में उनके अनुभवों को सांझा करते हैं।

निरीक्षण एवं निर्णायक भी उनके द्वारा किये गये अवलोकन को सांझा करते है। अन्त में प्राध्यापक सीख को प्रगाढ़ बनाता है एवं सीख को सिद्धांत एवं वास्तविक कार्य संसार से जोड़कर शैक्षणिक खेल के महत्व को स्पष्ट करता है।

5. शैक्षणिक खेल के आयोजन में प्राध्यापक की भूमिका (Role of a Teacher in Organizing Educational Games)

शैक्षणिक खेल के सफल आयोजन में प्राध्यापक की महत्वपूर्ण भूमिका होती है। सर्वप्रथम प्राध्यापक सीखने के उन उद्देश्यों को ज्ञात करता है जिन्हें शैक्षणिक खेल के माध्यम से प्रभावी रूप से प्राप्त किया जा सकता है। इन उद्देश्यों के आधार पर उपयुक्त खेल का चयन या नये खेल की संरचना की जाती है। नये खेल की संरचना में सीखने के उद्देश्य, खेल, नियम, आचरण, मूल्यांकन के मापदण्ड एवं शर्तों को तैयार किया जाता है। तत्पश्चात् प्राध्यापक विद्यार्थियों की टीम बनाकर उन्हें निर्देश एवं मार्गदर्शन प्रदान करता है। वह खेल के आयोजन हेतु संसाधन व्यक्ति एवं भौतिक संसाधन जुटाता है। जब विद्यार्थी शैक्षणिक खेल खेलते हैं तब वह खेल का एवं विद्यार्थियों के व्यवहार का सूक्ष्म निरीक्षण करता है। वह विद्यार्थियों के कार्य के निरीक्षण के आधार पर सीख का मूल्यांकन करता है एवं सीख में रह गयी कमियों को ज्ञात कर उन्हें पूरा करता है। वह विद्यार्थियों को आगे सीखने हेतु सोचने के मुद्दें एवं प्रश्न देता है। शैक्षणिक खेल के प्रबंधन में प्राध्यापक प्रभावी भूमिका निभाकर सीख को यादगार अनुभव में परिवर्तित करता है।

6. सारांश (Summary)

- शैक्षणिक खेल पूर्व की सीख का उपयोग करने एवं आगे सीखने हेतु विद्यार्थियों को सीखने के अवसर प्रदान करते हैं।
- ये खेल मूल निपुणताओं के साथ-साथ सहउत्पाद के रूप में कई अन्य निपुणताओं एवं कौशल का विकास भी करते हैं।
- एक विषय विशेषज्ञ, अनुभवी एवं प्रशिक्षित प्राध्यापक शैक्षणिक खेल की संरचना करता है, इसको आयोजित करता है, विद्यार्थियों की सीख का मूल्यांकन करता है एवं खेल की प्रभावशीलता का भी मूल्यांकन करता है।

- शैक्षणिक खेल मानसिक, शारीरिक एवं कम्प्यूटर आधारित हो सकते है।
- खेल के माध्यम से सीखने की प्रक्रिया को रुचिकर, चुनौतिपूर्ण एवं सहभागी बनाया जाता है।

7. प्रपत्र (Format)

प्रपत्र 14.1: शैक्षणिक खेल के माध्यम से विद्यार्थियों की सीख का मूल्यांकन

शैक्षणिक खेल के माध्यम से विद्यार्थियों की विभिन्न निपुणताओं पर सीख का मूल्यांकन किया जा सकता है। निम्नलिखित नमूना प्रपत्र का उपयोग कर आप विद्यार्थियों के कौशल का स्तर ज्ञात कर उन्हें निपुणताओं का विकास करने हेतु सकारात्मक एवं रचनात्मक फीडबैक प्रदान कर सकते हैं।

सूचक: 4-सर्वोच्च, 3-उच्च, 2-मध्यम, 1-निम्न

क्र.	मापदण्ड	प्रभावशीलता
1.	योजना बनाना	
2.	तुलना करना	
3.	विश्लेषण करना	
4.	अनुमान लगाना	
5.	भविष्य दृश्य तैयार करना	
6.	रणनीति तैयार करना	
7.	चुनौती स्वीकार करना	
8.	अनिश्चितता का सामना करना	
9.	निर्णय लेना	
10.	मूल्यांकन करना	
11.	जोखिम उठाना	
12.	संप्रेषण करना	
13.	प्रश्न करना	
14.	उत्तर देना	
15.	समझौता करना	
16.	नेतृत्व करना	
17.	टीम भावना का प्रदर्शन करना	
18.	नवाचार की संरचना करना	
19.	पूर्व सीख का उपयोग करना	
20.	सकारात्मक सोच एवं अभिवृत्ति का प्रदर्शन करना	

प्रपत्र 14.2: शैक्षणिक खेल विधि का मूल्यांकन

शैक्षणिक खेल विधि का मूल्यांकन निम्नलिखित प्रपत्र का उपयोग कर किया जा सकता है।

सूचक: 4-सर्वोच्च, 3-उच्च, 2-मध्यम, 1-निम्न

क्र.	मापदण्ड	प्रभावशीलता
1.	सीखने के उद्देश्य का चयन	
2.	शैक्षणिक खेल की संरचना	
3.	शैक्षणिक खेल में भाग लेने हेतु मापदण्ड, नियम एवं शर्तें	
4.	संसाधनों का आयोजन	
5.	शैक्षणिक खेल का आयोजन	
6.	शैक्षणिक खेल से सीखने का स्तर	
7.	शैक्षणिक खेल की प्रक्रिया से विकसित कौशल	
8.	विद्यार्थियों की रुचि एवं ऊर्जा का स्तर	
9.	अनुभवों को सांझा करने के अवसर	
10.	सीख में सुधार लाने हेतु दिया गया फीडबैक	

8. अभ्यास प्रश्न (Practice Questions)

1. शैक्षणिक खेल को परिभाषित कीजिये।
2. शैक्षणिक खेल के प्रकार बतलाइये।
3. शैक्षणिक खेल सिखाने की प्रक्रिया में प्राध्यापकों की भूमिका बतलाइये।
4. शैक्षणिक खेल का वर्गीकरण करने के मापदण्ड बतलाइये।
5. शैक्षणिक खेल के विभिन्न प्रकार बतलाइये।
6. शैक्षणिक खेल से मानसिक क्षेत्र के कौनसे कौशल का विकास किया जा सकता है?
7. शैक्षणिक खेल से कौनसे पेशेवर कौशल का विकास किया जा सकता है?
8. शैक्षणिक खेल की संरचना करते समय प्राध्यापक को किन बातों का ध्यान रखना चाहिये?

9. गतिविधियाँ (Activities)

गतिविधि 14.1: शैक्षणिक खेल की संरचना तैयार करना

आप जिस विषय को विद्यार्थियों को पढ़ा रहे हैं, उसमें से उन सीखने के उद्देश्यों/विषयवस्तु का चयन करिये जिसका विकास शैक्षणिक खेल के माध्यम से

प्रभावी रूप से किया जा सकता है। इन उद्देश्यों को प्राप्त करने के लिए शैक्षणिक खेल की संरचना करिये।

गतिविधि 14.2: विद्यार्थियों की सीख का मूल्यांकन करना

शैक्षणिक खेल के आयोजन के दौरान प्रपत्र 14.1 का उपयोग कर विद्यार्थियों की सीख का मूल्यांकन करिये एवं सीख में रह गयी कमी को पूरा करने के लिए उपचारात्मक योजना बनाइये।

गतिविधि 14.3: शैक्षणिक खेल की प्रभावशीलता का मूल्यांकन करना

आपके द्वारा आयोजित किये गये शैक्षणिक खेलों की प्रभावशीलता को मूल्यांकन प्रपत्र 14.2 में दिये गये मापदण्डों का उपयोग कर ज्ञात कीजिये। इस विधि की प्रभावशीलता को बढ़ाने के उपाय सोचिये।

15

बल क्षेत्र विश्लेषण
(Force Field Analysis)

सीखने के उद्देश्य (Learning Objectives)

इस अध्याय को पढ़ने के पश्चात् पाठक:

1. बल क्षेत्र विश्लेषण विधि को परिभाषित कर सकेंगे।
2. बल क्षेत्र विश्लेषण विधि के महत्व बतला सकेंगे।
3. बल क्षेत्र विश्लेषण विधि के विभिन्न पदों का विवरण दे सकेंगे।
4. बल क्षेत्र विधि का मूल्यांकन कर सकेंगे।

1. प्रस्तावना (Introduction)

विद्यार्थियों को मानसिक क्षेत्र में अनेक कौशल का विकास करना होता है। ये कौशल हैं: योजना बनाना, निर्णय लेना, समस्या का समाधान खोजना, रणनीति तैयार करना इत्यादि। वास्तविक जीवन की परिस्थितियों में उन्हें कर्मचारियों की सहभागिता से इस प्रकार के कार्य करने होते हैं। किसी भी योजना के क्रियान्वयन में कर्मचारियों की सहभागिता महत्वपूर्ण होती है। बल क्षेत्र विश्लेषण विधि मानसिक क्षेत्र एवं भावनात्मक क्षेत्र के कौशल को सीखने एवं उनका अभ्यास करने की एक सहभागी विधि है। इसके उपयोग से विद्यार्थियों में सोचने, विश्लेषण करने, जोड़ने, मूल्यांकन करने एवं तर्क करने सम्बन्धी कौशल का विकास किया जाता है। किसी परिस्थिति विशेष में इसके माध्यम से संप्रेषण कौशल का विकास भी किया जाता है। इसके माध्यम से अकेले एवं समूह में सोचने एवं सीखने के अवसर तैयार किये जाते हैं।

विद्यार्थी दो समूहों में कार्य करते हैं अत: इस विधि के माध्यम से सहयोग करने, टीम भावना, विश्वास करने, सहकार्य करने, जीतने की भावना का विकास करने से सम्बन्धी कौशल का विकास किया जाता है। इस विधि का विकास कर्ट लिविन ने किया था, जो एक समाजशास्त्री एवं मनोवैज्ञानिक हैं। यह एक प्रविधि है जिसमें विद्यार्थी विशिष्ट परिस्थिति का अध्ययन करते हैं एवं परिस्थिति को प्रभावित करने वाले सभी कारकों को ज्ञात करते हैं।

2. बल क्षेत्र विश्लेषण विधि के उपयोग हेतु विभिन्न पद (Steps to Use Force Field Analysis)

प्राध्यापक बल क्षेत्र विश्लेषण विधि के बारे में विद्यार्थियों को योजनाबद्ध रूप से समझाता है। इस विधि का उपयोग कक्षा, प्रयोगशाला या खुले मैदान में भी किया जा सकता है। इस विधि के उपयोग के निम्नलिखित पद हैं:

बल क्षेत्र विश्लेषण हेतु तैयारी

प्राध्यापक वास्तविक कार्यसंसार से उपयुक्त परिस्थिति का चयन करता है जो सीखने के उद्देश्यों से सम्बधित होती है। यह परिस्थिति योजना बनाने, निर्णय लेने, समस्या हल करने, मतभेद दूर करने, सहमति प्राप्त करने, वचनबद्धता प्राप्त करने, एवं समझौता करने से सम्बद्ध हो सकती है। यह परिस्थिति पर्यावरण, प्रौद्योगिकी, सुरक्षा, मनोविज्ञान, नयी तकनालॉजी एवं तकनीकों को लागू करने, कार्य पद्धति में बदलाव लाने, कर्मचारियों के व्यक्तिगत मामलों, अन्य संस्थाओं के साथ सहकार्य इत्यादि से सम्बन्धित हो सकती है। प्राध्यापक परिस्थिति का विवरण इस प्रकार तैयार करता है कि यह विद्यार्थियों की सीख के स्तर के अनुरूप हो एवं सीखने के उद्देश्यों को प्राप्त करने में सहायक हो। प्राध्यापक विद्यार्थियों को दो समूहों में विभाजित करता है। वह एक समूह को दी गई परिस्थिति के सहायक बल एवं दूसरे समूह को विरोधी बल ज्ञात कर उनका विश्लेषण करने हेतु कहता है। सामान्यतया एक समूह में 5 से 10 विद्यार्थियों को रखा जाता है। यदि एक बैच में 20 से अधिक विद्यार्थी होते हैं तो एक से अधिक परिस्थितियों पर कार्य करने हेतु समूह तैयार किये जाते हैं। कार्यसंसार से चुनी गई सभी परिस्थितियों पर विद्यार्थी अलग-अलग समूह में एक ही समय कार्य करते हैं। दूसरे शब्दों में विद्यार्थी समानान्तर रूप से सीखते हैं।

समूहों को परिस्थिति से परिचित करवाना

प्राध्यापक विद्यार्थियों को उनके समूहों के बारे में जानकारी प्रदान करता है एवं प्रत्येक समूह को परिस्थिति का लिखित वर्णन प्रदान करता है। वह परिस्थिति के बारे में मौखिक रूप से भी बतलाता है। वह विद्यार्थियों को निम्नलिखित बातें स्पष्ट करता है:

- बल क्षेत्र विश्लेषण विधि का महत्व,
- परिस्थिति का सम्पूर्ण विवरण,
- परिस्थिति से सीखने की विधि,
- सीखने की प्रक्रिया से अपेक्षित परिणाम,
- सीख का प्रस्तुतिकरण,
- सीख पर चर्चा,
- विभिन्न बलों के प्रभाव को बढ़ाने एवं कम करने की रणनीतियाँ,
- बदलाव को सफल बनाने की संरचना।

प्राध्यापक विद्यार्थियों को आवश्यक संसाधन, जैसे फ्लिप चार्ट, ट्रान्सपरेन्सी एवं पावर प्वाइन्ट तैयार करने हेतु कम्प्यूटर उपलब्ध करवाता है।

विद्यार्थियों द्वारा परिस्थिति को समझना

विद्यार्थी प्राध्यापक द्वारा दी गई परिस्थिति के विवरण को पढ़ते हैं एवं उनकी सीख के परिपेक्ष्य में इसका विश्लेषण करते हैं। वे प्राध्यापक द्वारा दिये गये दिशा-निर्देशों को भी समझते हैं। वे दी गई परिस्थिति एवं नियमों को ध्यान में रखकर बदलाव बल इनकी तीव्रता एवं परिस्थिति पर प्रभाव ज्ञात करते हैं। वे सहयोगात्मक बदलाव बल का परिस्थिति के पक्ष में उपयोग करने एवं विरोधात्मक बल की तीव्रता एवं प्रभाव को कम करने की रणनीति भी तैयार करते हैं। सीखने की सम्पूर्ण प्रक्रिया में वे सृजनशीलता, विश्लेषण, तर्क, मूल्यांकन एवं सत्यापन विधियों का उपयोग करते हैं। इस प्रक्रिया से निकलने के पश्चात् वे प्रस्तुतिकरण की तैयारी करते हैं।

क्षेत्र बल का प्रस्तुतिकरण

क्षेत्र बल का प्रस्तुतिकरण करने के पूर्व विद्यार्थी पुनरावृत्ति को दूर करते हैं, बलों एवं शब्दों को पुनः परिभाषित करते हैं, क्रमबद्ध करते हैं एवं यदि आवश्यक हुआ तो दो बलों का वर्गीकरण भी करते हैं। सभी बातों को परिस्थिति के परिपेक्ष्य में देखा जाता है एवं परिष्कृत किया जाता है। समूह के सभी सदस्यों की इन पर सहमति प्राप्त की जाती है।

अन्त में निर्धारित समय एवं स्थान पर सभी समूह एकत्रित होते हैं एवं प्रस्तुतिकरण योजना के अनुसार प्रत्येक समूह किये गये कार्य एवं उसके परिणाम पर प्रस्तुतिकरण करता है। यह समूह अन्य समूहों की प्रतिक्रिया प्राप्त करता है एवं किये गये कार्य में सुधार लाता है। यदि आवश्यक हुआ तो प्रश्नों के जवाब भी देता है एवं उठाये गये मुद्दों पर स्पष्टीकरण भी देता है। इसी प्रक्रिया को सभी समूह दोहराते हैं। जब सभी समूहों का प्रस्तुतिकरण पूर्ण हो जाता है तब प्राध्यापक भी अपना विचार प्रस्तुत करता है एवं सीख को समेकित करता है। प्राध्यापक विद्यार्थियों के द्वारा ज्ञात किये गये बलों के आधार पर रणनीति को भी अन्तिम रूप देने को कहता है। विद्यार्थी पुनः रणनीति पर कार्य कर इसे परिशोधित करते हैं। विद्यार्थी सहयोगी बल का उपयोग करने एवं विरोधी बल का प्रभाव कम करने के लिए वैकल्पिक रणनीति भी तैयार करते हैं। रणनीतियाँ बनाते समय यह भी संभव है कि एक रणनीति कई बल के लिए कारगर हो या कई रणनीतियाँ एक बल के लिए आवश्यक हो। विद्यार्थी अपने समूह में इन रणनीतियों को अन्तिम रूप देते हैं।

विद्यार्थियों के सभी समूह पुनः निश्चित स्थान एवं समय पर एकत्रित होकर रणनीतियों पर प्रस्तुतिकरण देते हैं, अन्य समूहों की प्रतिक्रिया प्राप्त करते हैं एवं रणनीतियों को परिस्कृत करते हैं। सभी विद्यार्थियों का प्रस्तुतिकरण समाप्त होने पर प्राध्यापक क्षेत्र बल विश्लेषण से हुई सीख को एकीकृत करता है, सीखने में रह गयी कमी को पूरा करता है एवं सीख को आगे बढ़ाने के सुझाव देता है।

3. बल क्षेत्र विश्लेषण का उदाहरण (Example of Force Field Analysis)

तकनीकी संस्थाओं में विद्यार्थी केन्द्रित सीखने की विधियों को क्रियान्वित करने का एक उदारहण चित्र 15.1 में प्रस्तुत किया गया है।

4. सारांश (Summary)

- बल क्षेत्र विश्लेषण विधि के द्वारा विद्यार्थियों के मानसिक क्षेत्र के कौशल का विकास किया जाता है एवं उनको परिष्कृत किया जाता है।
- बल क्षेत्र विश्लेषण विधि विद्यार्थी केन्द्रित सीखने की विधि है। इसके माध्यम से विद्यार्थी सीख का उपयोग वास्तविक परिस्थिति का निपटान करने में करते हैं।

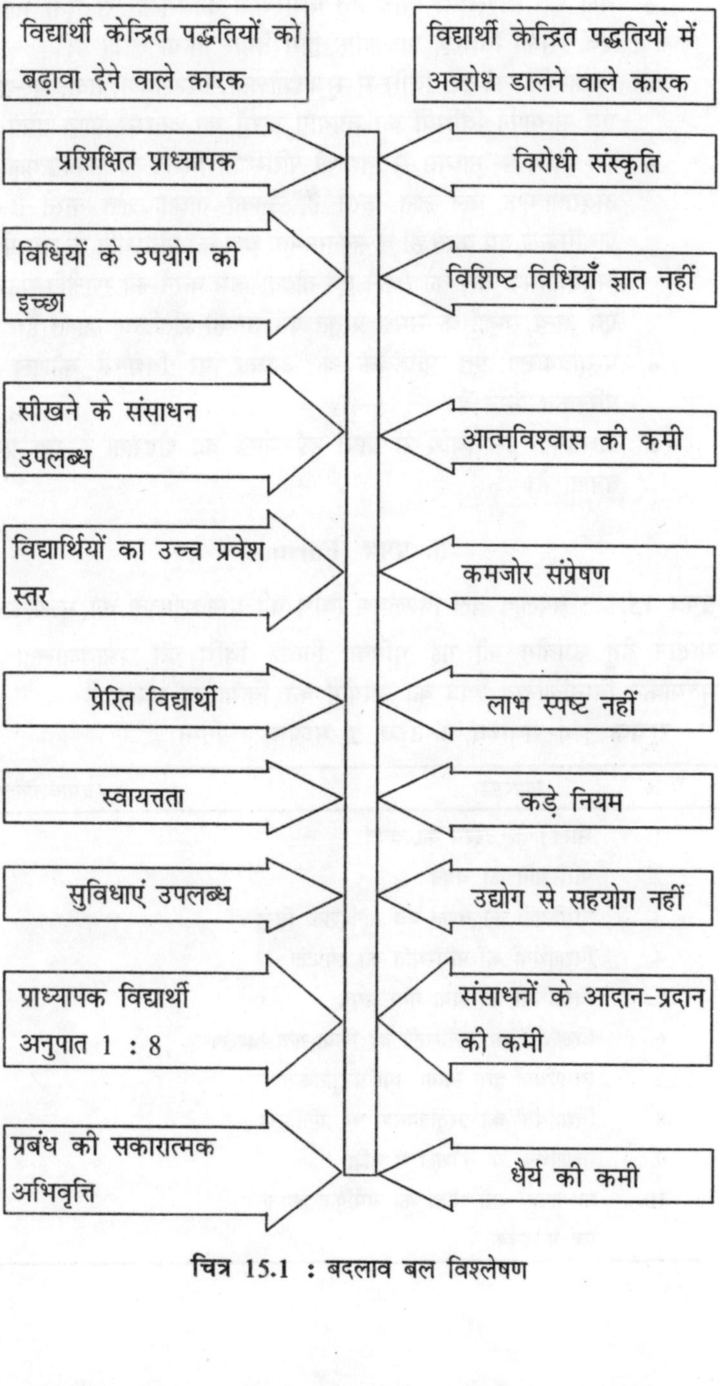

चित्र 15.1 : बदलाव बल विश्लेषण

- बल क्षेत्र विश्लेषण विधि हेतु परिस्थिति कार्यसंसार से चुनी जाती है एवं इसका विवरण प्राध्यापक द्वारा तैयार किया जाता है।
- विद्यार्थियों को इस विधि में सृजनशीलता, विश्लेषण, तर्क, मूल्यांकन एवं सत्यापन विधियों का उपयोग करने का अवसर प्राप्त होता है।
- इस विधि के माध्यम से विद्यार्थी परिस्थिति विशेष के सकारात्मक एवं अवरोधात्मक बल ज्ञात करते हैं, उनकी तीव्रता ज्ञात करते हैं एवं प्राथमिकता तय करते हैं। वे सकारात्मक बल का परिस्थिति के पक्ष में एवं अवरोधात्मक बल को रोकने एवं तीव्रता कम करने की रणनीति बनाते हैं एवं अन्य समूहों के समक्ष प्रस्तुत कर उनकी प्रतिक्रिया जानते हैं।
- प्रस्तुतिकरण एवं फीडबैक के आधार पर विद्यार्थी कौशल को परिस्कृत करते हैं।
- प्राध्यापक इस विधि से प्राप्त हुई सीख को दोहराता है एवं प्रगाढ़ बनाता है।

5. प्रपत्र (Format)

प्रपत्र 15.1 : बदलाव बल विश्लेषण विधि की प्रभावशीलता का मूल्यांकन

सीखने हेतु उपयोग की गई भूमिका निर्वाह विधि की प्रभावशीलता का मूल्यांकन निम्नलिखित प्रपत्र का उपयोग कर किया जा सकता है।

सूचक : 4-सर्वोच्च, 3-उच्च, 2-मध्यम, 1-निम्न

क्र.	*मापदण्ड*	*प्रभावशीलता*
1.	सीखने के उद्देश्य का चयन	
2.	परिस्थिति का चयन	
3.	परिस्थिति का वर्णन एवं मार्गदर्शक बिन्दु	
4.	विद्यार्थियों को परिस्थिति की स्पष्टता	
5.	विद्यार्थियों को दिया गया समय	
6.	विद्यार्थियों द्वारा परिस्थिति का किया गया विश्लेषण	
7.	विद्यार्थियों द्वारा किया गया प्रस्तुतिकरण	
8.	विद्यार्थियों की प्रस्तुतिकरण पर प्रतिक्रिया	
9.	विद्यार्थियों के कौशल में वृद्धि	
10.	प्राध्यापक द्वारा सीख को समेकित करना एवं फीडबैक	

6. अभ्यास प्रश्न (Practice Questions)

1. बल क्षेत्र विश्लेषण विधि को परिभाषित कीजिये।
2. बल क्षेत्र विश्लेषण विधि की तीन विशेषता बतलाइये।
3. बल क्षेत्र विश्लेषण विधि से मुख्यत: कौनसे कौशल का विकास किया जाता है?
4. बल क्षेत्र विश्लेषण विधि के उपयोग के कारण कौनसे सह–कौशल का विकास होता है?
5. बल क्षेत्र विश्लेषण विधि को आयोजित करने के मुख्य पदों का संक्षिप्त वर्णन करिये।
6. बल क्षेत्र विश्लेषण विधि को किस व्यक्ति ने सुझाया था?
7. बल क्षेत्र विश्लेषण विधि की प्रभावशीलता किन मापदण्डों पर आंकी जाती है?

7. गतिविधियाँ (Activities)

गतिविधि 15.1 : बल क्षेत्र विश्लेषण हेतु परिस्थिति का विवरण तैयार करना

आप जिस विषय को पढ़ा रहे हैं उस विषय से सीखने के उद्देश्यों को ज्ञात करिये जिन्हें बल क्षेत्र विश्लेषण विधि द्वारा प्रभावी रूप से प्राप्त किया जा सकता है। इन उद्देश्यों को प्राप्त करने हेतु कार्यसंसार की परिस्थिति का चयन करिये। इस परिस्थिति का विवरण तैयार करिये एवं विद्यार्थियों के सीखने हेतु मार्गदर्शक बिन्दु तैयार करिये। परिस्थिति के विवरण एवं मार्गदर्शक बिन्दुओं को विद्यार्थियों को सीखने हेतु दीजिये। विद्यार्थियों को कहिये कि वे बल क्षेत्र विश्लेषण विधि का उपयोग परिस्थिति का विश्लेषण कर प्रस्तुतिकरण करें।

गतिविधि 15.2 : बल क्षेत्र विश्लेषण की प्रभावशीलता का मूल्यांकन

आपके द्वारा उपयोग की गई बल क्षेत्र विश्लेषण विधि की प्रभावशीलता का मूल्यांकन प्रपत्र 15.1 का उपयोग करिये एवं इसमें सुधार लाने हेतु उपाय सोचिये।

16

सीखने की समस्याओं का निराकरण
(Tutorial)

सीखने के उद्देश्य (Learning Objectives)

इस अध्याय को पढ़ने के पश्चात् पाठक:

- सीखने की समस्याओं का निराकरण विधि का महत्व बतला सकेंगे।
- सीखने की समस्याओं का निराकरण विधि के प्रयोजन बतला सकेंगे।
- सीखने की समस्याओं का निराकरण विधि के प्रकार बतला सकेंगे।
- सीखने की समस्याओं का निराकरण विधि को संचालित कर सकेंगे।
- सीखने की समस्याओं का निराकरण विधि की प्रभावशीलता का मूल्यांकन कर सकेंगे।

1. प्रस्तावना (Introduction)

सीखने में सभी विद्यार्थी एक समान एवं बराबर नहीं होते हैं क्योंकि वे विभिन्न एवं विविध पृष्ठभूमि से आते हैं, उनकी रुचि अलग-अलग होती है। वे सम्प्रेषण में प्रवीण नहीं होते हैं, उनके आत्मविश्वास में कमी होती है। उनकी व्यक्तिगत समस्याएं अलग-अलग होती हैं एवं सीखने की शैली भिन्न होती है। अध्ययन के दौरान वे प्राध्यापक एवं अन्य विद्यार्थियों के साथ आगे नहीं बढ़ते हैं, क्योंकि उनकी सीखने सम्बंधी समस्या का सही समय पर निराकरण नहीं होता है। बड़ी कक्षा में विद्यार्थी अधिक होते हैं, अतः प्राध्यापक उनकी व्यक्तिगत विशिष्ट समस्याओं पर ध्यान नहीं दे पाता है। सही समय पर विद्यार्थियों की समस्याएं हल नहीं होने के कारण वे अध्ययन में पिछड़ जाते हैं। उच्च एवं तकनीकी शिक्षा में सभी विषय, अध्याय एवं कौशल एक दूसरे से जुड़े होते हैं, अतः सीखने में कही कमी रह जाये तो आगे के अध्याय या

विषय समझना बहुत मुश्किल होता है, जिस कारण विद्यार्थियों की सीखने में रुचि कम हो जाती है एवं तनाव भी बढ़ जाता है। विद्यार्थियों की सीखने की समस्या का कारण एवं परिणाम चित्र 16.1 में दशार्या गया है।

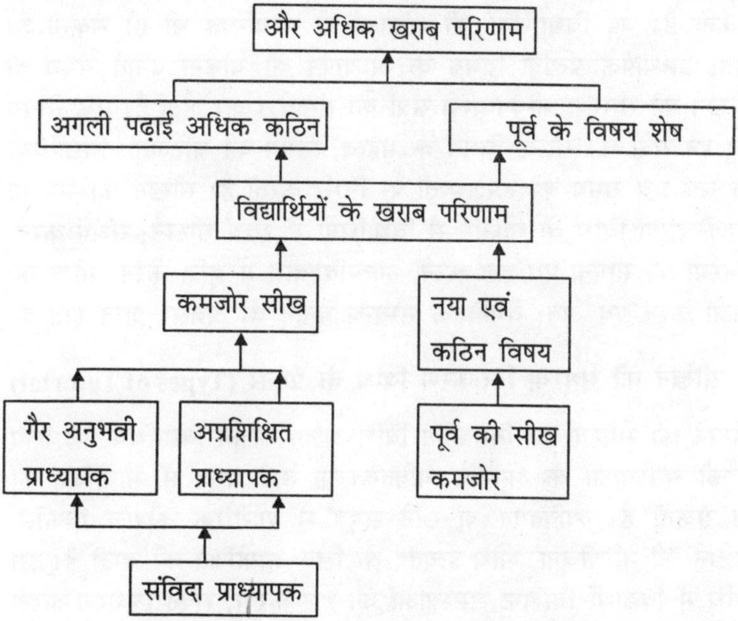

चित्र 16.1: खराब परिणाम-समस्या विश्लेषण

चित्र 16:1 से स्पष्ट है कि समय-समय पर विद्यार्थियों की सीखने की समस्याओं का निराकरण करना आवश्यक है अन्यथा सीखने की समस्याओं का कुल परिणाम विद्यार्थी को महाविद्यालय की पढ़ाई छोड़ने के लिए बाध्य कर सकता है।

अखिल भारतीय तकनीकी शिक्षा परिषद एवं विश्वविद्यालय अनुदान आयोग ने भी सीखने की समस्याओं का निराकरण विधि को एक्रेडिटेशन के मापदण्डों में शामिल किया है। इनके अनुसार प्रत्येक शैक्षणिक कार्यक्रम हेतु अलग से समस्या निवारण कक्ष स्थापित करने एवं अकादमिक समय सारणी में विद्यार्थियों की सीखने सम्बन्धी समस्याओं का निराकरण करने हेतु पर्याप्त सत्रों का प्रावधान करने के मानक स्थापित किये हैं।

2. सीखने की समस्या निराकरण विधि के प्रयोजन (Purpose of Tutorial)

जैसाकि पूर्व में लिखा गया है एवं नाम से ही स्पष्ट है इस विधि का उपयोग सही समय पर विद्यार्थियों की सीखने सम्बन्धी समस्याओं का

निराकरण करना है। सीखने सम्बन्धी समस्याएं परिकल्पना, सिद्धांत, नियम प्रविधि, नियत कार्य इत्यादि से सम्बन्धित हो सकती है। यह विभिन्न विषयों के बीच के सम्बन्ध या सिद्धांत एवं प्रचलन से सम्बन्धित भी हो सकती है। यह विद्यार्थियों की शंकाओं से सम्बन्धित भी हो सकती है। अतः प्राध्यापक प्रत्येक विषय के अध्यापन की योजना बनाते समय ही सीखने की समस्या का निवारण सत्रों का समावेश कर लेता है। एक विषय हेतु इन सत्रों की संख्या विषय के महत्व, विषय की जटिलता, विद्यार्थियों के स्तर एवं समय की उपलब्धता पर निर्भर करती है। सीखने की समस्या का निवारण विधि के माध्यम से विद्यार्थियों में स्वयं सीखने, संघर्ष करने, समस्या का सामना एवं हल करने, आत्मविश्वास में वृद्धि करने, सीख को सांझा करने एवं अतः वैयक्तिक सम्बन्ध बनाने के अवसर प्राप्त होते हैं।

3. सीखने की समस्या निराकरण विधि के प्रकार (Types of Tutorial)

सीखने की समस्या का निराकरण विधि अलग-अलग विद्यार्थियों के लिए उनकी समस्याओं के अनुरूप व्यक्तिगत या छोटे समूह में आयोजित की जा सकती है। व्यक्तिगत या छोटे समूह में शारीरिक कौशल विकास, सीखने की परियोजना, शोध इत्यादि के लिए आयोजित की जाती है। इस विधि में विद्यार्थी विशिष्ट समस्याओं का हल करना, शंका निवारण करना एवं सिद्धांत की गहराई को समझने का प्रयास करता है। वह प्राध्यापक एवं अन्य विद्यार्थियों से वैयक्तिक सम्बन्ध भी बनाता है। सीखने की समस्या का निराकरण विधि का उपयोग बड़े समूह 5-15 विद्यार्थियों के लिए भी किया जा सकता है। इस विधि के दौरान विद्यार्थियों की समस्याओं का निराकरण किया जाता है, उनकी जिज्ञासाओं को शांत किया जाता है एवं सृजनशीलता को उत्प्रेरित किया जाता है। इस विधि में विद्यार्थियों को उनकी पसंद के केरियर से सम्बन्धित निपुणता एवं प्रवीणता की गहराई में जाने का अवसर प्राप्त होता है।

4. सीख का प्रकार (Types of Learning)

सीखने की समस्या का निराकरण विधि के माध्यम से निम्नलिखित कौशल का विकास किया जाता है:

- स्वयं सीखने के कौशल,

- सीख का मूल्यांकन एवं सत्यापन करने के कौशल,
- सीखने हेतु आत्मविश्वास,
- सीखने की समस्याओं को ज्ञात करना,
- उच्चस्तर के कौशल का विकास,
- संप्रेषण कौशल।

5. सीखने की समस्या निवारण विधि के उपयोग हेतु मार्गदर्शक बिन्दु (Guidelines for Organizing Tutorial)

विद्यार्थियों की समस्याओं को हल करने हेतु इस विधि का पूर्ण लाभ प्राप्त करने के लिए निम्नलिखित मार्गदर्शक बिन्दुओं का उपयोग किया जाना चाहिये:

- प्रत्येक तीसरे दिन या सातवें दिन नियमित कक्षाओं के समय के पहले या बाद में पूर्व घोषित विषय या अध्याय या निपुणता पर समस्या निवारण सत्र का आयोजन करिये।
- अकादमिक सत्र की शुरुआत में ही समस्या निवारण कक्षाओं के बारे में विद्यार्थियों को मार्गदर्शक बिन्दु के बारे में बतलाइये। इन बिन्दुओं में आप समस्याओं के प्रकार, समाधान करने का तरीका एवं कक्षा में आने के पूर्व विद्यार्थियों द्वारा की जाने वाली तैयारी के बारे में बतलाइये।
- विद्यार्थियों को सीखने की समस्याओं का विस्तार करने, सीखने में आ रही कठिनाई एवं समस्या हल करने में उनके द्वारा किये गये प्रयासों के बारे में पूछिये। विद्यार्थियों को उनकी सीखने की समस्या का खुलेरूप से सांझा करने को कहिये।
- विद्यार्थियों की समस्याओं को ध्यानपूर्वक सुनिये, सीखने की कठिनाई के कारण जानने का प्रयास करिये। यह कारण आपके विषय या अन्य पूर्व के विषय से सम्बद्ध हो सकता है। विद्यार्थी की सीख का मौखिक परीक्षण कर कारण तक पहुंचने का प्रयास करिये। आपको यह जानकर आश्चर्य होगा कि कारण परिकल्पना की स्पष्टता नहीं होना, सिद्धांत की कमजोर समझ, अमूर्त परिकल्पना, दृश्य तैयार करने में असमर्थता इत्यादि से सम्बंधित हो सकता है।
- विद्यार्थियों की सीखने की समस्याओं को पेशेवर ढंग से हल करिये ताकि अधिक से अधिक विद्यार्थी इस सत्र का लाभ प्राप्त करें।

- समस्या निवारण सत्र में आप एक मार्गदर्शक, सहजकर्ता एवं समस्या हल करने वाले की भूमिका निभाते हैं। ताकि विद्यार्थी को समस्या निवारण का रास्ता दिखे एवं सीखने हेतु उनका आत्मविश्वास बढ़े। इस सत्र में व्याख्यान बिल्कुल मत दीजिये।
- यदि इस सत्र में एक से अधिक विद्यार्थी भाग ले रहे हैं तो उन्हें एक दूसरे की समस्या का निवारण करने का अवसर दीजिये।
- समस्या समाधान हेतु उन्हें सीखने के स्रोत बतलाइये एवं सोचने हेतु बिन्दु दीजिये। उन्हें सोचने हेतु भिन्न आयाम दीजिये।
- इन सत्रों में सीखने हेतु सकारात्मक अभिवृत्ति को बढ़ावा दीजिये।
- समस्या निवारण सत्रों को व्याख्यान के रूप में परिवर्तित मत होने दीजिये। यदि ऐसा होता है तो आपके व्याख्यान सत्रों की प्रभावशीलता का मूल्यांकन करिये।
- नियत कार्य करने, परियोजना एवं शोध पूर्ण करने हेतु विद्यार्थियों का मनोबल बढ़ाने के लिए समस्या निवारण सत्रों की आवृत्ति अधिक रखिये। ऐसा करने से विद्यार्थियों को सिखाने हेतु आपकी वचनबद्धता दिखाई देगी।
- समस्या का निराकरण होने पर विद्यार्थियों द्वारा किये गये प्रयासों की सराहना करिये।

6. सारांश (Summary)

- विद्यार्थियों की सीखने की समस्याओं का निराकरण करने हेतु प्राध्यापकों द्वारा सीखने की समस्याओं का निराकरण विधि का उपयोग किया जाता है।
- अखिल भारतीय तकनीकी शिक्षा परिषद एवं विश्वविद्यालय अनुदान आयोग ने भी सीखने की समस्याओं का निराकरण करने की विधि का उपयोग करने की अनुशंसा की है।
- सीखने की समस्या का निराकरण करने की विधि का उपयोग स्वयं सीखने हेतु बढ़ावा देने, सीखने हेतु संघर्ष करने एवं विद्यार्थियों को सोचने हेतु मजबूर करने के लिए किया जाता है।
- सीखने की समस्या का निराकरण करने की विधि का उपयोग करने से 'सीखने हेतु सीखने' के कौशल का विकास होता है।

- सीखने की समस्या का निराकरण करने की विधि से सीखने के तीनों क्षेत्रों के कौशल का विकास होता है। इस विधि का उपयोग व्यक्तिगत एवं सामूहिक समस्याओं का हल करने के लिए किया जाता है।
- सीखने की समस्या का निराकरण करने की विधि सभी प्रकार के विद्यार्थियों एवं उनकी सीखने की शैली के अनुरूप होती है।
- प्राध्यापकों को इस विधि का उपयोग प्रशिक्षण प्राप्त करने के पश्चात् मार्गदर्शक बिन्दुओं का पालन करते हुए करना चाहिये ताकि इस विधि की क्षमता का पूर्ण लाभ लिया जा सके।

7. प्रपत्र (Format)

प्रपत्र 16.1: सीखने की समस्याओं का निराकरण विधि की प्रभावशीलता का मूल्यांकन

निम्नलिखित प्रपत्र का उपयोग कर सीखने की समस्याओं की निराकरण विधि की प्रभावशीलता का मूल्यांकन करिये

सूचक: 4-सर्वोच्च, 3-उच्च, 2-मध्यम, 1-निम्न

क्र.	*मापदण्ड*	*प्रभावशीलता*
1.	सीखने की समस्याओं का निराकरण विधि की आवृत्ति	
2.	विधि की योजना	
3.	विधि के संचालन हेतु विद्यार्थियों को निर्देश	
4.	विद्यार्थियों की बैठक व्यवस्था	
5.	विद्यार्थियों की समस्या का निराकरण	
6.	विद्यार्थियों में स्वयं सीखने की आदत का विकास	
7.	विद्यार्थियों को दिया गया प्रोत्साहन एवं मान्यता	
8.	विद्यार्थियों को आपस में समस्या हल करने के लिए दिये गये अवसर	
9.	विद्यार्थियों को समस्या का निवारण करने के दौरान दिये गये फीडबैक की गुणवत्ता	
10.	गहराई से सीखने हेतु दिये गये नियत कार्य, परियोजना एवं शोध	

8. अभ्यास प्रश्न (Practice Questions)

1. सीखने की समस्या का निवारण विधि के महत्व को बतलाइये।
2. सीखने की समस्या विधि सीखने की अन्य विधियों से कैसे भिन्न है?
3. सीखने की समस्या निवारण विधि से कौनसे कौशल का विकास होता है?
4. सीखने की समस्या निवारण विधि से होने वाली सह सीख के बारे में संक्षिप्त में लिखिये।
5. सीखने की समस्या निवारण विधि की तीन सीमाएं लिखिये।
6. सीखने की समस्या निवारण विधि के प्रभावी उपयोग हेतु पाँच महत्वपूर्ण मार्गदर्शक बिन्दुओं को लिखिये।
7. सीखने की समस्या निवारण विधि के प्रकार बतलाकर उनका संक्षिप्त वर्णन करिये।

9. गतिविधियाँ (Activities)

गतिविधि 16.1 : सीखने की समस्या निवारण विधि की प्रभावशीलता ज्ञात करना।

पिछले अकादमिक सत्र में आपके द्वारा संचालित की गई सीखने की समस्या निवारण विधि की प्रभावशीलता का मूल्यांकन प्रपत्र 16.1 का उपयोग कर करिये एवं इसकी प्रभावशीलता को बढ़ाने के उपाय सोचिये।

गतिविधि 16.2 : सीखने की समस्या निराकरण विधि की संरचना करना

विद्यार्थियों की सीखने सम्बन्धी समस्याओं का निराकरण करने के लिए समस्या निराकरण विधि की संरचना कर संचालित करिये।

17

नियत कार्य
(Assignments)

सीखने के उद्देश्य (Learning Objectives)

इस अध्याय को पढ़ने के पश्चात् पाठक :

1. सीखने हेतु दिये जाने वाले नियत कार्यों को परिभाषित कर सकेंगे।
2. सीखने की प्रक्रिया में नियत कार्य के महत्व को बतला सकेंगे।
3. सीखने हेतु दिये जाने वाले नियत कार्यों को वर्गीकृत कर सकेंगे।
4. विभिन्न प्रकार के नियत कार्यों की संरचना कर सकेंगे।
5. नियत कार्य का मूल्यांकन करने की विधि का वर्णन कर सकेंगे।
6. नियत कार्य को सीखने में प्रभावशीलता का मूल्यांकन कर सकेंगे।

1. प्रस्तावना (Introduction)

विद्यार्थियों को सीखने की प्रक्रिया में सहभागी बनाया जाना आवश्यक है ताकि वे इसके महत्व को समझ सकें एवं सीखने का आनन्द ले सके। स्नातक एवं स्नातकोत्तर स्तर पर सीखने की जवाबदारी विद्यार्थियों की ओर जानी चाहिये ताकि उनमें सीखने हेतु परिपक्वता का भी विकास किया जा सके। उनमें 'सीखने हेतु सीखने' के कौशल का विकास करना आवश्यक है ताकि वे जीवनपर्यन्त परिस्थिति की आवश्यकता को देखते हुए सीख सके। आज के परिपेक्ष में विद्यार्थियों को प्राध्यापक की तुलना में अधिक सक्रिय होना चाहिए। प्राध्यापक सीखने की सम्पूर्ण प्रक्रिया को विद्यार्थी केन्द्रित बना सकता है। इस हेतु उसे शैक्षणिक मनोविज्ञान के सिद्धांतों का पालन कर सीखने की प्रक्रिया की संरचना करनी होती है। सीखने की प्रक्रिया को आगे बढ़ाने का कार्य विद्यार्थियों को ही

करना [illegible]ये। इन सब बिन्दुओं को सीखने की प्रक्रिया में समाहित करने के लिए विभिन्न प्रकार के सीखने के नियत कार्यों का उपयोग किया जाता है।

सीखने के नियत कार्यों के माध्यम से विविध प्रकार की निपुणताओं का विकास किया जाता है। विद्यार्थियों द्वारा किये गये नियत कार्यों के परिणाम के आधार पर विद्यार्थियों की सीख की प्रगति एवं स्तर का मूल्यांकन किया जाता है। इसके आधार पर विद्यार्थियों की सीखने में रह गयी कमी, गलत सीख एवं सीखने संबन्धी समस्याओं को भी ज्ञात किया जाता है। सीखने के नियत कार्यों के माध्यम से विद्यार्थियों को किसी विशेष क्षेत्र में विशेषता प्राप्त करने हेतु प्रेरित किया जा सकता है। वे आगे चलकर इस क्षेत्र के पेशे को अपना सकते हैं।

नियत कार्य के माध्यम से विद्यार्थियों को प्रचलित तकनालॉजी, तकनीक एवं विधियों का अध्ययन करने को कहा जा सकता है। इस प्रकार विद्यार्थी पाठ्यक्रम के दायरे के बाहर जाकर सीखते हैं।

2. नियत कार्य के प्रकार (Types of Assignments)

सीखने के उद्देश्यों को ध्यान में रखते हुए प्राध्यापकों द्वारा कई प्रकार के नियत कार्य तैयार किये जाते हैं। नियत कार्य का वर्गीकरण विभिन्न मापदण्डों पर किया जा सकता है। यह वर्गीकरण चित्र 17.1 में दर्शाया गया हैं।

स्थान	प्रकृति	कौशल विकास	विद्यार्थी कार्य
कक्षा	अध्ययन प्रकरण	समस्या हल करना	स्वयं मूल्यांकन
प्रयोगशाला	परियोजना	निर्णय लेना	स्वयं पढ़ाई करना
उद्योग	भूमिका निर्वाह	योजना बनाना	विधि अध्ययन
कार्यक्षेत्र	खेल	संरचना करना	उत्पादन करना
पुस्तकालय	स्वयं पढ़ाई	मूल्यांकन करना	साहित्य मूल्यांकन
घर	निरीक्षण	बदलाव लाना	निरीक्षण

चित्र 17.1: नियत कार्यों का वर्गीकरण

चित्र 17.1 में दर्शाया गया है कि स्थान, प्रकृति, कौशल विकास एवं विद्यार्थियों की गतिविधियों के आधार पर नियत कार्य का वर्गीकरण किया जा सकता है। नियत कार्य का वर्गीकरण विद्यार्थियों की सहभागिता के आधार पर भी किया जा सकता है, जैसे व्यक्तिगत, छोटा समूह, मध्यम आकार समूह एवं बड़ा समूह नियत कार्य। इनका वर्गीकरण सीखने की प्रक्रिया पर आधारित हो सकता है, जैसे नियमित एवं विशिष्ट। इनको आकार के आधार पर भी वर्गीकृत कर सकते हैं, जैसे सूक्ष्म मध्यम एवं वृहद।

नियतकार्य को किसी भी मापदण्ड पर वर्गीकृत करें इसका मुख्य प्रयोजन होता है विद्यार्थियों की निपुणता एवं प्रवीणता में विकास लाना।

3. नियत कार्य की संरचना (Design of Assignment)

प्राध्यापक निपुणता एवं प्रवीणता विकास की रणनीति की संरचना करता है। दूसरे शब्दों में प्राध्यापक सीखने की प्रविधि की संरचना करता है। इस संरचना में वह सीखने के नियत कार्यों का भी समावेश करता है। इस निपुणता विकास योजना या विषय योजना के माध्यम से कितने एवं किस प्रकार के नियत कार्यों का उपयोग किया जाता है इस बात का पता चलता है। इसके अतिरिक्त सीखने की परिस्थिति की आवश्यकता के अनुरूप त्वरित नियत कार्यों का भी उपयोग किया जाता है। सीखने के नियत कार्यों की संरचना करते समय विद्यार्थियों के स्तर, निपुणता एवं प्रवीणता विकास की आवश्यकता, समय उपलब्धता संसाधन उपलब्धता का भी ध्यान रखा जाता है। सभी नियत कार्य सीखने के सिद्धांतों पर आधारित होते हैं। नियत कार्य की संरचना में प्राध्यापकों एवं योग्यता का महत्व होता है। प्राध्यापकों को प्रति वर्ष नये नियत कार्य तैयार करना चाहिये ताकि विद्यार्थी पुराने नियत कार्यों की नकल नहीं कर सके एवं सीखने की प्रक्रिया में विविधता आ सके। कुछ सूचक कार्यों की सूची निम्नलिखित है:

- अध्याय का स्वयं अध्ययन करना एवं प्राध्यापक द्वारा दिये गये प्रश्नों का उत्तर खोजना।
- फिल्म देखकर प्राध्यापक द्वारा दिये गये प्रश्नों का उत्तर खोजना या स्वयं सीखना।
- उद्योग का भ्रमण कर उसकी कार्य पद्धति को समझना एवं सीख पर प्रतिवेदन तैयार करना।
- किसी विशिष्ट प्रयोजन हेतु सर्वेक्षण करना।
- सैद्धांतिक समस्या का समाधान करना।

- विशिष्ट उद्देश्य की प्राप्ति हेतु योजना बनाना।
- उत्पाद की संरचना कर परीक्षण करना।
- किसी असफल विधि का विश्लेषण करना।
- तुलनात्मक अध्ययन करना।
- किसी विशिष्ट परिस्थिति के प्रकरण का विश्लेषण करना।
- शोध करना।
- किसी प्रयोजन हेतु साफ्टवेअर तैयार करना।
- विभिन्न प्रकार के प्रतिवेदन तैयार करना।
- नवाचार लाने हेतु परिकल्पना प्रपत्र तैयार करना।
- किसी प्रविधि की प्रभावशीलता एवं दक्षता का मूल्यांकन करना।
- कार्य संसार में सिद्धांतों का उपयोग करना।
- भविष्य की तकनालॉजी का अनुमान लगाना।
- निरीक्षण प्रतिवेदन तैयार करना।
- दिये गये प्रकरण की जांच करना।

4. नियत कार्यों द्वारा सीख (Learning Through Assignments)

नियत कार्य के माध्यम से विद्यार्थियों में स्वयं सीखने की आदत का विकास किया जाता है। विद्यार्थी विभिन्न प्रकार की गतिविधियाँ सम्पादित करते हैं एवं सीखते हैं। नियत कार्य द्वारा सीखने की प्रक्रिया में सीखने के कई सिद्धांतों का समावेश होता है, जैसे–स्वयं सीखना, कार्य करके सीखना, संघर्ष कर सीखना, त्रुटि कर सीखना, स्वयं मूल्यांकन कर सीखना, इत्यादि। सीखने की इस विधि के द्वारा विद्यार्थियों में कई प्रकार की सीखने संबंधी अच्छी आदतों का विकास होता है, जैसे कार्य की शुरुआत करना, कार्य करने की योजना बनाना, कार्य की प्रगति का मूल्यांकन करना, दृश्य तैयार करना, सीखने के गुणों को परिशोधित करना इत्यादि। विद्यार्थियों को सीखने की प्रक्रिया में शामिल करने की यह मजबूत विधि है। नियत कार्य सीखने हेतु चुनौती भी तैयार करते हैं, जिससे विद्यार्थियों की सीखने में रुचि बढ़ती है। नियत कार्य किसी मुद्दे के सन्दर्भ में सोच का विकास करने में सहायक होते हैं। विद्यार्थियों को सीखने हेतु दिये गये नियत कार्यों में सीखने की शैली एवं समय के अनुरूप पर्याप्त लचीलापन रहता है। नियत कार्यों के माध्यम से सीखने की अनेक विधाओं का उपयोग करने के अवसर तैयार होते है। कुछ महत्वपूर्ण विधाएं निम्नलिखित हैं:

- जवाबदारी एवं जवाबदेही के साथ सीखना,
- स्वयं सीखना,
- कार्य कर सीखना,
- संघर्ष कर सीखना,
- त्रुटियों से सीखना,
- स्वयं मूल्यांकन कर सीखना,
- सीखने हेतु सीखना,
- आवश्यकता के अनुरूप सीखना,
- साथियों के साथ सीखना,
- संसाधन व्यक्ति के मार्गदर्शन में सीखना,
- फीडबैक के माध्यम से सीखना, इत्यादि।

नियत कार्य के परिणाम के आधार पर विद्यार्थियों की सीख की प्रगति, सीखने में रह गयी कमी एवं सीख का मूल्यांकन किया जाता है। अत: नियत कार्यों का उपयोग मूल्यांकन यंत्र के रूप में भी किया जाता है। नियत कार्य के परिणाम के आधार पर किया गया मूल्यांकन प्राकृतिक रूप से होता है, अत: विद्यार्थियों को परीक्षा संबंधी कोई तनाव भी नहीं होता है। नियत कार्य के परिणाम के आधार पर प्राध्यापक विद्यार्थियों द्वारा सीखने हेतु किये गये प्रयासों एवं उनकी मात्रा का अनुमान भी लगा सकता है। नियत कार्य के परिणाम सीख के साक्ष्य के रूप में भी प्रस्तुत किये जाते हैं। इन परिणामों के आधार पर निपुणता एवं प्रवीणता का प्रमाणीकरण करने वाली संस्था प्रमाणीकरण भी कर सकती है।

प्रभावी रूप से तैयार किये एवं क्रियान्वित किये गये नियत कार्य सीखने के तीनों क्षेत्रों में निम्नलिखित कौशल का विकास करते हैं:

मानसिक क्षेत्र

- तुलनात्मक कौशल
- उपयोग कौशल
- विश्लेषण कौशल
- मूल्यांकन कौशल
- लेखन कौशल
- संप्रेषण कौशल
- प्रस्तुतिकरण कौशल।

शारीरिक क्षेत्र

- उपयोग कौशल,
- अनुकरण कौशल,
- शुद्धता लाने के कौशल,
- बदलाव लाने के कौशल,
- विभिन्न कौशल का एक साथ उपयोग करने के कौशल,
- अनुरक्षण कौशल,
- कमी ज्ञात करने के कौशल।

भावनात्मक क्षेत्र

- सुरक्षा के प्रति ध्यान,
- वातावरण संरक्षण की चिंता,
- स्वच्छता रखने की अभिवृत्ति,
- प्रगति का मूल्यांकन करने की प्रवृत्ति
- सहयोग करने की आदत।

5. नियत कार्यों की संरचना करने के लिए मार्गदर्शक बिन्दु (Guidelines for Designing Assignments)

सीखने के उद्देश्यों को प्राप्त करने के लिए प्राध्यापक विद्यार्थियों के सीखने हेतु नियत कार्य की संरचना करता है। ये नियत कार्य विषय योजना या निपुणता योजना से ज्ञात किये जाते हैं। नियत कार्य की संरचना करते समय प्राध्यापक को निम्नलिखित मार्गदर्शक बिन्दुओं का पालन करना चाहिए:

- किसी निपुणता के विकास हेतु या विषय में संभावित नियत कार्यों को ज्ञात करिये।
- नियत कार्य का प्रयोजन एवं सीखने के उद्देश्य तैयार करिये। विद्यार्थियों को स्पष्ट करिये कि इस नियत कार्य के माध्यम से उनसे क्या अपेक्षाएं हैं।
- नियत कार्य को पूरा करने की विधि तय करिये।
- नियत कार्य के प्रकार को निर्धारित करिये।
- नियत कार्य को करने के लिए मार्गदर्शक बिन्दु एवं विस्तृत जानकारी तय करिये।

- नियत कार्य को करने के लिए संसाधनों की आवश्यकता है तो उन्हें तैयार रखिये।
- यदि पुस्तकालय आधारित नियत कार्य है तो पुस्तकालय अधीक्षक को सहयोग करने हेतु उपयुक्त निर्देश दीजिए।
- यदि यह उद्योग आधारित नियत कार्य है तो विद्यार्थियों द्वारा उद्योग में पालन करने वाले निर्देश दीजिये।
- नियत कार्य को उद्योग में पूरा करने की अनुमति प्राप्त करिये।
- नियत कार्य के मूल्यांकन के मापदण्ड एवं मूल्यांकन विधि के बारे में विद्यार्थियों को बतलाइये।
- कर्मशाला एवं उद्योग में किये जा रहे नियत कार्यों को संसाधन व्यक्ति के निरीक्षण में पूर्ण करना चाहिये।
- नियत कार्य पर प्रतिवेदन जमा करने की तारीख तय करिये।
- नियत कार्य की जांच कर विद्यार्थियों को सकारात्मक, सुधारात्मक एवं रचनात्मक फीडबैक प्रदान करिये।
- आगे सीखने हेतु विद्यार्थियों को प्रेरित करिये।

6. नियत कार्यों को सीखने की विधि के रूप में उपयोग करना (Using Assignmens as Predominant Method of Learning)

नियत कार्यों का उपयोग सीखने की विधि के रूप में भी उपयोग किया जाता है। कुछ प्राध्यापक कुछ कारणवश इस विधि का उपयोग करते हैं। नियत कार्य को सीखने की विधि, सीखने के संसाधन एवं मूल्यांकन यत्र के रूप में उपयोग किया जा सकता है। प्राध्यापक इसका उपयोग विद्यार्थियों की सीखने में रह गयी कमी को ज्ञात कर उसे दूर भी करते हैं। रसायन शास्त्र पढ़ाने वाले एक प्राध्यापक ने नियत कार्य को सीखने की विधि के रूप में निम्नलिखित रूप से उपयोग किया:

प्राध्यापक ने विद्यार्थियों को एक मानक पुस्तक को खरीदने के लिये कहा। सभी विद्यार्थियों को कहा कि प्रतिदिन उन्हें इस पुस्तक को महाविद्यालय में अपने साथ लाना है। प्राध्यापक ने रसायन शास्त्र का वास्तविक कार्यसंसार में, अन्य विषयों को सीखने में एवं अन्य विषयों से इसके संबंध के बारे में बतलाया। प्राध्यापक ने इस विषय से सम्बंधित पदों के बारे में भी बतलाया।

तत्पश्चात् प्राध्यापक ने सभी विद्यार्थियों को कहा कि वे एक निश्चित अध्याय घर पर पढ़ें, इसको समझें, महत्वपूर्ण बिन्दुओं को लिखे एवं जो बातें

समझ में नहीं आयी है उन्हें लिखें। अगले दिन प्राध्यापक इस अध्याय पर चर्चा आयोजित करता है जिसमें विद्यार्थियों की कठिनाइयों को दूर करता है एवं विद्यार्थियों की सीख का मूल्यांकन करता है। वह महत्वपूर्ण प्रश्नों के उत्तर देने की विधि भी बतलाता है। यह प्रक्रिया पूर्ण करने के पश्चात् प्राध्यापक विद्यार्थियों को अगला अध्याय पढ़ने को कहता है। वह कक्षा में किसी भी विद्यार्थी को खड़ा करता है एवं विशिष्ट पेज पढ़ने को कहता है। तत्पश्चात् वह अन्य विद्यार्थियों को पहले विद्यार्थी द्वारा पढ़ी गई विषयवस्तु को बिना पुस्तक में देखे दोहराने को कहता है। यदि ये विद्यार्थी पूर्व में पढ़ी गई विषयवस्तु को दोहराने में असमर्थ रहते हैं तो वह सभी विद्यार्थियों को निश्चित विषयवस्तु को पुनः पढ़ने एवं समझने का अवसर प्रदान करता है। प्राध्यापक इस सीख का मूल्यांकन कर आगे पढ़ने एवं सीखने हेतु अन्य नियत कार्य देता है। इस परिस्थिति में वह प्रश्न करता है एवं विद्यार्थी उत्तर देते हैं। यदि सीखने में कोई कमी रह गयी है तो प्राध्यापक इसको दूर करता है। प्राध्यापक विद्यार्थी द्वारा दिये गये सही उत्तर को मान्यता भी प्रदान करता है। प्राध्यापक किसी विद्यार्थी को सीखी गई बातों को दोहराने का कार्य देता है। इस प्रकार प्राध्यापक स्वयं सीखने, पढ़ने, प्रश्न करने, उत्तर देने, गृह कार्य करने, उद्योग में नियत कार्य पूरा करने एवं पुस्तकालय में कार्य करने के नियत कार्य देता है। इस प्रकार अलग-अलग अध्याय की सीख को अलग-अलग नियत कार्य एवं नियत कार्यों के मिश्रण द्वारा पूरा करना, मूल्यांकन करना एवं सीखने की कमियों को ज्ञात कर पूरा करने का कार्य पूर्ण किया जाता है। इस प्रक्रिया के द्वारा विद्यार्थियों को नियत कार्य करने हेतु प्रेरित करने, मार्गदर्शन करने एवं परामर्श देने का कार्य किया जाता है। सीखने की प्रक्रिया के महत्वपूर्ण पड़ाव पर प्राध्यापक सीख को प्रगाढ़ बनाने का कार्य करता है। प्राध्यापक सेमिस्टर के अन्त में सीख को समेकित करता है, परीक्षा हेतु विद्यार्थियों को तैयार करता है एवं आगे सीखने हेतु प्रेरित करता है। नियत कार्य के माध्यम से सीखने की प्रक्रिया की संरचना वैज्ञानिक तरीके से की जाती है, जिस प्राध्यापक ने नियत कार्य के माध्यम से सीखने की विधि का उपयोग किया है उसके अनुभव निम्नलिखित हैं:

- नियत कार्य की संरचना करने, लागू करने एवं मूल्यांकन करने हेतु योजनाबद्ध रूप से कार्य करना पढ़ता है। अतः शुरुआत में एवं पहली बार अधिक प्रयास एवं समय लगता है।
- इस विधि के माध्यम से सीखने की जवाबदारी विद्यार्थियों को दी जाती है एवं उन्हें सीखने की प्रक्रिया में सक्रिय रूप से सहभागी बनाया जाता है।

- सभी विद्यार्थी सीखने की जवाबदारी महसूस करते हैं एवं सभी विद्यार्थियों की प्रगति का स्तर एक समान रहता है।
- इस विधि के माध्यम से विद्यार्थियों के पढ़ने, लिखने, एवं प्रस्तुतिकरण करने के कौशल का विकास होता है।
- नियत कार्य के माध्यम से सीखने की प्रक्रिया को आनन्दपूर्ण बनाया जाता है।
- अलग से परीक्षा लेने की आवश्यकता नहीं होती है।
- स्वयं सीखना विद्यार्थियों की आदत बन जाती है।

7. सीखने की अन्य विधियों के साथ नियत कार्यों का उपयोग (Use of Assignment with Other Methods of Teaching Learning)

नियत कार्यों को लगभग सीखने की सभी विधियों के साथ उपयोग किया जा सकता है। इसके माध्यम से विद्यार्थियों में सीखने के प्रति रुचि बनाये रखने के लिए सीखने की प्रक्रिया में समय-समय पर बदलाव लाये जा सकते हैं। सीखने हेतु कार्यों का चयन कई कारकों पर निर्भर करता है। ये कारक इस प्रकार है: सीखने के उद्देश्य, विषयवस्तु, समय उपलब्धता, प्राध्यापक की योग्यता एवं अनुभव, विद्यार्थियों का प्रवेश स्तर, प्राध्यापक की तैयारी, पूर्व में उपयोग की गई सिखाने की विधि। इन सभी कारकों को ध्यान में रखते हुए प्राध्यापक नियत कार्यों का उपयोग करता है। नियत कार्यों का सीखने की विभिन्न विधियों के साथ एक सूचक उदाहरण निम्नलिखित है:

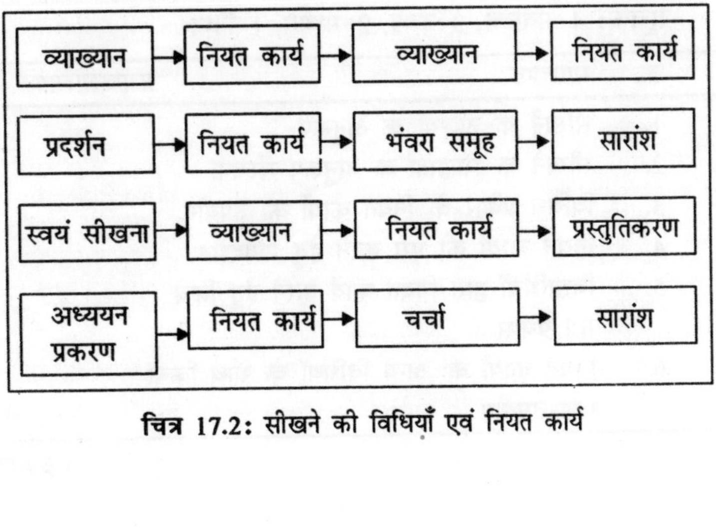

चित्र 17.2: सीखने की विधियाँ एवं नियत कार्य

8. सारांश (Summary)

- सीखने के नियत कार्यों के माध्यम से विद्यार्थियों को सीखने की प्रक्रिया में सक्रिय रूप से सहभागी बनाया जाता है। धीरे-धीरे सीखने की जवाबदारी विद्यार्थियों को सौपी जाती है।
- सीखने के नियत कार्यों के माध्यम से पूर्व की सीख का आगे सीखने हेतु उपयोग किया जाता है।
- सीखने के नियत कार्यों से सीखने के सिद्धांतों का सीखने हेतु उपयोग किया जाता है।
- सीखने के नियत कार्यों के माध्यम से विद्यार्थियों को पढ़ने, लिखने, कार्य करने, मूल्यांकन करने, निरीक्षण करने, जांच करने एवं प्रस्तुत करने के कौशल का अपने आप विकास होता है।
- सीखने के नियत कार्यों का सीखने की विधि, सीखने के संसाधन एवं सीखने का मूल्यांकन करने के रूप में उपयोग करते हैं।
- सीखने के नियत कार्यों को सीखने की विभिन्न विधियों के साथ उपयोग कर सीखने की प्रविधि को प्रगाढ़ बनाया जाता है।

9. प्रारूप (Format)

प्रपत्र 17.1 : नियत कार्य का मूल्यांकन

नियत कार्यों के माध्यम से सीखने की विधि की प्रभावशीलता का मूल्यांकन निम्नलिखित प्रपत्र में दिये गये मापदण्डों के आधार पर करिये।

सूचक: 4-सर्वोच्च, 3-उच्च, 2-मध्यम, 1-निम्न

क्र.	*मापदण्ड*	*प्रभावशीलता*
1.	सीखने के उद्देश्यों के अनुरूप	
2.	सीखने के सिद्धांतों के अनुरूप संरचना	
3.	विविध प्रकार के नियत कार्यों का उपयोग	
4.	नियत कार्यों को पूरा करने हेतु मार्गदर्शन	
5.	विद्यार्थियों द्वारा नियत कार्य करने हेतु किये गये प्रयास	
6.	नियत कार्यों का अन्य विधियों के साथ किया गया उपयोग	

(क्रमशः)

क्र	मापदण्ड	प्रभावशीलता
7.	नियत कार्यों के द्वारा वाँच्छित सीख	
8.	नियत कार्यों का सीख का मूल्यांकन करने हेतु उपयोग	
9.	नियत कार्यों के आधार पर सीखने की कमी ज्ञात करना	
10.	सीखने को समेकित करना	
11.	नियत कार्यों की सीख के आधार पर विद्यार्थियों को दिया गया रचनात्मक सकारात्मक एवं विकासात्मक फीडबेड	
12.	नियत कार्यों की कार्यसंसार से सम्बद्धता	
13.	नियत कार्यों से विकसित किये गये सहकौशल	
14.	नियत कार्यों से विद्यार्थियों की सीखने की प्रक्रिया में प्राप्त की गई सहभागिता	
15.	नियत कार्यों का सीखने की अन्य विधियों के साथ किया गया उपयोग	

10. अभ्यास प्रश्न (Practice Questions)

1. सीखने के नियत कार्यों का सीखने की प्रक्रिया में महत्व बतलाइये।
2. सीखने के नियम कार्यों का वर्गीकरण किन मापदण्डों पर किया जाता है?
3. सीखने के नियत कार्यों का वर्गीकरण करिये।
4. सीखने के नियत कार्यों में सीखने के किन सिद्धांतों का उपयोग होता है?
5. सीखने के नियत कार्यों की संरचना करते समय किन मार्गदर्शक बिन्दुओं का उपयोग किया जाता है?
6. सीखने के नियत कार्यों के उपयोग से कौन-से सह कौशल का विकास होता है?
7. सीखने के नियत कार्यों को कौन-से कारण प्रभावित करते हैं?
8. सीखने के नियत कार्यों के माध्यम से सीख का मूल्यांकन किस प्रकार किया जाता है?

11. गतिविधियाँ (Activities)

गतिविधि 17.1: सीखने के उद्देश्यों को ध्यान में रखते हुए विभिन्न प्रकार के नियत कार्यों की संरचना करना।

गतिविधि 17.2: सीखने के नियत कार्यों की प्रभावशीलता का मूल्यांकन करना।

गतिविधि 17.3: सीखने के नियत कार्यों से विद्यार्थियों द्वारा विकसित किये गये सहकौशल का मूल्यांकन करना।

18

सक्रिय सीख
(Action Learning)

सीखने के उद्देश्य (Learning Objectives)

इस अध्याय को पढ़ने के पश्चात् पाठकः

- सीखने की सक्रिय विधि के उपयोग के महत्व को बतला सकेंगे।
- सीखने की सक्रिय विधि का विवरण दे सकेंगे।
- सीखने की सक्रिय विधि को क्रियान्वित करने के लिए वास्तविक कार्य संसार की परिस्थितियों का चयन कर सकेंगे।
- सीखने की सक्रिय विधि के द्वारा विकसित किये जा सकने वाले कौशल को सूचीबद्ध कर सकेंगे।
- सीखने की सक्रिय विधि के क्रियान्वयन में प्राध्यापक की भूमिका का वर्णन कर सकेंगे।
- सीखने की सक्रिय विधि का प्रभावी संचालन करने के लिए आवश्यक योग्यता को सूचीबद्ध कर सकेंगे।
- सीखने की सक्रिय विधि की प्रभावशीलता का मूल्यांकन कर सकेंगे।

1. प्रस्तावना (Introduction)

इन्टरनेट सुविधा के कारण विद्यार्थियों को कोई भी जानकारी त्वरित रूप से प्राप्त हो जाती है, अतः पारम्परिक रूप से अध्यापन की विधियों का महत्व कम होता जा रहा है। सीखने की जानकारी से सम्बद्ध भाग का महत्व ई-मेल, डिजिटल लाइब्रेरी एवं सीखने के संसाधन केन्द्र की उपलब्धता के कारण महत्त्व कम होता जा रहा है। ये साधन प्राध्यापक की भूमिका को प्रतिस्थापित कर रहे हैं।

इन साधनों के कारण विद्यार्थियों के सीखने संबन्धी व्यवहार में परिवर्तन आ रहा है। वे सूचना प्रौद्यौगिकी का उपयोग कर सीख रहे हैं, अत: प्राध्यापक के सिखाने संबंधी व्यवहार में भी परिवर्तन लाना चाहिये वरना प्राध्यापक अपना महत्व खो सकता है। ऐसी परिस्थिति में विद्यार्थी सीखने आना ही बंद कर देंगे।

सीखने हेतु विद्यार्थियों को प्रेरित रखने के लिए प्राध्यापकों को नयी एवं भिन्न विधियों का उपयोग करना चाहिये जो पेशेवर जीवन एवं वास्तविक कार्य-संसार के करीब हो।

सक्रिय सीख विधि के माध्यम से विद्यार्थियों में पेशेवर कौशल का विकास किया जाता है। इसके माध्यम से वास्तविक कार्य-संसार को संस्था परिसर में लाया जाता है। कुछ परिस्थितियों में अकादमिक वातावरण वास्तविक कार्य संसार में उपयोग कर समस्याओं, चुनौतियों एवं अवसरों को समझने में सहायक होता है। जैसा कि विधि के नाम से स्पष्ट है इस विधि में कार्य करके सीखा जाता है परन्तु यह कार्य करके अनुभव प्राप्त करने की विधि नहीं है

2. सक्रिय सीख विधि (Action Learning)

रेग रेवन्स ने सीखने की एक प्रभावी विधि का आविष्कार कर इसका प्रचार प्रसार किया। तत्पश्चात् इस विधि पर कई शोधकर्ताओं ने कार्य किया। इन शोधकर्ताओं ने सीखने के अलग-अलग आयामों पर कार्य किया। यह सीखने की एक सामाजिक प्रक्रिया है, जिसमें व्यक्ति एक दूसरे के अनुभवों से सीखते हैं। इसके कारण सीखने एवं सीखने की प्रक्रिया पर बहुआयामी प्रभाव पड़ता है। सीखने वाला समूह किसी नयी परिस्थिति में सामूहिक रूप से सीखते हैं एवं सीखने हेतु एक दूसरे का सहयोग करते हैं। समूह के सदस्य सामान्यतया ऐसी परिस्थिति में सीखते हैं जिसका समाधान उपलब्ध नहीं होता है या समाधान के परिपेक्ष्य में ऐसे प्रश्न किये जाते हैं जिनका उत्तर किसी को पता नहीं है। ये प्रश्न अनजाने, जोखिम एवं शंका से सम्बधित होते हैं। उन्हें यह मालूम नहीं होता है कि आगे क्या करना है। प्रश्न की गहराई सीखने की मात्रा एवं गहराई निर्धारित करती है। रेग रेवन्स के अनुसार परिस्थिति पर पूछा गया ताजा प्रश्न सीखने की गहराई निर्धारित करता है।

विद्यार्थी प्रश्न पूछने एवं उत्तर खोजने की इच्छा की पूर्ति प्रश्नों के माध्यम से करते हैं। सीखने की परिस्थिति जितनी चुनौतीपूर्ण होती है उतना ही उससे सीखने को मिलता है। विद्यार्थी उनके अनुभवों, पूर्व की सीख एवं सृजनशीलता का उपयोग परिस्थिति से बाहर निकलने के लिए करते है एवं

सीखते हैं। सीखने की प्रक्रिया में सहकार्य, सहयोग एवं आलोचना करने हेतु विद्यार्थियों को सशक्त बनाया जाता है। स्थापित नियमों, आचरणों, एवं परम्पराओं का मूल्यांकन करने हेतु उन्हें स्वतंत्रता होती है। सीखने की परिस्थिति में वे जो कुछ सीखते हैं उसे वास्तविक कार्य-संसार में उपयोग किया जाता है। माइक पेडलर ने सीखने की स्प्रिंग के बारे में बताया है। उसके अनुसार एक समस्या होना चाहिये, इस समस्या का कोई मालिक होना चाहिए। इस परिस्थिति में सीखने हेतु गतिविधियों एवं सीखने के तंत्र का निर्माण करने की आवश्यकता होती हैं। परिस्थिति से प्राप्त हुई सीख का उपयोग विद्यार्थियों के विकास हेतु किया जाता है। विद्यार्थियों को मतभेद, तनाव एवं चुनौतीपूर्ण परिस्थिति में रखा जाता है ताकि नये विचारों की उत्पत्ति हो सके। एक परिस्थिति में सीख पूरी होने के पश्चात् दूसरी परिस्थिति की सीखने हेतु संरचना करनी पड़ती है।

सक्रिय विधि सीखने की अन्य विधियों, जैसे अध्ययन प्रकरण, भूमिका निर्वाह, परियोजना इत्यादि से भिन्न है। इस विधि में वर्तमान ज्ञान, प्रविधि एवं परम्पराओं को चुनौती दी जाती है। यह चुनौती समय की बचत, संसाधनों का उपयोग, प्रयासों की कमी, कम शिकायतें इत्यादि मापदण्डों पर की जाती है। वे समाधान का क्रियान्वयन करते हैं एवं इसका मूल्यांकन करते है। सीखने के प्रत्येक पद पर चेतनरूप से सावधानीपूर्वक सीखा जाता है। इस सीख का परीक्षण एवं सत्यापन किया जाता है एवं सुधार लाया जाता है। इस विधि के माध्यम से सीखने हेतु सीखने के कौशल का विकास भी किया जाता है। यह विधि लचीली, अपनाने योग्य, सृजनशील, सक्रिय एवं सतत् रूप से सींखने हेतु विद्यार्थियों को सशक्त बनाती है।

3. सीखने हेतु वास्तविक कार्यसंसार की परिस्थितियाँ (Real Life Situations for Action Learning)

वास्तविक कार्यसंसार की कई परिस्थितियों को सक्रिय रूप से सीखने के लिए चुना जा सकता है। इनमें से कुछ परिस्थितियां खतरनाक भी हो सकती हैं। इन परिस्थितियों का प्रतिरूप तैयार करके सीखा जाता है। वास्तविक कार्यसंसार की कुछ परिस्थितियों की सूची निम्नलिखित है :

- कार्य संबन्धी जटिल समस्या का हल करना,
- नये लक्ष्य प्राप्त करने हेतु रणनीति तैयार करना,
- अनिश्चित परिस्थिति में निर्णय लेना,

- प्रक्रिया की दक्षता बढ़ाना,
- गुणता सुनिश्चित करने के लिए प्रणाली तैयार करना,
- बदलाव की संरचना कर क्रियान्वित करना,
- किसी कार्यक्रम की सफलता का मूल्यांकन करना,
- जोखिम डाल कर इसका सामना करना,
- नया समाधान तैयार करने हेतु प्रयोग करना,
- मानव संसाधन का विकास करना,
- व्यक्तियों की वचनबद्धता प्राप्त कर उन्हें कार्यक्रम में सहभागी बनाना,
- विशिष्ट प्रयोजन प्राप्त करने हेतु टीम निर्माण करना, इत्यादि।

4. सक्रिय सीख विधि से सीख (Learning Produced Through Action Learning)

सक्रिय सीखने की विधि द्वारा पेशेवर कौशल का विकास किया जाता है। यह सीखने की एक ऐसी विधि है जिसके माध्यम से पूर्व की सीख को वास्तविक परिस्थिति में उपयोग किया जाता है, परिस्थिति से एवं कार्य की प्रगति से सीखा जाता है एवं जो सीखा है उसका मूल्यांकन कर सीखा जाता है। सक्रिय सीख विधि के माध्यम से विविध प्रकार की सीख का विकास किया जाता है एवं निपुणता विकास की प्रक्रिया की शुरुआत की जाती है। विद्यार्थियों में सीखने हेतु सीखने, सतत् सीखने, अवधारणा को चुनौती देना एवं स्वयं की सीख का मूल्यांकन करना इत्यादि कौशल का विकास किया जाता है। प्राध्यापक एवं विद्यार्थी सीखने के अनुभव, सीखने हेतु आकाँक्षा एवं सीखने की प्रक्रिया में भाग लेने के प्रयासों की प्रशंसा करते हैं। सक्रिय सीख विधि से विकसित किये जाने वाले कौशल की सूची निम्नलिखित है:

कौशल

- निर्धारित लक्ष्य प्राप्त करने हेतु योजना बनाना,
- भविष्य दृश्य तैयार करना,
- पूर्व कौशल का आगे सीखने हेतु उपयोग करना,
- परिस्थिति का विश्लेषण करना,
- कई कौशल को समेकित करना,
- जांच करने का प्रतिवेदन तैयार करना,
- किसी परियोजना के प्रभाव का मूल्यांकन करना,

- किसी तकनॉलाजी एवं तकनीकी का अनुमान लगाना,
- नये उत्पाद एवं सेवा की संरचना करना,
- किसी परिस्थिति के परिपेक्ष में प्रतिवेदन तैयार करना,
- प्रस्तुतिकरण कौशल का विकास करना,
- किसी प्रविधि या मॉडल की विश्वसनियता पर प्रश्न करना।

अभिवृत्ति

- किसी प्रकरण के सन्दर्भ में जांच करने की प्रवृत्ति,
- किसी परियोजना के लक्ष्यों की प्राप्ति हेतु टीम भावना से कार्य करना,
- उत्पाद या सेवा की शुद्धता सुनिश्चित करना,
- योजनाबद्ध रूप से कार्य करना,
- स्वच्छता एवं स्वस्थता बनाये रखना,
- सुरक्षा नियमों का पालन करना,
- अन्य व्यक्तियों की भावनाओं का ध्यान रखना,
- ऊर्जा, राशि एवं समय की बचत करना,
- अन्य के प्रति आदर एवं सम्मान का प्रदर्शन करना,
- कार्य करने हेतु सहकार्य एवं सहयोग करना,
- अवाँच्छित व्यवहार को नजरअन्दाज करना,
- कार्यस्थल पर विविधता का आदर करना,
- सेवा भाव से कार्य करना,
- नवाचार लाने हेतु प्रयोग करना।

5. प्राध्यापक की भूमिका (Role of a Teacher)

सीखने की विभिन्न विधियों में प्राध्यापक की भूमिका भिन्न होती है। यह भूमिका प्राध्यापक की पारम्परिक भूमिका से भिन्न होती है। सक्रिय सीखने की विधि के प्रबंधन में प्राध्यापक की महत्वपूर्ण एवं मांग पूर्ण भूमिका होती है। अत: सक्रिय सीख विधि के प्रबंधन हेतु प्रत्येक प्राध्यापक का प्रशिक्षण किया जाना चाहिये। सक्रिय सीख प्रबंधन विधि के प्रभावी संचालन हेतु प्राध्यापक की भूमिका का संक्षिप्त विवरण निम्नलिखित है।

सीखने की परिस्थिति का सृजन करना

प्राध्यापक द्वारा वास्तविक कार्यसंसार की परिस्थिति का चयन कर उसका विवरण तैयार किया जाता है। परिस्थिति का वर्णन लिखित रूप में या वीडियो

रिकार्डिंग के रूप में हो सकता है। इस विवरण को विद्यार्थियों को सीखने हेतु दिया जाता है। विद्यार्थियों को विभिन्न पात्रों की भूमिका दी जाती है एवं मार्गदर्शन दिया जाता है। प्राध्यापक द्वारा सीखने के सभी संसाधनों का आयोजित किया जाता है।

मार्गदर्शक

परिस्थिति की प्रक्रिया से सम्बंधित बिन्दुओं पर प्राध्यापक विद्यार्थियों का मार्गदर्शन करता है। विद्यार्थी प्राध्यापक द्वारा दिये गये मार्गदर्शन के अनुसार सीखने की प्रक्रिया को आगे बढ़ाते हैं। वे समस्या पर कार्य करते हैं एवं समाधान खोजने का प्रयास करते हैं। वे तैयार किये गये समाधान की प्रभावशीलता पर प्रश्न करते हैं एवं एकदम नये, भिन्न एवं अनोखे समाधान के बारे में सोचते हैं। वे समस्या को विभिन्न आयामों से देखते हैं एवं नये समाधान खोजने का प्रयास करते हैं। वे समस्या एवं समाधान के बारे में प्राध्यापक के मार्गदर्शन में सीखते हैं।

प्रेरक

प्राध्यापक विद्यार्थियों को सीखने की प्रत्येक सीढ़ी पर सीखने एवं सीख का उपयोग करने की प्रेरणा प्रदान करते हैं। वे सीखने हेतु विचार, रास्ते एवं ऊर्जा प्रदान करते हैं। वे सीखने की प्रक्रिया के दौरान सही समय पर सही हस्तक्षेप करते है। प्राध्यापक सीखने की प्रगति का मूल्यांकन करता है एवं प्राप्त हुई सीख को मान्यता प्रदान करता है। वह सीखने में सुधार लाने हेतु सकारात्मक, रचनात्मक एवं सुधारात्मक फीडबैक प्रदान करता है। वास्तव में प्राध्यापक सीखने हेतु विद्यार्थियों को सशक्त बनाता है। प्राध्यापक सामाजिक एवं मनोवैज्ञानिक रूप से प्रेरित करता है। वह सम्प्रेषण में सुधार लाता है। अच्छे व्यवहार का प्रदर्शन करता है, टीम के सदस्यों के मतभेद दूर करता है, सीखने हेतु संसाधन प्रदान करता है एवं वार्तालाप आयोजित करता है। विद्यार्थियों को सीखने हेतु प्रेरित करने के लिए वह सभी संभव प्रयांस करता है।

निरीक्षक

प्राध्यापक सक्रिय सीख विधि से सीख की प्रगति का निरीक्षण करता है। वह विद्यार्थियों के व्यवहार का भी निरीक्षण करता है एवं समय-समय पर उन्हें वाँच्छित व्यवहार के प्रदर्शन पर मान्यता प्रदान करता है या इसमें सुधार लाने हेतु सुझाव देता है।

वह सीखने की प्रक्रिया एवं परिणाम दोनों का निरीक्षण एवं मूल्यांकन करता है। इस मूल्यांकन के आधार पर यदि आवश्यक हुआ तो वह विद्यार्थियों को अतिरिक्त जानकारी भी प्रदान करता है।

फीडबैक प्रदायकर्ता

प्राध्यापक सीखने की प्रक्रिया एवं सीखने के व्यवहार का निरीक्षण पूर्व निर्धारित मापदण्डों के आधार पर करता है। वह निरीक्षण का विश्लेषण कर उसके आधार पर फीडबैक तैयार करता है। वह विद्यार्थियों को निम्नलिखित फीडबैक प्रदान करता है:

- सीखने की विधि की प्राभावशीलता,
- समस्या का समाधान खोजने की पद्धति,
- प्रश्न पूछने की विधि,
- प्रश्न की गहराई,
- परिस्थिति के विश्लेषण की विधि,
- वाँच्छित एवं अवाँच्छित व्यवहार,
- विभिन्न सदस्यों की सीखने की प्रभावशीलता,
- सीख का उपयोग,
- आगे सीखने हेतु जानकारी।

6. सक्रिय सीख के संचालन हेतु प्राध्यापकों की योग्यता (Abilities of Teachers to Conduct Action Learning)

सक्रिय सीख का प्रभावी संचालन करने के लिए प्राध्यापकों को प्रशिक्षण एवं अभ्यास के माध्यम से निपुणता एवं प्रवीणता का विकास करना चाहिये। इस विधि के प्रभावी संचालन हेतु आवश्यक निपुणता की सूची निम्नलिखित है :

- समस्या या अवसर का विवरण देने की योग्यता,
- सीखने के संसाधनों को आयोजित करने की योग्यता,
- सीखने हेतु वातावरण तैयार करने की योग्यता,
- सीखने की प्रक्रिया में लचीलापन, खुलापन एवं विविधता समाहित करने की योग्यता,
- क्रियाओं, सीखने की प्रक्रिया एवं प्रगति का अवलोकन एवं विश्लेषण करने की योग्यता,
- सीखने की प्रक्रिया में विद्यार्थियों की सहभागिता को बढ़ाने की योग्यता,

- विद्यार्थियों को गहराई से सीखने हेतु प्रोत्साहित करने की योग्यता,
- सीख की प्रगति पर फीडबैक प्रदान करना,
- सीख को सारांशित एवं समेकित करने की योग्यता।

अभिवृत्ति

- किसी परिस्थिति में धैर्य का प्रदर्शन,
- विभिन्न व्यक्तियों की समस्याओं के प्रति चिंता,
- नये विचारों के प्रति खुलापन,
- सहयोग देने एवं लेने की भावना,
- लक्ष्य के प्रति वचनबद्धता का प्रदर्शन,
- त्रुटियों एवं अवाँच्छित व्यवहार को नजरअन्दाज करना,
- अच्छे कार्यों एवं प्राप्तियाँ की प्रशंसा करना,
- आपसी आदर एवं सम्मान का प्रदर्शन करना,
- विविधता का आदर करना।

7. सक्रिय सीख विधि (Action Learning)

सक्रिय सीख में विद्यार्थी योजनाबद्ध रूप से सीखते हैं। इस योजना का संक्षिप्त विवरण चित्र 18.1 में दिया गया है।

सीखने हेतु चुनी गई समस्या सीखने की सक्रिय विधि की प्रभावशीलता सुनिश्चित करती है। अतः प्राध्यापक उपयुक्त परिस्थिति का चयन करता है। यह परिस्थिति समस्या या अवसर से सम्बद्ध होती है। इस समस्या को विद्यार्थियों को हल करने के लिए देते हैं। कई बार प्राध्यापक सीखने हेतु एक से अधिक परिस्थितियों का चयन करते हैं एवं विद्यार्थियों को उनकी योग्यता के अनुरूप सीखने हेतु देते हैं। वास्तविक कार्यसंसार से चुनी गई परिस्थिति चुनौतीपूर्ण होनी चाहिये एवं इससे सोचने एवं सृजनशीलता को बढ़ावा देना चाहिये। प्राध्यापक एवं विद्यार्थियों को परिस्थिति का समाधान ज्ञात नहीं होना चाहिये। ऐसी परिस्थिति में सक्रिय सीख होती है।

विद्यार्थियों के समूह को दी गई परिस्थिति के परिपेक्ष्य में सभी आयामों पर समस्या को विद्यार्थी परिभाषित करते हैं। विद्यार्थी समस्या की परिभाषा को सत्यापित करने के लिए प्रश्नों द्वारा इसकी उपयोगिता एवं उपयुक्ता की जांच करते हैं। वे इन प्रश्नों के माध्यम से समस्या की परिभाषा को परिष्कृत करते हैं। समस्या की परिभाषा को परिष्कृत करने के पश्चात् विद्यार्थी इसका मूल्यांकन करते हैं

समस्या या अवसर का विवरण

- विद्यार्थी समस्या को समझते हैं
- विविध आयामों पर इसकी परिभाषा
- समस्या की परिभाषा को सत्यापित करना
- समस्या की परिभाषा का परिक्षण करना

विकल्प तैयार कर समस्या के समाधान पर पहुंचना

- विद्यार्थी नये, अनोखे एवं भिन्न विकल्पों को तैयार करते हैं।
- इन विकल्पों पर प्रश्नों के माध्यम से मूल्यांकन करते हैं।
- समाधान पर पहुंचते हैं।
- समाधान का परीक्षण करते हैं।

क्रियान्वयन हेतु कार्य योजना तैयार करना

- विद्यार्थी गतिविधियों को ज्ञात करते हैं।
- संसाधन ज्ञात करते हैं।
- भूमिका एवं जवाबदारी निर्धारित करते हैं।
- संसाधन आयोजित करता है।

योजना का क्रियान्वयन

- गतिविधियाँ का क्रियान्वयन।
- क्रियान्वयन का निश्चित अन्तराल पर मूल्यांकन।
- सीख का मूल्यांकन।
- सीख को प्रगाढ़ बनाना।
- सीख में सुधार लाना।

चित्र 18.1: सक्रिय सीख विधि

एवं सीखते हैं। प्राध्यापक भी विद्यार्थियों को उनके द्वारा उपयोग किये गये सिद्धांतों एवं समस्या को परिभाषित करने की पद्धति पर फीडवेक प्रदान करते हैं। वह समस्या को परिभाषित करते समय हुई सीख को भी समेकित करते हैं। यदि आवश्यक हुआ तो प्राध्यापक उसके द्वारा तैयार की गई समस्या की परिभाषा को भी विद्यार्थी को बतलाता है। यदि आवश्यक हुआ तो विद्यार्थी उनके द्वारा तैयार की गई परिभाषा को ओर परिष्कृत करते हैं।

विद्यार्थी उनकी बुद्धिमानी एवं सीख का उपयोग करते हुए समस्या के वैकल्पिक समाधान खोजते हैं। वे पारम्परिक विधियों का उपयोग नहीं करते हैं वरन् समस्या को नये नजरिये से देखते हैं। समस्या का समाधान खोजने

में प्राध्यापक उनकी सहायता करता है। प्राध्यापक स्नातकोत्तर पाठ्यक्रम के छात्रों के साथ सक्रिय सीख में भागीदार बनते हैं, परन्तु स्नातक पाठ्यक्रम के छात्रों का सीखने हेतु मार्गदर्शन करते हैं। प्राध्यापक विद्यार्थियों द्वारा तैयार किये गये विकल्पों को चुनौती देने का कार्य भी करते हैं ताकि विद्यार्थी आगे सोच एवं सीख सके। इस प्रक्रिया के दौरान सीखने हेतु मजबूत प्रश्नों का सहारा लिया जाता है। सीखने के प्रत्येक पद पर प्राध्यापक सीख को सारांशित करता है एवं प्रगाढ़ बनाता है।

कठिन एवं जटिल समस्या का हल करने में विकल्पों का मूल्यांकन करने हेतु मापदण्ड भी तैयार किये जाते हैं। ये मापदण्ड पारम्परिक मापदण्ड से भिन्न एवं नये होते हैं ताकि इनके आधार पर सीख को बढ़ावा दिया जा सके। ये मापदण्ड आगे सोचने हेतु प्रेरणा प्रदान करते हैं जिससे पुन: चुनौती प्रदान की जा सकती है। सम्पूर्ण सीख एवं सीखने की प्रक्रिया का मूल्यांकन कर अन्तिम निर्णय लिया जाता है। विद्यार्थी निर्णय का क्रियान्वयन करने हेतु कार्य योजना बनाते हैं एवं कार्य योजना के अनुसार निर्णय का क्रियान्वयन करते हैं। वे आपस में उनकी भूमिका तय करते हैं जवाबदारी से कार्य करते हैं। प्राध्यापक समस्या समाधान कार्य योजना के क्रियान्वयन का निरीक्षण करते हैं एवं सही क्रियान्वयन हेतु मार्गदर्शन प्रदान करते हैं। विद्यार्थी भी समाधान क्रियान्वयन का अनुश्रवण कर सुधारात्मक कार्य करते हैं। अन्त में कार्य के उद्देश्यों की प्राप्ति का मूल्यांकन किया जाता है एवं एक दूसरे के अनुभवों को सांझा किया जाता है। प्राध्यापक सीख को समेकित करता है एवं विद्यार्थियों को भविष्य में भी सक्रिय सीख के माध्यम से सीखने हेतु प्रेरित करता है।

8. सारांश (Summary)

- सक्रिय सीख विधि सीखने की एक प्रभावी विधि है जिसमें वास्तविक कार्यसंसार की समस्या का समाधान तैयार करने एवं इसका मूल्यांकन कर सीखा जाता है।
- सक्रिय सीख विधि में पूर्व की सीख का उपयोग कर नये एवं भिन्न कौशल का विकास किया जाता है।
- सक्रिय सीख विधि से सीखने हेतु ऐसी परिस्थिति का चयन किया जाता है जो चुनौतीपूर्ण, नयी एवं अनोखी हो ताकि विद्यार्थियों को सोचने का अवसर प्राप्त हो सके।

- सक्रिय सीख विधि द्वारा उच्चस्तर के कौशल एवं सीखने हेतु सीखने के कौशल का विकास होता है।
- सक्रिय सीख के माध्यम से अनुमान लगाना, परीक्षण करना एवं क्रियान्वयन करना, जैसे कौशल का विकास होता है।
- सक्रिय सीख के माध्यम से सम्पूर्ण एवं दूरगामी सीख के साथ-साथ वाँच्छित अभिवृत्ति का विकास होता है। इसके माध्यम से विद्यार्थियों में जोखिम लेने, अनिश्चितता से निपटने एवं चुनौती को स्वीकार करने के गुणों का विकास किया जाता है।
- सक्रिय सीख के माध्यम से पुरानी पद्धतियों को चुनौती देने एवं नई पद्धतियों का सृजन करने क़ा अवसर प्राप्त होता है।
- सक्रिय सीख की संरचना अनुभवी एवं प्रशिक्षित प्राध्यापक करता है एवं सीखने की प्रक्रिया के दौरान विद्यार्थियों का मार्गदर्शन एवं सीख का मूल्यांकन करता है। वह आगे सीखने हेतु फीडबैक प्रदान करता है।

9. प्रपत्र (Format)

प्रपत्र 18.1: सक्रिय सीखने की विधि से सीख

सक्रिय सीखने की विधि से विद्यार्थियों की सीख का मूल्यांकन विभिन्न मापदण्डों पर किया जा सकता है। निम्नलिखित नमूना प्रपत्र का उपयोग कर विद्यार्थियों की सीख का मूल्यांकन करिये।

सूचक: 4–सर्वोच्च, 3–उच्च, 2–मध्यम, 1–निम्न

क्र.	*मापदण्ड*	*प्रभावशीलता*
1.	योजना बनाना	
2.	विश्लेषण करना	
3.	जांच करना	
4.	अनुमान लगाना	
5.	दृश्य तैयार करना	
6.	समेकित करना	
7.	मूल्यांकन करना	
8.	संरचना करना	
9.	प्रश्न करना	

(*क्रमशः*)

क्र.	मापदण्ड	प्रभावशीलता
10.	जानकारी एकत्र करना	
11.	प्रस्तुतिकरण करना	
12.	प्रतिवेदन तैयार करना	
13.	फीडबैक प्राप्त करना एवं प्रदान करना	
14.	परीक्षण करना	
15.	संबंध बनाना	
16.	टीम भावना से कार्य करना	
17.	सुरक्षा नियमों का पालन करना	
18.	स्वच्छता रखना	
19.	सेवा भाव से कार्य करना	
20.	सहयोग करना	
21.	शुद्धता का ध्यान रखना	
22.	अपव्यय नहीं होने देना	
23.	अन्य के सम्मान का ध्यान रखना	
24.	बचत करना	
25.	विविधता का आदर करना	

10. अभ्यास प्रश्न (Practice Questions)

1. सक्रिय सीख विधि को परिभाषित करिये।
2. सक्रिय सीख विधि का आविष्कार किसने किया था?
3. सक्रिय सीख विधि सीखने की अन्य विधियों से कैसे भिन्न है?
4. सक्रिय सीख हेतु परिस्थिति का चयन करते समय किन बातों का ध्यान रखना चाहिये?
5. सक्रिय सीख विधि द्वारा मानसिक क्षेत्र के कौनसे कौशल का विकास किया जाता है?
6. सक्रिय सीख विधि के माध्यम से भावनात्मक क्षेत्र के कौनसे कौशल का विकास किया जाता है?
7. सक्रिय सीख विधि का उपयोग करने से कौनसे सहकौशल का विकास किया जाता है।
8. सक्रिय सीख विधि का उपयोग सीखने के किस स्तर पर किया जाता है?

9. सक्रिय सीख के प्रबंधन में प्राध्यापक की मुख्य भूमिका का संक्षिप्त वर्णन करिये।
10. सक्रिय सीख विधि का संचालन करने हेतु प्राध्यापक में कौनसी योग्यताएं होनी चाहिये?
11. सक्रिय सीख विधि की संरचना के प्रमुख पदों का वर्णन करिये।

11. गतिविधियाँ (Activities)

गतिविधि 18.1: सक्रिय सीख विधि की संरचना करना

सीखने के उद्देश्यों की पूर्ति हेतु वास्तविक कार्यसंसार से उपयुक्त कार्य परिस्थिति का चयन कर सक्रिय सीख विधि की संरचना करिये।

गतिविधि 18.2: सक्रिय सीख विधि का संचालन करना

सक्रिय सीख विधि हेतु तैयार की गई संरचना को क्रियान्वित करिये एवं विद्यार्थियों की सीख का प्रपत्र 18.1 में दिये गये मापदण्डों का उपयोग कर मूल्यांकन करिये।

गतिविधि 18.3: सक्रिय सीख विधि का मूल्यांकन करना

आपके द्वारा आयोजित की गई सक्रिय सीख की प्रभावशीलता का मूल्यांकन कर इसमें सुधार लाने की रणनीतियाँ तैयार करिये।

19

स्वयं सीखना
(Self Learning)

सीखने के उद्देश्य (Learning Objectives)

इस अध्याय को पढ़ने के पश्चात् पाठक:

1. स्वयं सीखने के महत्व को बतला सकेंगे।
2. स्वयं सीखने को परिभाषित कर सकेंगे।
3. स्वयं सीखने के चक्र का विवरण दे सकेंगे।
4. स्वयं सीखने में स्वयं मूल्यांकन के महत्व को बतला सकेंगे।
5. विद्यार्थियों की सीखने की शैलियों का विवरण दे सकेंगे।
6. स्वयं सीखने के गुणों को सूचीबद्ध कर सकेंगे।
7. स्वयं सीखने की विधि का वर्णन कर सकेंगे।
8. स्वयं सीखने के दौरान नोट्स लेने की प्रक्रिया का वर्णन कर सकेंगे।
9. स्वयं सीखने में विद्यार्थियों की भूमिका का वर्णन कर सकेंगे।
10. स्वयं सीखने को बढ़ावा देने में प्राध्यापकों की भूमिका का वर्णन कर सकेंगे।
11. स्वयं सीखने की विधि का मूल्यांकन कर सकेंगे।

1. प्रस्तावना (Introduction)

विभिन्न विद्यार्थियों के मनोवैज्ञानिक गुण एवं सीखने की शैली भिन्न होती है। स्वयं सीखने की इच्छा तब होती है जब विद्यार्थी चुनौतीपूर्ण उद्देश्य प्राप्त करना चाहते हैं या किसी विशेष क्षेत्र में विशेषज्ञता अर्जित करना चाहते हैं। विद्यार्थी उनके केरियर के बारे में सजग है एवं यही से स्वयं सीखने की

शुरुआत होती है। स्वयं सीखने के गुणों एवं उनके उपयोग से उज्जल भविष्य का निर्माण होता है। स्वयं सीखने की चाह सभी विद्यार्थियों में होती है। यह चाह किसी विद्यार्थी में कम तो किसी में अधिक होती है। इस चाह के आधार पर विद्यार्थी स्वयं सीखने के गुणों को सीखते हैं एवं स्वयं सीखने के कौशल को परिष्कृत करते हैं।

विद्यार्थियों की सीखने की सभी इच्छाओं की पूर्ति महाविद्यालयों एवं विश्वविद्यालयों द्वारा नहीं की जा सकती है, अतः विद्यार्थियों में स्वयं सीखने के कौशल का विकास करना अत्यन्त आवश्यक है। कुछ विद्यार्थी शैक्षणिक एवं पेशेवर संस्थाओं द्वारा चलाये जाने वाले पाठ्यक्रम में प्रवेश लेते हैं जो किसी पेशे विशेष से सम्बन्धित कौशल का विकास करते हैं या कौशल में मूल्य वृद्धि करते हैं या उनकी रुचि को आगे बढ़ाने में सहायक होते हैं। कुछ विद्यार्थी व्यवसायी परिवार से आते हैं जो उनके पैतृक व्यवसाय को आगे बढ़ाना चाहते हैं, अतः वे सैद्धांतिक ज्ञान के बजाय व्यावहारिक कौशल सीखने में अधिक रुचि रखते हैं। कुछ विद्यार्थी ऊंची आकाक्षाएं रखते हैं एवं स्वयं का उद्यम स्थापित करना चाहते हैं, अतः तकनीकी निपुणताओं के साथ-साथ उद्यमी बनने हेतु आवश्यक निपुणताओं का भी विकास करना चाहते हैं।

कुछ विद्यार्थी प्रतिभाशाली होते हैं या तीव्र बुद्धि के होते हैं जो सीखने में तीव्र होते हैं। वे निर्धारित समय में अतिरिक्त योग्यताएं अर्जित करना चाहते हैं ताकि उन्हें उच्च पद एवं उनकी पसंद के अनुरूप पद प्राप्त हो सके। विद्यार्थी सीखने के उद्देश्य प्राप्त करने के लिए सीखने हेतु स्वयं पहल करते हैं। विभिन्न विद्यार्थियों की सीखने की प्रभावशीलता एवं सीखने का समय भिन्न होता है। कुछ विद्यार्थी प्रातःकाल में सीखने में प्रभावी होते हैं तो कुछ देर रात तक पढ़कर सीखते हैं। सीखने का समय कुछ भी हो स्वयं सीखने की पहल कर सीखना महत्वपूर्ण होता है। विद्यार्थी स्वयं सीखने के महत्व को समझते हैं एवं इस हेतु ईमानदारी से प्रयास करते हैं। स्वयं सीखने के दौरान वे उनकी पसंद की सीखने की शैली का उपयोग करते हैं।

कई नियोक्ता संस्थाएं एवं उद्योग भी चाहते हैं कि जिन व्यक्तियों की वे नियुक्ति कर रहे है उनमें स्वयं सीखने की परिपक्वता हो ताकि वे बदलती हुई परिस्थिति को समझकर त्वरित निर्णय लेकर कार्यवाही कर सकें एवं ग्राहक को संतुष्ट कर सकें। ये उद्योग ऐसे पेशेवर चाहते हैं जो परिस्थिति की मांग के अनुसार अपने आप को बदल सकें। वे ऐसे व्यक्ति चाहते हैं जो तेजी से सीखने की अभिवृत्ति रखते हैं एवं बदलती हुई भूमिका को निभा सकते हैं। वे ऐसे

व्यक्ति चाहते हैं जो एक विभाग से दूसरे में एवं एक स्थान से दूसरे पर जाकर कार्य कर सकें। वे चाहते हैं कि व्यक्ति तकनीकी एवं सामाजिक रूप से अपने आपको बदल सकें। कई राष्ट्रीय एवं बहुराष्ट्रीय कम्पनियां विभिन्न पदों की भर्ती में उपरोक्त निपुणताओं को भी ध्यान मे रखकर चयन करती हैं।

2. स्वयं सीखने की परिकल्पना (Concept of Self Learning)

स्वयं के प्रयासों से सीखने को स्वयं सीखना कहते हैं। विद्यार्थी को पाठ्यक्रम से संबंधित या अन्य कुछ सीखने की आवश्यकता महसूस होती है। उसे नये कौशल सीखने का विचार आता है एवं वह कई स्त्रातों से सीखने का प्रयास करता है। वह इन सीखने के स्त्रोतों को स्वयं खोजता है एवं इनसे स्वयं सीखता है। सीखने के ये स्त्रोत प्राध्यापक, पुस्तकें, इन्टरनेट, विशेषज्ञ, पत्रिका, कार्यस्थल, फिल्म, शैक्षणिक कार्यक्रम इत्यादि हो सकते हैं। विद्यार्थी उस समूह के सदस्य भी बनते हैं जो उनकी पसंद के कौशल सीख रहा होता है। कभी-कभी यह समूह भी सीखने के स्त्रोत को ज्ञात करता है एवं व्यक्तिगत रूप से समूह में सीखता है। सीखने का स्त्रोत समूह के सदस्य भी हो सकते हैं। यह समूह सुविधा के अनुसार एकत्र होता है एवं नये कौशल विकास करने हेतु सीखता है। सीखते समय सभी सदस्य समूह की आचार संहिता का पालन करते हैं।

कार्ल रोजर्स के अनुसार सभी व्यक्तियों में सीखने हेतु एक प्राकृतिक शक्ति होती है। स्वयं सीखने में सम्पूर्ण व्यक्तित्व शामिल होता है, वह अनुभव करता है एवं भाव प्रकट करता है। ऐसी सीख लम्बे समय तक रहती है एवं इसकी गइराई अधिक होती है। इस विधि के द्वारा स्वतंत्रता, सृजनात्मकता एवं स्वयं पर विश्वास का विकास होता है जब स्वयं आलोचना एवं मूल्यांकन का अवसर प्राप्त होता है। आधुनिक संसार में सीखने की सबसे उपयोगी विधि सीखने हेतु सीखना है। इस विधि में सीखने हेतु खुलापन होता है एवं बदलाव प्रक्रिया को आत्मसात करने का अवसर प्राप्त होता है।

3. स्वयं सीखने का चक्र (Cycle of Self Learning)

विद्यार्थी स्वयं सीखने के आन्तरिक चक्र के विभिन्न पदों से गुजरता है। स्वयं सीखने का सफल अनुभव विद्यार्थियों को पुनः स्वयं सीखने हेतु प्रेरित करता है। यदि स्वयं सीखने के अनुभव सकारात्मक नहीं होते हैं तो विद्यार्थी सीखने के चक्र के किसी भी पद से बाहर आ जाता है एवं वह स्वयं सीखने हेतु पुनः प्रयास नहीं करता है। स्वयं सीखने के चक्र की आन्तरिक स्थितियों को चित्र 19.1 में दर्शाया गया है।

स्वयं सीखने की आवश्यकता

- मांग
- इच्छा
- समस्या
- आकाँक्षा
- भविष्य दृश्य
- रुचि

↓

स्वयं सीखने की योजना

- उद्देश्य निर्धारित करना
- सीखने के स्त्रोत ज्ञात करना
- सीखने की विधि तय करना
- सीखने के संसाधन जुटाना
- सीखने हेतु उपलब्ध समय
- मूल्यांकन विधि

↓

सीखने की विधि पूर्ण करना

- सीखने के स्त्रोत से सम्पर्क
- सीखने के संसाधन का एकत्रीकरण
- पढ़ना, देखना, निरीक्षण करना
- सीखने के कार्यक्रमों में सहभागी बनना
- सीख का मूल्यांकन करना
- स्वयं सीख की प्रगति का अनुश्रवण करना
- वैकल्पिक विधि ज्ञात करना

↓

सीख का स्वयं मूल्यांकन करना

- औपचारिक एवं अनौपचारिक परीक्षण
- आत्मपरीक्षण
- साथियों द्वारा मूल्यांकन
- विशेषज्ञों द्वारा मूल्यांकन
- समस्या समाधान के आधार पर मूल्यांकन
- परियोजना प्रभावशीलता के माध्यम पर मूल्यांकन

चित्र 19.1: स्वयं सीखने के पद

स्वयं सीखने की आवश्यकता

विद्यार्थी स्वयं सीखने की आवश्यकता समझते हैं। यह आवश्यकता उनके भीतर से आती है। वह यह भी महसूस करते हैं कि सीखने की आवश्यकता की पूर्ति वे स्वयं कर सकते हैं। मसलों के प्रेरणा के सिद्धांत के अनुसार सीखने की

आवश्यकता आन्तरिक है क्योंकि प्रत्येक व्यक्ति उच्चतम शिखर तक पहुंचना चाहता है। विद्यार्थियों को वातावरण से विविध प्रकार की प्रेरणा प्राप्त होती है जिसे वे उनके व्यक्तित्व से जोड़ते हैं। इस प्रेरणा को वे अपने आदर्श से भी जोड़कर देखते हैं जिसके समान वे बनना चाहते हैं। इस आन्तरिक इच्छा के कारण ही वे करना एवं सीखना चाहते हैं। स्वयं सीखने की प्रक्रिया के दौरान वे कई समस्याओं का सामना करते है एवं उनको हल भी करते हैं। समस्या का सामना कर उसको हल करने की इच्छा ही उनके सीखने का कारण बनती है। कुछ विद्यार्थी बचपन से ही कुछ अनोखे उद्देश्य प्राप्त करने की आंकाक्षा रखते है। यह आंकाक्षा आन्तरिक होती है जो विद्यार्थियों को स्वयं से सीखने हेतु प्रेरित करती है। कुछ विद्यार्थी औपचारिक शिक्षण एवं प्रशिक्षण के माध्यम से जीवन का लक्ष्य तैयार करते हैं एवं इसे प्राप्त करने हेतु प्रेरित होते है। कुछ विद्यार्थी उनकी रुचि के कारण नया सीखते है एवं आनन्द लेते हैं। अतः स्वयं सीखने की आवश्यकता विद्यार्थियों के भीतर से उत्पन्न होती है। यह आवश्यकता आन्तरिक चाह से या बाहरी स्रोत से प्रेरणा मिलने पर जागृत होती है।

स्वयं सीखने हेतु योजना बनाना

एक बार सीखने की आवश्यकता को ज्ञात कर परिभाषित करने के पश्चात विद्यार्थी सीखने के उद्देश्य तैयार करते हैं। ये उद्देश्य ऐसे होते हैं जो प्राप्त किये जा सकते हैं। स्वयं सीखने के उद्देश्यों को क्रम से या किसी अन्य शैक्षणिक कार्यक्रम के साथ सीखकर प्राप्त किया जा सकता है। विद्यार्थी सीखने के उद्देश्यों को प्राप्त करने के लिए अनेक स्रोत का उपयोग करते हैं। वे सीखने के समय एवं सीखने की विधि की योजना बनाते हैं। वे सीखने हेतु एक से अधिक विधियों का उपयोग भी करते हैं।

यदि सीखने की आवश्यकता मजबूत हुई तो वे स्वयं सीखने हेतु सम्पूर्ण ऊर्जा भी लगा देते हैं। यह उनके पक्ष में भी होता है क्योंकि वे भिन्न आयामों पर अलग-अलग विधि द्वारा सीखते हैं। विभिन्न स्रोत जैसे किताबे, शोध पत्रिकाएं, विडियों, शैक्षणिक टेलीविजन कार्यक्रम, स्वयं सीखने हेतु तैयार किये गये पैकेज, टूशन, मित्र, प्राध्यापक, विशेषज्ञ, पेशेवर, अभिभावक, वरिष्ठ इत्यादि होते हैं। इसके अतिरिक्त वे औपचारिक शिक्षण एवं प्रशिक्षण कार्यक्रम का भी सहारा लेते हैं। वे सीखने के उद्देश्य प्राप्त करने के लिये विभिन्न गतिविधियों का समय निर्धारित करते हैं। विद्यार्थी सीख का मूल्यांकन करने की विधि भी निधारित करते है जो स्वयं मूल्यांकन पर आधारित होती है।

स्वयं सीखना

स्वयं सीखने की योजना के अनुसार विद्यार्थी सीखते हैं। यदि ने स्वयं सीखना बन्द करते हैं तो इसका मतलब यह है कि उनकी स्वयं सीखने की आवश्यकता मजबूत नहीं है एवं उनकी प्राथमिकता बदल गयी है। यदि वे योजना के अनुसार आगे बढ़ते हैं तो वे लक्ष्य के प्रति ईमानदार प्रयास कर रहे हैं। वे स्वयं सीखने के दौरान मामूली गतिविधियों को छोड़ देते हैं इनसे जो समय बचता है उसका उपयोग स्वयं सीखने हेतु करते हैं। विद्यार्थी नये-नये सीखने के स्रोत को खोजते हैं, एकत्र करते हैं एवं इनसे सीखते हैं। वे स्वयं सीखने की आदत बनाकर इसे आत्मसात कर लेते हैं। वे सीखने की बाधाओं को दूर करते जाते हैं एवं पूर्ण उत्साह के साथ कौशल का विकास करते हैं। वे सीखने की वैकल्पिक विधियों को भी खोजते हैं। वे सीखने की प्रगति की समय-समय पर स्वयं समीक्षा करते हैं एवं आगे की रणनीति निर्धारित करते हैं। वे सीखने की प्रगति पर सुधार लाने हेतु स्वयं फीडबैक प्राप्त करते हैं। स्वयं सीखने की प्रक्रिया में स्वयं फीडबैक एवं सुधार आगे सीखने हेतु एक पुरस्कार एवं प्रेरणा का कार्य करता है।

सीख का स्वयं मूल्यांकन

विद्यार्थी स्वयं द्वारा की गई सीख का मूल्यांकन सीखने के उद्देश्यों को ध्यान में रखकर करते हैं। वे विविध प्रकार के औपचारिक एवं अनौपचारिक परीक्षण करते हैं। वे सीख के मूल्यांकन के साथ स्वयं सीखने की विधि की प्रभावशीलता का भी मूल्यांकन करते हैं। वे जो कुछ सीखते हैं उसका वास्तविक कार्यसंसार को परिस्थिति में उपयोग करके भी सीख का सत्यापन करते हैं। वे साथियों, प्राध्यापकों एवं विशेषज्ञों की राय भी सीख का मूल्यांकन करने में लेते हैं। वे स्वयं सीखने की विधि में सुधार लाने हेतु सभी का मार्गदर्शन प्राप्त करते हैं किसी निपुणता को सीखने के पश्चात् के वास्तविक कार्यसंसार से सम्बद्ध परियोजना लेते हैं एवं सीख का उपयोग कर इसे पूरा करते हैं।

स्वयं सीखने का एक चक्र पूर्ण होने पर विद्यार्थियों के आत्मविश्वास में वृद्धि होती है। उनका स्वयं सीखने से सम्बद्ध डर निकल जाता है जिसके कारण वे आगे सीखने हेतु प्रेरित होते हैं। स्वयं सीखने का बार-बार उपयोग करने से उनकी स्वयं सीखने की परिपक्वता बढ़ जाती है जिससे वे तेजी से सीखने वाले विद्यार्थी बन जाते हैं। इस प्रक्रिया के दौरान वे सीखने हेतु सीखने एवं सोचने हेतु सोचने के कौशल का विकास करते हैं।

4. स्वयं सीखने के तरीके (Ways of Self Learning)

प्रत्येक विद्यार्थी की सीखने की शैली भिन्न होती है। अत: उनकी शैली के अनुरूप सीखने के तरीके भी भिन्न होते हैं। कुछ सीखने के तरीके निम्नलिखित हैं:

- कुछ विद्यार्थी कक्षा में सीखते हैं एवं घर जाकर सीख को दोहराते हैं। वे सीखने संबंधी कठिनाइयों की सूची तैयार करते हैं एवं अगले दिन प्राध्यापक के माध्यम से इन कठिनाइयों को दूर करते हैं।
- कुछ विद्यार्थी सीखने की सामग्री को प्राध्यापक के पढ़ाने के पूर्व ही पढ़ लेते हैं। वे कक्षा में सजग होकर सीखते हैं एवं महत्वपूर्ण सीख को नोट करते हैं। वे घर जाकर सीख को दोहराते हैं। यदि उनको कोई कठिनाई होती है तो वे साथियों एवं प्राध्यापक के माध्यम से इसे दूर करते हैं।
- कुछ विद्यार्थी नियमित रूप से कक्षाओं में उपस्थित होते हैं एवं जो पढ़ाया गया है उसका रिकार्ड रखते हैं। प्राध्यापक द्वारा पढ़ाई गयी विषयवस्तु के अनुरूप ही वे सीखने की सामग्री एकत्र करते हैं एवं परीक्षा के ठीक पहले तैयारी करते हैं।
- कुछ विद्यार्थी परीक्षा की मांग के अनुरूप परीक्षा के ठीक पहले तैयारी करते हैं। वे परीक्षा के दबाव में सीखते हैं।
- कुछ विद्यार्थी प्राध्यापक द्वारा पढ़ाये जाने में विश्वास नहीं रखते हैं क्योंकि पढ़ाई का स्तर निम्न होता है, प्राध्यापक की गति धीमी होती है जिसके कारण पाठ्यक्रम पूरा नहीं होता है, कुछ प्राध्यापकों की पढ़ाने की गति तेज होती है, पाठ्यक्रम पूर्ण करने हेतु पर्याप्त समय नहीं होता है, कठिन सामग्री को नहीं पढ़ाया जाता है, अनियमित कक्षाएं होती हैं, इत्यादि। अत: विद्यार्थी ट्यूशन लेकर सीखते हैं।
- कुछ विद्यार्थी उच्च स्तर के कौशल सीखना चाहते है या विशेषता अर्जित करना चाहते हैं, अत: वे विशिष्ट समूह के सदस्य बनते हैं एवं ट्यूशन लेकर विशेषज्ञता अर्जित करते हैं।
- कुछ विद्यार्थी अन्य संकाय के बारे में पढ़कर सीखने में रुचि लेते हैं। प्रबंधन ऐसा ही एक संकाय है, जिसे अधिकतर विद्यार्थी विभिन्न माध्यमों का उपयोग कर सीखते हैं। सामान्यतया विद्यार्थी प्रबंध गुरुओं द्वारा लिखी गई पुस्तकों को पढ़कर सीखते हैं।
- कुछ विद्यार्थी व्यक्तित्व विकास की कक्षाओं में शामिल होकर संप्रेषण कौशल सुधारते हैं ताकि वे साक्षात्कार आत्मविश्वास के साथ दे सकें।

- इन्टरनेट एवं सूचना प्रौद्योगिकी का उपयोग कर कई विश्वविद्यालय एवं पेशेवर संस्थाएं कई शिक्षण एवं प्रशिक्षण कार्यक्रम चलाती हैं, जिनका लाभ अलग-अलग विद्यार्थी अपनी रुचि के अनुसार लेते हैं। विद्यार्थी इन्टरनेट एवं टेलीविजन के माध्यम से स्वयं सीखते हैं। विद्यार्थी अपनी पसंद के कौशल का विकास करने के लिए डिजिटल लायब्रेरी का उपयोग भी करते हैं।

5. स्वयं सीखने के लाभ (Advantages of Self Learning)

एक चीनी कहावत है कि किसी भूखे का पेट भरना है तो उसे मछली पालना सिखाओ न कि उसे भूख मिटाने के लिए मछली दो। स्वयं सीखना इसी कहावत पर आधारित है। स्वयं सीखने के निम्नलिखित लाभ हैं:

- विद्यार्थी स्वयं की क्षमता एवं प्रतिभा को खोजते हैं। वे सीखने की परिस्थितियों से निपटने हेतु अपने आप में बदलाव देखते हैं। इससे वे अपनी रुचि, आदत एवं कैरियर हेतु रणनीतियाँ तैयार करते हैं।
- सतत् सीखने हेतु आवश्यक कौशल 'सीखने हेतु सीखना' का विकास होता है।
- विद्यार्थी बदलती हुई परिस्थितियों में भी अपने आपको सक्षम पाते हैं। विद्यार्थियों में परिस्थिति के साथ तालमेल बैठाने, बदलने एवं अंगीकार करने के कौशल का विकास होता है। विद्यार्थी यह महसूस करते हैं कि वे सीखने में बेहतर हुए हैं।
- स्वयं सीखने से सोचने के कौशल परिष्कृत होते हैं। विद्यार्थी आसानी से नई परिकल्पना, सिद्धांत एवं विधियाँ सीखते हैं।
- स्वयं सीखने से जैसे-जैसे उन्हें सफलता मिलती है उनकी स्वयं सीखने की प्रेरणा भी बढ़ती जाती है। वे सीखने हेतु नये उद्देश्यों की रचना करते हैं।
- विद्यार्थी सीखने की प्रक्रिया पूर्ण करने हेतु अपने आपको सशक्त बनाते हैं। वे अनुभव करते हैं कि सीखना उनकी स्वयं की जवाबदारी है एवं वे इसे अपनाते हैं। प्राध्यापक शनैः-शनैः सीखने की जवाबदारी विद्यार्थियों को सौप देता है।
- सीखने की प्रक्रिया में विद्यार्थी अनुशासित हो जाते हैं। वे वाँच्छित दिशा में प्रगति करते हैं। स्वयं सीखने की प्रक्रिया में उन्हें सीखने हेतु पूर्ण स्वतंत्रता मिलती है।

- स्वयं सीखने से स्वयं को पारितोषिक मिलते हैं। ये पारितोषिक सीख के रूप में त्वरित रूप से मिलते हैं। जिससे आत्मसंतुष्टि प्राप्त होती है। आत्मसंतुष्टि के कारण आगे सीखने की प्रेरणा मिलती है। स्वयं सीखने का चक्र–सीखने की आवश्यकता महसूस करना, स्वयं सीखने की योजना बनाना, स्वयं सीखना, संतुष्टि प्राप्त करना एवं आगे सीखने हेतु प्रेरित होना जारी रहता है।
- स्वयं सीखना हमेशा प्रयोजनयुक्त होता है क्योंकि इसमें विद्यार्थी स्वयं भागीदार होता है।
- स्वयं सीखने से सीखने की चुनौतियों का सामना करने का आत्मविश्वास जागृत होता है। इससे सीखने की नई विधियों को अपनाने एवं खोजने का अवसर भी प्राप्त होता है।

6. स्वयं सीखने के कौशल (Self Learning Skills)

विद्यार्थी स्वयं सीखने के कौशल सावधानीपूर्वक सीखते हैं। ये कौशल स्वयं सीखने की प्रक्रिया के दौरान सीखे जाते हैं। विद्यार्थी स्वयं सीखने के कौशल का विकास करने के लिए स्वयं सीखने में अनुभवी विद्यार्थियों की भी सहायता लेते हैं। उच्च शिक्षा के विद्यार्थियों को संगठित क्षेत्र में बने रहने के लिए स्वयं सीखने के कौशल का विकास करना चाहिये। स्वयं सीखने के कुछ सूचक कौशल निम्नलिखित हैं:

- स्वयं सीखने की आवश्यकता का मूल्यांकन करना।
- स्वयं सीखने की कार्य योजना तैयार करना।
- ध्यानपूर्वक सुनना, समझना एवं सीखना।
- भविष्य के लक्ष्य एवं दृश्य तैयार करना।
- ध्यानपूर्वक पढ़ना एवं सीखना।
- महत्वपूर्ण सीखने के बिन्दुओं को याद रखना।
- सीख को पूर्व सीख के साथ जोड़ना।
- नोट्स लेना या महत्वपूर्ण बिन्दुओं को रेखांकित करना।
- विशिष्ट परिस्थिति में सीख का उपयोग करना।
- नये वातावरण का अवलोकन करना।
- अवधारणा बनाना, परीक्षण करना, मूल्यांकन करना एवं नये समाधान तैयार करना।
- स्वयं सीखने की योजना बनाना।

- सबसे प्रभावी सीखने की विधि का चयन करना।
- सीखने के पारितोषिक सीखने की प्रक्रिया में शामिल करना।
- स्वयं सीखने से प्राप्त उद्देश्यों से संतुष्ट होना।
- स्वयं सीखने की प्रगति एवं सीख का मूल्यांकन करना।
- सीखने की शैली में बदलाव लाना एवं परिष्कृत करना।
- फीडबैक प्राप्त करना।
- स्वयं सीखना एवं सोचना।
- सीखने की प्राथमिकता तय करना।

स्वयं सीखने की विधियाँ

स्वयं सीखने की विविध विधियाँ हैं, जिनका उपयोग विद्यार्थी कर सकते हैं एवं प्राध्यापक भी इनके उपयोग को बढ़ावा दे सकते हैं। ये विधियाँ विद्यार्थियों के बीच की भिन्नता के अनुरूप अपनायी जा सकती हैं। विद्यार्थियों के बीच भिन्नता कई रूपों में हो सकती है, जैसे शब्दों का उपयोग, याद रखना, स्मरण करना, सृजनशीलता, अध्ययन की आदत, सीख का उपयोग, रुचि, सीखने की शैली, सीखने की परिपक्वता, सीखने की आवश्यकता, सीखने के उद्देश्य इत्यादि।

उच्च एवं तकनीकी शिक्षा के विद्यार्थियों को मानक, मैन्यूअल, निर्देश पत्र, विधियाँ, चित्र एवं निशान, इत्यादि पढ़ने होते हैं। इन सभी को पढ़ने, समझने एवं तदानुसार कार्य करने की आवश्यकता होती है। यह सब वे स्वयं सीखने की विधियों द्वारा ही सीखते हैं। स्वयं सीखने की विधि में उपयुक्त विधि के चयन की स्वतंत्रता रहती है। ये विधियाँ विद्यार्थियों को उनकी सुविधा के अनुसार विकल्प प्रदान करती हैं। विद्यार्थियों को स्वयं सीखने की विधियों एवं स्वयं मूल्यांकन की विधियों का उपयोग कर सीखने में सुधार लाने के प्रयास करना चाहिये। ये विधियाँ लेख लिखना, चर्चा करना, मूल्यांकन करना, स्वयं सीखने का एक निश्चित अंतराल पर मूल्यांकन करना, साक्षात्कार एवं आत्मपरीक्षण से सम्बद्ध है। इन विधियों का उपयोग करने से विद्यार्थियों को सीख एवं सीखने की विधि पर त्वरित फीडबैक प्राप्त होता है। स्वयं सीखने की कुछ विधियों का संक्षिप्त वर्णन निम्नलिखित है।

पढ़ना

स्वयं सीखने हेतु सबसे सरल एवं अधिक उपयोग होने वाली विधि पढ़ना है। विद्यार्थियों को पढ़ने संबंधी कौशल का विकास करना चाहिये। इन कौशलों का

प्रयोजन, जैसे तकनीकी एवं नये शब्दों से परिचित होना, उपयुक्त ढंग से शब्दों का उच्चारण करना, तेजी से पढ़ना, नयी जानकारी को ढूढ़ना, आंकड़ों का विश्लेषण करना, तकनीकी शब्दों को याद करना, ग्राफ को पढ़ना एवं विश्लेषण करना, निष्कर्ष निकालना, लिखी गई विषयवस्तु की भावना समझना, लेखकों की भावना को समझना एवं नये कौशल सीखना। स्वयं सीखने हेतु विद्यार्थियों को यह सुनिश्चित कर लेना चाहिये कि उन्होंने पढ़ने हेतु सही सामग्री का चयन किया है जो उनकी सीखने की आवश्यकता की पूर्ति करती है। सीखने की सामग्री का स्तर विद्यार्थियों की समझ के स्तर के अनुरूप होना चाहिये। पढ़कर स्वयं सीखने का कार्य विद्यार्थियों की पसंद हो सकती है या प्राध्यापक द्वारा दिया गया नियत कार्य हो सकता है। पढ़कर सीखने का प्रयोजन स्पष्ट, विशिष्ट एवं चुनौतीपूर्ण होना चाहिये। यह स्वयं की आकाँक्षा के अनुरूप होना चाहिये। विद्यार्थियों को यह विश्वास होना चाहिये कि वे स्वयं पढ़कर सीख सकते हैं। विद्यार्थियों को प्रभावी एवं दक्ष रूप से पढ़कर सीखने हेतु योजनाबद्ध रूप से पढ़ाई करनी चाहिये। विद्यार्थी स्वयं सीखने हेतु चित्र 19.2 में दिये गये स्वयं सीखने के चक्र का पालन कर सकते हैं।

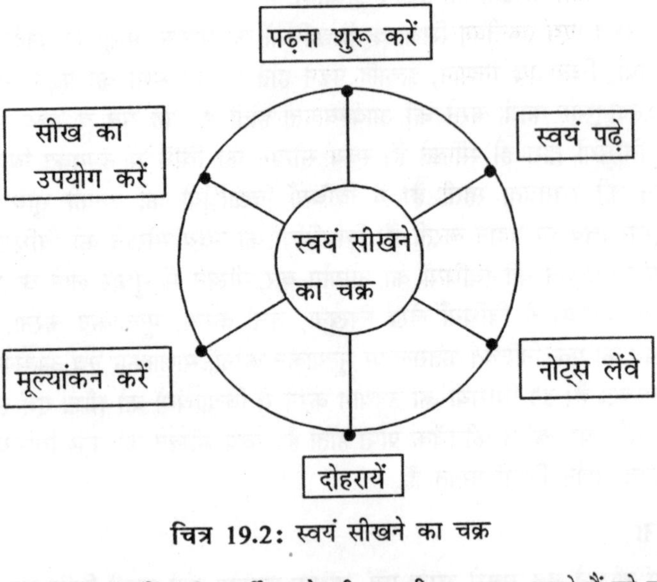

चित्र 19.2: स्वयं सीखने का चक्र

पढ़ना शुरू करें : विद्यार्थी पढ़ने की सामग्री का चयन करते हैं जो उनकी सीखने की आवश्यकता की पूर्ति करती है। स्वयं पढ़ने की शुरुआत करने के

लिए पढ़ने की शुरुआत करना एक महत्वपूर्ण कार्य है। विद्यार्थी पढ़ने की सामग्री का चयन करने एवं इसे घर पर लाने में काफी समय लगाते हैं। वे पढ़ना शुरू करने के लिए सोचते हैं परन्तु कई कारकों के कारण पढ़ने की शुरूआत नहीं कर पाते हैं। अतः बिना किसी बहाने के उन्हें पढ़ने की शुरूआत करना चाहिये।

स्वयं पढ़ना: विद्यार्थियों को पढ़ने की विविध आदतों, जैसे तेजी से पढ़ना, सामग्री को नजर से निकालना, लिखी हुई पंक्तियों के बीच की भावना को समझना, पढ़ना एवं याद रखना, पढ़ना एवं सोचना, पढ़ना एवं दोहराना एवं दोहराना इत्यादि। पढ़ने की आदत का विकास करना थोड़ा मुश्किल है क्योंकि इसमें मात्र एक इन्द्री का उपयोग होता है। स्वयं पढ़ने से जी चुराने के और भी कारण हैं, जैसे पुस्तक का मोटा होना, लम्बे-लम्बे अध्याय होना, लगातार बैठना एवं पढ़ना, छपाई का अच्छा नहीं होना, विषयवस्तु विद्यार्थी की आवश्यकता के अनुरूप नहीं होना, वातावरण से दखल, पढ़ने में भारी विषयवस्तु एवं सीखने की आवश्यकता का पूर्ण नहीं होना।

नोट्स लेना: नोट्स लेना एक कला है एवं व्यक्तिगत कौशल भी है। प्रत्येक विद्यार्थी अपनी आवश्यकता के अनुसार नोट्स लेता है। नोट्स लेने से आप पढ़ने या व्याख्यान के साथ-साथ आगे बढ़ते हैं एवं आपकी सीख महत्वपूर्ण बिन्दुओं पर आगे बढ़ती है। नोट्स लेना कई तरीकों से सीखने में सहायक होता है, जैसे मुख्य बिन्दुओं का पुनः स्मरण, वर्तमान सीख को पूर्व की सीख से जोड़ना या पूर्व की सीख को वर्तमान सीख से जोड़ना इत्यादि। नोट्स लेने से पढ़ने एवं सीखने की प्रक्रिया में बीच-बीच में विश्राम मिलता है। इससे आगे पढ़ने, सुनने एवं सीखने की ऊर्जा मिलती है। नोट्स पूर्व की सीख एवं आगे की सीख के बीच कड़ी का कार्य करते हैं। नोट्स लेते समय निम्नलिखित बिन्दुओं का ध्यान रखना चाहिए:

- नोट्स लेने के लिए विषयवार चौड़ी नोटबुक बनाइये।
- नोटबुक के पन्नों में सिर्फ एक ओर ही नोट्स लीजिये।
- नोट्स लेने के लिए विषय एवं अध्याय का नाम लिखिये एवं तारीख लिखिये।
- नोट्स के स्रोत की विस्तृत जानकारी लिखिये।
- प्रत्येक पेज में बांये एवं दाहिने ओर 5 सेमी भाग छोड़िये।
- यदि नोट्स स्वयं पढ़ते हुए ले रहे हैं तो स्रोत का पेज क्रमांक, पुस्तकालय का क्रमांक मुख्य शब्द एवं उनकी परिभाषा, मुख्य सीख,

इस सीख का भविष्य में उपयोग इत्यादि के बारे में संक्षिप्त में लिखिये।

- नोट्स सुस्पष्ट अक्षरों में एवं उपयुक्त शब्दों में लिखिये।
- नोट्स लेने के लिए उपयुक्त शैली, चिन्हों एवं चित्रों का उपयोग करिये।
- नोट्स तार्किक क्रम में लीजिये ताकि नोट्स के आधार पर निष्कर्ष तक पहुंचा जा सके।
- नोट्स को प्रश्नों के रूप में भी लिखा जा सकता है।
- नोट्स लेने का सम्पूर्ण प्रयोजन सीख को गहरा, सरल एवं पुनः स्मरण योग्य बनाना चाहिये।
- नोट्स इस प्रकार लेना चाहिये कि मूल विषयवस्तु को ये प्रतिस्थापित कर सके।
- सीखने की विभिन्न विधियों, जैसे व्याख्यान, प्रदर्शन, परिचर्या, प्रस्तुतिकरण, संगोष्ठी इत्यादि के दौरान भी नोट्स लेना चाहिए।

विद्यार्थियों कों उनके सीखने के कर्व (Curve) को समझकर ही स्वयं पढ़ने का कार्य करना चाहिये। उन्हें तेजी से पढ़ने एवं सीखने की आदत डालनी चाहिये। पढ़ने की गति में निम्नलिखित उपायों का प्रयोग कर तेजी लायी जा सकती है।

- ध्यान लगाकर पढ़ना।
- परिचित एवं जाने वाक्यों को छोड़कर पढ़ना।
- परिचित पृष्ठों को छोड़कर पढ़ना।
- सिर्फ शीर्षक पढ़कर आगे बढ़ना।
- सिर्फ चित्र समझकर, विषयवस्तु का अनुमान लगाना।
- सीख का मानसिक चित्र तैयार करना।

पुनरावृत्तिः एक इकाई को पूर्ण करने के पश्चात् सीख का मूल्यांकन करिये एवं मुख्य बिन्दुओं को दोहराइये। दोहराने का कार्य तत्परता से किया जाता है। यह नोट्स को पढ़कर, पन्नों को पलटकर, सीख को बोलकर या लिखकर दोहरायी जाती है। दोहराते समय यदि आवश्यक हो तो पूर्व की सीख भी दोहरायी जाती है। सीख को दोहराकर सीखने की प्रक्रिया को सतत् बनाया जाता है। पुनरावृत्ति से भूलने को रोका जाता है। सीख को दोहराने के लिए सीख का अपने शब्दों में सारांश व्यक्त करना भी हो सकता है। सीख को दोहराने के लिए चित्रों, प्रक्रिया बहाव, माडल एवं अभ्यास प्रश्नों की सहायता भी ली जा सकती है। दोहराने के लिए चिन्हों का उपयोग भी किया जा सकता है।

मूल्यांकन: स्वयं सीखने की प्रक्रिया एवं सीख का मूल्यांकन सीख के महत्वपूर्ण पड़ाव पर विद्यार्थियों द्वारा किया जाता है। यदि वे स्वयं सीखने हेतु तैयार की गई सामग्री से सीखते हैं तो सामग्री में ही मूल्यांकन का प्रावधान होता है अन्यथा विद्यार्थियों को मूल्यांकन प्रश्न तैयार कर मूल्यांकन करना चाहिये। स्वयं मूल्यांकन करने से सीखने सम्बधी कठिनाईयाँ एवं कमियाँ ज्ञात होती हैं। विद्यार्थी इन कठिनाइयों एवं कमियों को साथियों, प्राध्यापकों एवं संसाधन व्यक्तियों के साथ चर्चा कर दूर कर सकते हैं।

सीख का उपयोग: सीख का मूल्यांकन करने से प्रगति एवं प्राप्ति की अनुभूति होती है, जिससे विद्यार्थी सीख को आगे सीखने हेतु उपयोग करते हैं या कार्य संस्कार की परिस्थिति में उपयोग करते हैं। सीख का उपयोग करने से कौशल परिष्कृत होते हैं एवं सोचने को बढ़ावा मिलता है।

बहुमाध्यम पैकेज

बहुमाध्यम पैकेज पेशेवर संस्थाओं द्वारा तैयार किये जाते हैं। विद्यार्थी इन पैकेजे को प्राप्त कर उनमें दिये गये निर्देशों के अनुसार सीखते हैं। इन पैकेजे में सीखने, परीक्षण करने, मूल्यांकन करने एवं उपचार करने के अवसर रहते हैं। जैसाकि नाम दार्शाता है इन पैकेजों में विविध माध्यमों, जैसे विषयवस्तु, चित्र, ग्राफ, कार्य पद्धति प्रतिरूप, वीडियो, परीक्षण, उपचार, मूल्यांकन इत्यादि का समावेश होता है। इन पैकेजों को तैयार करने में शिक्षा तकनीकी, शिक्षा-शास्त्र एवं सीखने के सिद्धान्तों का समावेश होता है, जिससे सीखना सरल, रुचिपूर्ण एवं प्रभावी होता है।

दूरशिक्षा कार्यक्रम

कई विश्वविद्यालय एवं महाविद्यालय दूर शिक्षा के माध्यम से प्रमाण पत्र से लेकर पीएच०डी० स्तर तक के कार्यक्रम चलाते हैं। विद्यार्थी अपनी रुचि के अनुसार इन कार्यक्रमों में भाग लेकर उद्देश्यों को प्राप्त कर सकते हैं। ये सभी कार्यक्रम स्वयं सीखने हेतु ही आयोजित किये जाते हैं। सीखने की सामग्री व्यक्तिगत रूप से सीखने हेतु ही तैयार की जाती है, जिसमें विविध प्रकार के सीखने के संसाधन, जैसे विद्यार्थी मार्गदर्शिका, पठन सामग्री, नियत कार्य, अध्ययन प्रकरण, ध्वनि कैसेट एवं वीडियो कार्यक्रम, कम्प्यूटर आधारित सामग्री इत्यादि होते हैं। साथ ही विद्यार्थियों को मार्गदर्शन एवं परामर्श भी प्रदान की जाती है।

निरीक्षण द्वारा सीखना

निपुणता एवं प्रवीणता अर्जित करने हेतु स्वयं की रुचि, प्रविधियों, विधियों, व्यवहार, शैली एवं कार्य निष्पादन का अवलोकन कर सीखने हेतु प्रेरित करती है। विद्यार्थी जटिल परिकल्पनाओं एवं सिद्धांतों को अवलोकन द्वारा सीखते हैं। अवलोकन प्रक्रिया के दौरान विद्यार्थी देखकर, छूकर एवं महसूस करके सीखते हैं। विद्यार्थी अभिवृत्ति देखकर ही सीखते हैं। वे शारीरिक कौशल भी देखकर सीखने की शुरुआत करते हैं। विद्यार्थी सभी प्रकार के कौशल की नकल अवलोकन द्वारा ही करते हैं। विद्यार्थी सूक्ष्म निरीक्षण के कौशल अवलोकन विधि द्वारा ही सीखते हैं।

7. स्वयं मूल्यांकन (Self Evaluation)

सीखने हेतु वचनबद्धता के लिए स्वयं मूल्यांकन मुख्य पद है। विद्यार्थियों को उनकी सीखने की क्षमता के अनुरुप सीखने की प्रगति का मूल्यांकन करते आना चाहिये। विद्यार्थियों को स्वयं मूल्यांकन के द्वारा ही अत्यधिक सीखने को मिलता है। इसी के द्वारा उन्हें सीखने की संतुष्टी मिलती है। स्वयं मूल्यांकन की यह विशेषता होती है कि विद्यार्थी उसकी सीख का सकारात्मक मूल्यांकन करता है एवं वह उसकी सीख की तुलना अन्य व्यक्तियों से नहीं करता है। विद्यार्थी को उसकी सीख की तुलना अन्य विद्यार्थी से करनी भी नहीं चाहिये अन्यथा उसे असंतुष्टि एवं कुंठा भी हो सकती है। स्वयं मूल्यांकन करने से भविष्य में सीख जारी रखने हेतु रुचि बढ़ाना चाहिये। विद्यार्थी को स्वयं सीखने की प्रगति के दस्तावेज रखना चाहिये ताकि एक निश्चित समय के पश्चात दस्तावेज के आधार पर भी सीखने की प्रगति का मूल्यांकन किया जा सके। स्वयं सीखने की प्रगति का अन्य साक्ष्य जैसे पढ़ने की गति में वृद्धि, परिस्थिति की त्वरित समझ, कम त्रुटियाँ, समस्या रोकना, बेहतर योजना, जानकारी का त्वरित स्मरण, सीख का उपयोग, योजनाबद्ध सीख इत्यादि होते हैं।

8. स्वयं सीखने में विद्यार्थियों की भूमिका (Role of Students in Self Learning)

स्वयं सीखने के लिए विद्यार्थियों में आत्म चेतना आवश्यक है। विद्यार्थियों को उनकी सीखने की आवश्यकता, आकाँक्षा एवं इच्छा का विश्लेषण कर स्वयं सीखने की योजना बनाना आना चाहिये। आज के विद्यार्थी एवं उनके अभिभावक काफी जागरूक है एवं वे जानते हैं कि किस प्रकार की पढ़ाई करनी चाहिये।

वे पढ़ाई सम्बंधी पूर्ण योजना बनाते हैं एवं सीखने के प्रभावी तरीकों का उपयोग करते हैं। स्वयं सीखने हेतु विद्यार्थियों को निम्नलिखित मार्गदर्शक बिन्दुओं का पालन करना चाहियेः

- आप अपने आपको, आपकी प्रेरणा के स्तर को एवं जीवन के लक्ष्यों को जानिये। आप अपने जीवन का भविष्य दृश्य तैयार करिये। इस हेतु आप विभिन्न यंत्रों एवं तकनीकी, जैसे जोहारी खिड़की, शक्तियों एवं कमजोरियों का विश्लेषण, अवसरों एवं खतरों का विश्लेषण का उपयोग कर सकते हैं। आप पेशेवर परामर्शदाता का मार्गदर्शन भी प्राप्त कर सकते हैं।
- आप जिस पेशे में अपना कैरियर बनाना चाहते हैं उसे समझ लीजिए। पेशे को समझने के लिए इन्टरनेट, भूतपूर्व छात्रों एवं संसाधन व्यक्तियों की सहायता ली जा सकती है। भूतपूर्व छात्र जो आपके पेशे में कार्य कर रहे हैं वे आपको पेशे से सम्बंधित ताजा जानकारी प्रदान कर सकते हैं।
- औपचारिक विधियों द्वारा सिखाये जाने वाले कौशल एवं पाठ्यक्रम का अध्ययन कर समझ लीजिये। इन कौशलों को आपके लक्ष्यों के परिपेक्ष्य में देख लीजिये एवं उचित निर्णय लीजिये।
- यदि पाठ्यक्रम द्वारा विकसित की जाने वाली निपुणताओं एवं आपके द्वारा चाही गई निपुणताओं में कोई अलग है तो उसे ज्ञात कर लीजिये। इस अन्तर को दूर करने की रणनीतियाँ ज्ञात कर लीजिये। कुछ निपुणताएं ऐसी भी हो सकती हैं जिनका विकास आप स्वयं नहीं कर सकते हैं। इन निपुणताओं का विकास करने के लिए स्रोत ज्ञात कीजिये।
- सीखने की सामग्री, सन्दर्भ पुस्तक, पाठ्य पुस्तक, मैन्यूअल, फिल्म, स्वयं सीखने की सामग्री, जरनल इत्यादि के रूप में हो सकती है।
- स्वयं सीखने की योजना बनाइये जो आपके सीखने की शैली पर निर्भर करती है। इस योजना पर अमल करिये।
- स्वयं सीखने की विभिन्न घटनाओं पर छोटे-छोटे विश्राम लीजिये ताकि आप आगे सीखने हेतु ऊर्जा प्राप्त कर सकें।
- सचेत होकर, ईमानदारी के साथ पढ़िये, अवलोकन करिये एवं सीखिये। स्वयं सीखने की प्रक्रिया शुरू करिये एवं सीखने में आने वाले अवरोध दूर करिये।
- सीख का मूल्यांकन करिये एवं अपने साथियों एवं मित्रों के साथ बाँटिये।

9. स्वयं सीखने को बढ़ावा देने में प्राध्यापक की भूमिका (Role of a Teacher in Promoting Self Learning)

विद्यार्थियों के स्वयं सीखने के लिए प्राध्यापक कई अवसर तैयार करते हैं। प्राध्यापक विद्यार्थियों में स्वयं सीखने की आदत भी डालते हैं। स्वयं सीखने के माध्यम से सीखने हेतु सीखने के कौशल का विकास होता है। इसके माध्यम से विद्यार्थी जीवनपर्यन्त सीखने हेतु सशक्त होते हैं। स्वयं सीखने की विधि अत्यधिक लचीली होती है। इसके माध्यम से विद्यार्थियों की सीखने की आवश्यकता एवं आकाँक्षा भी संतुष्ट होती है। प्राध्यापकों को स्वयं सीखने को प्रोत्साहित करना चाहिये। प्राध्यापकों को निम्नलिखित मार्गदर्शक बिन्दुओं का पालन करना चाहिये:

- हमेशा सीखने में रुचि उत्पन्न करिये। सीख को हमेशा वास्तविक कार्यसंसार से जोड़िये। इसका महत्व रोजगार एवं कैरियर के तारतम्य में स्थापित करिये।
- विद्यार्थियों की सीखने की आवश्यकता को ज्ञात करिये, इसे बढ़ावा दीजिये एवं संतुष्ट करने के उपाय बतलाइये।
- विद्यार्थियों की सीखने की आवश्यकता को ध्यान में रखते हुए विशेषज्ञ या परामर्शदाता का प्रबंध करिये जो विद्यार्थियों को क्या पढ़ना है एवं कैसे पढ़ना है के बारे में मार्गदर्शन प्रदान कर सके।
- विद्यार्थियों को भविष्य दृश्य तैयार करने हेतु मार्गदर्शन प्रदान करिये। उन्हें उनकी पूर्ण क्षमता का दोहन करने के लिए मार्गदर्शन प्रदान करिये।
- सीखने हेतु सरल संसाधन तैयार करिये जो पढ़ने एवं सीखने में रुचि जागृत कर सके।
- स्वयं सीखने हेतु संस्था में सीखने के संसाधनों का एवं स्वयं सीखने का केन्द्र चालू करिये।
- विद्यार्थियों को पुस्तकालय एवं स्वयं सीखने के केन्द्र में त्वरित पहुंच एवं सहायता उपलब्ध होनी चाहिये।
- सीखने के संसाधन केन्द्र में सूचना प्रौद्योगिकी का उपयोग करने हेतु सुविधा प्रदान करिये एवं इसे ताजा संसाधनों से सुसज्जित करिये।
- स्वयं सीखने के संसाधनों के स्रोत का बैंक तैयार करिये एवं विद्यार्थियों को इसकी जानकारी उपलब्ध करवाइये।
- स्वयं सीखने हेतु सरल, पढ़ने योग्य, सही व्याकरण का उपयोग कर तार्किक क्रम में विषयवस्तु तैयार करिये जो प्रेरणादायक हो एवं विद्यार्थियों की आवश्यकता के अनुरूप हो।

- सीखने की सामग्री में सीखने की प्रगति का मूल्यांकन करने का प्रावधान करिये एवं सीखने की प्रक्रिया एवं सीख में सुधार लाने हेतु विद्यार्थियों को सकारात्मक एवं रचनात्मक फीडबैक प्रदान करिये।
- सीखने के सिद्धांत, जैसे सरल से कठिन, ठोस से निराकार, पूर्ण से भाग एवं भाग से पूर्ण, विशिष्ट से सामान्य एवं सामान्य से विशिष्ट इत्यादि का उपयोग करिये।
- महत्वपूर्ण शब्दों, नीचे शब्दों एवं कठिन शब्दों को परिभाषित करिये।
- स्वयं सीखने हेतु बहुमाध्यम पैकेज तैयार करिये।
- शैक्षणिक समस्याओं का समाधान करने के लिए परामर्श, मार्गदर्शन एवं समस्या निवारण सत्रों का समय-समय पर आयोजन करिये।
- संस्था में स्वयं सीखने हेतु वातावरण का निर्माण करिये। स्वयं सीखने एवं प्राध्यापक की सहायता के द्वारा सीखने के बीच तालमेल बैठाइये।
- स्वयं सीखने की प्रक्रिया में विद्यार्थियों पर अधिक या कम भार नहीं होना चाहिये। यह सुनिश्चित करने के लिए योजनाबद्ध रूप से कार्य करिये।
- स्वयं सीखने हेतु सकारात्मक, रचनात्मक, प्रेरणादायक एवं पुरस्कार देने वाला वातावरण तैयार करिये।
- सिखाने की औपचारिक विधियों में भी विद्यार्थी केन्द्रित विधियों, जैसे समूह चर्चा, भूमिका निर्वाह, अध्ययन प्रकरण, भ्रमण, कार्यस्थल प्रशिक्षण इत्यादि का उपयोग करिये।
- स्वयं सीखने की रणनीति की सफलता का विश्लेषण करिये एवं फीडबैक के आधार पर इसमें सुधार लाइये।
- स्वयं सीखने को संस्था स्तर पर बढ़ावा दीजिये।

10. स्वयं सीखने पर शोध (Researches on Self Learning)

अग्रवाल एवं सक्सेना (1989) ने लिखा है कि विद्यार्थी समझ में औसत से ऊपर है, ध्यान में औसत है, कार्य पर उच्च है, परिचर्या में उच्च है, सीखने में उच्च है, सहारे में औसत है, एवं विदेशी लेखक की किताब पढ़ने में अधिक कठिनाई महसूस करता है। पढ़ने की आदतों का विश्लेषण कर उन्होंने कुछ सुझाव दिये हैं, जैसे कि पढ़ने एवं ध्यान देने की आदत में विद्यार्थियों को सुधार लाना चाहिये। भारतीय लेखकों द्वारा लिखित पुस्तकें विद्यार्थियों को उपलब्ध करवायी जानी चाहिये ताकि वे बेहतर तरीके से समझ एवं सीख सके। विद्यार्थियों को अन्य

उपलब्ध साहित्य भी पढ़ने हेतु देना चाहिये। विद्यार्थियों को नोट्स लेने के लिए प्रशिक्षित किया जाना चाहिये। उन्हें स्वतंत्र रूप से सोचने एवं कार्य करने हेतु प्रेरित किया जाना चाहिये। उन्हें उनकी क्षमता, कमजोरियाँ, अवसर एवं अन्देशों का विश्लेषण करने का अवसर दिया जाना चाहिये।

गन्जू एवं वर्मा (1999) ने लिखा है कि 66 प्रतिशत पोलीटेकनिक के प्राध्यापकों ने स्वयं सीखने के लिए उच्च सकारात्मक राय दी है। 33 प्रतिशत प्राध्यापकों ने स्वयं सीखने हेतु सकारात्मक अभिवृत्ति व्यक्त की है। उन्होंने लिखा है कि प्रत्येक तीसरा प्राध्यापक स्वयं सीखने के प्रति मजबूत सकारात्मक राय एवं अभिवृत्ति व्यक्त करता है। गन्जू एवं वर्मा ने प्राध्यापकों की स्वयं सीखने पर राय का निम्नलिखित सूचकों पर अध्ययन किया है:

- विवादास्पद मुद्दों पर विभिन्न विचारों का स्वागत नहीं।
- सीखना एक जीवनपर्यन्त प्रक्रिया है।
- विषय में विशेषता अर्जित करना महत्वपूर्ण सीख है।
- वास्तव में अध्यापन एक चुनौतीपूर्ण कार्य है।
- कोई भी सीखना पसंद नहीं करता है यह एक दबाव होता है।
- ज्ञान से ही शक्ति प्राप्त होती है।
- पढ़ने से सम्प्रेषण कौशल में सुधार होता है।
- ज्ञान ही वास्तविक धन है।
- ज्ञान के बजाय शक्ति प्राप्त करना बेहतर होता है।
- चर्चा को प्रोत्साहित करना पसन्द करना।
- यदि अवसर मिले तो पेशा बदलना।
- मैं अपनी जिज्ञासाओं को पढ़कर हल करता हूँ।
- अध्ययन एक नीरस कार्य है, क्योंकि एक ही विषय को आपको बार-बार पढ़ाया जाता है।
- ज्ञान से स्वतंत्रता प्राप्त होती है।
- सीखने की एक निश्चित उम्र होती है उसके बाद सीखना मुश्किल कार्य है।
- जो अधिक पढ़ते हैं वे ही सफल व्यक्ति होते हैं।
- संप्रेषण कौशल आपके अनुभवों पर निर्भर करते हैं।
- ज्ञान जीवन के लिए अतिआवश्यक है इसलिए सतत् शिक्षा से जीवन को अर्थपूर्ण बनाता है।
- सबसे महत्वपूर्ण सीख है कि सीखने हेतु सीखना।

- समाज में प्राध्यापक सम्मानजनक पद का आनन्द लेते हैं।
- प्रशिक्ष्ण के द्वारा सीखने की सभी आवश्यकताओं की पूर्ति नहीं होती है अतः स्वयं सीखना महत्वपूर्ण होता है।
- जितना अधिक आप सीखेंगे उतना अधिक चिंतित होंगे।
- कुछ नहीं जानना बुरा है परन्तु कुछ जानने की इच्छा नहीं रखना उससे भी बुरा है।
- पढ़ने में आनन्द आता है।
- सिर्फ ज्ञान प्राप्त करने के लिए ज्ञान प्राप्त करना उन लोगों की आदत होती है जिनके पास और कोई कार्य नहीं होता है।
- अध्यापक बनने पर मुझे गर्व है।
- जितना अधिक आप पढ़ेंगे उतना अधिक आपको लाभ होगा।
- सीखना खुशी का स्रोत हो सकता है।
- आजकल ज्ञान की तुलना में धन अधिक महत्वपूर्ण होता है।
- पढ़ना एक नीरस शौक है।
- अध्यापक विद्यार्थियों से भी सीख सकता है।
- स्वयं सीखने से स्वयं को जानने का अवसर मिलता है।
- अनुभवी प्राध्यापकों के लिए स्वयं सीखना असम्बद्ध कार्य है।
- नयी बातें तभी सीखनी चाहिये जब इससे धन प्राप्ति हो।
- जितना अधिक पढ़ोगे उतना अधिक गड़बड़ करोगे।
- समाज में प्राध्यापकों का स्तर निम्न होता है।
- स्वयं के बारे में सीखने की तुलना में बाहरी संसार के बारे में सीखना अधिक महत्वपूर्ण होता है।
- सैद्धांतिक व्यक्तियों को सामान्यतया कोई स्वीकार नहीं करता।
- जीवन की प्राथमिकता मौलिक आराम प्राप्त करना होता है।
- एक प्राध्यापक के लिए उसकी अज्ञानता को खुले रूप से स्वीकार करना बहुत मुश्किल होता है।

गन्जू एवं वर्मा (1999) ने स्वयं सीखने में सुधार लाने के लिए निम्नलिखित अनुशंसाएं की हैं:

- संस्था स्तर पर स्वयं सीखने को बढ़ावा देने के लिए लचीली पद्धतियों की संरचना कर क्रियान्वित करने की आवश्यकता है।

- दूरस्थ शिक्षा सम्बन्धी कार्यक्रमों की जानकारी प्रदान करने के लिए राज्य एवं राष्ट्र स्तर पर एक केन्द्र की स्थापना की जानी चाहिये।
- प्राध्यापकों को विभिन्न पुस्तकालयों का सदस्य बनने के लिए प्रोत्साहित किया जाना चाहिये। प्राध्यापकों की सदस्यता शुल्क का भुगतान संस्था द्वारा किया जाना चाहिये।
- संस्था द्वारा राष्ट्रीय एवं अन्तर्राष्ट्रीय स्तर के जरनल्स पुस्तकालय हेतु खरीदना चाहिये एवं इनके उपयोग को बढ़ावा देना चाहिये।
- सीखने के संसाधन विकास केन्द्र एवं उपयोग केन्द्र द्वारा प्राध्यापकों एवं विद्यार्थियों को प्रेरित करना चाहिये।
- पुस्तकालय हेतु खरीदी प्रक्रिया को सरल बनाना चाहिये।
- विभिन्न संस्थाओं के पुस्तकालयों के बीच सम्बन्ध स्थापित कर आपसी लाभ के कार्य किये जाने चाहिये।
- प्राध्यापकों को उनके सीखने के अनुभवों को बांटने हेतु राज्य एवं राष्ट्र स्तर पर मंच प्रदान किया जाना चाहिये।
- संस्था की मानव संसाधन विकास नीति में स्वयं सीखने हेतु प्रोत्साहन एवं पुरस्कार का प्रावधान होना चाहिये।
- स्वयं सीखने को बढ़ावा देने के लिए अनौपचारिक सीखने के समूहों की स्थापना की जाना चाहिये एवं उन्हें स्वयं सीखने हेतु प्रेरित किया जाना चाहिये।
- सोचने के कौशल को बढ़ावा देने के लिए सृजनशीलता सत्रों का आयोजन करना चाहिये।

11. सारांश (Summary)

- स्वयं सीखना सीखने की एक महत्वपूर्ण एवं अग्रणी विधि है। यह विद्यार्थियों को सीखने हेतु एवं सतत् रूप से सीखने हेतु सशक्त बनाती है जिससे विद्यार्थी उनकी सीखने संबंधी आवश्यकताओं को स्वयं संतुष्ट कर सके। यह सीखने की आवश्यकता त्वरित रूप से पूर्ण करने की सर्वोत्तम विधि है।
- स्वयं सीखने की परिकल्पना वृहद एवं विविध है। इसका आशय यह नहीं है कि विद्यार्थी प्रत्येक विषय सामग्री एवं कौशल स्वयं सीख सकते हैं।
- स्वयं सीखने हेतु विद्यार्थी प्राध्यापकों, पेशेवरों, विशेषज्ञों, साथी विद्यार्थियों एवं सीखने के संसाधनों की सहायता लेते हैं।

- स्वयं सीखना पाठ्यक्रम एवं सहपाठ्यक्रम, से सम्बन्धित हो सकता है। यह स्वयं की पसंद को संतुष्ट करने से सम्बन्धित भी हो सकता है।
- स्वयं सीखने की प्रक्रिया का प्रबंधन स्वयं को जानने, भविष्य दृश्य तैयार करने, भविष्य दृश्य को प्राप्त करने हेतु रणनीतियों की संरचना करने, स्वयं सीखना शुरू करने, सीखने की प्रगति का मूल्यांकन करने, सीख का परीक्षण करने, सीख का वास्तविक कार्यसंसार में उपयोग करने एवं इसे आगे सीखने हेतु उपयोग करने से होता है।
- स्वयं सीखने की कई विधियाँ है, जैसे स्वयं पढ़ना, मल्टी मीडिया पैकेज से सीखना, रुचि समूह का सदस्य बनकर सीखना, दूरस्थ शिक्षा कार्यक्रमों के माध्यम से सीखना, वास्तविक कार्यसंसार के अवलोकन से सीखना, इत्यादि।
- स्वयं सीखने को बढ़ावा देने के लिए संस्था स्तर, प्राध्यापक स्तर एवं विद्यार्थियों के स्तर पर प्रोत्साहन दिया जाना चाहिए।
- स्वयं सीखने की प्रक्रिया में सीखने की प्रगति एवं सीख हेतु पुरस्कार का प्रावधान होना चाहिये।

12. प्रपत्र (Format)

प्रपत्र 19.1: पढ़ने के कौशल का मूल्यांकन

क्र.	*मापदण्ड*	*प्रभावशीलता*
अ.	**योजना**	
1.	सीख का मूल्यांकन	
2.	स्वयं सीखने के उद्देश्य	
3.	स्वयं सीखने हेतु संसाधन	
4.	स्वयं सीखने का तरीका	
5.	स्वयं सीखने के संसाधनों का आयोजन	
6.	स्वयं सीखने की गतिविधियों हेतु समय का आवंटन	
7.	स्वयं सीखने का मूल्यांकन	
ब.	**पढ़कर सीखना**	
8.	पढ़ने के कौशल	
9.	पढ़ने की शुरुआत	

(*क्रमशः*)

क्र.	मापदण्ड	प्रभावशीलता
10.	पढ़ने हेतु कटिबद्ध	
11.	पढ़ने में रुचि	
12.	तेज गति से पढ़ना	
13.	धीमी गति से पढ़ना	
14.	जो लिखा है उसके आशय को समझना	
15.	जो लिखा है उसकी गहराई को समझना	
16.	ग्राफ पढ़ना	
17.	चित्र पढ़ना	
18.	चार्ट पढ़ना	
19.	चिन्ह पढ़ना	
20.	शब्दों से परिचय	
21.	सीखने के निर्देश को समझना	
22.	आंकड़ों से अनुमान लगाना	
23.	आंकड़ों के आधार पर निष्कर्ष निकालना	
24.	आंकड़ों के आधार पर परिस्थिति का चित्र तैयार करना	
25.	वर्तमान पढ़ाई को पूर्व की पढ़ाई से जोड़ना	
26.	वर्तमान पढ़ाई को आगे की पढ़ाई से जोड़ना	
27.	लिखी हुई सामग्री को निगाह से निकालना एवं कड़ियाँ जोड़ना	
28.	पढ़ना एवं नोट्स लेना	
29.	पढ़ना एवं महत्वपूर्ण बिन्दुओं को समझना	
30.	तेज आवाज में स्पष्ट उच्चारण के साथ पढ़ना	
31.	चुपचाप पढ़ना	
32.	पढ़ना एवं स्वप्न देखना	
33.	पढ़ते समय आलस्य लेना	
34.	दखल भरी परिस्थितियों में पढ़ना	
35.	लम्बे समय तक लगातार पढ़ना	
36.	ऊपर एवं लम्बे कालांतर के साथ कम पढ़ना एवं पुरानी सीख से सामंजस्य बैठाना	

(क्रमशः)

क्र.	मापदण्ड	प्रभावशीलता
37.	पढ़ना एवं पढ़ाई के दौरान बीच-बीच में रुककर सोचना	
38.	पढ़ना एवं स्वयं से प्रश्न करना	
39.	पढ़ना एवं पुनः पढ़ना	
40.	पढ़ना एवं सीख को कार्यसंसार के परिपेक्ष्य में देखना	
41.	पढ़ना एवं पढ़ने की समस्याओं को हल करना	
42.	पढ़ने के पूर्व अनुभवों के आधार पर स्वयं पढ़ने में सुधार लाना	
43.	पढ़ना एवं सीख को नोट करना एवं सीखने संबंधी समस्याओं को नोट करना	
44.	पढ़ना एवं सृजनशील रूप से सोचना	
45.	पढ़ना एवं याद करना	
46.	पढ़ना एवं दोहराना	
47.	पढ़ना एवं सीखने संबंधी समस्याओं को साथियों एवं प्राध्यापकों से विचार-विमर्श कर दूर करना	
48.	पढ़ना एवं इसे परिकल्पनाओं एवं सिद्धांतों से जोड़ना	
49.	पढ़ते समय स्वयं को सुनना	
50.	पढ़ने को पुरस्कृत करना	
स.	**सीख को दोहराना**	
51.	पूर्व के पृष्ठों पर निगाह डालना	
52.	रेखांकित भाग पर ध्यान देना	
53.	नोट्स को पढ़ना	
54.	महत्वपूर्ण सीखने के बिन्दुओं को स्मरण करना एवं पढ़ना	
55.	पूर्व एवं आगे की सीख को जोड़ना	
56.	पढ़ने की सामग्री देखें बगैर सीखने के बिन्दुओं का सारांश तैयार करना	
57.	सीख का मानसिक चित्र तैयार करना	
58.	सीख को दर्शाते हुए चिन्ह खींचना	

(क्रमशः)

क्र.	मापदण्ड	प्रभावशीलता
59.	प्रश्नों के द्वारा सीख को चुनौती प्रदान करना	
द.	**बहुमाध्यम सीखने के. पैकेज से सीखना**	
60.	पढ़ना	
61.	देखना	
62.	प्रचलन से जोड़ना	
63.	संसाधन जुटाना	
64.	परीक्षण करना	
ई.	**कार्यस्थल का निरीक्षण**	
65.	पद्धतियों को समझना	
66.	पद्धतियाँ जिस परिकल्पना एवं सिद्धांत पर आधारित है उसे समझना	
67.	कार्य करने हेतु वाँच्छित अभिवृत्ति को समझना	
68.	कार्य के नियम समझना	
69.	कार्य के सदाचार को समझना	
70.	संस्था के मूल्य समझना	
71.	कार्य करने हेतु लगने वाली ऊर्जा की मात्रा समझना	
एफ.	**सीख का मूल्यांकन**	
72.	औपचारिक परीक्षण	
73.	सीखने की सामग्री में दिये गये प्रश्नों को हल करना	
74.	सीख का परीक्षण करने हेतु मित्र को प्रशन पूछने हेतु कहना	
75.	सीख का उपयोग कार्य संसार में करना एवं परिणामों को देखना	
जी.	**वास्तविक कार्यसंसार में सीख का उपयोग करना**	
76.	शैक्षणिक खेल	
77.	प्रतिरूप	
78.	भूमिका निर्वाह	

(क्रमशः)

क्र.	*मापदण्ड*	*प्रभावशीलता*
79.	प्रदर्शन	
80.	अभ्यास प्रश्न	
81.	सक्रिय सीख	
82.	पुस्तकालय नियत कार्य	
83.	इन्टरनेट नियत कार्य	
84.	औद्योगिक नियत कार्य	
85.	गृह नियत कार्य	
86.	कक्षा नियत कार्य	
87.	प्रयोगशाला नियत कार्य	
88.	संरचना करना	
89.	निर्माण करना	
90.	दृश्य तैयार करना	
एच.	**अन्तिम मूल्यांकन**	
91.	निपुणता का प्रदर्शन	
92.	निपुणता परीक्षण हेतु मापदण्ड	
93.	मूल्यांकन की विश्वसनियता	
94.	निपुणता का प्रभावीकरण	
95.	निपुणता परिष्कृत करने हेतु फीडबैक	
96.	सीख के असर का मूल्यांकन	

13. अभ्यास प्रश्न (Practice Questions)

1. सीखने की प्रक्रिया में स्वयं सीखने के महत्व का वर्णन करिये।
2. किन परिस्थितियों में स्वयं सीखना उपयुक्त होता है।
3. कार्ल रोजर के अनुसार स्वयं सीखने के महत्व को बतलाइये।
4. स्वयं सीखने के चक्र का संक्षिप्त वर्णन करिये।
5. स्वयं सीखने हेतु योजना किन बिन्दुओं पर बनायी जाती है।
6. स्वयं पढ़कर सीखते समय किन बातों का ध्यान रखा जाता है।
7. स्वयं सीखने हेतु विद्यार्थियों द्वारा अपनायी जाने वाली सीखने की शैलियों का वर्णन करिये।
8. स्वयं सीखने के क्या लाभ हैं?

9. स्वयं सीखने हेतु किन कौशलों की आवश्यकता होती है?
10. नोट्स लेते समय किन बातों का ध्यान रखा जाता है?
11. स्वयं सीखने का मूल्यांकन किस प्रकार किया जाता है?
12. स्वयं सीखने में विद्यार्थियों की भूमिका का संक्षिप्त वर्णन करिये।
13. स्वयं सीखने को बढ़ावा देने में प्राध्यापक की भूमिका का संक्षिप्त वर्णन करिये।
14. स्वयं सीखने की प्रभावशीलता का वर्णन करिये।
15. स्वयं सीखने को बढ़ावा देने के लिए विद्यार्थियों के पास कौन से अवसर उपलब्ध रहते है?

14. गतिविधियाँ (Activities)

गतिविधि 19.1: पढ़ने के कौशल का मूल्यांकन करना

उन कौशलों को ज्ञात कीजिये जिनमें आप बहुत अच्छे हैं। ज्ञात किये गये कौशल को परिष्कृत करने के उपाय भी सोचिये। इसी प्रकार उन कौशलों को भी ज्ञात कीजिये जिनमें आप बहुत कमजोर हैं। ज्ञात किये गये कौशल में सुधार लाने के उपाय सोचिये।

गतिविधि 19.2: स्वयं सीखने के कौशल की प्रभावशीलता ज्ञात करना

आपके द्वारा पूर्व में अपनायी गयी स्वयं सीखने की रणनीतियों की प्रभावशीलता का मूल्यांकन करिये।

20

सीख एवं अभ्यास
(Drill and Practice)

सीखने के उद्देश्य (Learning Objectives)

इस अध्याय को पढ़ने के पश्चात् पाठक:

- सीख एवं अभ्यास विधि के महत्व को बतला सकेंगे।
- सीख एवं अभ्यास विधि से विकसित किये जाने वाले कौशल को सूचीबद्ध कर सकेंगे।
- सीख एवं अभ्यास विधि की संरचना कर सकेंगे।
- सीख एवं अभ्यास विधि की प्रभावशीलता का मूल्यांकन कर सकेंगे।

1. प्रस्तावना (Introduction)

सीख एवं अभ्यास एक नई जानकारी प्राप्त करने एवं कौशल विकास करने की पारम्परिक विधि है। इस विधि के माध्यम से विद्यार्थी महत्वपूर्ण आंकड़े, नियम, सावधानियाँ एवं कौशल याद रखते हैं। महत्वपूर्ण कार्यों को करने के लिए आवश्यक कौशल इसी विधि के माध्यम से सीखे जाते हैं। इस विधि के द्वारा कौशल को आदत के रूप में परिवर्तित किया जाता है ताकि विद्यार्थी बिना किसी दबाव एवं सहायता के कार्य कर सकें। इस विधि के माध्यम से सीखने के दौरान विद्यार्थी कौशल का विकास एक आदत के रूप में करते हैं। वे इसके पीछे छुपे कारणों के बारे में नहीं सोचते हैं। इस विधि के माध्यम से विद्यार्थी सीख को प्रगाढ़ बनाते हैं। सीखने से कौशल का विकास होता है एवं अभ्यास से उनका परिशोधन होता है। यह विधि 'अभ्यास से प्रवीणता' के सिद्धांत पर आधारित है। चीन में शारीरिक कौशल का विकास इसी विधि का उपयोग कर

किया जाता है। योद्धाओं को इस स्तर तक प्रशिक्षित किया जाता है कि सोते हुए भी उनकी इन्द्रियाँ कार्य कर सकें। यहाँ तक कि गहरी नींद में भी वे दुश्मन के आक्रमण को भांप जाते हैं एवं आक्रमण को असफल कर देते हैं। उच्च एवं तकनीकी शिक्षा के छात्रों में कुछ ऐसे कौशल विकसित करने की आवश्यकता है कि अचेतन अवस्था में भी वे सही कौशल का उपयोग कार्य करने हेतु कर सके।

2. सीख एवं अभ्यास से कौशल विकास (Skill Development from Drill and Practice)

सीख एवं अभ्यास विधि द्वारा सीखने के तीनों क्षेत्रों में उच्च स्तर के कौशल का विकास होता है। इस विधि के दौरान विद्यार्थी त्रुटियाँ करके, स्वयं मूल्यांकन द्वारा सुधार लाने, वास्तविक कार्यसंसार की ऊर्जा की अनुभूति करके, प्राध्यापक एवं साथियों से फीडबैक प्राप्त करके सीखते हैं। सीख एवं अभ्यास विधि के दौरान विद्यार्थी सीखने की सभी इन्द्रियों का उपयोग कर कार्य पूर्ण करते हैं। वे समर्पण, ईमानदारी एवं लगन के साथ कार्य करना सीखते हैं। निपुणता एवं प्रवीणता का विकास करने के लिए सीख एवं अभ्यास अति आवश्यक है। इस विधि से प्रवीणता विकास की शुरुआत होती है। कुछ हद तक प्रवीणता विकास करने के पश्चात् विद्यार्थी प्रयोग कर सकते हैं। अभ्यास के दौरान विद्यार्थी निरीक्षण कौशल का भी विकास करते हैं। प्राध्यापक विद्यार्थियों को सिखाने के लिए विभिन्न प्रकार के अभ्यास तैयार कर उन्हें विभिन्न जवाबदारियाँ सौंप सकते हैं ताकि निम्नलिखित कौशल का विकास किया जा सके:

- टीम का नेतृत्व करने के कौशल।
- निरीक्षण कौशल।
- समस्या हल करने के कौशल।
- मतभेद दूर करने के कौशल।
- एक अच्छे अनुयायी बनने के कौशल।
- प्रभावी संप्रेषण कौशल।
- अन्तः वैयक्तिक कौशल, इत्यादि।

उपरोक्त सभी कौशल सीख एवं अभ्यास विधि का उपयोग करने के परिणामस्वरूप विकसित होते हैं। विद्यार्थी सीख एवं अभ्यास विधि को पसन्द करते हैं, क्योंकि उन्हें सीख का अभ्यास एवं उपयोग करने का अवसर प्राप्त

होता है। वे इस विधि को अर्थपूर्ण भी मानते हैं क्योंकि उन्हें सीखने एवं अभ्यास करने का अवसर क्रमबद्ध रूप से प्राध्यापक के मार्गदर्शन में प्राप्त होता है। सीख एवं अभ्यास विधि की अच्छी बात यह है कि विद्यार्थियों को लम्बे व्याख्यान नहीं सुनने पड़ते हैं एवं वे ही सीखने की प्रक्रिया को आगे बढ़ाते हैं। कई परिस्थितियों में विद्यार्थी पहले कौशल सीखते हैं एवं तत्पश्चात इसके पीछे छुपे सिद्धांत ज्ञात करते हैं। इस विधि के द्वारा विकसित किये जाने वाले कौशल की सूची निम्नलिखित है:

मानसिक कौशल

- लक्ष्य प्राप्ति हेतु योजना बनाना।
- कार्य संबंधी समस्या हल करना।
- किसी प्रयोजन हेतु सूचना एकत्र करना।
- प्रविधि का अवलोकन करना।
- रणनीतियों का प्रस्तुतिकरण करना।
- विकल्प तैयार करना।

भावनात्मक क्षेत्र

- रोकथाम के उपाय तैयार करना।
- स्वस्थ सम्बन्ध स्थापित करना।
- टीम भावना से कार्य करना।
- स्वस्थ वातावरण तैयार करना।
- सामग्री को आयोजित करना।
- व्यक्तियों को प्रभावित करना।

शारीरिक कौशल

- नक्शा तैयार करना।
- उपकरणों एवं मशीनों का सही उपयोग करना।
- सही औजारों का चयन करना।
- मशीनों का रख-रखाव करना।
- जटिल कार्य करने हेतु शरीर के विभिन्न अंगों का पूर्ण तालमेल के साथ उपयोग करना।
- टीम में कार्य करना।
- शुद्धता की जांच करना।

3. सीख एवं अभ्यास के उपयोग की विधि (Method of Use of Drill and Practice)

सीख एवं अभ्यास विधि का उपयोग सीखने की अन्य विधियों के साथ करने से सभी विद्यार्थियों में एक समान रूप से प्रभावी सीख होती है। उच्च एवं तकनीकी शिक्षा के विद्यार्थियों में सामान्य निपुणताओं का विकास करने के लिए इस विधि का उपयोग व्याख्यान, प्रदर्शन, प्रतिरूप, प्रश्न उत्तर अनुभवों को सांझा करने इत्यादि सीखने की विधियों के साथ किया जाता है। विभिन्न सीखने की विधियों का चयन कई कारकों, जैसे निपुणता जिसका विकास किया जाना है, विद्यार्थियों का प्रवेश स्तर, प्राध्यापक की निपुणता इत्यादि पर निर्भर करता है। सीख एवं अभ्यास विधि को सीखने की अन्य विधियों के साथ वैकल्पिक उपयोग चित्र 20.1 में दर्शाया गया है।

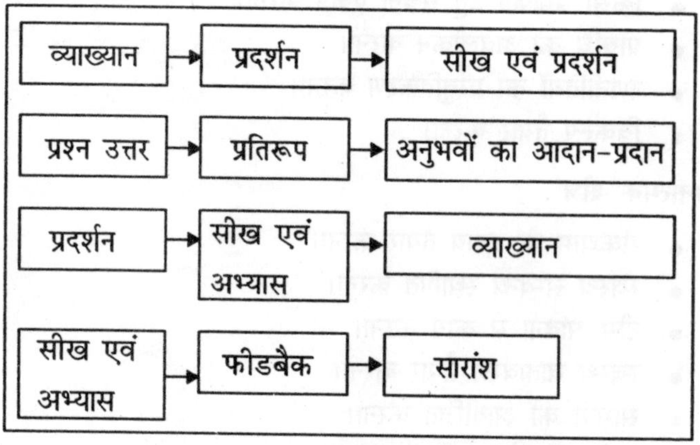

चित्र 20.1: सीख एवं अभ्यास विधि को सीखने की अन्य विधियों के साथ उपयोग

4. सीख एवं अभ्यास विधि (Method of Drill and Practice)

सीख एवं अभ्यास विधि के प्रभावी संचालन एवं विद्यार्थियों में निपुणता एवं प्रवीणता के विकास को सुनिश्चित करने हेतु निम्नलिखित मार्गदर्शक पदों एवं बिन्दुओं का ध्यान रखना चाहिये:

- विद्यार्थियों में जिस निपुणता का विकास किया जाना है उस निपुणता का विश्लेषण प्रशिक्षित प्राध्यापक द्वारा किया जाना चाहिये एवं यह

सुनिश्चित किया जाना चाहिये क्योंकि सीख एवं अभ्यास विधि निपुणता का विकास करने हेतु प्रभावी विधि है।

- सीख एवं अभ्यास विधि की प्रभावशीलता को बढ़ाने के लिए इसके साथ अन्य सीखने की विधियों को जोड़िये।
- सीख एवं अभ्यास विधि की संरचना सीखने के सिद्धांतों का उपयोग कर करिये।
- सीख एवं अभ्यास विधि में सीखने के क्रमबद्ध विविध पद रखिये ताकि सीख की प्रगति का मूल्यांकन कर आगे सीखा जा सके।
- सीखने हेतु निर्देशों की विस्तृत सूची तैयार करिये जिसमें ध्यान रखने वाले बिन्दुओं पर जोर दीजिये। यदि आवश्यक हो तो मैन्यूअल, कार्य योजना, निर्देश पुस्तक एवं अभ्यास पुस्तक तैयार करिये।
- विद्यार्थियों को सीखने एवं अभ्यास करने हेतु प्रेरित करिये। उन्हें सीखने हेतु उपयुक्त वातावरण प्रदान करिये।
- यह आवश्यक नहीं है कि विद्यार्थी पहले सिद्धांत को समझे परन्तु यह आवश्यक है कि वे सही कौशल का अभ्यास करें।
- विद्यार्थियों की सीख एवं अभ्यास का किन बिन्दुओं पर अवलोकन करना है एवं कैसे करना है यह सुनिश्चित करिये। सीख का अवलोकन करने हेतु एक अवलोकन प्रपत्र तैयार करिये ताकि कोई महत्वपूर्ण कौशल छूटे नहीं।
- कौशल का निरीक्षण एवं मूल्यांकन सीखने की प्रक्रिया एवं सीखने के परिणाम पर करिये।
- सीखने हेतु विद्यार्थियों का ध्यान आकर्षित करिये एवं सीख का महत्व वास्तविक कार्यसंसार के परिपेक्ष्य में दर्शाइये।
- विद्यार्थियों को क्या करना है एवं कैसे करना है प्रश्नों पर स्पष्ट निर्देश दीजिये।
- सीख के प्रत्येक पद का विवरण दीजिये, प्रदर्शन करिये एवं विद्यार्थियों को सीखने एवं अभ्यास करने हेतु पर्याप्त अवसर प्रदान करिये। सीखने का प्रत्येक पद छोटा एवं रुचिपूर्ण होना चाहिये।
- अभ्यास के दौरान मुख्य कौशल विकास पर जोर दीजिये।
- सही सीख को प्रोत्साहित करिये एवं गलत सीख या कमी को दूर करने हेतु रचनात्मक फीडबैक प्रदान करिये।

- विद्यार्थियों को भी सीखने की प्रगति एवं सीख का मूल्यांकन करने का अवसर प्रदान करिये।
- सीख में सुधार लाने एवं कमी को पूरा करने हेतु पर्याप्त समय एवं अवसर दीजिये।
- कार्य की प्रगति से सीख का फीडबैक लेने के कौशल का विकास करिये।
- निपुणता का सम्पूर्णता में विकास करने हेतु सीखने की अन्य विधियों का भी उपयोग करिये।
- निपुणता प्राप्ति का परीक्षण कर प्रमाणीकरण करिये।
- प्रवीणता प्राप्त करने हेतु कठिन अभ्यास दीजिये।

5. सारांश (Summary)

- सीख एवं अभ्यास विधि शरीरिक कौशल का विकास करने के लिए लम्बे अरसे से उपयोग हो रही है।
- सीख एवं अभ्यास विधि के माध्यम से विद्यार्थी बिना सिद्धातों के सीखे भी कौशल का विकास कर सकते हैं।
- सीख एवं अभ्यास विधि विद्यार्थियों की सीखने में सहभागिता पर आधारित है। अतः सीखने हेतु उनकी रुचि एवं जवाबदेही अधिक होती है।
- विद्यार्थी अभ्यास करके सीखते हैं, अतः उनमें कौशल का विकास होता है एवं कार्य करने की शुद्धता की अनुभूति होती है।
- सीख एवं अभ्यास विधि की संरचना प्रशिक्षित प्राध्यापक करते हैं। वे इस विधि की संरचना करते समय विद्यार्थियों में विकसित की जाने वाली निपुणता एवं उनके प्रवेश स्तर को ध्यान में रखते हैं।
- सीख एवं अभ्यास विधि के प्रभावी संचालन हेतु प्राध्यापक विद्यार्थियों को लिखित एवं मौखिक निर्देश प्रदान करते हैं।
- सीख एवं अभ्यास विधि के प्रभावी संचालन हेतु प्राध्यापक विद्यार्थियों की सीखने की प्रगति एवं सीख का मूल्यांकन करते हैं एवं विद्यार्थियों को कौशल में सुधार लाने हेतु सकारात्मक एवं रचनात्मक फीडबैक प्रदान करते हैं।
- सीख एवं अभ्यास विधि से सीखने की प्रगति एवं सीख का मूल्यांकन विद्यार्थी स्वयं भी करते हैं एवं उनके साथियों से भी करवाते हैं।

- विद्यार्थियों की कौशल प्राप्ति का परीक्षण कर उन्हें निपुणता प्राप्ति प्रमाणपत्र दिया जाता है।
- विद्यार्थियों की प्रवीणता बढ़ाने हेतु उन्हें नियत कार्य एवं अभ्यास कार्य दिये जाते हैं ताकि उनकी सीख प्रगाढ़ हो सके।
- सीख एवं अभ्यास विधि के साथ सीखने की अन्य विधियों का उपयोग कर जटिल निपुणताओं का विकास किया जाता है।

6. प्रपत्र (Format)

प्रपत्र 20.1: सीख एवं अभ्यास विधि का मूल्यांकन

सीख एवं अभ्यास विधि की प्रभावशीलता का मूल्यांकन निम्नलिखित प्रपत्र का उपयोग कर किया जा सकता है:

सूचक: 4-सर्वोच्च, 3-उच्च, मध्यम, 1-निम्न

क्र.	*मापदण्ड*	*प्रभावशीलता*
1.	निपुणता विकास के अनुरूप विधि का चयन	
2.	विधि की संरचना	
3.	सीखने हेतु विद्यार्थियों को दिये गये निर्देश	
4.	सीख एवं अभ्यास के दौरान दिया गया मार्गदर्शन	
5.	सीखने की प्रगति का निरीक्षण एवं मूल्यांकन प्रपत्र	
6.	सीखने की प्रगति का मूल्यांकन एवं विद्यार्थियों को दिया गया रचनात्मक फीडबैक	
7.	मुख्य निपुणता पर दिया गया जोर	
8.	सीखने की समस्याओं का निराकरण	
9.	सीखने की प्रगति का विद्यार्थियों द्वारा स्वयं मूल्यांकन	
10.	सुधारात्मक प्रयास हेतु दिये गये अवसर	
11.	निपुणता/कौशल का प्रमाणीकरण	
12.	सीख एवं अभ्यास के साथ उपयोग की गई सीखने की अन्य विधियाँ	
13.	सीख एवं अभ्यास से सह कौशल का विकास	
14.	आगे सीखने हेतु दिये गये अवसर	
15.	सीख को प्रगाढ़ बनाने हेतु किये गये प्रयास	

7. अभ्यास प्रश्न (Practice Questions)

1. सीख एवं अभ्यास विधि के महत्व को बतलाइये।
2. सीख एवं अभ्यास विधि से विकसित किये जाने वाले कौशल की सूची तैयार करिये।
3. सीख एवं अभ्यास विधि के साथ जिन सीखने की विधियों का उपयोग किया जा सकता है उनकी सूची बनाइये।
4. सीख एवं अभ्यास विधि की संरचना के पदों का संक्षिप्त वर्णन करिये।
5. सीख एवं अभ्यास विधि का उपयोग करते समय ध्यान रखे जाने वाले मार्गदर्शक बिन्दुओं को लिखिये।
6. सीख एवं अभ्यास विधि का उपयोग किन परिस्थितियों में नहीं करना चाहिये।

8. गतिविधियाँ (Activities)

गतिविधि 20.1: सीख एवं अभ्यास विधि की संरचना

आप जिस विषय को पढ़ा रहे हैं उसमें से उस विषयवस्तु एवं कौशल का चयन करिये जिसे सीख एवं अभ्यास विधि द्वारा सिखाया जा सकता है। कौशल का विकास करने हेतु सीख एवं अभ्यास विधि की संरचना करिये।

गतिविधि 20.2: सीख एवं अभ्यास विधि का मूल्यांकन

पिछले अकादमिक सत्र में आपके द्वारा उपयोग की गई सीख एवं अभ्यास विधियों का मूल्यांकन कर उनकी प्रभावशीलता का स्तर ज्ञात कीजिये। भविष्य में इस विधि को प्रभावशील बनाने हेतु किये जाने वाले उपाय लिखिये।

21

प्रयोगशाला में सीखना
(Learning in Laboratory)

सीखने के उद्देश्य (Learning Objectives)

इस अध्याय को पढ़ने के पश्चात् पाठक:

1. प्रयोगशाला में सीखने की आवश्यकता एवं महत्व को बतला सकेंगे।
2. प्रयोगशाला में सीख के प्रकार को बतला सकेंगे।
3. प्रयोगशाला में उपयोग किये जाने वाले सीखने के सिद्धांतों को बतला सकेंगे।
4. विद्यार्थियों द्वारा प्रयोगशाला में उपयोग की जाने वाली विधियों का विवरण दे सकेंगे।
5. प्रयोगशाला में उपयोग की जाने वाली सीखने की विधियों को बतला सकेंगे।
6. प्रयोगशाला में सीखने की एक से अधिक विधियों का प्रयोग बतला सकेंगे।
7. प्रयोगशाला में सीखने के पदों का विवरण दे सकेंगे।
8. प्रयोगशाला में अतिवृत्ति विकसित करने की विधि बतला सकेंगे।
9. प्रयोगशाला में सीख का मूल्यांकन करने की विधि बतला सकेंगे।
10. निर्धारित निपुणता का प्रयोगशाला में विकास करने के लिए योजना बना सकेंगे।

1. प्रस्तावना (Introduction)

प्रयोगशाला की सीखने की प्रक्रिया में महत्वपूर्ण भूमिका है। प्रयोगशाला में सैद्धांतिक सीख का उपयोग करने का अवसर प्राप्त होता है। विद्यार्थी

परिकल्पना, सिद्धांत मॉडल इत्यादि सीखते हैं ताकि वे निपुणता का विकास कर सकें। कक्षा में विद्यार्थियों को कई प्रकार की जानकारी विविध विधियों का उपयोग कर प्रदान की जाती है जो कि निपुणता विकास में सहायक होती है। विद्यार्थी प्रयोगशाला में सिद्धांत का परीक्षण का निष्कर्ष निकालते हैं। प्रयोगशाला में विद्यार्थी किसी विधि का विकास करने, नवाचार लाने एवं सुधार लाने के बारे में भी सीखते हैं। वे नई परिकल्पनाओं एवं सिद्धांतों का विकास भी करते हैं।

2. प्रयोगशाला में सीखना (Learning in Laboratory)

प्रयोगशाला में सीखने के तीनों क्षेत्रों में सीख का विकास किया जाता है। विद्यार्थियों में निपुणता विकास करने के लिए प्राध्यापक प्रयोग की संरचना करता है। विद्यार्थी प्रयोगशाला में कई परिकल्पनाओं, विधियों एवं अभिवृत्तियों को सीखते हैं। विद्यार्थियों को प्रयोगशाला में उपकरण, मशीन, औजार, चार्ट, प्रविधि, सामग्री, रेखाचित्र, सावधानियाँ इत्यादि देखने को मिलती हैं। उन्हें वास्तविक कार्यसंसार के करीब की परिस्थिति देखने को मिलती है। प्रयोगशाला में सीखने हेतु विद्यार्थी निरीक्षण कौशल का उपयोग करते हैं। प्रयोगशाला में निम्नलिखित कौशल का विकास किया जा सकता है।

मानसिक क्षेत्र

- सिद्धांतों का उपयोग कर दिये गये कार्य को सम्पन्न करना।
- योजना बनाना एवं संरचना करना।
- परिणामों का विश्लेषण कर निष्कर्ष निकालना।
- योजनाबद्ध रूप से जानकारी का वर्गीकरण करना।
- विधि एवं क्रियाओं की प्रभावशीलता एवं दक्षता का मूल्यांकन करना।
- समस्या ज्ञात करना।
- समस्या का विश्लेषण करना एवं समाधान तैयार करना।
- एकत्रित की गई जानकारी को जोड़कर सिद्धांत, झुकाव एवं संबंध ज्ञात करना।
- विधियों, प्रविधियों एवं परिणामों की तुलना करना एवं अन्तर के कारण ज्ञात करना।
- उपयुक्त औजारों एवं तकनीकों का उपयोग करना।

- प्रतिवेदन तैयार करना।
- प्रस्तुतिकरण देना।

शारीरिक कौशल

- भौतिक कार्य करने के लिए परिकल्पना, सिद्धांतों एवं अभिवृत्ति का उपयोग करना।
- भौतिक कार्य करने हेतु पैर, आंख, हाथ का उपयोग सामंजस्य के साथ करना।
- इलेक्ट्रिक कनेक्शन करना।
- प्रयोग करना।
- एक कारक में बदलाव लाने से दूसरे कारक पर होने वाले प्रभाव को ज्ञात करना।
- विभिन्न हिस्सों को जोड़कर उत्पाद तैयार करना।
- उत्पादन विधि में आयी कमी या समस्या को ज्ञात करना।
- विभिन्न भागों को अलग करना।
- संरचना का परिशोधन करना।

भावनात्मक क्षेत्र

- जांच करने की अभिवृत्ति।
- सुरक्षा की अभिवृत्ति।
- निर्देशों एवं आचरण का पालन करना।
- शुद्धि की अभिवृत्ति।
- गुणवत्ता की चिंता।
- ऊर्जा बचत की चिंता।
- समय प्रबंधन की अभिवृत्ति।
- अन्य के प्रति आदर।
- पर्यावरण सुरक्षा की चिंता।
- स्वच्छता की अभिवृत्ति।
- सामग्री का सुव्यवस्थित आयोजन।
- खोजी प्रवृत्ति।
- योजनाबद्ध निरीक्षण।
- बचत की अभिवृत्ति।
- सीखने की अभिवृत्ति।

3. सीखने के सिद्धांत (Principles of Learning)

प्रयोगशाला में सीखने की प्रक्रिया वास्तविक कार्यसंसार के काफी करीब होती है। प्रयोगशाला में सीखने की प्रक्रिया सीखने के कई सिद्धांतों पर आधारित होती है। ये सिद्धांत निम्नलिखित हैं:

- अर्थपूर्ण सीख।
- प्रयोजन हेतु सीखना।
- हिस्सों के माध्यम से पूर्ण सीखना।
- परिचित के माध्यम से अपरिचित सीखना।
- विश्लेषण के माध्यम से जुड़ाव के बारे में सीखना।
- ठोस परिकल्पना के माध्यम से अमूर्त परिकल्पना के बारे में सीखना।
- सामान्य के माध्यम से विशिष्ट सीखना।
- तथ्यों के माध्यम से तर्क करना सीखना।
- मनोवैज्ञानिक माध्यम से तर्क करना।
- सीख में आपसी जुड़ाव।
- सीख एक प्राकृतिक प्रक्रिया।
- एक से अधिक इन्द्रियों का उपयोग।

4. प्रयोगशाला में सीखने की विधि (Mode of Learning in Laboratory)

प्रयोगशाला में विद्यार्थियों को अनेक विधियों के माध्यम से सीखने को मिलता है। वे सीखने की जवाबदारी लेते हैं एवं इस प्रक्रिया में सहभागी हो जाते हैं। उन्होंने सैद्धांतिक रूप से जो सीखा है उसका उपयोग करने के लिए वे प्रेरित रहते हैं। उन्हें व्यक्तिगत रूप से एवं समूह में सीखने का अवसर प्राप्त होता है। प्रयोगशाला में वे सीखने हेतु निम्नलिखित विधियों का उपयोग करते हैं:

- निरीक्षण द्वारा सीखना।
- प्रयोग कर सीखना।
- कार्य कर सीखना।
- त्रुटि कर सीखना।
- प्रयोजनयुक्त सीख।
- अनुभवों से सीखना।
- नकल कर सीखना।

- संघर्ष कर सीखना।
- सृजनशीलता से सीखना।
- शैक्षणिक खेल से सीखना।
- सिमुलेशन से सीखना।

5. प्रयोगशाला में सीखने की विधियाँ (Methods of Learning in Laboratory)

प्रयोगशाला में सिखाने की विधियों का चयन करते समय प्राध्यापक विभिन्न कारकों, जैसे सीखने के उद्देश्य, संसाधन उपलब्धता, विद्यार्थियों का प्रवेश स्तर एवं निपुणता अर्जित करने हेतु सीखने के पदों के क्रम का ध्यान रखते हैं।

निपुणता एवं प्रवीणता का विकास करने के लिए प्राध्यापक उपयुक्त विधियों का चयन कर उनका क्रमबद्ध रूप से उपयोग करते हैं। सीखने की विधियों का क्रम चित्र 21.1 में दर्शाये अनुसार आयोजित किया जा सकता है।

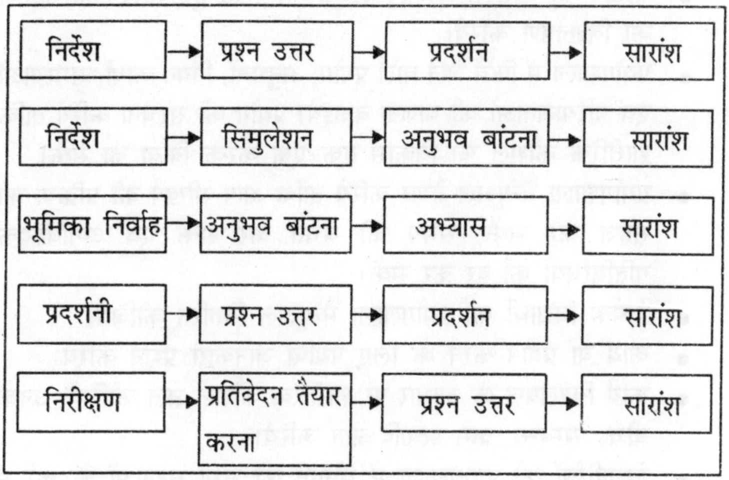

चित्र 21.1: सीखाने की विधियों का क्रम

सीखने की विधियों के उपरोक्त क्रम का उपयोग कर सीखने की प्रक्रिया में विद्यार्थियों की भागीदारी बढ़ायी जा सकती है। प्रयोगशाला में विद्यार्थी निरीक्षण से लगाकर स्वयं कार्य करने के सभी अवसरों को प्राप्त करते हैं।

6. प्राध्यापकों हेतु मार्गदर्शन बिन्दु (Guidelines for Teachers)

प्रयोगशाला में विद्यार्थियों को प्रभावी रूप से सिखाने के लिए निम्नलिखित मार्गदर्शक बिन्दुओं का पालन करना चाहिये।

प्रयोगशाला में सीखने हेतु योजना बनाना

- प्रयोगशाला में पालन किये जाने वाले मार्गदर्शक बिन्दुओं के बारे में विद्यार्थियों को सूचित करिये।
- मान्य एवं अमान्य बिन्दुओं, खतरनाक एवं सामान्य वस्तुएं एवं सामग्री, जो करना अतिआवश्यक या वाँच्छित है।
- वास्तविक कार्य संसार में किये जाने वाले कार्य का विश्लेषण करिये।
- कार्य को सम्पन्न करने के लिए आवश्यक निपुणताओं को ज्ञात करिये।
- निपुणता अर्जित करने के लिए सीखने के तीनों क्षेत्रों से संबद्ध सीखने के उद्देश्य तैयार करिये।
- सीखने की आवश्यकताओं को ध्यान में रखते हुए सीखने के उद्देश्यों का विश्लेषण करिये।
- प्रयोगशाला में किये जाने वाले प्रयोग, अनुभवों, नियत कार्यों, समस्याओं एवं परियोजनाओं की योजना बनाइये। प्रयोग की संरचना करिये ताकि शारीरिक कौशल का विकास एक-एक करके किया जा सके।
- प्रयोगशाला मैन्यूअल तैयार करिये ताकि आप सीखने की प्रक्रिया को सहज कर सकें, समय की बचत कर सकें एवं अनावश्यक गतिविधियों को दूर कर सकें।
- प्रत्येक विद्यार्थी को प्रयोगशाला मैन्यूअल वितरित कीजिये।
- कार्य या प्रयोग करने के लिए पर्याप्त जानकारी प्रदान करिये।
- कार्य विश्लेषण के आधार पर शारीरिक कौशल ज्ञात कीजिये, उनके बीच सम्बन्ध, क्रम इत्यादि ज्ञात करिये।
- विद्यार्थियों को प्रयोगशाला में सीखने की सभी घटनाओं के बारे में सूचित करिये इन घटनाओं को प्रयोगशाला मैन्यूअल में दर्शाया जा सकता है या विद्यार्थियों को अलग से बतलाया जा सकता है।
- समय सारणी में लचीलापन रखिये ताकि पारिस्थितिक कारकों का समावेश किया जा सके।
- प्रयोगशाला में सीख निर्धारित समय एवं पद्धति के अनुसार आयोजित करिये।

प्रयोगशाला में सीखने की योजना का क्रियान्वयन करना

- सभी प्रकार के संसाधनों को उपयुक्त क्रम में आयोजित करिये।
- पहले विद्यार्थियों को कौशल का प्रदर्शन कर बतलाइये एवं तत्पश्चात् उन्हें दोहराने के लिए कहिये।
- विद्यार्थियों को उत्पाद की गुणवत्ता, प्रयोग के परिणाम इत्यादि से सीखने हेतु फीडबैक लेना सिखाइये।
- पूर्व निर्धारित मापदण्ड एवं सूचकों पर विद्यार्थियों के व्यवहार का निरीक्षण एवं परीक्षण करिये। ये मापदण्ड सीखने के उद्देश्य, सीखने की अभिवृत्ति एवं पद्धति के आधार पर निर्धारित किये जाते हैं।
- सीखने की प्रगति पर तुरन्त फीडबैक प्रदान करें।
- विद्यार्थियों को कहे कि वे प्रयोग समाप्त कर तुरन्त रिपोर्ट तैयार करें। इसका मूल्यांकन कर आप सुधार हेतु टिप्पणी लिखें।

सीखने का सारांश

- सीख को प्रगाढ़ बनाइये।
- सीख को सिद्धांत, वास्तविक कार्य संसार एवं अगली सीख से जोड़िये।

7. अभिवृत्ति का विकास (Development of Attitudes)

अभिवृत्ति के माध्यम से विद्यार्थियों के व्यवहार को आकार दिया जाता है। विद्यार्थी सीखने की प्रक्रिया के दौरान पेशेवर अभिवृत्ति का विकास करते हैं। यदि विद्यार्थी सीखने की प्रक्रिया के दौरान अभिवृत्ति का विकास नहीं करते हैं तो वास्तविक कार्यसंसार में उन्हें कार्य करने में कई प्रकार की कठिनाईयां आती हैं। वास्तव में सत्यता यह है कि जो कुछ अभिवृत्ति विद्यार्थियों में मौजूद हैं उसे भूलना एवं नई वाँच्छित अभिवृत्ति का विकास करना एक मुश्किल कार्य है। वास्तविक कार्यसंसार में कार्य करते समय अभिवृत्ति के विकास हेतु समय भी नहीं होता है। अभिवृत्ति को विद्यार्थियों के व्यवहार में देखा जा सकता है एवं यह कई रूप जैसे प्रक्रिया, उपकरण का उपयोग, नियम इत्यादि के सम्बन्ध में होता है। अभिवृत्ति के बारे में ऐसा कहा जाता है कि इसको विद्यार्थी देखकर सीखते हैं, इसे पढ़ाया नहीं जा सकता है। कार्यसंसार में कई प्रकार की अभिवृत्ति की आवश्यकता होती है जो सुरक्षा से ग्राहक सहायता तक फैली हुई हैं। प्राध्यापकों द्वारा सिखाने की प्रक्रिया के दौरान एक पेशेवर वातावरण का

निर्माण करना चाहिये ताकि विद्यार्थी सही अभिवृत्ति का विकास एवं अभ्यास कर सकें। प्राध्यापकों द्वारा विद्यार्थियों में अभिवृत्ति का विकास करते समय निम्नलिखित बिन्दुओं का ध्यान रखना चाहिये :

- सभी विद्यार्थियों को वाँच्छित एवं अवाँच्छित व्यवहार के बारे में बतलाना चाहिये।
- वाँच्छित व्यवहार को तुरन्त मान्यता प्रदान कर प्रगाढ़ बनाना चाहिये।
- अवाँच्छित व्यवहार को इंगित कर इसमें सुधार लाने के तरीके बतलाना चाहिये।
- सभी प्राध्यापकों एवं विद्यार्थियों द्वारा वाँच्छित व्यवहार का पालन एवं प्रदर्शन करना चाहिये।
- प्राध्यापकों को एक आदर्श के रूप में कार्य करना चाहिये।
- विद्यार्थियों को अभिवृत्ति का अभ्यास करने का अवसर स्वयं के पर्यवेक्षण में प्रदान करना चाहिये।
- विद्यार्थियों की अभिवृत्ति का अवलोकन करिये एवं उनको सकारात्मक, सुधारात्मक, रचनात्मक एवं विकासात्मक फीडबैक प्रदान करिये।
- अभिवृत्ति विकास की विधियों, जैसे भूमिका निर्वाह, सिमुलेशन, शैक्षणिक खेल, अभ्यास, फीडबैक इत्यादि का उपयोग करिये।

8. प्रयोगशाला में सीख का मूल्यांकन (Assessment of Learning in Laboratory)

सीखने के उद्देश्यों को ध्यान में रखकर विद्यार्थियों की सीख का मूल्यांकन किया जाता है। सीख का मूल्यांकन विद्यार्थियों की सीखने में कमी एवं सीखने की कठिनाइयों को ज्ञात करने, उपचारात्मक निर्देश की योजना बनाने, सही समय पर सीख को मान्यता प्रदान करने, पुरस्कार प्रदान करने, परिणामों को घोषित करने, आन्तरिक प्रेरणा जागृत करने, शुद्धता एवं प्रवीणता बढ़ाने, सीखने हेतु सकारात्मक अभिवृत्ति विकसित करने, सीखने के उच्चस्तर को प्राप्त करने, एवं सीखने की अभिवृत्ति का विकास करने हेतु किया जाता है। प्रयोगशाला में सीख का मूल्यांकन प्रविधि एवं उत्पाद दोनों पर किया जाता है। प्रविधि मूल्यांकन वाँच्छित सीख को मजबूती प्रदान करने, सुधारात्मक उपाय करने, उच्चस्तर के एवं जटिल कौशल का विकास करने के लिए उपयोग किया जाता है। उत्पाद मूल्यांकन का उपयोग विद्यार्थी की सम्पूर्ण सीख का मूल्यांकन करने हेतु किया जाता है। इसके माध्यम से योजना कार्य, आयोजन कार्य, गुणता कार्य,

कार्य दक्षता, शुद्धि एवं समय के उपयोग का मूल्यांकन किया जाता है। सम्प्रेषण कौशल एवं अन्त: वैयक्तिक संबंध का मूल्यांकन भी साक्षात्कार के माध्यम से किया जाता है। प्राध्यापकों द्वारा मूल्यांकन यंत्र तैयार किये जाते हैं, जिसमें सूचक का उपयोग कर उद्देश्यपरक मूल्यांकन किया जाता है। सिविल इन्जीनियरिंग ड्रॉइंग से संबंधित कौशल का मूल्यांकन करने की प्रविधि, उत्पाद एवं साक्षात्कार यंत्र इस अध्याय के अन्त में दिये गये हैं।

9. शोध अध्ययन (Research Study)

नाइक एवं कुदेशिया (1995) ने प्रयोगशाला तकनीशियन की निपुणताओं को तीन क्षेत्रों में वर्गीकृत किया है। ये क्षेत्र व्यक्तित्व, कार्य प्रवीणता एवं अन्त: वैयक्तिक सम्बन्ध है। उन्होंने व्यक्तित्व से सम्बन्धित योग्यताओं को निम्नलिखित क्रम में क्रमबद्ध किया है; समयबद्धता एवं नियमितता, मानसिक रूप से सचेत, परिश्रमी एवं दायित्वों को समझने वाला, समस्याओं का सामना करने एवं हल करने हेतु तत्पर सकारात्मक/सृजनात्मक/नवाचारात्मक/सहयोगात्मक/सीखने वाला/प्रबंधकीय अभिवृत्ति, तर्क का उपयोग करने वाला, भावात्मक रूप से संतुलित एवं सोच को बढ़ावा देने वाला। उन्होंने कार्य संबंधी निपुणताओं की प्राथमिकता निम्नलिखित रूप से निर्धारित की है:

- प्रयोग हेतु सामग्री, नमूने, उपकरण, औजार इत्यादि प्राप्त करना एवं उनको प्रयोगशाला में आयोजित करना।
- प्रयोगशाला के उपकरणों, मशीनों एवं औजारों का अनुरक्षण कर उन्हें अच्छी स्थिति में रखना।
- सुरक्षा नियमों का पालन करना।
- कार्यक्षेत्र स्वच्छ रखना।
- कार्यों एवं दायित्वों का निर्वाह करना एवं कठिनाइयों को दूर करना।
- नियमों एवं आचरणों का पालन करना।
- परियोजना की आवश्यकता के अनुसार प्रयोगशाला को सुसज्जित करना।
- प्रायोगिक कार्य का प्रभावी आयोजन करना एवं प्राध्यापकों को सृजनशील एवं नवाचारी कार्य में सहायता करना।
- गतिविधियों की योजना बनाना एवं प्रभावी रूप से क्रियान्वित करना।
- प्रदर्शन का आयोजन करना।
- नमूने तैयार करना।

- विद्युत सरकिट प्रयोग हेतु तैयार करना।
- विद्यार्थियों को प्रायोगिक कार्य पूर्ण करने हेतु मार्गदर्शन एवं सहायता प्रदान करना।
- कार्य करते समय ही विशेषज्ञता अर्जित करना ताकि प्राध्यापकों के मार्गदर्शन के बिना भी प्रयोग कर सकें।
- प्रयोगशाला संबंधी दस्तावेज एवं विद्यार्थियों के सीखने संबंधी रिकार्ड को रखना।
- नये प्रयोगशाला तकनीशियनों को प्रशिक्षण प्रदान करना एवं सहभागी बनाना।
- व्यक्तिगत तथ्य तैयार करना जो संस्था के लक्ष्यों हेतु योगदान करें।
- प्रयोगशाला प्रबंधन से जुड़ी विभिन्न समस्याओं को हल करना।

नाइक एवं कुदेशिया ने अन्तः वैयक्तिक संबंध से जुड़ी निपुणताओं को निम्नलिखित प्राथमिकता क्रम में आयोजित किया:

- प्राध्यापकों, विद्यार्थियों, वातावरण, प्रबंधन एवं इसकी नीतियों के साथ तालमेल बैठाना।
- ग्राहकों एवं प्रयोगशाला का उपयोग करने वालों को त्वरित सेवा प्रदान करना।
- टीम एवं समूह में बिना द्वन्द्व के कार्य करना।
- अन्य की समस्याओं को समझना एवं उनकी जवाबदारी बाँटना।
- अन्य के साथ संसाधनों को सांझा करना।
- अन्य के विचारों एवं भावनाओं का आदर करना।
- बिना भेदभाव एवं एकतरफा विचारों के कार्य करना।
- अन्य के साथ प्रभावी संप्रेषण करना।
- संस्था के हित में निर्णय लेना।
- अन्य की आवश्यकताओं एवं अपेक्षाओं को अधिक महत्व देना।

10. सारांश (Summary)

- प्रयोगशाला में विद्यार्थियों को वास्तविक कार्यसंसार की अनुभूति होती है। जो कुछ भी उन्होंने सैद्धांतिक रूप से सीखा है। उसे वे प्रयोग करते समय उपयोग करते हैं। वे किसी कार्य को करने के लिए सही अभिवृत्ति का विकास करते हैं। वे मांसपेशियों में समन्वय बैठाकर

प्रयोग/कार्य सम्पादित करते हैं। वे प्रयोग करते हैं एवं निष्कर्ष निकालते हैं।

- प्रयोगशाला में सीखना सीखने के सिद्धांतों पर आधारित होता है। विद्यार्थी सीखने की प्रक्रिया के दौरान विभिन्न विधियों का उपयोग करते हैं।
- प्राध्यापक प्रयोगशाला कार्य निर्धारित पाठ्यक्रम की आवश्यकता को ध्यान में रखकर तैयार करते हैं। प्रयोगशाला में प्राध्यापक विद्यार्थियों के व्यवहार का निरीक्षण निर्धारित मापदण्ड एवं सूचकों पर करते हैं। प्राध्यापक निरीक्षण के आधार पर कौशल एवं अभिवृत्ति में सुधार लाने हेतु फीडबैक प्रदान करते हैं।
- प्रयोगशाला में सीख का मूल्यांकन योजनाबद्ध रूप से करके विद्यार्थियों को आगे के कौशल का विकास करने हेतु प्रेरित किया जाता है।

11. प्रपत्र (Format)

सिविल इन्जीनियरिंग ड्रॉइंग का मूल्यांकन करने के लिए निम्नलिखित चेक लिस्ट में कई सूचक दिये गये हैं जो प्रविधि के आधार पर विद्यार्थियों के कौशल एवं अभिवृत्ति का सही मूल्यांकन करने में सहायक होते हैं। आप इन सूचकों का उपयोग कर कौशल एवं अभिवृत्ति का स्तर ज्ञात कर सकते हैं एवं विद्यार्थियों को प्रक्रिया संबंधी कौशल एवं अभिवृत्ति में सुधार लाने हेतु फीडबैक प्रदान कर सकते हैं।

प्रपत्र 21.1: सिविल इन्जीनियरिंग ड्रॉइंग प्रविधि मूल्यांकन हेतु चेक शीट

निर्देश: प्राध्यापक विद्यार्थियों के प्रक्रिया संबंधी कौशल एवं अभिवृत्ति का निरीक्षण द्वारा मूल्यांकन करें

क्र.	*मूल्यांकन सूचक*	*हां*	*नहीं*
1.	विद्यार्थी संरचना के प्रत्येक भाग की योजना बनाने में सक्षम है		
2.	विद्यार्थी योजना का खाका खींचने में सक्षम है		
3.	विद्यार्थी उपयुक्त पैमाना खींचने में सक्षम है		
4.	विद्यार्थी कठिनाई पर अपने साथियों एवं प्राध्यापक से चर्चा करता है		
5.	विद्यार्थी ड्रॉइंग शीट को ड्रॉइंग बोर्ड पर उपयुक्त रूप से लगाता है		

(*क्रमशः*)

क्र.	मूल्यांकन सूचक	हां	नहीं
6.	विद्यार्थी ड्रॉइंग शीट की नियमानुसार योजना बनाता है		
7.	विद्यार्थी ड्रॉइंग साभग्री एवं यंत्र साथ लाता है		
8.	ड्रॉइंग कार्य हेतु विद्यार्थी उपयुक्त यंत्र का चयन करता है		
9.	विद्यार्थी यंत्रों का उपयोग सावधानीपूर्वक करता है		
10.	कर्व खींचने के लिए विद्यार्थी कर्व सेट का उपयोग करता है		
11.	विद्यार्थी ड्रॉइंग के नियम एवं आई एस कोड का पालन करता है		
12.	विद्यार्थी योजनाबद्ध रूप से ड्रॉइंग बनाता है		
13.	विद्यार्थी लकीरों को बहुधा मिटाता है		
14.	विद्यार्थी प्राध्यापक के निर्देशों का पालन करता है		
15.	विद्यार्थी ड्रॉइंग कार्य में रुचि लेता है		

प्रपत्र 21.2 : सिविल इन्जीनियरिंग ड्रॉइंग (उत्पाद) मूल्यांकन हेतु रेटिंग स्केल

निर्देश: विद्यार्थी द्वारा तैयार की ड्रॉइंग का मूल्यांकन प्रपत्र में दिये गये सूचकों के विरुद्ध कमजोर, अच्छी एवं बहुत अच्छी गुणता पर करिये।

क्र.	सूचक	कमजोर	अच्छी	बहुत अच्छी
1.	ड्रॉइंग की रूपरेखा			
2.	पेंसिल कार्य की गुणवत्ता			
3.	नाप में शुद्धता			
4.	चिन्हों के उपयोग की उपयुक्तता			
5.	विभिन्न तत्वों की विस्तृत जानकारी			
6.	ड्रॉइंग के लेबल एवं डाइमेंशन			

(क्रमशः)

क्र.	सूचक	कमजोर	अच्छी	बहुत अच्छी
7.	अक्षरों की गुणवत्ता			
8.	विभिन्न तत्वों के आयोजन			
9.	पैमाने की उपयुक्तता की गुणवत्ता			
10.	सम्पूर्णता में गुणवत्ता			

प्रपत्र 21.3 : सिविल इन्जीनियरिंग ड्रॉइंग-समेकित मूल्यांकन हेतु सुनियोजित प्रश्न

निर्देश: विद्यार्थियों से निम्नलिखित प्रपत्र में दिये गये प्रश्नों को पूछकर उनकी सीख का मूल्यांकन करिये:

क्र.	प्रश्न	सही	गलत
1.	ड्रॉइंग हेतु आपने यंत्र का चयन कैसे किया?		
2.	ड्रॉइंग शीट के आयोजन हेतु आपने कौनसी विधि का उपयोग किया?		
3.	आप अपने इन्जीनियर को ड्रॉइंग किस प्रकार समझायेंगे?		
4.	आप मिस्त्री को ड्रॉइंग किस प्रकार समझायेंगे?		
5.	संरचना के लेआऊट हेतु आप कौनसी विधि का उपयोग करेंगे?		
6.	आप सेनिटरी (पाइप) की विस्तृत जानकारी कैसे प्राप्त करेंगे?		
7.	आप जल प्रदाय (पाइप) की विस्तृत जानकारी कैसे प्राप्त करेंगे?		
8.	आप विद्युत एवं एअर कण्डिशन यंत्रों की विस्तृत जानकारी कैसे प्राप्त करेंगे?		
9.	क्या यह संरचना फ्रेम संरचना के लिए उपयुक्त है?		
10.	संरचना की लागत ज्ञात करने के लिए क्या उपलब्ध जानकारी पर्याप्त है?		
11.	निर्माण के समय यदि आवश्यक हुआ तो आप आवश्यक बदलाव कैसे करेंगे?		

12. अभ्यास प्रश्न (Practice Questions)

1. शारीरिक कौशल विकास में प्रयोगशाला की पाँच भूमिकाएं लिखिए।
2. अभिवृत्ति के विकास में प्रयोगशाला की पाँच भूमिकाएं लिखिये।
3. प्रयोगशाला प्रबंधन को परिभाषित कीजिये।
4. प्रयोगशाला तकनीशियन की निपुणताओं की सूची बनाइये।
5. प्रयोगशाला में विकसित की जाने वाली पाँच अभिवृत्तियों की सूची बनाइये।
6. प्रयोगशाला में उपयोग की जाने वाली सीखने की तीन विधियों का संक्षिप्त वर्णन करिये।
7. प्रयोगशाला में विद्यार्थियों को सीखने हेतु प्राध्यापक की पाँच भूमिकाएं लिखिये?
8. प्रयोगशाला सत्रों की योजना बनाने के प्रपत्र का वर्णन करिये।
9. सीखने हेतु प्रयोगशाला को बेहतर कैसे बनाया जा सकता है?
10. प्रयोगशाला में किस प्रकार की सुरक्षा का ध्यान रखना चाहिए।
11. प्रयोगशाला का विद्यार्थियों को सीखाने के अतिरिक्त और क्या उपयोग किया जाता है?
13. प्रयोगशाला में किस प्रकार के रख-रखाव की आवश्यकता होती है?
14. प्रयोगशाला में विद्यार्थियों की सृजनशीलता को कैसे बढ़ाया जा सकता है?
15. प्रयोगशाला में विद्यार्थियों को कितने प्रकार से सिखाया जा सकता है?
16. प्रयोगशाला में सीखने की प्रगति का मूल्यांकन कैसे किया जाता है?
17. प्रयोगशाला में विद्यार्थियों को सिखाने हेतु ध्यान में रखे जाने वाले मार्गदर्शक बिन्दुओं को लिखिये?
18. प्रयोग का प्रतिवेदन तैयार करने का प्रपत्र तैयार करिये।

13. गतिविधियाँ (Activities)

गतिविधि 21.1: प्रयोग की प्रभावशीलता ज्ञात करना

आपके द्वारा लिए जाने वाले प्रयोगों की गुणवत्ता का मूल्यांकन पूर्व निर्धारित मापदण्डों के आधार पर मूल्यांकन कर शक्तियों एवं कमियों को ज्ञात करिये।

गतिविधि 21.2: मूल्यांकन प्रपत्र तैयार करना

विद्यार्थियों के कौशल एवं अभिवृत्ति का मूल्यांकन करने के लिए प्रविधि एवं उत्पाद मूल्यांकन प्रपत्र तैयार करिये।

22

सीखने की परियोजनाएँ
(Projects for Learning)

सीखने के उद्देश्य (Learning Objectives)

इस अध्याय को पढ़ने के पश्चात् पाठकः

- सीखने की परियोजना को परिभाषित कर सकेंगे।
- सीखने की परियोजना के प्रयोजनों को स्पष्ट कर सकेंगे।
- सीखने की परियोजना प्रबंधन में प्राध्यापकों की भूमिका का वर्णन कर सकेंगे।
- सीखने की परियोजना के प्रकार बतला सकेंगे।
- सीखने की परियोजना के गुण सूचीबद्ध कर सकेंगे।
- सीखने की परियोज़ना की संरचना करने हेतु वास्तविक कार्यसंसार से परिस्थिति का चयन कर सकेंगे।
- सीखने की परियोजना विधि का मूल्यांकन कर सकेंगे।
- सीखने की परियोजनाओं की सूची बना सकेंगे।
- सीखने की परियोजना विधि के माध्यम से विद्यार्थियों की सीख का मूल्यांकन कर सकेंगे।

1. प्रस्तावना (Introduction)

विद्यार्थियों को उच्च स्तर की निपुणताओं का विकास करना होता है। ये निपुणताएं पूर्व में सीखी गई परिकल्पनाओं, सिद्धातां एवं विधियों को एकजाही करने से संबंधित हो सकती हैं। सुनियोजित रूप से तैयार की गई परियोजना विद्यार्थियों को जो कुछ भी उन्होंने सीखा है उसका उपयोग करने

के अवसर प्रदान करती है। यह विधि विद्यार्थियों को सोचने एवं परियोजना को पूर्ण करने की रणनीति बनाने हेतु आमंत्रित करती है। परियोजना पर कार्य करते समय विद्यार्थी सीखने के तीनों क्षेत्रों–मानसिक, भावनात्मक एवं शारीरिक–में सीखते हैं।

2. परियोजना की परिभाषा (Definition of a Project)

परियोजना एक समयबद्ध सीखने की घटना है जिसकी संरचना प्राध्यापक द्वारा की जाती है, जिससे विद्यार्थियों में वाँच्छित निपुणता का विकास किया जाता है। इस प्रक्रिया के दौरान सीखने के तीनों क्षेत्रों का समावेश किया जाता है। सामान्यतया परियोजना पूर्व में सीखे गये सिद्धांतों का समेकित उपयोग कर भूमिका सम्पादन करने एवं कार्य सम्पन्न करने के अवसर प्रदान करती है। यह कुछ नया एवं सृजनशील कार्य कर प्रतिवेदन बनाने हेतु भी विद्यार्थियों को अवसर प्रदान करती है। प्राध्यापक विद्यार्थियों के सीखने हेतु परियोजनाओं की संरचना करते हैं एवं इसको पूर्ण करने के लिए विस्तृत निर्देश भी तैयार करते हैं। परियोजना की संरचना करते समय प्राध्यापक सक्रिय भूमिका निभाते हैं ताकि वे विद्यार्थियों के लिए सीखने हेतु चुनौतियाँ तैयार कर सकें। परियोजना पूर्ण करते समय विद्यार्थी कई प्रकार की गतिविधियों का संपादन कर सीखते हैं। वे सीखने की जवाबदारी स्वीकार करते हैं एवं प्राध्यापकों एवं संसाधन व्यक्तियों के मार्गदर्शन में सीखते हैं। परियोजना विधि विद्यार्थियों को गहराई से सीखने के लिए अधिक दायरा प्रदान करती है। परियोजना की संरचना इस प्रकार की जाती है कि वे विद्यार्थियों को वास्तविक कार्यसंसार का अनुभव करवाये। विद्यार्थी कार्य कर सीखे एवं उनकी सीखने की आवश्यकता की पूर्ति करें। सीखने की परियोजना पर कार्य कर विद्यार्थी कार्यसंसार के पेशेवर जीवन के बारे में और अधिक जानने को उत्सुक होते हैं। सीखने की परियोजना के माध्यम से विद्यार्थियों को अनेक प्रकार के सीखने के अनुभव, जैसे गलती से सीखना, प्रयोग कर सीखना, कार्य कर सीखना, चिन्तन कर सीखना इत्यादि। सीखने की परियोजना के माध्यम से वास्तविक कार्यसंसार की संस्था में बनावट की जाती है साथ ही नियोक्ताओं को भी संस्था में आमंत्रित किया जाता है ताकि वे विद्यार्थियों की योग्यता एवं निपुणता को देख सके। सीखने की परियोजना के माध्यम से नियोक्ताओं की संस्थाओं में घुसपैठ बनायी जाती है। अतः सीखने की परियोजनाएं संस्था एवं नियोक्ता के बीच सेतु का निर्माण करती है।

3. परियोजना का वर्गीकरण (Classification of Projects)

सीखने की परियोजना का वर्गीकरण कई मापदण्डों, जैसे विद्यार्थियों की संख्या, समय, माप, सैद्धांतिक कार्यसंसार पर आधारित इत्यादि पर किया जाता है। यह कई कारकों, जैसे विषय, पाठ्यक्रम की आवश्यकता, प्राध्यापक के पास समय उपलब्धता, उद्योग एवं संस्थाओं से सम्बन्ध, विद्यार्थियों की संख्या, परियोजना का प्रयोजन, विद्यार्थियों का प्रवेश स्तर इत्यादि पर वर्गीकृत की जाती है।

सीखने की परियोजनाओं का संक्षिप्त वर्णन निम्नलिखित है:

विद्यार्थियों की संख्या : सीखने की परियोजना एक विद्यार्थी या विद्यार्थियों के समूह के लिए तैयार की जा सकती है। विद्यार्थियों का समूह 5–10 का या इससे भी बड़ा हो सकता है। यदि विद्यार्थी में किसी विशिष्ट निपुणता का विकास करना है तो सीखने की परियोजना एक विद्यार्थी के लिए भी हो सकती है।

इस प्रकार की परियोजना शोध आधारित हो सकती है। इस प्रकार की परियोजना से किसी वृहद विशिष्ट निपुणता का विकास किया जाता है। यदि सीखने के प्रयोजन में तकनीकी निपुणता के साथ-साथ सामाजिक निपुणताओं का समावेश होता है तो सीखने की परियोजना समूह आधारित होती है। परियोजना के आयाम के अनुसार समूह का आकार छोटा या बड़ा हो सकता है। स्नातक स्तर पर उच्च स्तर के कौशल एवं निपुणता का विकास करने के लिए सीखने की अनेक परियोजनाओं की संरचना की जाती है। समूह परियोजनाओं के निम्नलिखित लाभ हैं:

प्राध्यापकों हेतु लाभ

- समूह परियोजना विधि का उपयोग करने से परियोजना की संरचना, मार्गदर्शन, पर्यवेक्षण एवं मूल्यांकन के समय की बचत होती है।
- सीखने की परियोजना को पूर्ण करने के विभिन्न पदों में प्राध्यापक की आवश्यकता कम होती है क्योंकि विद्यार्थी समस्याओं का हल स्वयं ही निकाल लेते हैं।
- सीखने की परियोजना का अनुभव एवं मूल्यांकन सरलता से हो जाता है।

विद्यार्थियों हेतु लाभ

- आपसी चर्चा द्वारा परियोजना को स्पष्ट कर लेते हैं।
- विद्यार्थियों को उनकी सृजनशीलता का प्रदर्शन करने एवं बढ़ाने का अवसर मिलता है।

- विद्यार्थियों को स्वयं की प्रतिभा को पहचानने एवं दोहन करने का अवसर मिलता है।
- कार्य का बटवारा हो जाता है।
- सामूहिक एवं सहयोगात्मक सीख को बढ़ावा मिलता है।
- विभिन्न प्रकार की प्रतिभा एवं रुचि का उपयोग होता है।
- टीम भावना से कार्य करने को बढ़ावा मिलता है।

समय उपलब्धता : समय एक कीमती संसाधन है। सेमिस्टर के अन्त की छुट्टियों की परियोजनाएं लम्बी अवधि की हो सकती हैं परन्तु अकादमिक सत्र के दौरान परियोजना की अवधि छोटी होती है। प्रत्येक वर्ष एक कम अवधि की परियोजना एवं एक अधिक अवधि की परियोजना सीखने हेतु ली जा सकती है।

सैद्धांतिक या प्रायोगिक परियोजना : सीखने की परियोजनाएं जहाँ तक संभव हो प्रायोगिक एवं वास्तविक कार्यसंसार से सम्बद्ध होना चाहिये। वर्तमान परिपेक्ष्य में शिक्षण संस्थाओं पर काफी दबाव है कि वे समुदाय विकास, समुदाय के विशेष समूह, तकनालॉजी विकास एवं आर्थिक उन्नति हेतु योगदान करें। शिक्षण संस्थाएं परामर्श परियोजनाएं लेकर इनको विद्यार्थियों के सहयोग से पूर्ण कर सकती हैं। इस प्रकार की परियोजनाओं से प्राध्यापक एवं विद्यार्थी दोनों सीखेंगे एवं संस्था को आर्थिक लाभ भी प्राप्त होगा। साथ ही ये परियोजनाएं सीखने हेतु चुनौती भी तैयार करेगी।

4. परियोजना विधि का प्रयोजन (Purpose of Project Method)

प्राध्यापक सिखाने की परियोजना की संरचना कर विद्यार्थियों को पूरा करने हेतु देते हैं। सीखने की परियोजना के प्रयोजन निम्नलिखित हैं:

प्राध्यापकों हेतु

- अर्थपूर्ण तरीके से सीख को समेकित करने के लिए सीखने सिखाने की प्रविधि को समेकित करने के लिए।
- विद्यार्थियों को सिखाने की जवाबदारी देने के लिए।
- विद्यार्थियों को सिखाने की प्रक्रिया में सहभागी बनाने के लिए।
- विद्यार्थियों को धीरे-धीरे कार्यसंसार के कार्य करने हेतु परिपक्व करने के लिए।
- विद्यार्थी जब सीखने की परियोजना पर कार्य कर रहे होते हैं तब अन्य महत्वपूर्ण कार्य करने के लिए।

विद्यार्थियों के लिए

- वास्तविक कार्यसंसार का अनुभव करने के लिए।
- वास्तविक कार्यसंसार की समस्याओं को हल करने के लिए।
- प्रयोग करने के लिए।
- उन निपुणताओं के महत्व को समझना जिनको सीखा जा रहा है।
- सिद्धांत का अभ्यास करना।
- विशिष्ट निपुणता एवं प्रवीणता में विशेषता का विकास करना।
- किसी वस्तु को तैयार करना जो उपलब्ध नहीं है।
- मानव मूल्यों के महत्व को समझना।

5. परियोजना के माध्यम से सीख (Learning Through Projects)

परियोजना के माध्यम से उच्च स्तर की सीख का विकास होता है। इनके माध्यम से प्राध्यापक एवं विद्यार्थी दोनों सीखते हैं। सीखने की परियोजना के माध्यम से प्राध्यापक एवं विद्यार्थी पुरानी सीख को नयी एवं भिन्न परिस्थिति में हस्तांतरित करते हैं। सीखने की परियोजना के माध्यम से निम्नलिखित कौशल एवं अभिवृत्ति का विकास किया जाता है :

कौशल

- उद्देश्य प्राप्त करने हेतु योजना बनाना।
- नये उत्पाद का स्वरूप तैयार करना।
- पुरानी सीख का उपयोग करना।
- समस्याओं का विश्लेषण करना।
- किसी कार्य को करने के लिए कौशल को समेकित रूप से उपयोग करना।
- किसी प्रकरण की जांच करना।
- कई कार्यों को मिलाकर लक्ष्य प्राप्त करना।
- कार्य की प्रगति एवं कार्य के असर का मूल्यांकन करना।
- दी गई परिस्थिति में समस्या का हल करना।
- परिस्थिति का सामना करने हेतु निर्णय लेना।
- कुछ नया करने के लिए सोचना।
- योजना बनाने हेतु परिस्थिति का अनुमान लगाना।
- किसी उत्पाद एवं सेवा की संरचना करना।

- उपकरण एवं औजार का सही उपयोग करना।
- जानकारी की तुलना करना।
- प्रगति प्रतिवेदन तैयार करना।
- प्रस्तुतिकरण करना।

अभिवृत्ति

- जांच करने की अभिवृत्ति।
- योजनाबद्ध रूप से कार्य करने की प्रवृत्ति।
- सुरक्षा की प्रवृत्ति।
- अन्य व्यक्तियों का आदर करने की प्रवृत्ति।
- नजरअन्दाज कर कार्य करने की प्रवृत्ति।
- पर्यावरण संरक्षण की प्रवृत्ति।
- अन्य के प्रति चिंता।
- विविधता का आदर करना।
- शुद्धता की अभिवृत्ति।
- प्रयोग करने की अभिवृत्ति।
- बचत की प्रवृत्ति।
- सेवाभाव।
- सहयोगात्मक भावना।

6. सीखने हेतु परियोजनाएँ (Projects for Learning)

विद्यार्थियों द्वारा सीखने की परियोजनाएं संस्था परिसर या उद्योग या किसी संस्था में पूर्ण की जाती है। परियोजनाएं इन्टरनेट आधारित भी हो सकती हैं। सीखने की परियोजना के निम्नलिखित गुण होते हैं:

- वास्तविक जीवन से सम्बद्ध।
- विद्यार्थियों के सीखने के लिए चुनौती।
- विद्यार्थियों की सीख का उपयोग करने एवं सीखने हेतु आमंत्रण।
- निपुणताओं, विषय एवं संकाय की सीमाओं को लांघती है।
- नयी परियोजना तैयार की जा सकती है।
- समयबद्ध रूप से पूर्ण की जाती है।
- लचीली होती है।
- सीखने के उच्च स्तर से सम्बद्ध होती है।

- खोज के लिए अवसर प्रदान करती है। अर्थपूर्ण होती है।
- समुचित रूप से संरचित होती है।
- प्राध्यापक एवं विद्यार्थियों को स्पष्ट होती है।
- योजनाबद्ध एवं वैज्ञानिक विधियों का उपयोग होता है।
- परियोजना का उत्पाद दिखायी देता है।
- सीख का मूल्यांकन किया जा सकता है।

परियोजना की संरचना : प्राध्यापक पाठ्यक्रम के विश्लेषण के आधार पर परियोजना के उद्देश्य तैयार करते हैं। प्राध्यापक सीखने की परियोजना की योजना बनाने, विद्यार्थियों को प्रदान करने, पूरा करने हेतु मार्गदर्शन देने, संसाधन प्रदान करने एवं सीख का मूल्यांकन करने का कार्य करते हैं। वे परियोजना की योजना को विद्यार्थियों को स्पष्ट करते हैं। यदि परियोजना किसी अन्य संस्था में पूरी की जानी है तो वे संस्था के साथ परियोजना पूर्ण करने हेतु तालमेल बैठाते हैं। सीखने की परियोजना निम्नलिखित से सम्बद्ध हो सकती है :

- निश्चित तथ्य की प्राप्ति हेतु योजना बनाना।
- परियोजना की संरचना करना।
- उत्पाद में सुधार लाना।
- प्रक्रिया में मूल्य वृद्धि करना।
- अपव्यय रोकना।
- दक्षता बढ़ाना।
- जटिल प्रक्रिया का अध्ययन करना।
- बाजार रणनीति की संरचना करना।
- उत्पाद/सेवा में अतिरिक्त *अवयव* जोड़ना।
- बेगारी को कम करना।
- ऊर्जा बचत करना।
- पर्यावरण सुरक्षा करना।
- नेटवर्क की संरचना करना।
- विविध प्रकार के शोध करना।
- असफलता का विश्लेषण करना।
- समस्या का परीक्षण करना।
- सूचना प्रबंधन प्रणाली का विकास करना।
- समस्या का हल करना।

- विकल्प की खोज करना।
- आपदा का अनुमान लगाना।
- जोखिम विश्लेषण करना।
- नयी विधियों/तकनालॉजी के बारे में जागरूकता तैयार करना।
- वेबसाइड तैयार करना।
- विभिन्न प्रकार का अंकेक्षण करना।
- सर्वेक्षण करना।
- तुलनात्मक अध्ययन करना।

सीखने की परियोजना विद्यार्थियों को आवंटित करना: सीखने के लक्ष्यों को ध्यान में रखते हुए विद्यार्थियों को व्यक्तिगत रूप से या समूह में परियोजना आवंटित की जाती है। साथ ही प्राध्यापक विद्यार्थियों को निम्नलिखित बिन्दुओं पर निर्देश प्रदान करते हैं:

- सीखने संबंधी अपेक्षाएं।
- परियोजना पूर्ण करने की विधि।
- संसाधनों की उपलब्धता।
- मार्गदर्शन प्राप्त करने के लिए प्रक्रिया।
- सीख का मूल्यांकन करने के मापदण्ड एवं मूल्यांकन योजना।

प्रथम एवं द्वितीय वर्ष में दी जाने वाली परियोजना के प्रत्येक चरण पर प्राध्यापक विद्यार्थियों को प्रेरित करने के लिए मार्गदर्शन प्रदान करते हैं। परन्तु तृतीय एवं चतुर्थ वर्ष में प्राध्यापक विद्यार्थियों को स्वतंत्र रूप से परियोजना पूर्ण करने हेतु प्रेरित करते हैं।

परियोजना का पर्यवेक्षण: विद्यार्थियों को सीखने की परियोजना का आवंटन करने के पश्चात् प्राध्यापक उन्हें परियोजना पूर्ण करने की गतिविधि योजना जमा करने हेतु कहता है। यह योजना टीम के सदस्यों की भूमिका एवं जवाबदारी, परियोजना को पूर्ण करने की पद्धति, परियोजना को पूर्ण करने हेतु मार्गदर्शन एवं संसाधन एवं आने वाली समस्याओं के बारे में होती है। इस योजना को बनाने से विद्यार्थियों में परियोजना की समझ विकसित होती है। इस योजना के आधार पर प्राध्यापक विद्यार्थियों को परियोजना में सुधार लाने हेतु फीडबैक प्रदान करते हैं। इस योजना के आधार पर परियोजना का पर्यवेक्षण किया जाता है एवं सीखने की समस्याओं को हल किया जाता है। प्राध्यापक

यह सुनिश्चित करता है कि प्रत्येक विद्यार्थी परियोजना पूर्ण करने में सहभागी बने, योगदान करें एवं सीखें। प्राध्यापक विद्यार्थियों के साथ बैठक कर प्रश्नों के माध्यम से विद्यार्थियों की सीख का मूल्यांकन करते हैं एवं सीखने की समस्याओं को हल करते हैं।

परियोजना प्रतिवेदन तैयार करना : परियोजना प्रतिवेदन परियोजना के मुख्य बिन्दुओं पर तैयार किया जाता है। यह परियोजना परिस्थिति को हल करने की पद्धति पर आधारित होती है।

विद्यार्थी परियोजना प्रतिवेदन तैयार करते समय जानकारी का वर्गीकरण करते हैं, विश्लेषण करते हैं एवं निष्कर्ष निकालते हैं। परियोजना पूर्ण करने के दौरान विद्यार्थी जो सीखते हैं उसे भी नोट करते हैं। परियोजना प्रतिवेदन विद्यार्थियों की सीख के परिणाम को दर्शाता है।

परियोजना की प्रस्तुति : परियोजना पूर्ण कर प्रतिवेदन तैयार करने के पश्चात् विद्यार्थी उनकी परियोजना पर सभी विद्यार्थियों के समक्ष प्रस्तुतिकरण करते हैं ताकि इस प्रस्तुतिकरण से अन्य विद्यार्थी सीख सकें, प्रश्न कर सकें, अनुभवों का आदान-प्रदान कर सकें एवं एक दूसरे की परियोजनाओं का मूल्यांकन कर सकें। अन्त में प्राध्यापक परियोजना की सीख को सिद्धांत से एवं सिद्धांत को परियोजना से जोड़ता है, विद्यार्थियों की सीखने की कमी को पूरा करता है एवं विद्यार्थियों की सीख का मूल्यांकन करता है। परियोजना की सीख का मूल्यांकन परियोजना की योजना, परियोजना पूर्ण करने की पद्धति, नयापन, सृजनशीलता, प्रभावशीलता, सीखने के प्रयास, आंकड़ों की गुणता एवं विश्लेषण टीम भावना, परियोजना प्रतिवेदन परियोजना का प्रस्तुतिकरण इत्यादि मापदण्डों पर किया जाता है।

7. प्रभावी एवं दक्ष परियोजना हेतु मार्गदर्शन
(Guidelines for Effective and Efficient Project Work)

सीखने की प्रत्येक विधि की शक्तियाँ एवं सीमाएं होती हैं। प्राध्यापकों द्वारा सीखने की विधि की शक्तियों का उपयोग करना चाहिये। परियोजना विधि के प्रभावी उपयोग हेतु निम्नलिखित मार्गदर्शक बिन्दुओं का ध्यान रखना चाहिये:

- परियोजना का चयन वास्तविक कार्यसंसार से सम्बन्धित परिस्थिति से करना चाहिये। यह परिस्थिति उद्योग या वास्तविक समस्या से सम्बन्धित होना चाहिये।

- परियोजना ऐसी होनी चाहिये कि विद्यार्थी पाठ्यक्रम में सीखे गये ज्ञान का उपयोग कर सकें।
- परियोजना पूर्ण करने के लिए समय सारणी में समय आवंटित करना चाहिये। परियोजना को अतिरिक्त गतिविधि के रूप में नहीं देखना चाहिये।
- प्रत्येक वर्ष नयी एवं भिन्न परियोजनाओं का सृजन करना चाहिये ताकि विद्यार्थी नकल नहीं कर सके। विद्यार्थी पुरानी परियोजनाओं को सन्दर्भ के रूप में देख सकते हैं।
- प्रत्येक परियोजना में सीखने के लिए पर्याप्त चुनौती होनी चाहिये एवं जो कुछ भी सीखा है उसका उपयोग करने का प्रावधान होना चाहिये।
- विद्यार्थियों को परियोजना की योजना बनाने, क्रियान्वित करने एवं प्रगति का मूल्यांकन करने की स्वतंत्रता होनी चाहिए।
- परियोजना के माध्यम से पेशेवरता को बढ़ावा मिलना चाहिये।
- यह सुनिश्चित करना चाहिये कि विद्यार्थी योजनाबद्ध रूप से परियोजना पूर्ण करें एवं सिद्धांतों का उपयोग करें।
- परियोजना बहुत अधिक, आकाँक्षावान नहीं होना चाहिये वरन् यह विद्यार्थियों को कार्य कर सीखने हेतु प्रेरित करना चाहिये।
- परियोजना में सृजनशीलता, सकारात्मक सोच, विश्लेषात्मक सोच के पर्याप्त अवसर होने चाहिये।
- परियोजना टीम में निष्क्रिय सदस्य नहीं होना चाहिये। यह सुनिश्चित करना चाहिये कि प्रत्येक विद्यार्थी परियोजना पूर्ण करने में सहयोग करे एवं सीखे।
- परियोजना की योजना बनाकर कार्य करना चाहिये ताकि समय, संसाधन एवं धन का अपव्यय नहीं हो एवं विद्यार्थी अधिक से अधिक सीख सके।
- प्राध्यापक एक निर्देशक, मार्गदर्शक, सहजकर्ता, समस्या हल करने वाले, प्रेरणा स्रोत, जानकारी प्रदान करने वाले एवं फीडबैक प्रदान करने वाले की भूमिका अदा करते हैं। प्राध्यापक को एक सिखाने वाले की भूमिका का निर्वाह करना चाहिये।
- प्राध्यापकों को उद्योगों एवं संस्थाओं से करीबी सम्बन्ध रखना चाहिये ताकि विद्यार्थियों हेतु जीवंत परियोजना का चयन कर सके।
- विद्यार्थियों की सीखने की कमी को तुरन्त पूरा करना चाहिये।

- प्राध्यापकों को विद्यार्थियों की परियोजना प्रतिवेदन की प्रति रखना चाहिये एवं इसके आधार पर प्रकरण इत्यादि तैयार करना चाहिये।
- विद्यार्थियों में परियोजना से प्राप्त हुई सीख को प्रगाढ़ करना चाहिये।
- अन्य विद्यार्थियों को परियोजना प्रतिवेदन से सीखने हेतु नियत कार्य देना चाहिये।

8. सारांश (Summary)

- सीखने की परियोजना विधि के माध्यम से प्राध्यापकों एवं विद्यार्थियों को कार्यसंसार की वास्तविक समस्याओं पर कार्य कर सीखने का अवसर प्राप्त होता है।
- परियोजना अध्यायों, विषयों एवं संकायों की सीमा को तोड़ती है एवं जो कुछ पूर्व में सीखा है उसका उपयोग करने का अवसर प्रदान करती है।
- सीखने की परियोजना की संरचना करते समय प्राध्यापक सीखते हैं एवं वास्तविक कार्यसंसार की चुनौतियों को समझते हैं। विद्यार्थी परियोजना पर कार्य कर सीखते हैं। कार्य करते समय वे त्रुटियाँ करते हैं, एवं संघर्ष की समीक्षा करते हैं। वे सृजनशीलता एवं प्रतिभा का उपयोग करते हैं। उन्हें पेशेवर जीवन का अनुभव होता है एवं वे पेशेवर कौशल का विकास करते हैं।
- परियोजना व्यक्तिगत रूप से, छोटे समूह में एवं बड़े समूह में पूरी की जाती है।
- परियोजना का आवंटन कई कारकों, जैसे पाठ्यक्रम के प्रावधान समय उपलब्धता, सीखने के उद्देश्य, उद्योगों से संबंध, प्राध्यापक की विशेषज्ञता इत्यादि पर निर्भर करता है।
- परियोजना से ठोस सीख मिलती है, अत: ये प्राध्यापकों एवं विद्यार्थियों के लिए लाभप्रद होती हैं। परियोजना के माध्यम से तकनीकी एवं पेशेवर कौशल का विकास किया जा सकता है।
- परियोजना के माध्यम से सीखने में प्राध्यापक की महत्वपूर्ण भूमिका होती है। उन्हें विद्यार्थियों के लिए सीखने की सही परियोजना का चयन करना चाहिये।
- सीखने की परियोजना चुनौतीपूर्ण, सृजनशील, जिसकी पुनरावृत्ति नहीं हो, मांग पूर्ण, लचीली, सोच को बढ़ावा देने वाली, सही अभिवृत्ति

का विकास करने वाली एवं सीखने की जवाबदारी विद्यार्थियों को देने वाली होनी चाहिये।

- सीखने की परियोजना की उपयुक्त संरचना की जानी चाहिये, विद्यार्थियों को दी जानी चाहिये, पूरी की जानी चाहिये, प्रतिवेदन तैयार किया जाना चाहिये एवं प्रस्तुत की जानी चाहिये। इसके माध्यम से सीखने की कमी को ज्ञात कर उसे दूर किया जाना चाहिये।

9. प्रपत्र (Format)

प्रपत्र 22.1: परियोजना संरचना की गुणवत्ता

क्र.	*मापदण्ड*	*प्रभावशीलता*
1.	पाठ्यक्रम के अनुरूप	
2.	वर्तमान तकनॉलाजी एवं तकनीक का उपयोग	
3.	उच्च स्तर के सीखने के उद्देश्य हेतु	
4.	सीख को समेकित करने हेतु	
5.	चुनौतीपूर्ण	
6.	पूर्व सीख का उपयोग	
7.	समूह आकार की उपयुक्तता	
8.	समय उपलब्धता	
9.	विद्यार्थियों से अपेक्षाएं	
10.	परियोजना पूर्ण करने हेतु मार्गदर्शन	
11.	कौशल का विकास	
12.	तकनीकी कौशल का विकास	
13.	व्यक्ति कौशल का विकास	
14.	परियोजना मूल्यांकन के मापदण्ड	
15.	संसाधनों का आयोजन	

प्रपत्र 22.2: सीखने की परियोजना की प्रभावशीलता

क्र.	*मापदण्ड*	*प्रभावशीलता*
1.	सीखने की परियोजना पूर्ण करने हेतु निर्देश एवं मार्गदर्शन की स्पष्टता	

(*क्रमशः*)

क्र.	मापदण्ड	प्रभावशीलता
2.	परियोजना पूर्ण करने में विद्यार्थियों की सहभागिता	
3.	उच्च स्तर की सीख	
4.	पेशेवर कौशल का विकास	
5.	व्यक्ति कौशल का विकास	
6.	तकनीकी कौशल का विकास	
7.	सीखने की परियोजना की प्रगति पर फीडबैक	
8.	सीख की कमी को ज्ञात कर पूरा करना	
9.	परियोजना प्रतिवेदन की गुणता	
10.	प्रस्तुतिकरण की गुणता	
11.	मूल्यांकन विधि	
12.	परियोजना प्रतिवेदन का आगे सीखने हेतु उपयोग	
13.	परियोजना का अध्ययन प्रकरण बनाने हेतु उपयोग	
14.	परियोजना का नियत कार्य बनाने हेतु उपयोग	

10. अभ्यास प्रश्न (Practice Questions)

1. सीखने की परियोजना परिभाषित करिये।
2. परियोजना का वर्गीकरण किन मापदण्डों पर किया जाता है।
3. सीखने की समूह परियोजना के लाभ बतलाइये।
4. सीखने की परियोजना के प्रयोजन बतलाइये।
5. सीखने की परियोजना से मानसिक क्षेत्र में किन कौशलों का विकास होता है?
6. परियोजना के माध्यम से किन अभिवृत्तियों का विकास किया जाता है?
7. सीखने की परियोजना का चयन करते समय किन बिन्दुओं पर ध्यान देना चाहिये?

8. परियोजना पर कार्य करते समय विद्यार्थियों द्वारा किन बातों का ध्यान रखना चाहिये?
9. सीखने की परियोजना पूर्ण करने हेतु उद्योगों से किस प्रकार के सम्बन्ध रखना चाहिये?
10. सीखने की परियोजना से सीख का मूल्यांकन किन मापदण्डों पर किया जाता है?

11. गतिविधियाँ (Activities)

गतिविधि 22.1: परियोजना तैयार करना

सभी विषयों की सीख को समेकित करने के लिए छः विद्यार्थियों के समूह के लिए 10 अलग-अलग परियोजनाएं बताइये।

गतिविधि 22.2: सीखने की परियोजना से विद्यार्थियों की सीख का मूल्यांकन करने हेतु चेकशीट बनाइये।

23

कार्य स्थल पर सीखना
(Learning at Work Place)

सीखने के उद्देश्य (Learning Objectives)

इस अध्याय को पढ़ने के पश्चात् पाठक:

- कार्य स्थल पर सीख की परिकल्पना को परिभाषित कर सकेंगे।
- कार्य स्थल पर सीख के प्रयोजन को सूचीबद्ध कर सकेंगे।
- कार्य स्थल पर सीख के उद्देश्यों को सूचीबद्ध कर सकेंगे।
- कार्य स्थल पर सीख के प्रकार को सूचीबद्ध कर सकेंगे।
- प्राध्यापक द्वारा कार्य स्थल पर सीखाने हेतु उपयोग किये जाने वाले महत्वपूर्ण पदों को सूचीबद्ध कर सकेंगे।
- कार्य स्थल पर सीख का प्रबंध करने हेतु प्राध्यापक की भूमिका को स्पष्ट कर सकेंगे।
- कार्य स्थल पर सीख का प्रवेश करने हेतु संसाधन व्यक्ति की भूमिका को स्पष्ट कर सकेंगे।
- कार्य स्थल पर प्राध्यापकों की सीख का महत्व बतला सकेंगे।

1. प्रस्तावना (Introduction)

स्नातकों को उद्योगों हेतु तैयार करने के लिए पुनः प्रशिक्षण की कीमत अत्याधिक होती है। पुनः प्रशिक्षण पर समय, धन एवं प्रयास की बर्बादी होती हैं। वे स्नातक जिन्हें उद्योगों में सीखने का अनुभव नहीं होता है उन्हें कार्य को समझने, करने एवं प्रभावी रूप से सम्पादित करने में अधिक समय लगता है। उनमें नये कार्य को स्वीकारने एवं करने के आत्मविश्वास की कमी होती है।

वे कार्य परिस्थिति को सम्पूर्णता में नहीं समझते हैं। वे कार्य की गुणता, प्रभावशीलता एवं दक्षता के महत्व को भी नहीं समझते हैं। वे वही कार्य सम्पादित करते हैं जिसको करने के लिए उन्हें कहा जाता है। वे छोटी-छोटी बातों के लिए अन्य व्यक्तियों पर निर्भर करते हैं।

कार्य स्थल पर सीखने से विद्यार्थियों की निपुणता परिष्कृत होती है। विद्यार्थियों को केम्पस से बाहर निकल कर वास्तविक कार्यसंसार देखने का अवसर प्राप्त होता है। उन्हें वास्तविक कार्यसंसार में सिद्धांतों के समेकित उपयोग को देखने का अवसर प्राप्त होता है। उन्हें तकनालॉजी एवं तकनीक के झुकाव एवं विकास को देखने का अवसर प्राप्त होता है। उन्हें पेशेवर ढंग से कार्य करने की प्रेरणा प्राप्त होती है। उन्हें सकारात्मक पद्धति एवं उच्च मूल्यों का महत्व उत्पाद की गुणता के परिपेक्ष्य में समझ में आता है। उन्हें कार्य स्थल पर आने वाली जोखिम का अहसास होता है।

कार्य स्थल पर सीखने का दूसरा पहलू शिक्षण संस्था एवं उद्योग के बीच संबंध का महत्व जानना भी होता है। दोनों एक दूसरे के कार्यों में सहयोग करते हैं। उद्योगों को विद्यार्थियों एवं संकाय सदस्यों को कार्यसंसार के बारे में सिखाने का दायित्व लेना चाहिये। ऐसा करने से वे शिक्षण संस्थाओं की कर्मियों को पूरा कर सकते हैं। इसी प्रकार शिक्षण संस्थाएं उद्योगों को उनकी सेवाएं प्रदान कर उद्योगों की कमियों को पूरा कर सकती है।

2. कार्य स्थल सीख के उद्देश्य
(Objectives of Work Place Learning)

स्नातक एवं स्नातकोत्तर स्तर के शिक्षण कार्यक्रमों के अन्तिम वर्ष में कार्य स्थल पर सीख पर अधिक समय देना चाहिये। कार्यस्थल पर सीख के निम्नलिखित उद्देश्य होते हैं:

- कार्यसंसार की अनुभूति करवाना।
- संस्थागत ढांचा, प्रविधि, कार्य करने का तरीका, तकनालॉजी, कार्य संस्कृति, कार्य शैली इत्यादि से परिचित करना।
- गुणवत्ता, प्रभावशीलता, दक्षता, ग्राहक संबंध, सहयोग, टीम में कार्य करना, द्वंद्व, सुरक्षा, पर्यावरण सुरक्षा, ऊर्जा संरक्षण, अपव्यय में कमी, इत्यादि को समझना।
- सिद्धांत एवं प्रयोग के बीच के अन्तर को समझना।

- सिद्धांत को प्रयोग के साथ जोड़ना।
- उद्योग से सीखने की सामग्री, जैसे मैन्यूअल, कार्य निर्देश, तकनीकी स्पेसीफिकेशन, प्रक्रिया विवरण, इत्यादि एकत्रित करना।
- प्रविधि, क्रिया, घटना इत्यादि का निरीक्षण करने की योग्यता का विकास करना।
- समस्या हल करने एवं निर्णय लेने के कौशल का विकास करना।
- योजना बनाने, आयोजन करने, प्रभाव डालने एवं नियंत्रण करने की योजना बनाना।
- कार्य के तकनीकी, सामाजिक, वातावरण सम्बन्धी, आर्थिक, एवं राजनैतिक पहलुओं को समझना।
- कार्यों में आये आधुनिक बदलाव एवं झुकाव को समझना।
- कार्य करने के लिए सही अभिवृत्ति एवं मूल्यों को समझना।
- उद्योगों में प्रचलित कानूनों, नियमों एवं नीतियों को समझना।
- समस्याओं का समाधान खोजना।
- गुणवत्ता एवं उत्पादकता को बढ़ाने के लिए नवाचार खोजना।
- सीखी गई निपुणताओं का अभ्यास करना।
- कार्यसंसार की चुनौतियों एवं प्रतिस्पर्धा को समझना।
- गुणता से समझौता किये बगैर बदलती हुई परिस्थिति से सामंजस्य बनाना।
- व्यवसाय की आवश्यकता को देखते हुए तेजी से सीखना।
- नये एवं एक से अधिक कार्य बिना किसी प्रतिरोध एवं तनाव के स्वीकार करना।

3. कार्य स्थल पर सीखने के प्रकार (Types of Learning at Work Place)

कार्य स्थल पर विविध प्रकार के सीखने के अनुभव मिलते हैं। विद्यार्थी प्रबंधकों से सीखने हेतु निर्देश लेते हैं। वे कार्य करने के लिए निपुणता का उपयोग करते हैं। उन्हें वास्तविक कार्यसंसार में कार्य करने की अनुभूति होती है, वे त्रुटियाँ करते हैं एवं फीडबैक प्राप्त कर सुधार लाने हेतु प्रयास करते हैं। वे कार्य करते समय सुरक्षा नियमों एवं आचार संहिता का पालन करना सीखते हैं। वे सम्बन्ध बनाना एवं अपिरिचित व्यक्तियों से सहायता प्राप्त करना सीखते हैं। वे त्वरित रूप से समस्या का हल करना सीखते हैं। वे विभिन्न प्रकार के

कौशल का अभ्यास करते हैं एवं नये कार्यों को करने हेतु कौशल का उपभोग करते हैं। यदि विद्यार्थी लम्बी अवधि (छः माह) हेतु प्रशिक्षण पर होते हैं तो वे प्रयोग एवं शोध करना सीखते हैं। कार्य स्थल पर विद्यार्थी कई विधियों से सीखते हैं जैसे कार्य कर सीखना, निरीक्षण द्वारा सीखना, फीडबैक प्राप्त कर सीखना, त्रुटियों से सीखना, प्रयोग कर सीखना, समस्या हल कर सीखना, एवं सोच कर सीखना। विद्यार्थी कार्य स्थल पर निपुणता एवं प्रवीणता को परिष्कृत करते हैं। वे रोजगार अवसर इसी प्रशिक्षण के दौरान खोजते हैं। वे विशिष्ट कार्य से सम्बंधित शंकाओं का समाधान करते हैं।

4. कार्य स्थल पर सीख का प्रबंधन (Management of Learning at Work Place)

कार्य स्थल पर सीखने की प्रक्रिया संस्था में सीखने की प्रक्रिया से भिन्न होती है। यह थोड़ी कठिन भी होती है क्योंकि विद्यार्थियों को निपुणता एवं प्रवीणता का विकास करना होता है। कार्य स्थल पर उन्हें टीम में कार्य करना होता है। कार्य स्थल पर प्रशिक्षण का प्रबंधन केवल संसाधन व्यक्ति या प्राध्यापक नहीं कर सकते हैं वरन् उन्हें सभी संबंधित व्यक्तियों का सहयोग लेना पड़ता है। कार्य स्थल पर सीखने की सफलता कई कारकों पर निर्भर करती है। इन कारकों का समावेश कार्य स्थल पर सीखने की योजना बनाने, क्रियान्वित करने एवं मूल्यांकन करने में किया जाता है। कार्य स्थल पर सीखना सुनिश्चित करने के लिए निम्नलिखित पदों का उपयोग किया जाता है:

- सीखने की आवश्यकता ज्ञात करना।
- उद्योग एवं संस्था को ज्ञात करना जहाँ पर विद्यार्थियों को सिखाया जा सकता है एवं उनकी सहमति प्राप्त करना।
- कार्य स्थल पर सीखने हेतु सीखने की योजना बनाना।
- सीखने हेतु मार्गदर्शक बिन्दु तैयार करना।
- सीखने हेतु विद्यार्थियों को मार्गदर्शन प्रदान करना।
- कार्य स्थल पर सीखने हेतु सीखने की विधि।
- विद्यार्थियों द्वारा सीख पर प्रतिवेदन तैयार करना।
- सीखने के अनुभवों को सांझा करना।

कार्य स्थल पर विद्यार्थियों को सिखाने हेतु योजना बनाना प्राध्यापक का एक महत्वपूर्ण कार्य है। कार्य स्थल पर सीखने की प्रक्रिया योजना की

प्रभावशीलता पर निर्भर करती है। इस योजना में अकादमिक एवं प्रशासकीय आयामों को शामिल किया जाता है। सीखने की इस योजना से कई समस्याओं को रोका एवं कम किया जा सकता है। इस योजना से प्राध्यापक एवं विद्यार्थियों में सफलतापूर्वक सीखने का आत्मविश्वास जागृत होता है। सामान्यतया इस योजना को बनाते समय निम्नलिखित प्रश्नों का ध्यान रखा जाता है:

क्या सीखना है?
कहाँ सीखना है?
कैसे सीखना है?
किसे सीखना है?
कब सीखना है?
सीखने की कौनसी सामग्री एकत्रित करनी है?
सीख पर प्रतिवेदन किसे बनाना है?
सीख प्रतिवेदन तैयार करने का प्रारूप क्या होगा?
सीख का प्रस्तुतिकरण कैसे किया जायेगा इत्यादि।

पाठ्यक्रम का विश्लेषण करिये एवं कार्य स्थल पर सीखने की आवश्यकता ज्ञात करिये

प्राध्यापक विषय के पाठयक्रम का विश्लेषण कर उन निपुणताओं को ज्ञात करता है जिनका विकास विद्यार्थियों में कार्य स्थल पर किया जाना है। प्राध्यापक इन निपुणताओं का विकास करने के लिए आवश्यक सिद्धांतों एवं प्रयोगों को कक्षा, प्रयोगशाला एवं कार्यशाला में पढ़ाते हैं। वे इस सीख को मजबूत करने के लिए विद्यार्थियों को नियत कार्य भी देते हैं ताकि विद्यार्थी सीखे गये सिद्धांतों का अभ्यास कर लें। तत्पश्चात् प्राध्यापक कार्य स्थल सीख की योजना तैयार करते हैं ताकि सीखे गये सिद्धांतों को समेकित कर निपुणता का विकास किया जा सके। कार्य स्थल पर सीख को सेमिस्टर के अन्तिम समय में आयोजित करना चाहिये ताकि विद्यार्थी परीक्षा के पूर्व ही कार्यसंसार को समझ सके एवं निपुणता का विकास कर सके। सेमिस्टर समाप्त होने के पश्चात् कार्य स्थल पर सीखना आयोजित करने से विद्यार्थियों में सीखने के प्रति रुचि कम हो जाती है क्योंकि वे छुट्टियों का आनन्द लेना चाहते हैं। कार्य स्थल पर सीखने के बारे में पाठ्यक्रम एवं निपुणता विकास योजना में लिखा जाना चाहिये। प्राध्यापकों को भी चाहिये कि वे विद्यार्थियों की कार्य स्थल पर सीखने की आवश्यकता ज्ञात कर लें एवं उन निपुणताओं की सूची तैयार कर लें जिनका विकास किया जाना है।

उद्योग/संस्था को ज्ञात कर विद्यार्थियों को सिखाने हेतु उनकी सहमति प्राप्त करना

प्राध्यापकों द्वारा पढ़ाये जा रहे विषयों से सम्बन्धित उद्योगों/संस्थानों की सूची तैयार कर लेनी चाहिये। उन्हें इस सूची को पुनरीक्षित करते रहना चाहिये। साथ ही इनकी संक्षिप्त जानकारी भी तैयार रखनी चाहिये। इस सूची में से उद्योगों का चयन कर विद्यार्थियों को कार्य स्थल पर सीखने भेजना चाहिये। उद्योग का चयन करते समय निम्नलिखित मापदण्डों का उपयोग करना चाहियेः

- विद्यार्थियों की सीखने की आवश्यकताओं के अनुरूप।
- उद्योग में उपयोग की जा रही तकनालॉजी एवं तकनीक का स्तर।
- पेशेवरता।
- सिखाने की क्षमता।
- रोजगार देने की क्षमता।
- उद्योग के संस्था से संबंध, इत्यादि।

कार्य स्थल पर प्रशिक्षण पर भेजने के पूर्व विद्यार्थियों की रुचि का भी ध्यान रखा जाना चाहिये। विद्यार्थियों का एक समूह शोध एवं विकास में रुचि रख सकता है, दूसरा समूह उत्पादन में रुचि रख सकता है, तीसरा समूह योजना बनाने एवं संरचना करने में, चौथा समूह उत्पाद को बाजार में पहुंचाने में रुचि रख सकता है। विद्यार्थियों की रुचि के अनुसार उन्हें कार्य स्थल पर सिखाने से वे अपने भविष्य का निर्धारण कर सकते हैं। कार्य स्थल पर सिखाने के शुरुआत में विद्यार्थियों को सम्पूर्ण कार्य के बारे में जानकारी दी जानी चाहिये तत्पश्चात् उन्हें उनकी रुचि के अनुसार सीखने के अवसर दिये जाने चाहिये।

विद्यार्थियों को कार्य स्थल पर सीखने के लिए भेजने के पूर्व प्राध्यापक द्वारा उद्योग के प्रतिनिधि से सीखने की आवश्यकता एवं योजना पर चर्चा कर उनकी सहमति ले लेनी चाहिये। प्राध्यापक एवं संसाधन व्यक्ति को कार्य स्थल का भ्रमण कर सीखने की गतिविधियाँ एवं नियत कार्य तैयार कर लेने चाहिये।

सीखने की घटनाओं की योजना बनाना

सीखने की घटनाओं एवं गतिविधियों की योजना प्राध्यापक द्वारा विद्यार्थियों की सीखने की आवश्यकता एवं सीखने के उद्देश्यों को ध्यान में रखकर बनायी जाती है। यदि कार्य स्थल प्रशिक्षण की अवधि एक माह या इससे अधिक है

तो विद्यार्थियों को सीखने हेतु नियत कार्य या परियोजना दी जाती है एवं एक मार्गदर्शक भी निश्चित किया जाता है। सीखने की घटनाएं, नियत कार्य एवं परियोजना की योजना उद्योग के विभिन्न विभागों के साथ चर्चा कर तैयार की जाती हैं। इस योजना की विस्तृत जानकारी विद्यार्थियों को भी दी जाती है।

कार्य स्थल पर सीखने हेतु मार्गदर्शिका तैयार करिये

कार्य स्थल पर सीखने हेतु विद्यार्थियों के लिए मार्गदर्शक बिन्दु तैयार कर उन्हें लिखित रूप में दे देना चाहिये। इन मार्गदर्शक बिन्दुओं में कार्य स्थल पर सीखने के सभी आयामों, जैसे अकादमिक, प्रशासकीय, वित्तीय एवं प्रबंधकीय को शामिल किया जाना चाहिये। लिखित मार्गदर्शक बिन्दुओं के अतिरिक्त विद्यार्थियों को मौखिक रूप से भी कार्य स्थल पर सीखने के उद्देश्यों, सीखने की घटनाओं, सीखने के मापदण्डों, सीखने की गतिविधियों, कार्य स्थल पर सीखाने के दौरान पालन किये जाने वाले नियमों, सीख प्रतिवेदन का प्रारूप, उद्योग से एकत्रित किये जाने वाले दस्तावेजों एवं सामग्री, सम्पर्क सूत्र संसाधन व्यक्ति इत्यादि के बारे में जानकारी दे देनी चाहिये। प्राध्यापक एवं संसाधन व्यक्ति को भी उनकी भूमिका स्पष्ट होनी चाहिये। प्राध्यापक द्वारा सीखने की प्रक्रिया का अनुश्रवण एवं मूल्यांकन करने के सूचक एवं विधि के बारे में भी विद्यार्थियों को बता देना चाहिये ताकि सीखने की प्रक्रिया के दौरान किसी प्रकार का संशय नहीं रहे।

कार्य स्थल पर सीखने की प्रक्रिया

प्राध्यापक द्वारा विद्यार्थियों को यह स्पष्ट कर देना चाहिये कि वे कार्य स्थल पर सीखने हेतु जा रहे हैं न कि कार्य करने हेतु। कार्य स्थल पर विद्यार्थियों को सीखने हेतु महत्वपूर्ण अवसर मिलते हैं। उन्हें इन अवसरों से सीखने हेतु सीखना चाहिये।

विद्यार्थियों को उद्योग की कार्यप्रणाली की सम्पूर्णता के बारे में सीखने के साथ-साथ उन निपुणताओं को भी गहराई से सीखना चाहिये जिस हेतु वे कार्य स्थल पर सीखने आये हैं। कार्य स्थल पर प्रभावी एवं दक्ष तरीके से सीखने के लिए विद्यार्थियों को निम्नलिखित व्यवहार का पालन करना चाहिये:

- कार्य स्थल पर सीखने हेतु दी गई मार्गदर्शिका का ध्यानपूर्वक अध्ययन कर सीखने की रणनीति तैयार करिये।
- कार्य स्थल पर सीखने हेतु पूछे जाने वाले प्रश्नों की सूची तैयार कर लीजिये। ये प्रश्न तकनॉलाजी, तकनीक, कार्य संस्कृति, कार्य सम्बंधी

तनाव, कार्य सम्बंधी चुनौतियों, कार्य स्थल की कहानियों, कर्मचारियों द्वारा अनुभव किया गया संकट, पेशे की अच्छाइयों एवं कमियों, भविष्य की चुनौतियों इत्यादि से सम्बन्धित हो सकते हैं।

- संसाधन व्यक्ति से सम्पर्क कर उसे आदर प्रदान करें। साथ ही उसे बताये कि आप सीखने में रुचि रखते हैं एवं काफी कुछ नयी जानकारी लेना चाहते हैं।
- कार्य स्थल को सम्पूर्णता में एवं अलग नजरिये से देखने के कौशल का विकास करिये।
- उद्योग के विभिन्न विभागों के कार्य को उद्योग के मुख्य व्यवसाय से जोड़ने का प्रयास करिये। विभिन्न विभागों के मध्य के सम्बंध एवं समन्वयन को जानिये।
- आपकी आकाँक्षा को प्रश्नों द्वारा पूछने के गुण सीखिये। संसाधन व्यक्ति एवं स्वयं से अपनी शंकाओं एवं जिज्ञासाओं के बारे में प्रश्न करिये।
- सीख को अपने साथी एवं निर्देशक के साथ सांझा करिये। कार्य स्थल पर सीख का मूल्यांकन करिये।
- कठिन, जटिल एवं जोखिम भरी परिस्थिति में भी कार्य शुरू करिये। जोखिम भरी परिस्थिति में सावधानीपूर्वक कार्य करिये।
- समस्या का सामना करना एवं समाधान करना सीखिये।
- कारण एवं प्रभाव, माध्यम एवं अन्त, प्रक्रिया एवं उत्पाद, मात्रा एवं गुणता, प्रयास एवं समय, मुख्य एवं सहायक प्रक्रियाओं के बीच के सम्बन्धों को सीखिये।
- सकारात्मक तरीके से फीडबैक प्राप्त कर इसका आगे सीखने हेतु उपयोग करना सीखिये।
- स्पष्टीकरण प्राप्त करना सीखिये।
- योजनाबद्ध रूप से जानकारी प्राप्त कर लिखना सीखिये।
- महत्वपूर्ण व्यक्तियों से चर्चा करने एवं उनका साक्षात्कार लेने के बारे में सीखिये।
- नोट्स, घटना, कहानी एवं प्रकरण के रूप में जानकारी एवं अनुभव लिपिबद्ध करिये।
- अधिनस्थ कर्मचारियों को निर्देश देने की प्रक्रिया, बैठक आयोजन,

कार्य निष्पादन, सत्र आयोजन, अंकेक्षण विधि इत्यादि का निरीक्षण करिये।

- कार्य संस्कृति एवं कार्य नियमों का पालन करिये।
- निरीक्षण एवं अनुपालन कौशल को सीखिये।
- सीख को तार्किक रूप में आयोजित करिये।
- सीखने की प्रत्येक घटना के पश्चात् सीखने की प्रगति का मूल्यांकन करिये।
- उद्योग के दस्तावेज, जैसे विजन दस्तावेज, गुणवत्ता नीति, कार्य मैन्यूअल, उत्पाद की संरचना एवं ड्रॉइंग, नोट शीट, नियम इत्यादि का अध्ययन करिये।
- संगोष्ठी, प्रशिक्षण एवं बैठक में सहभागी बने।
- सीख को अन्य संसाधन व्यक्तियों एवं साथियों के साथ सांझा करिये।

सीख पर प्रतिवेदन

कार्य स्थल पर प्रशिक्षण पूर्ण होने के उपरांत विद्यार्थियों को कहा जाता है कि उन्होंने जो सीखा है उस पर प्रतिवेदन प्रस्तुत करें। इस प्रक्रिया से विद्यार्थी प्रतिवेदन तैयार कर प्रस्तुत करना सीखते हैं। विद्यार्थियों को नियुक्त करने वाले नियोक्ता इस प्रतिवेदन को देखते हैं एवं विद्यार्थियों से प्रश्न करते हैं। यह उद्योगों के लिए भी कार्य स्थल पर विद्यार्थियों को सिखाने हेतु उपयोगी होती है। यह संस्था के लिए भी विद्यार्थियों की सीख का मूल्यांकन करने हेतु उपयोगी होती है। भविष्य में कार्य स्थल पर प्रशिक्षण की योजना बनाने हेतु भी यह उपयोगी होती है। प्राध्यापक इस प्रतिवेदन का उपयोग कर अगले वर्ष आने वाले विद्यार्थियों को सिखाते हैं। वे इस प्रतिवेदन का उपयोग नियत कार्य, अध्ययन प्रकरण, पर्चे एवं सीखने के संसाधन तैयार करने हेतु करते हैं। प्राध्यापक उद्योग के बारे में उनकी जानकारी को ताजा करते हैं एवं विभिन्न प्रकार के झुकावों को जानते हैं। वे सीखने के संसाधनों, पाठ्यक्रम एवं प्रयोगों को संशोधित करते हैं। विद्यार्थियों की सीख पर यह प्रतिवेदन अगले बैच के लिए आधार मानक का कार्य करता है। इस प्रतिवेदन से विद्यार्थियों की अगले बैच को कार्य स्थल पर सीख का अहसास होता है एवं सीखने हेतु किये जाने वाले प्रयासों का अनुमान होता है।

प्रतिवेदन का प्रस्तुतिकरण

विद्यार्थियों को कार्य स्थल पर सीख के प्रतिवेदन की प्रस्तुति का अवसर देते

हैं। इस प्रस्तुतिकरण में सभी विद्यार्थी एवं प्राध्यापक उपस्थित होते हैं। वे किसी विशेष मुद्दे पर चर्चा करते हैं, अनुभवों को सांझा करते हैं एवं आगे सीखने हेतु सकारात्मक एवं रचनात्मक फीडबैक प्रदान करते हैं। विद्यार्थियों की इस प्रस्तुति से अन्य विद्यार्थी भी कार्य स्थल पर सीखने को सकारात्मक एवं चुनौती के रूप में लेते हैं।

सीख का मूल्यांकन

सीख के मूल्यांकन की प्रक्रिया विद्यार्थियों के आगे सीखने हेतु एक महत्वपूर्ण भूमिका अदा करती है। उन्हें सीखने हेतु किये गये प्रयासों के लिए मान्यता एवं पुरस्कार मिलता है। साथ ही उन्हें निपुणता के प्रदर्शन में सुधार करने के लिए रचनात्मक फीडबैक मिलता है। यदि आवश्यक हुआ तो प्राध्यापक उन्हें अतिरिक्त जानकारी भी प्रदान करते हैं। सीख का मूल्यांकन सीखने के उद्देश्यों एवं पाठ्यक्रम की आवश्यकता को ध्यान में रखकर किया जाता है। विद्यार्थियों की तकनीकी निपुणता का मूल्यांकन कई सूचकों, जैसे कार्य स्थल, सैद्धान्तिक सीख का उपयोग, कार्य सम्पादन हेतु बनायी गयी योजना, कार्य सम्पादन हेतु मशीन, औजार, सामग्री का आयोजन, कार्य सम्पादन में शुद्धता, प्रभावशीलता एवं दक्षता, उत्पाद की गुणवत्ता, समय, प्रयास एवं धन का अपव्यय, इत्यादि पर किया जाता है। व्यक्ति कौशल का मूल्यांकन कई सूचकों, जैसे कार्य स्थल पर व्यक्तियों के साथ संबंध स्थापना, नेतृत्व प्रभावशीलता, प्रभावी संप्रेषण, प्रश्न पूछना, शंकाओं को दूर करना, साथियों की सहायता करना, अन्य व्यक्तियों के कार्य में विश्वास रखना इत्यादि। विद्यार्थियों की अभिवृत्ति का मूल्यांकन कई सूचकों, जैसे सुरक्षा एवं बचत की चिंता, संसाधनों का दक्ष रूप से आयोजन, अन्य के प्रति आदर, स्वच्छता, अन्य व्यक्तियों के अवाँच्छित व्यवहार को नजरअंदाज करना, सीखने हेतु सकारात्मक रुख इत्यादि। इसके अतिरिक्त सामान्य योग्यताएं, जैसे सृजनशीलता, समस्या हल करना, निर्णय लेना, पूर्णता में सोचना, परिस्थितियों एवं सीख के बीच सम्बन्ध स्थापित करना, जोखिम उठाना, अनिश्चितता में कार्य करना, आत्मविश्वास के साथ कार्य करना, तनाव रहित होकर कार्य करना इत्यादि। सीख का मूल्यांकन प्रतिवेदन की गुणता एवं प्रस्तुतिकरण की प्रभावशीलता पर भी किया जाता है। यदि विद्यार्थी निपुणता का सफलतापूर्वक प्रदर्शन करते हैं तो वे अगली निपुणता सीखते हैं अन्यथा फीडबैक के आधार पर वर्तमान निपुणता में सुधार लाते हैं।

5. कार्य स्थल पर सिखाने हेतु प्राध्यापक की भूमिका (Role of Professors for Managing Learning at Work Place)

कार्य स्थल पर विद्यार्थियों को सिखाने की योजना ब्नाने, क्रियान्वयन करने एवं मूल्यांकन करने में प्राध्यापकों की अहम भूमिका होती है। अनुभवी प्राध्यापक कार्य स्थल पर सीखने की प्रक्रिया को अत्यधिक प्रभावी बना सकते हैं। विद्यार्थियों को कार्य स्थल पर सिखाने हेतु सभी प्राध्यापकों को निम्नलिखित गतिविधियों का सम्पादन करने हेतु प्रशिक्षित किया जाना चाहिये:

- पाठ्यक्रम की आवश्यकता के अनुरूप सीखने की उन आवश्यकताओं को ज्ञात करना जिन्हें कार्य स्थल पर प्रभावी रूप से सिखाया जा सकता है।
- विद्यार्थियों की सीखने की आवश्यकताओं को निपुणताओं के रूप में ज्ञात करना जिन्हें कार्य स्थल पर सीखा जा सकता है।
- उद्योगों के साथ संबंध स्थापित करना ताकि कार्य स्थल पर सीख सुनिश्चित की जा सके।
- कार्य स्थल पर सीखने हेतु उद्योग के साथ मिलकर योजना बनाना।
- विद्यार्थियों को कार्य स्थल पर सीखने हेतु मार्गदर्शन प्रदान करना। यह मार्गदर्शन सीखने की विधि, नियमों का पालन, सीखने के बिन्दु, प्रतिवेदन का प्रारूप, प्रतिवेदन तैयार करना, मूल्यांकन के मापदण्ड, इत्यादि पर दिया जाता है।
- सतत् मूल्यांकन के द्वारा सीखने की प्रगति का अनुभव करना एवं सीखने में आ रही बाधाओं को दूर करना।
- कार्य स्थल पर सीख का रिकार्ड रखना।
- विविध विधियों एवं यंत्रों का उपयोग कर सीख का मूल्यांकन करना।
- विद्यार्थियों के अनुभवों का उपयोग पर्चे, पावरप्वाइंट प्रस्तुति, अध्ययन प्रकरण, शैक्षणिक खेल इत्यादि तैयार करने हेतु करना।
- विभिन्न प्रकार के सीखने के संसाधनों को पुनरीक्षित करना।
- पाठ्यक्रम संशोधित करना।
- कार्य स्थल पर सीख की गुणवत्ता में सुधार लाना।
- उद्योग के साथ मिलकर संयुक्त परियोजना पर कार्य करना।

6. कार्य स्थल पर सिखाने हेतु संसाधन व्यक्ति की भूमिका (Role of Resource Person for Managing Learning at Work Place)

कार्य स्थल पर संसाधन व्यक्ति विद्यार्थियों में सही तरीके से सही निपुणता का विकास करता है। वे अपने जीवन की सीख को सीमित समय में विद्यार्थियों को हस्तांतरित करते हैं। वे जीवन के समृद्ध अनुभव विद्यार्थियों के साथ सांझा करते हैं। वे ही विद्यार्थियों को पेशेवर जीवन में प्रवेश करने हेतु प्रेरित करते हैं। संसाधन व्यक्ति ही विद्यार्थियों में चुनौतियों, प्रतिस्पर्धाओं, अनिश्चितताओं, एवं संकट का सामना करने हेतु आत्मविश्वास पैदा करते हैं। संसाधन व्यक्तियों को निम्नलिखित भूमिका का निर्वाह करना चाहिये:

- विद्यार्थियों के प्रशिक्षण हेतु तैयार की गई मार्गदर्शिका को प्राप्त कर लीजिये एवं उनकी सीखने की आवश्यकता एवं रुचि को समझ लीजिये।
- कार्य स्थल पर सिखाने हेतु तैयार की गई योजना का अध्ययन कर लीजिये एवं इसके क्रियान्वयन की रणनीति तैयार कर लीजिये।
- एक शुरुआती सत्र का आयोजन कर विद्यार्थियों को कार्य स्थल पर सीखने की योजना बताइये एवं उनके सुझाव एवं अपेक्षाओं को जानिये।
- आप अपनी अपेक्षा एवं सीखने के नियमों के बारे में विद्यार्थियों को बतलाइये। नियमों का पालन करने हेतु विद्यार्थियों की वचनबद्धता प्राप्त करिये।
- आपके उद्योग में उपयोग किये जाने वाले शब्दों का अर्थ विद्यार्थियों को बतलाइये एवं संभव हो तो उन्हें इसकी लिखित प्रति उपलब्ध करवाइये।
- पेशेवर तरीके से सीखने की घटनाओं की योजना बनाकर आयोजित करिये। प्रत्येक सीखने की घटना के पश्चात् सीखने की प्रगति का मूल्यांकन करिये एवं सकारात्मक एवं रचनात्मक फीडबैक प्रदान करिये।
- निपुणता को सम्पादित करने की विधि का प्रदर्शन करिये। प्रदर्शन वास्तविक मशीन पर करिये। प्रदर्शन के दौरान जानकारी प्रदान करने के लिए आप चित्र, ग्राफ, प्रक्रिया एवं प्रक्रिया चित्र का उपयोग कर सकते हैं।

- कार्य सम्पादन हेतु शरीर के विभिन्न भागों की गति एवं समन्वयन पर जोर दीजिये।
- प्रदर्शन पूर्ण होने पर विद्यार्थियों को प्रश्न पूछने का अवसर प्रदान करिये।
- कुछ विद्यार्थियों को आपके मार्गदर्शन में कार्य संपादित करने का अवसर प्रदान करिये। तत्पश्चात् विद्यार्थियों को आपके मार्गदर्शन में अभ्यास करने का अवसर दीजिये। विद्यार्थियों के अभ्यास के आधार पर उनकी सीख का मूल्यांकन करिये एवं फीडबैक प्रदान करिये।
- एक तरह के कौशल का विकास होने के पश्चात् दूसरे कौशल का विकास करिये। साथ ही पूर्व की सीख को नई सीख के साथ जोड़ते जाइये।
- आपके भीतर के अध्यापक का उपयोग करिये एवं विद्यार्थियों से उच्च स्तर की अपेक्षाएं रखिये ताकि उन्हें महसूस हो कि सीखना मांगपूर्ण एवं चुनौतीपूर्ण है।
- विद्यार्थियों के व्यवहार का निरीक्षण करिये एवं इसे उचित प्रपत्र में दर्ज करिये।
- विद्यार्थियों हेतु सीखने की चुनौतियां तैयार करिये ताकि वे कार्य सम्पादन हेतु सृजनात्मक रूप से सोचे एवं पूर्व के ज्ञान, कौशल एवं अभिवृत्ति का उपयोग करें। विद्यार्थियों को दिया गया कार्य समस्या या नवाचार के रूप में हो सकता है।
- सीखने हेतु विद्यार्थियों की रुचि एवं उत्सुकता बढ़ाइये।
- नियत कार्य, समस्या एवं परियोजना के माध्यम से स्वयं सीखने को बढ़ावा दीजिये।
- जब आवश्यक हो विद्यार्थियों को मार्गदर्शन प्रदान करें।
- समस्या को स्वीकारने एवं लड़ने, संकट प्रबंध करने एवं नवाचार लाने हेतु सकारात्मक सोच का विकास करिये।
- निपुणता एवं व्यवहार में सुधार लाने हेतु सकारात्मक एवं रचनात्मक फीडबैक प्रदान करिये।
- पेशेवर जीवन से सम्बंधित अनुभवों को साझा करिये।
- पेशे एवं पेशेवर संबंधों के बारे में विद्यार्थियों को जानकारी प्रदान करिये।
- विद्यार्थियों को उनके अनुभव साझा करने हेतु अवसर प्रदान करिये एवं उन्हें ध्यान से सुनिये।

- सीख का मूल्यांकन करिये एवं देखिये कि विद्यार्थी प्रतिदिन सीख को डायरी में दर्ज कर रहे हैं।

7. शोध अध्ययन (Research Studies)

अग्रवाल एवं जैन (1987) ने 27 आयामों को ज्ञात किया जिन पर शैक्षणिक संस्थाएं एवं उद्योग मिलकर कार्य कर सकते हैं। उन्होंने इन आयामों को प्राथमिक, आवश्यक एवं वाँच्छित के रूप में वर्गीकृत किया। इन आयामों का संक्षिप्त विवरण निम्नलिखित है:

सहकार्य हेतु प्राथमिक क्षेत्र

- उद्योग/कार्य क्षेत्र में विद्यार्थियों का उद्योगों/कार्य क्षेत्र में प्रशिक्षण आयोजित करना।
- विद्यार्थियों का उद्योग में प्रशिक्षण आयोजित करना।
- विद्यार्थियों की नियुक्ति हेतु साक्षात्कार आयोजित करना।
- ग्रीष्म अवकाश एवं शीतकालीन अवकाश के दौरान विद्यार्थियों को आंशिक रोजगार प्रदान करना।
- पाठ्यक्रम विकास एवं पुनरीक्षण में सहभागी बनना।
- अभियंताओं द्वारा व्याख्यान का आयोजन।
- उद्योगों द्वारा संस्था के संसाधनों का उपयोग करना।
- अभियंताओं द्वारा व्याख्यान आयोजित करना एवं विद्यार्थियों की परीक्षा लेना।

सहकार्य हेतु आवश्यक क्षेत्र

- उद्योगों की जीवंत परियोजनाओं में विद्यार्थियों को सहभागी बनाना।
- उद्योगों के साथ मिलकर सेमीनार, संगोष्ठी एवं कार्यशाला का आयोजन करना।
- सतत् शिक्षा कार्यक्रमों का आयोजन करना।
- उद्योगों की समस्या का हल करने के लिए संयुक्त परियोजनाएं लेना।
- संयुक्त रूप से तकनीकी पत्रिका छापना एवं मीडिया विकास का कार्य करना।
- संस्था में उत्पाद केन्द्र स्थापित करना।
- संस्था में व्यवसाय केन्द्र स्थापित करना।

- ग्राम विकास से सम्बन्धित गतिविधियों में उद्योगों को सहभागी बनाना।
- संस्था में उद्यमिता विकास केन्द्र की स्थापना में उद्योगों को सहभागी बनाना।

सहकार्य हेतु वाँच्छित क्षेत्र

- प्राध्यापकों द्वारा उद्योगों को परामर्श देने की परियोजनाएं लेना।
- उद्योगों की समस्याओं एवं आवश्यकताओं से सम्बन्धी शोध कार्य करना।
- उद्योगों एवं संस्थाओं के बीच मानव संसाधन का आदान-प्रदान करना।
- उद्योगों के लिए तकनीकी अमले की नियुक्ति करना।
- भूतपूर्व छात्रों की संस्था तैयार करना।
- पेशेवर संस्थाओं के साथ मिलकर कार्य करना।
- विभिन्न प्रकार के कार्यक्रमों हेतु आमंत्रण देना।
- उद्योग द्वारा संस्थाओं को विभिन्न प्रकार के उपकरण भेंट करना।
- प्रतिभावान एवं गरीब छात्रों को छात्रवृत्ति प्रदान करना।

उद्योगों के साथ कार्य करने के सम्बंध बहुत ही कमजोर है। सिर्फ संस्थाओं द्वारा औद्योगिक भ्रमण का आयोजन किया जा रहा है। अग्रवाल एवं जैन ने कहा है कि उद्योग एवं संस्थाओं ने महसूस किया है कि और अधिक एवं गहरे सहकार्य की आवश्यकता है। उद्योग एवं संस्थाओं के बीच सहकार्य बढ़ाने के लिए उपयुक्त कदम उठाने की आवश्यकता है। उन्होंने सुझाव दिया है कि संकाय सदस्यों एवं विद्यार्थियों में कार्य संस्कृति का विकास करने की आवश्यकता है। अभिवृत्ति से सम्बंधित समस्याओं को दूर करने एवं निपुणता का विकास करने के लिए प्राचार्य एवं प्राध्यापकों द्वारा सकारात्मक कार्य करना चाहिये। प्राध्यापकों द्वारा उद्योगों की समस्याओं का समाधान सुझाना चाहिये। उन्होंने सुझाया है कि संस्थाओं को आवश्यकता के अनुसार पाठ्यक्रम संशोधित करने की स्वायत्तता प्रदान की जाना चाहिये। राज्य स्तर पर संवैधानिक प्रावधानों के अन्तर्गत उद्योगों एवं संस्थाओं के बीच सहकार्य बढ़ाने के प्रयास किये जाने चाहिये। उन्होंने संस्थाओं एवं उद्योगों के बीच के अन्तर को पाटने के लिए एक मॉडल भी सुझाया है। उन्होंने सभी कार्यकारी

घटकों की भूमिका भी स्पष्ट की है ताकि उद्योगों एवं संस्थाओं के बीच सहकार्य बढ़ सके।

गुप्ता एवं जैन (1992) ने लिखा है कि सभी संकाय के प्राध्यापकों ने उद्योग में प्रशिक्षण की विद्यार्थियों को सिखाने में अत्यधिक उपयोगिता है। विद्यार्थियों को सिखाने की प्रक्रिया में कई प्रकार के सूचक जैसे वास्तविक कार्यसंसार के उदाहरणों एवं सिद्धांत के बीच सम्बंध, सिद्धांत की समझ प्रगाढ़ बनाना, व्याख्यान हेतु रुचिकर उदाहरणों का चयन, अध्यापन के समय अभ्यास संबंधी समस्याओं का निराकरण करना पठन-पाठन में सुधार लाने हेतु उद्योग से सामग्री एकत्र कर उपयोग करना, उद्योग आधारित सामग्री तैयार करना एवं समझना, प्रभावी रूप से प्रयोगशाला का प्रबंध करना एवं उद्योग से जीवंत परियोजना का चयन करना।

गुप्ता एवं जैन (1992) ने लिखा है कि सभी संकाय के प्राध्यापकों ने विकास प्रक्रियाओं में उद्योग में प्रशिक्षण का अत्यधिक उपयोग बतलाया है। विकास प्रक्रियाओं में कई सूचक, जैसे संस्था में उद्योग जैसी कार्य संस्कृति की स्थापना, जीवंत समस्याओं को योजनाबद्ध रूप से हल करना, कार्य की महत्वता को समझता, तकनीकी कर्मचारियों एवं अधिकारियों की जवाबदारी के बारे में जानना, तकनीकी प्रतिवेदन एवं प्रस्ताव तैयार करना, जानकारी एवं दस्तावेज एकत्रित करना जिन्हें सीखने, सिखाने की सामग्री में बदला जा सके, एवं विभिन्न प्रकार के प्रयोग की संरचना करना। सभी संकाय के प्राध्यापकों ने मध्यम स्तर की उपयोगिता उद्योग के साथ परस्पर चर्चा बढ़ाने हेतु बतलाई है।

उद्योग के साथ परस्पर चर्चा के सूचक इस प्रकार है। परामर्श सेवा का विकास, सतत शिक्षा कार्यक्रम का संचालन, सामग्री का परीक्षण, उद्योगों की समस्याओं को हल करना, विद्यार्थियों का प्रशिक्षण आयोजित करना, उद्योग को संस्था की विभिन्न गतिविधियों में सहभागी बनाना संसाधनों का आदान-प्रदान करना एवं संसाधन तैयार करना।

गुप्ता एवं जैन (1992) ने उद्योग में प्रशिक्षण की कमियों को भी दर्शाया है। ये कमियां इस प्रकार है: प्रशिक्षण विषय के अनुरूप नहीं होना, प्रशिक्षण की अवधि का अपर्याप्त या अधिक होना, पाठ्यक्रम का उद्योगों में प्रचलित तकनालॉजी के अनुरूप नहीं होना, उद्योग द्वारा पूर्ण सहयोग नहीं दिया जाना, प्रशिक्षण का अनुभव कमजोर होना, उद्योगों में प्रशिक्षण के दौरान सीखे गये कौशल का उपयोग करने हेतु वातावरण एवं संसाधन की कमी इत्यादि। उद्योगों ने भी कहा है कि

प्राध्यापक विशिष्ट उद्देश्यों के साथ प्रशिक्षण के लिए नहीं आते हैं एवं पाठ्यक्रम एवं औद्योगिक प्रचलन में काफी अन्तर है। उद्योगों के संसाधन व्यक्तियों ने उद्योग में प्रशिक्षण की प्रभावशीलता बढ़ाने हेतु निम्नलिखित सुझाव दिये हैं:

- व्यक्तिगत आवश्यकता के अनुरूप उद्योग में प्रशिक्षण अनिवार्य एवं नियमित होना चाहिये।
- ताजा स्नातक जो शिक्षक के रूप में नियुक्त होते हैं उन्हें 3-6 माह का प्रशिक्षण दिया जाना चाहिये।
- उद्योग में प्रशिक्षण के उद्देश्य स्पष्ट रूप से तैयार कर उद्योगों को प्रेषित करना चाहिये। इन्हीं उद्देश्यों को ध्यान में रखकर प्रशिक्षण की योजना बनानी चाहिये।
- प्राध्यापकों को प्रशिक्षण हेतु उनके पसंद के उद्योग में भेजना चाहिये।
- प्रशिक्षण के दौरान एक मार्गदर्शक उपलब्ध रहना चाहिये जो नई जानकारी प्रदान कर सके एवं सिद्धांत एवं प्रचलन के बीच सम्बन्ध बना सके।
- प्रभावी एवं सतत् मूल्यांकन किया जाना चाहिये ताकि अकादमिक एवं गैर-अकादमिक समस्याओं को हल किया जा सके।
- प्रशिक्षण आवश्यकता को ध्यान में रखते हुए प्रशिक्षण की अवधि में लचीलापन होना चाहिये।
- सीख का मूल्यांकन उद्योग एवं संस्था द्वारा संयुक्त रूप से किया जाना चाहिये।
- संस्था में औद्योगिक प्रशिक्षण प्राप्त करने एवं उसका पठन-पाठन में उपयोग करने हेतु सकारात्मक वातावरण का निर्माण किया जाना चाहिये।
- प्राध्यापकों को उद्योग के अनुभवों का उपयोग करने में रुचि लेनी चाहिये।
- प्रशिक्षण के दौरान प्राध्यापकों को पर्याप्त सुविधा उपलब्ध करवायी जानी चाहिये।
- प्रशिक्षण का उपयोग करने हेतु प्राध्यापकों को पर्याप्त संसाधन उपलब्ध करवाये जाने चाहिये।

गुप्ता एवं जैन (1992) शिक्षकों के औद्योगिक प्रशिक्षण का एक मॉडल सुझाया है जिसे चित्र 23.1: में दर्शाया गया है।

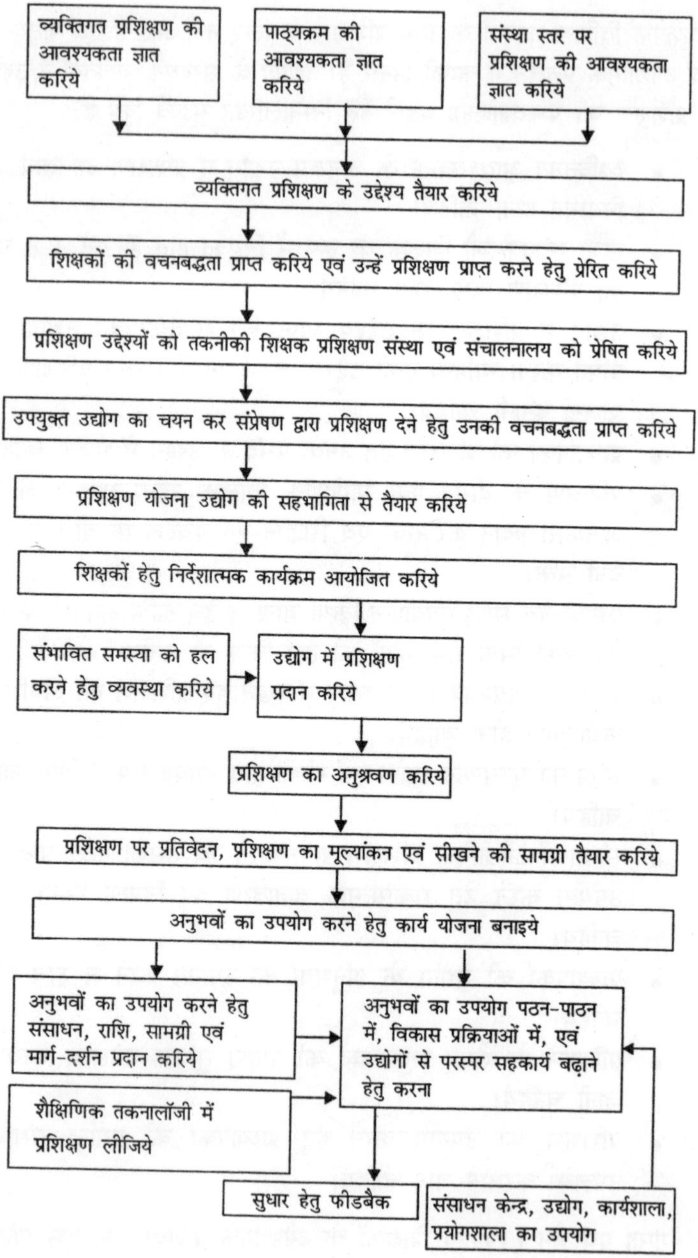

चित्र 23.1 : शिक्षकों का औद्योगिक प्रशिक्षण

साहु एवं लल्ला (1996) ने लिखा है कि विद्यार्थियों का औद्योगिक प्रशिक्षण आयोजित करने के लिए कोई योजनाबद्ध विधि नहीं है। विद्यार्थियों के प्रशिक्षण की योजना नहीं बतायी जाती है। उनको प्रशिक्षण के पूर्व जानकारी नही दी जाती है, मार्गदर्शन प्रदान करने, समस्या हल करने एवं परामर्श देने हेतु कोई औपचारिक तंत्र नहीं है। उन्होंने कहा है कि प्रशिक्षण के दौरान विद्यार्थी जो सीखते हैं उसको डायरी में लिपिबद्ध करते हैं। प्रशिक्षण का अनुश्रवण करने के लिए उद्योग एवं संस्था के संयुक्त प्रयासों की आवश्यकता है। साथ ही प्रशिक्षण का मूल्यांकन करने के लिए पूर्व निर्धारित मापदण्डों की आवश्यकता है। उन्होंने सुझाव दिया है कि शिक्षकों के औद्योगिक प्रशिक्षण का मूल्यांकन उद्योग एवं संस्था द्वारा संयुक्त रूप से करना चाहिये एवं इस मूल्यांकन के आधार पर प्रशिक्षण में सुधार लाने के प्रयास करने चाहिये। शिक्षकों को उद्योगों में प्रशिक्षण के दौरान उद्योगों की जीवंत समस्याओं एवं परियोजनाओं से सम्बधित नियत कार्य दिये जाना चाहिये। उन्होंने यह भी सुझाव दिया कि प्रशिक्षण के दौरान प्रशिक्षण की प्रगति पर फीडबैक प्राप्त करने के लिए तरीका उपलब्ध होना चाहिये।

शिक्षकों के लिए औद्योगिक प्रशिक्षण विषयवस्तु से संबंधित उदाहरणों का उपयोग करने के लिए लाभप्रद होता है। प्रशिक्षण की विषयवस्तु एवं समय सारणी इस प्रकार बनानी चाहिये कि यह शिक्षकों के लिए उपयुक्त एवं आरामदायक हो। साहु एवं लल्ला (1996) ने विद्यार्थियों के लिए लिखा है कि प्रथम वर्ष के पश्चात् विद्यार्थियों को टूल्स एवं मशीन की जानकारी लेने हेतु भेजना चाहिये ताकि वे उद्योग से परिचित भी हो जायें। द्वितीय वर्ष के पश्चात् विद्यार्थियों को उत्पादन प्रक्रियाओं को सीखने हेतु उद्योग में भेजना चाहिये। तृतीय वर्ष पूर्ण करने के पश्चात् विद्यार्थियों को प्रबंधकीय एवं व्यावहारिक पहलुओं को सीखने के लिए भेजना चाहिये। उन्होंने विद्यार्थियों के औद्योगिक प्रशिक्षण में सुधार लाने के लिए निम्नलिखित अनुशंसाएं की हैं।

वृहद अनुशंसाएं

विद्यार्थियों की औद्योगिक प्रशिक्षण की आवश्यकताओं को योजनाबद्ध रूप से ज्ञात कर औद्योगिक प्रशिक्षण का विस्तृत पाठ्यक्रम तैयार करना चाहिये। इस पाठ्यक्रम में प्रशिक्षण के उद्देश्य, प्रशिक्षण की विषयवस्तु, प्रशिक्षण की समय सारणी, सीखने हेतु नियतकार्य, मूल्यांकन मापदण्ड इत्यादि के बारे में विस्तृत जानकारी होनी चाहिये। विद्यार्थियों को प्रशिक्षण पर भेजने के पूर्व उन्हें प्रशिक्षण के बारे में पूर्ण जानकारी प्रदान करनी चाहिये। विद्यार्थियों को मार्गदर्शन एवं

प्रशिक्षण देने हेतु एवं इसका अनुश्रवण करने हेतु औपचारिक व्यवस्था का विकास करना चाहिये। प्रशिक्षण के दौरान विद्यार्थियों को जीवंत नियतकार्य देने चाहिये।

विद्यार्थियों की सीख का मूल्यांकन करने हेतु संस्था एवं उद्योग द्वारा संयुक्त रूप से मूल्यांकन करना चाहिये।

प्रशिक्षण मॉडल: पाठ्यक्रम की आवश्यकता को ध्यान में रखकर विद्यार्थियों के प्रशिक्षण की योजना उद्योग के प्रतिनिधि के साथ मिलकर तैयार करना चाहिये। तत्पश्चात् विद्यार्थियों को जानकारी प्रदान करना, प्रशिक्षण प्रदान करना, सीख का सतत मूल्यांकन करना, प्रशिक्षण प्रतिवेदन तैयार करना एवं मूल्यांकन करना जैसी गतिविधियों को सम्पादित करने के लिए प्रपत्र तैयार किये जाते हैं। तत्पश्चात् विद्यार्थियों को प्रशिक्षण की जानकारी प्रदान कर उद्योग में सीखने हेतु भेजा जाता है। उद्योग में विद्यार्थी जानकारी एकत्र करते हैं, नियत कार्य करते हैं, कौशल का विकास कर उनका अभ्यास करते हैं। प्राध्यापक एवं संसाधन व्यक्ति प्रशिक्षण की प्रगति का संयुक्त रूप से अनुश्रवण करते हैं। विद्यार्थी विभिन्न बिन्दुओं, जैसे जानकारी का एकत्रिकरण, नई तकनालॉजी, किये गये नियत कार्य, एकत्रित की गई सामग्री इत्यादि पर प्रतिवेदन तैयार करते हैं। इस प्रतिवेदन एवं प्रस्तुतिकरण के आधार पर उनकी सीख का मूल्यांकन किया जाता है। मूल्यांकन करने के लिए प्रशिक्षण प्रतिवेदन को 30 प्रतिशत, सेमीनार प्रस्तुतिकरण को 15 प्रतिशत, सीखते समय मूल्यांकन को 15 प्रतिशत, डायरी मूल्यांकन, अनुश्रवण टीम प्रतिवेदन को 10 प्रतिशत अंक दिये जाते हैं। औद्योगिक प्रशिक्षण पर विद्यार्थियों का फीडबैक प्रशिक्षण की प्रभावशीलता एवं दक्षता पर एकत्रित किया जाता है।

केचकर एवं सक्सेना (1998) ने लिखा है कि शिक्षकों ने औद्योगिक प्रशिक्षण की उच्च उपयोगिता सीखने की विधियों में, विकास की विधियों में एवं उद्योग के साथ सम्बन्ध बढ़ाने में बतायी है।

स्वायत्त पोलीटेकनिक के प्राध्यापक औद्योगिक प्रशिक्षण का उपयोग बेहतर रूप से कर रहे हैं। शिक्षक निम्नलिखित क्षेत्र में औद्योगिक प्रशिक्षण का उपयोग कर रहे हैं:

- विद्यार्थियों का नियोजित शैक्षिणिक भ्रमण।
- सीखने की सामग्री तैयार करने में।
- जाने माने विशेषज्ञ का व्याख्यान आयोजित करने में।
- तकनीकी प्रदर्शनी में विद्यार्थियों को सहभागी बनाने हेतु।

- औद्योगिक परियोजनाओं का मार्गदर्शन करने में।
- औद्योगिक प्रशिक्षण में योगदान देने हेतु।
- विद्यार्थियों हेतु उद्यमिता विकास कार्यक्रम आयोजित करने हेतु।
- संस्था हेतु परामर्श द्वारा धन कमाने हेतु।
- प्रयोगशाला का आधुनिकीकरण करने हेतु।
- उपकरणों एवं मशीनों का रख-रखाव करने हेतु।

औद्योगिक प्रशिक्षण का उपयोग करने के लिए निम्नलिखित कारक हैं:

सहायक कारक

- प्रशिक्षित शिक्षकों की स्वयं की रुचि।
- सीखने हेतु विद्यार्थियों की रुचि।
- उच्च अधिकारियों द्वारा प्रोत्साहन एवं सहयोग।
- संस्था के आसपास उद्योगों की उपलब्धता।
- उद्योगों द्वारा संस्था को संसाधन एवं जानकारी देना।
- सरोकार समूह का सहयोग।

रुकावट डालने वाले कारक

- शिक्षकों की कमी।
- अत्यधिक विषयवस्तु एवं समय की कमी।
- राशि की कमी।
- प्राध्यापक को वह विषय आवंटित नहीं किया जाता है जिसे उन्होंने उद्योग में सीखा है।
- प्रेरणा एवं प्रोत्साहन की कमी।
- अच्छी प्रयोगशाला एवं उपकरणों की कमी।
- पुस्तकालय सुविधा में कमी।

सोनी एवं कुदेशिया (1996) ने लिखा है कि जिन प्राध्यापकों एवं विद्यार्थियों ने उद्योग में प्रशिक्षण प्राप्त किया है। उनके ज्ञान का दायरा बढ़ा है। औद्योगिक प्राशिक्षण पर शिक्षकों के विचार निम्नलिखित हैं:

- उद्योगों की आवश्यकता के अनुसार प्राध्यापक विद्यार्थियों में कुछ कौशल का विकास कर सकते हैं।
- वे परियोजना की योजना बनाने एवं मूल्यांकन करने में सहायता कर सकते हैं।

- वे विद्यार्थियों को प्रभावी रूप से प्रयोग करने एवं कौशल का विकास करने में मार्गदर्शन दे सकते हैं।
- वे उद्योगों की कार्यप्रणाली पर शैक्षणिक सामग्री एवं मॉडल तैयार कर सकते हैं।
- वे शिक्षा प्रणाली में सकारात्मक सुधार लाने हेतु योगदान दे सकते हैं।
- वे उद्योगों की आवश्यकता के अनुसार पाठ्यक्रम में बदलाव लाने का कार्य कर सकते हैं।
- वे उद्योगों में प्रचलित तकनालॉजी एवं तकनीक के बारे में विद्यार्थियों को सीखा सकते हैं।
- वे उद्योग से संबंधित अध्ययन प्रक्रिया में सुधार ला सकते हैं।
- वे उन मशीनों एवं उपकरणों का प्रदर्शन कर सकते हैं जो सामान्यतया संस्था में उपलब्ध नहीं होती है।
- वे विद्यार्थियों के औद्योगिक प्रशिक्षण से सम्बन्धित किसी भी प्रशिक्षण कार्यक्रम की संरचना कर सकते हैं।
- वे अन्त: वैयक्तिक सम्बधों में सुधार ला सकते हैं।
- वे मशीन एवं उपकरण के रख-रखाव हेतु मार्गदर्शन प्रदान कर सकते हैं।
- वे विद्यार्थियों को उद्योग संबंधी समस्याएं हल करने हेतु प्रोत्साहित कर सकते हैं एवं मार्गदर्शन प्रदान कर सकते हैं।
- वे उद्योगों की कार्यप्रणाली पर शोध कर सकते हैं।
- वे उद्योगों की कार्यप्रणाली, समस्याओं एवं नवाचार पर शोधपत्र प्रकाशित कर सकते हैं।
- वे पाठ्यक्रम की आवश्यकता के अनुरूप औद्योगिक भ्रमण का आयोजन कर सकते हैं।
- वे उद्योग एवं अन्य संस्थाओं की मांग के अनुरूप प्रयोग कर सकते हैं।
- वे भावी उद्यमी को उद्यम स्थापित करने हेतु मार्गदर्शन प्रदान कर सकते हैं।
- सूक्ष्म एवं मध्यम उद्योग के कार्यालय प्रबंध एवं कम्प्यूट्रीकरण में सहायता कर सकते हैं।
- मशीन खरीदने हेतु वे मानक तैयार कर सकते हैं।
- वे उद्योगों में कार्यरत व्यक्तियों के प्रति प्रशिक्षण आयोजित कर सकते हैं।

- विद्यार्थियों को सिखाते समय वे उद्योगों से संबंधित अधिक उदाहरणों एवं प्रकरणों का उपयोग कर सकते हैं।
- वे गुणता सुनिश्चित करने, उत्पादन, रख-रखाव, सुरक्षा, प्रदूषण नियंत्रण, सामग्री परीक्षण, इत्यादि के बारे में गहराई से सीख का विकास कर सकते हैं।
- वे प्रयोगशाला एवं कर्मशाला का आधुनिकीकरण कर सकते हैं।
- बदलती हुई भूमिका निर्वाह करने के लिए वे अपने आपको निपुण पाते हैं।
- वे उद्योगों के लिए परामर्शदाता के रूप में कार्य कर सकते हैं।
- उद्योग के व्यक्तियों के साथ वे अपने विचार एवं अनुभव सांझा कर सकते हैं।
- वे संस्था में उद्योग जैसा वातावरण एवं कार्य संस्कृति निर्मित कर सकते हैं।
- वे विद्यार्थियों को उद्योग में किये जाने वाले कार्यों, कर्त्तव्यों एवं जवाबदारियों के प्रति जागरूक कर सकते हैं।
- उद्योग से सम्बद्ध विभिन्न गतिविधियों में भाग लेने हेतु वे अन्य प्राध्यापकों एवं विद्यार्थियों को प्रेरित कर सकते हैं।
- वे उद्योगों को केम्पस साक्षात्कार लेकर विद्यार्थियों को नियुक्ति देने हेतु कह सकते हैं।
- वे उद्योगों को उनके संसाधन सांझा करने हेतु प्रभावित कर सकते हैं।

सोनी एवं कुदेशिया (1996) ने प्राध्यापकों के औद्योगिक प्रशिक्षण की प्रभावशीलता बढ़ाने हेतु निम्नलिखित सुझाव दिये हैं:

- उद्योगों द्वारा अपेक्षित गुणता एवं निपुणता की सूची तैयार करनी चाहिये। इस सूची को ध्यान में रखकर प्राध्यापकों एवं विद्यार्थियों का प्रशिक्षण करना चाहिये।
- उन उद्योगों की सूची तैयार करनी चाहिये जो आधुनिक एवं ताजा तकनालॉजी का उपयोग कर रहे हैं। प्राध्यापकों को इन उद्योगों में प्रशिक्षित किया जाना चाहिये।
- प्रत्येक प्राध्यापक द्वारा कम से कम एक औद्योगिक समस्या का हल करना चाहिये। इससे उनमें उद्योगों की समस्याओं की समझ विकसित होगी।
- प्रत्येक प्राध्यापक को उद्योगों के तकनीशियनों हेतु कम से कम एक सतत् शिक्षा कार्यक्रम का आयोजन करना चाहिये।

- तकनीकी कौशल के अतिरिक्त प्राध्यापकों को उद्यमी कौशल भी सीखना चाहिये।
- प्रत्येक प्राध्यापक को एक अध्ययन प्रकरण तैयार करना चाहिये।
- प्राध्यापकों को औद्योगिक कार्य संस्कृति सीखकर इसका पालन उनकी संस्था में करना चाहिये।
- प्राध्यापकों द्वारा प्रशिक्षण के दौरान शोध कार्य लेकर इसे पत्रिका में छपवाना चाहिये।
- प्राध्यापकों को औद्योगिक प्रबंधन के बारे में सीखना चाहिये।
- प्राध्यापकों को उद्योग के विभिन्न केन्द्र, जैसे योजना, उत्पादन, परियोजना, गुणता नियंत्रण, अनुरक्षण, सुरक्षा, प्रदूषण नियंत्रण, सामग्री परीक्षण, शोध इत्यादि के कार्य समझना चाहिये।
- प्राध्यापकों को परामर्शदाता बनने के लिए निपुणताओं का विकास करना चाहिये।

झा एवं खम्बायत (1997) ने लिखा है कि संस्थाओं एवं उद्योगों के बीच संबंधों का स्तर संतुष्टि से कम है। उन्होंने लिखा है कि शैक्षणिक कार्यक्रम एवं स्नातकों की गुणवत्ता उद्योग एवं संस्थाओं के बीच के सम्बंधों एवं गतिविधियों पर निर्भर करती है। शैक्षणिक संस्थाओं को सकारात्मक बदलाव लाने हेतु स्वायत्तता, संसाधन एवं सहयोग देना चाहिये। इस हेतु उच्च स्तर पर नियमित अनुभव एवं फीडबैक की आवश्यकता है। उन्होंने सहयोगी एवं रुकावट डालने वाले कारकों को सूचीबद्ध किया है, जो निम्नलिखित हैं:

सहयोगी कारक

- संस्था की औद्योगिक क्षेत्र से करीबता।
- उद्योग से सहयोग हेतु पहल।
- यातायात के संसाधनों की उपलब्धता।
- पाठ्यक्रम में औद्योगिक प्रशिक्षण का समावेश।
- स्नातकों का अच्छा परिणाम।
- संस्था की समाज में छवि।
- सम्बन्ध बढ़ाने हेतु संस्था द्वारा पहल।
- संकाय सदस्यों की विशेषज्ञता एवं अनुभव।
- प्रशिक्षण एवं नियुक्ति अधिकारी के प्रयास।
- उद्योग के साथ सम्बन्ध रखने हेतु संस्था की वचनबद्धता।

- आधुनिक एवं सुसज्जित प्रयोगशाला।

रुकावट डालने वाले कारक

- संस्था का अविकसित क्षेत्र में होना।
- आवागमन के साधनों की कमी।
- कर्मचारियों की कार्यों में रुचि नहीं।
- उद्योगों से संबंध बढ़ाने हेतु राशि की उपलब्धता नहीं।
- प्रशिक्षण एवं नियुक्ति अधिकारी को सहयोग की कमी।
- विश्वविद्यालय से सहयोग की कमी।
- संकाय सदस्यों एवं कर्मचारियों की कमी।
- संस्था की क्षमता एवं शक्तियों के प्रचार प्रसार में कमी।
- सामग्री परीक्षण एवं परामर्श देने हेतु कठोर नियम।
- कमजोर नेतृत्व
- व्यस्त अकादमिक समय सारणी।
- विद्यार्थियों में उद्योग हेतु रुचि में कमी।

कुलकर्णी एवं खम्बायत (2000) ने लिखा है कि पॉलिटेकनिक के विद्यार्थियों को उद्योग में आठ सप्ताह का प्रशिक्षण दिया जाता है ताकि उन्हें उद्योग की कार्यप्रणाली समझ में आये। प्राध्यापक भी उद्योग में प्रशिक्षण प्रदान करते हैं। प्रत्येक संस्था से हरेक वर्ष 2 से 5 प्राध्यापकों को उद्योगों में प्रशिक्षण लेने भेजा जाता है। उद्योगों की कार्य संस्कृति, जैसे कार्य के प्रति वचनबद्धता गुणता के प्रति चिंता, टीम कार्य, सृजनशीलता एवं नवाचार, बदलाव के लिए सकारात्मक रुख, सुनियोजित योजनाबद्ध कार्य, स्वस्थ कार्य संबंध, समय प्रबंधन, सहभागिता से निर्णय लेना, संसाधनों का अधिकतम उपयोग इत्यादि का संस्था में उपयोग करना।

कापसे, सक्सेना एवं खम्बायत (2001) ने मैकेनिकल इन्जीनियरिंग के छात्रों के लिए 14 निपुणताएं ज्ञात की हैं। उन्होंने लिखा है कि औद्योगिक प्रशिक्षण विद्यार्थियों के लिए अनिवार्य नहीं है परन्तु फिर भी विद्यार्थी अपने से उद्योग की सहमति से प्रशिक्षण को अन्तिम रूप दिया जाता है। संस्था द्वारा कोई प्रशिक्षण मैन्यूअल उपलब्ध नहीं कराया गया है। विद्यार्थी नियमित रूप से प्रशिक्षण पर उपलब्ध रहते हैं एवं सीख को डायरी में दर्ज करते हैं। विद्यार्थी जानते हैं कि उनके प्रशिक्षण के मूल्यांकन की विधि क्या है? उन्हें प्रशिक्षण पूर्ण होने के पश्चात् फीडबैक दिया जाता है। कापसे, सक्सेना एवं खम्बायत

(2001) ने औद्योगिक प्रशिक्षण सम्बंधी समस्याओं के बारे में लिखा है। ये समस्याएं इस प्रकार हैं : उद्योग एवं संस्था के संसाधन व्यक्ति संयुक्त रूप से प्रशिक्षण का अनुश्रवण नहीं करते हैं। प्रशिक्षण की संरचना निपुणता विकास करने हेतु अपर्याप्त है, विद्यार्थियों को प्रशिक्षण पर जाने के पूर्व उन्हें पर्याप्त दिशा निर्देश नहीं दिये जाते हैं एवं प्रशिक्षण की अग्रिम योजना नहीं बनायी जाती है। प्रशिक्षण का मूल्यांकन प्रभावी रूप से नहीं किया जाता है। विद्यार्थियों के लिए तीन माह का औद्योगिक प्रशिक्षण होना चाहिये। यह प्रशिक्षण योग्यता आधारित होना चाहिये। विद्यार्थियों के औद्योगिक प्रशिक्षण हेतु विस्तृत मैन्यूअल तैयार किया जाना चाहिये ताकि प्रशिक्षण की गुणता सुनिश्चित की जा सके।

सक्सेना एवं जैन (2003) ने अनुशंसा की है कि प्राध्यापक एवं तकनीकी सहायकों का प्रशिक्षण अनिवार्य होना चाहिये। यह प्रशिक्षण कई तरीकों, जैसे प्रशिक्षण, उद्योग में नियुक्ति, परियोजना एवं समस्या पर कार्य कर एवं शोध कर किया जा सकता है। यह प्रशिक्षण सुनियोजित, अनुश्रवित एवं मूल्यांकित होना चाहिये। इसी प्रकार विद्यार्थियों हेतु भी औद्योगिक प्रशिक्षण आयोजित किया जाना चाहिये। विद्यार्थियों को भी औद्योगिक समस्याओं एवं परियोजनाओं पर कार्य करने का अवसर प्रदान किया जाना चाहिये। प्राध्यापकों एवं विद्यार्थियों के प्रभावी प्रशिक्षण हेतु उद्योगों एवं संस्थाओं के बीच सहमति पत्र पर हस्ताक्षर किये जाने चाहिये। उद्योग से संसाधन व्यक्तियों को संस्था की विभिन्न अकादमिक गतिविधियों में भाग लेना चाहिये। संस्था द्वारा उन्हें पाठ्यक्रम तैयार करने, व्याख्यान देने, सेमीनार में भाग लेने, परियोजना पर कार्य करने, नीति बनाने एवं मूल्यांकन करने में शामिल किया जाना चाहिये। प्राध्यापकों को भी उद्योगों के कर्मचारियों के लिए प्रशिक्षण कार्यक्रम आयोजित करना चाहिये।

8. सारांश (Summary)

- विद्यार्थियों को कार्य स्थल पर सिखाना अति आवश्यक है। कार्य स्थल पर विद्यार्थियों को कार्यसंसार सम्पूर्णता में देखने को मिलता है एवं उनकी सीखने में रह गयी कमियाँ दूर हो जाती हैं।
- कार्य स्थल पर सीखने से विद्यार्थियों में किसी विशेष कार्य या भूमिका के प्रति रुचि पैदा होती है। विद्यार्थियों को कार्य स्थल पर सिखाने के खर्च का कुछ भाग उद्योगों को भी वहन करना चाहिये।
- कार्य स्थल पर सीखने से कई कौशल एवं निपुणताओं को समेकित किया जा सकता है। इससे किसी विशेष निपुणता के विकास में लगने

वाले समय में कमी भी लायी जा सकती है। विद्यार्थियों को पेशेवर जीवन की अनुभूति होती है। विद्यार्थी वास्तविकता को समझ पाते हैं। विद्यार्थी कार्यसंसार की चुनौतियों को स्वीकारना सीखते हैं एवं प्रतिस्पर्धा में भाग लेने हेतु आत्मविश्वास जुटाते हैं। वे अनिश्चितता, नयी, भिन्न एवं अपरिचित परिस्थिति में कार्य करना सीखते हैं। वे सही पद्धति, सकारात्मक अभिवृत्ति, शुद्धता, सुरक्षा, आचार संहिता, आगे देखना, सतत् रूप से सीखना एवं कार्य संस्कृति के महत्व को समझते हैं।

- उद्योगों के संसाधन व्यक्तियों के साथ मिलकर प्राध्यापकों को विद्यार्थियों के लिए कार्यस्थल पर सीखने की योजना तैयार करनी चाहिये।
- प्राध्यापकों को वर्तमान एवं भविष्य के नियोक्ताओं की जानकारी रखनी चाहिये। प्राध्यापकों को उद्योगों के साथ अच्छे सम्बन्ध रखना चाहिये एवं उनके साथ मिलकर आपसी लाभ की गतिविधियों पर कार्य करना चाहिये।
- विद्यार्थियों के कार्य स्थल पर प्रशिक्षण के लिए मार्गदर्शिका तैयार कर उन्हें वितरित करनी चाहिये।
- विद्यार्थियों को कार्य स्थल पर प्रशिक्षण के लिए भेजने के पूर्व उन्हें अग्रिम जानकारी प्रदान करनी चाहिये। विद्यार्थियों को भी संसाधन व्यक्ति के साथ अच्छे सम्बंध बनाकर सीखने की इच्छा व्यक्त करनी चाहिये।
- संसाधन व्यक्ति द्वारा विद्यार्थियों को कार्य स्थल की सम्पूर्ण रूप से जानकारी प्रदान कर सीखने के अवसर प्रदान करना चाहिये।
- संसाधन व्यक्ति द्वारा विद्यार्थियों के सीखने हेतु चुनौतियाँ, समस्याएं, अभ्यास, नियत कार्य, परियोजनाएं एवं प्रश्न तैयार कर उन्हें देना चाहिये।
- संसाधन व्यक्तियों द्वारा उनके अनुभव सांझा कर विद्यार्थियों में पेशेवर जीवन हेतु सकारात्मक अभिवृत्ति जागृत करनी चाहिये।
- प्रत्येक सीखने की घटना के पश्चात् सीख की प्रगति का मूल्यांकन करना चाहिये। सीखने में की गई प्रगति को मान्यता प्रदान करनी चाहिये एवं सीख में रह गयी कमी को पूरा करना चाहिये।
- सीखने की प्रक्रिया के दौरान विद्यार्थियों के व्यवहार का अवलोकन करना चाहिये एवं उन्हें अपने व्यवहार में सुधार लाने हेतु फीडबैक प्रदान करना चाहिये।

- संसाधन व्यक्ति को एक मार्गदर्शक, प्रोत्साहक, सहजकर्ता एवं प्रशिक्षक की भूमिका अदा करनी चाहिये।
- विद्यार्थी कार्य स्थल पर सीख का प्रतिवेदन तैयार कर निर्धारित दिन एवं समय पर संस्था में जमा करते हैं। वे उद्योग में सीखी गई बातें एवं कौशल पर सभी विद्यार्थियों एवं प्राध्यापकों के समक्ष प्रस्तुतिकरण देते हैं। वे विद्यार्थियों एवं प्राध्यापकों के प्रश्नों के उत्तर देते हैं। वे सीखे गये कौशल का प्रदर्शन भी करते हैं।
- अन्त में प्राध्यापक सभी विद्यार्थियों की सीख को समेकित कर प्रस्तुत करता है एवं भविष्य में कार्य स्थल पर सीखने हेतु सकारात्मक एवं रचनात्मक फीडबैक प्रदान करता है।
- कार्य स्थल पर प्रशिक्षण आयोजित करने से संस्था एवं उद्योग के बीच संबंध तैयार होते हैं एवं मिलकर कार्य करने के अवसर निर्मित होते हैं जिससे संस्था एवं उद्योग दोनों के लिए लाभप्रद परिस्थितियाँ सृजित होती हैं।

9. प्रपत्र (Format)

प्रपत्र 23.1: कार्य स्थल पर सीखने का मूल्यांकन

आपके द्वारा विद्यार्थियों के लिए आयोजित किये गये कार्य स्थल पर औद्योगिक प्रशिक्षण की प्रभावशीलता का मूल्यांकन करने हेतु निम्नलिखित प्रपत्र में दिये गये मापदण्डों पर मूल्यांकन कर उनके सीखने की प्रभावशीलता का मूल्यांकन करिये।

सूचक: 5-सर्वोच्च स्तर, 4-उच्च स्तर, 3-मध्यम स्तर, 2-निम्न स्तर, 1-न्यूनतम स्तर।

क्र.	मापदण्ड	प्रभावशीलता
अ	**कार्य स्थल/उद्योग में सीखने की योजना**	
1.	कार्य स्थल पर सीखने के उद्देश्यों की पाठ्यक्रम से अनुरुपता एवं विद्यार्थियों, प्राध्यापकों एवं संसाधन व्यक्तियों को उनकी स्पष्टता	
2.	कार्य स्थल पर सीखने हेतु मार्गदर्शक बिन्दुओं की उपलब्धता एवं स्पष्टता	
3.	कार्य स्थल पर सीखने की योजना की प्रभावशीलता	

(क्रमशः)

क्र.	*मापदण्ड*	*प्रभावशीलता*
4.	मार्गदर्शक बिन्दु एवं सीखने की योजना का विद्यार्थियों एवं संसाधन व्यक्तियों को संप्रेषण	
5.	विद्यार्थियों को दिये गये निर्देश की स्पष्टता (ये निर्देश रहने, भोजन, सुरक्षा, अनुशासन, सीखने की विधि, कार्य स्थल से एकत्रित किये जाने वाले दस्तावेज, कार्य स्थल पर पूर्ण की जाने वाली परियोजना, प्रतिवेदन, प्रस्तुतिकरण इत्यादि पर होने चाहिये)	
6.	निम्नलिखित औपचारिकता की प्रभावशीलता: • कार्य स्थल पर सीखने की विषय-वस्तु • प्रशिक्षण सारणी पर सहमति • प्रशिक्षण के दौरान विभिन्न संसाधन व्यक्तियों की भूमिका • समस्या निवारण तंत्र • सीखने की प्रगति का अनुश्रवण इत्यादि	
7.	विभाग द्वारा उद्योगों की सूची का रख-रखाव	
ब.	**कार्य स्थल/उद्योग में प्रशिक्षण प्रदान करना**	
8.	उद्योग के बारे में निम्नलिखित जानकारी भविष्य दृश्य, उत्पाद एवं सेवाएं, ग्राहक छवि, संस्थागत ढाँचा, आकार, टर्नओवर, लाभ, प्राप्ति, इत्यादि	
9.	उद्योग का त्वरित भ्रमण–विद्यार्थियों को व्यक्तियों, मशीनों एवं तकनालॉजी से परिचित करवाने हेतु	
10.	समय सारणी के अनुसार प्रशिक्षण–सीखने की विभिन्न विधियों, जैसे निरीक्षण, भ्रमण, प्रदर्शन, नियत कार्य, अभ्यास, परियोजना, समस्या हल करना इत्यादि	
11.	सीखने के नियत कार्यों की गुणवत्ता एवं उनसे सीख की प्रभावशीलता	

(क्रमशः)

क्र.	मापदण्ड	प्रभावशीलता
12.	प्रश्न करने, शंका निवारण करने, सुझाव देने एवं नोट्स लेने हेतु विद्यार्थियों को दिया गया समय एवं अवसर	
13.	अभिवृत्ति कौशल, जैसे सुरक्षा के प्रति चिंता, ऊर्जा बचत, पर्यावरण संरक्षण, आपसी सम्मान, स्वच्छता, गुणवत्ता, सहनशीलता का विकास करने के लिए दिये गये अवसर एवं समय	
14.	अनुश्रवण द्वारा विद्यार्थियों की सीखने की समस्याओं को ज्ञात करना एवं उनका समाधान करना	
स.	**कार्य स्थल पर/उद्योग में सीखने की प्रभावशीलता का मूल्यांकन**	
15.	उद्योग एवं विद्यार्थियों की मूल्यांकन योजना स्पष्ट है	
16.	कार्य स्थल पर सीख के ऊपर विद्यार्थियों द्वारा बनाये गये प्रतिवेदन की गुणवत्ता सामान्य गुणवत्ता : पूर्ण, संक्षिप्त, तार्किक, प्रस्तुतिकरण, ग्राफ एवं तालिका का उपयोग, प्रकरण इत्यादि। तकनीकी गुणता : सीखने की घटनाओं में विविधता, उद्योग की समस्याओं एवं चुनौतियों का विवरण एवं उनका समाधान, वृद्धि एवं विकास के लिए अवसर, तकनालॉजी एवं प्रविधियाँ, परियोजना का वर्णन इत्यादि।	
17.	मौखिक प्रस्तुतिकरण की गुणता, जैसे आत्मविश्वास, बहाव, जुड़ाव, भाषा, माध्यम का उपयोग, प्रश्नों के उत्तर इत्यादि	
18.	मुख्य निपुणताओं की सीख की गुणता	
19.	सम्बद्ध निपुणताओं पर सीख की गुणवत्ता	

(क्रमशः)

क्र.	मापदण्ड	प्रभावशीलता
20.	दस्तावेज जैसे नीतियाँ, मैन्यूअल, कार्य निर्देश, तकनीकी मानक, प्रक्रिया वर्णन, संस्थागत ढाँचा, विभिन्न प्रपत्र, पुस्तकें, सामग्री इत्यादि का एकत्रिकरण	
21.	प्रशिक्षण के दौरान विद्यार्थियों का व्यवहार	
22.	निपुणताओं को परिष्कृत करने के लिए विद्यार्थियों को दिया गया फीडबैक	
23.	सीखने की कमियों को दूर करने के लिए प्राध्यापकों द्वारा दिया गया उपचार	
24.	विद्यार्थियों की सीख के आधार पर तैयार की गई सीखने की सामग्री, जैसे अध्ययन प्रकरण, पर्चे, नियत कार्य, भूमिका विवरण, शैक्षणिक खेल मॉडल इत्यादि	
25.	परामर्श परियोजना, जैसे सतत् शिक्षा कार्यक्रम, समस्या समाधान, सीखने के संसाधन, शोध इत्यादि	
26.	उद्योग के साथ सहकार्य जैसे संगोष्ठी, प्रशिक्षण, परिचर्चा शोध इत्यादि का आयोजन	

10. अभ्यास प्रश्न (Practice Questions)

1. प्राध्यापकों के लिए कार्यस्थल (औद्योगिक) प्रशिक्षण के पाँच प्रयोजन लिखिये।
2. विद्यार्थियों हेतु कार्यस्थल पर सीख के पाँच प्रयोजन लिखिये।
3. कार्यस्थल पर सीखना संस्था में सीखने से कैसे भिन्न है?
4. कार्यस्थल पर किस प्रकार की सीख मिलती है?
5. कार्यस्थल पर सीखने के दस उद्देश्य लिखिये?
6. कार्यस्थल पर सीखने हेतु किस प्रकार के सीखने के अवसर प्राप्त होते हैं?
7. कार्यस्थल पर सीखने हेतु विद्यार्थियों को किस प्रकार का व्यवहार प्रदर्शित करना चाहिये?
8. कार्यस्थल पर सीखने के लिए विद्यार्थी कौन-कौनसी सीखने की शैलियों का प्रयोग करते हैं?

9. कार्यस्थल पर सीखने का आयोजन करने के लिए प्राध्यापकों को किन मुख्य गतिविधियों को करना पड़ता है?
10. कार्यस्थल पर सीखने का प्रबंधन करने के लिए प्राध्यापकों की मुख्य भूमिका का वर्णन करिये।
11. कार्यस्थल पर सीखने का प्रबंधन करने के लिए संसाधन व्यक्तियों की मुख्य भूमिका का प्रदर्शन करिये?
12. कार्यस्थल पर सीखने हेतु जाने के पूर्व विद्यार्थियों को किस प्रकार की जानकारी दी जानी चाहिए?
13. कार्यस्थल पर सीखने की शुरुआत करने के पूर्व संसाधन व्यक्ति द्वारा विद्यार्थियों को किस प्रकार की जानकारी दी जानी चाहिये?
14. कार्यस्थल पर विद्यार्थियों को सिखाने हेतु किस प्रकार के अवसर प्रदान किये जाने चाहिये?
15. कार्यस्थल की सीख का मूल्यांकन करने के लिए किन मापदण्डों का उपयोग किया जाना चाहिये?
16. कार्यस्थल पर विद्यार्थियों के सिखाने में सुधार लाने के लिए किस प्रकार का फीडबैक दिया जाना चाहिये?
17. कार्यस्थल पर सीखने के दौरान कौन-सी निपुणताओं का विकास किया जाना चाहिये?
18. कार्यस्थल पर सीखने की प्रक्रिया एवं सीख पर प्रतिवेदन किन-किन बिन्दुओं पर तैयार किया जाता है?
19. कार्यस्थल पर सीखने के दौरान विद्यार्थियों को किस प्रकार की सामग्री एकत्रित करनी चाहिये?
20. शैक्षणिक संस्थाओं द्वारा उद्योगों के साथ किन-किन क्षेत्रों में सहकार्य किया जा सकता है?
21. कार्यस्थल पर सीखने हेतु विद्यार्थियों को प्रेरित करने के पाँच उपाय लिखिये।
22. उद्योगों में प्रध्यापकों के प्रशिक्षण हेतु गुप्ता एवं जैन द्वारा सुझाये गये मॉडल का वर्णन करिये।
23. प्राध्यापक औद्योगिक प्रशिक्षण का उपयोग संस्था के विकास हेतु किस प्रकार कर सकते हैं?
24. कार्यस्थल पर सीखने को प्रभावित करने वाले सहयोगात्मक एवं विरोधी कारकों को लिखिये।

25. कार्यस्थल पर सीखने को प्रभावी एवं दक्ष बनाने के लिए पांच रणनीतियों का वर्णन करिये।

11. गतिविधियाँ (Activities)

गतिविधि 23.1: कार्यस्थल पर सीखने की योजना तैयार करना

विद्यार्थियों को कार्यस्थल पर सिखाने हेतु विस्तृत योजना तैयार करिये जिसमें निपुणताओं की सूची, सीखने की समय-सारणी, अनुश्रवण की विधि, प्रतिवेदन, मूल्यांकन के मापदण्ड, प्रतिवेदन, प्रस्तुतिकरण इत्यादि की संक्षिप्त जानकारी प्रदान करिये।

गतिविधि 23.2: कार्यस्थल पर सीखने की प्रक्रिया का मूल्यांकन करना

पिछले तीन वर्षों में आपके द्वारा आयोजित की गई कार्य स्थल पर सीखने की प्रक्रियाओं का मूल्यांकन प्रपत्र 23.1 का उपयोग कर करिये।

गतिविधि 23.3: कार्य स्थल पर सीख के प्रतिवेदन का मूल्यांकन करना

पिछले तीन वर्षों में विद्यार्थियों द्वारा जमा किये गये प्रतिवेदनों का मूल्यांकन कर मुख्य अच्छाइयों एवं कमियों को ज्ञात करिये एवं इन्हें विद्यार्थियों के साथ सांझा करिये।

गतिविधि 23.4: मूल्यांकन प्रपत्र तैयार करना

आपके संकाय से सम्बन्धित कार्यस्थल प्रशिक्षण का निरीक्षण करने के लिए एक मूल्यांकन प्रपत्र तैयार करिये। इस प्रपत्र में निरीक्षण के मुख्य बिन्दुओं को सूचीबद्ध करिये।

शब्दकोष
GLOSSARY

Abbreviation	संक्षिप्त
Able	योग्य
Abstract	अमूर्त
Accident	दुर्घटना
Accommodator	मिलनसार
Action Learning	सक्रिय सीख
Active	सक्रिय
Activist	सक्रिय
Adjust	समायोजन
Adult	वयस्क
Alternative	विकल्प
Ambition	आकाँक्षा
Analogy	अनुरूपता, सादृश्य
Analysis	विश्लेषण
Anxiety	चिंता
Appreciations	गुण
Aspiration	प्रेरणा
Assimilator	सदृश्य करने वाला
Associate	संगी
Assumptions	अवधारणाएं
Attainable	प्राप्त करने योग्य
Audit	अंकेक्षण

Authentic	प्रामाणिक
Benchmarking	आधारमानक
Biases	पक्षपात
Brand Value	मूल्यवान पहचान
Bright	तीव्रबुद्धि
Brilliant	प्रतिभावान
Brochure	प्रशिक्षण कार्यक्रम रूपरेखा प्रपत्र
Business	व्यवसाय, व्यापार
Business process reengineering	व्यवसाय विधि सुधार
Capactiy	क्षमता
Capactiy maturity model	दक्षता परिपक्वता मॉडल
Capture	कब्जा
Case	प्रकरण
Casual	आकस्मिक
Challenging	चुनौतीपूर्ण
Classification	वर्गीकरण
Cohesive	समरूप
Collective	सामूहिक
Competency framework	निपुणता ढांचा
Competency map	निपुणता नक्शा
Competent	निपुण
Competition	प्रतिस्पर्धा
Compile	एकजाही करना
Complex	जटिल
Composite	संयुक्त
Comprehensive	व्यापक
Compulsory	अनिवार्य
Concept	परिकल्पना
Conclusion	निष्कर्ष
Concrete	ठोस, साकार, मूर्त
Conference	सम्मेलन

Conflict	मतभेद, द्वंद्व
Confront	सामना करना
Consistency	अनुरूपता
Consolidation	एकीकरण करना, समेकित करना
Constructive	रचनात्मक
Content analysis	विषयवस्तु विश्लेषण
Content	विषयवस्तु
Context	परिपेक्ष्य
Continuous improvement	सतत सुधार
Converger	मिलाने वाला
Core	मुख्य, आन्तरिक
Corporate	संगठित
Corporate image	उत्कृत छवि
Creativity	सृजनशीलता
Credit	श्रेय
Critical	निर्णायक
Criteria	मापदण्ड
Curiosity	उत्सुकता
Customer	ग्राहक
Customer care	ग्राहक सेवा
Delight	प्रफुल्लित
Demand	मांग
Design	संरचना, रूपरेखा
Desirable	वाँच्छित
Developmental	विकासात्मक
Diagnosis	परीक्षण
Direct	प्रत्यक्ष
Directive	निदेशात्मक
Discourage	निरुत्साहित करना
Disperse	बिखर जाना
Divergers	विचलन करने वाला

Domain	क्षेत्र
Dull	शिथिल
Economical	किफायती
Effective	प्रभावकारी
Effector	प्रभावित करने वाला
Efficiency	कार्यकुशलता
Efficient	कार्यकुशल
Efficacy	प्रभावकारिता
Effort	प्रयास
Emerging	उभरते
Emotional intelligence	भावात्मक बुद्धिमानी
Employer	नियोक्ता
Enrichment	सम्पन्नता
Enterprise resources planning	उद्यम के संसाधनों की योजना
Entrepreneurship	उद्यमिता
Equivalence	समतुल्यता
Era	युग
Essential	आवश्यक
Ethics	मूल्य
Evidence	साक्ष्य
Example	उदाहरण
Expansion	विस्तार
Experience	अनुभव
Facilitator	सहजकर्ता
Factor	कारक
Favourable	अनुकूल
Feasibility	अनुकूल, उपयुक्त
Features	भाग, लक्षण
Feeling	अनुभूति
Fish bone diagram	मछली हड्डी चित्र
Flexibility	लचीलापन, संभाव्य

Foreword	प्राक्कथन
Formal	औपचारिक
Foundation	नींव, आधारभूत
Frequency	आवृत्ति
Generic	व्यापक
Gradually	क्रमशः
Handout	पर्चा
Hard	कठोर
Hierarchical	पदानुक्रम
Hobby	रुचि
Hypothesis	अवधारणा
Imitation	अनुकरण
Impact	असर
Improvement	सुधार
Impulsive	प्रेरक
Incentive	पारितोषिक, प्रेरणा
Indicator	सूचक
Indirect	अप्रत्यक्ष
Informal	अनौपचारिक
Inhouse	संस्थागत
Innovation	नवाचार
Intensive	गहन
Inter-disciplinary	अन्तः संकाय
International	अन्तर्राष्ट्रीय
Interpretation	व्याख्या करना
Intervention	हस्तक्षेप
Introduction	प्रस्तावना
Investment	निवेश, लाभ
Job	पद कार्य
Job enlargement	कार्य विस्तार
Joyful	आनन्दपूर्वक

Just in time	सही समय पर
Latest	हाल ही के
Learner	सीखने वाला
Learning	सीखना, सीख, शिक्षा प्राप्ति
Learning environment	सीखने का वातावरण
Learning maturity	सीखने की परिपक्वता
Level	स्तर
Liability	दायित्व
Life long	जीवन पर्यन्त
Logic	तर्क
Logical Framework	तार्किक संरचना
Macro	मध्यम
Major	मुख्य
Mannerism	आचार
Manpower	मानव संसाधन
Measurable	मापने योग्य
Measures	उपाय
Mega	वृहद
Meta	दूरगामी
Micro	सूक्ष्म
Mission	दूरगामी लक्ष्य
Mistake	त्रुटियाँ, गलतियाँ
Mobilize	गतिशील
Mode	विधि
Mentoring	विकसित करना
Monetary	आर्थिक
Monitoring	अनुश्रवण
Mood	मनः स्थिति
Motivating	प्रेरणादायक
Monotony	नीरसता
Motive	प्रेरक

Multi-disciplinary	बहु-संकाय
Multi-purpose	बहु-प्रयोजन
Non-example	गैर-उदाहरण
Norms	अनौपचारिक नियम
Notes	नोट्स
Observation	निरीक्षण, अवलोकन
Often	बहुधा
One way	एकतरफा
Obsolete	अप्रचलित
Optional	ऐच्छिक
Order	क्रम
Organizational excellence	उत्कृष्ट संस्था
Organizations	संस्थाएं
Organize	आयोजित करना
Orientation	अनुस्थापन
Pareto analysis	पेरेटो विश्लेषण
Participative	सहभागी
Passive	निष्क्रिय
Perfect	निपुण
Performance	कार्य सम्पादन, निष्पादन
Performer	कार्य सम्पादक
Permanent memory	स्थायी याददास्त
Phase	चरण
Physical resources	भौतिक संसाधन
Plan	योजना
Pollution	प्रदूषण
Position holder	पद धारक
Positive	सकारात्मक
Postholder	पदधारक
Pragmatist	अभिमानी
Predict	अनुमान लगाना

Primary	प्रमुख
Prioritization	प्राथमिकता
Proactive	सक्रिय, अनुकूल
Process	प्रविधि
Process flow chart	प्रविधि बहाव चित्र
Professional	पेशेवर
Proficiency	प्रवीणता
Proficient	प्रवीण
Profile	रूपरेखा
Promotion	पदोन्नति
Purpose	प्रयोजन
Qualitative	गुणात्मक
Quantitative	मात्रात्मक
Reactive	प्रतिक्रियात्मक, प्रतिक्रियाशील
Receptor	परिशोधक
Recession	मंदी
Recognition	मान्यता
Refinement	परिशोधन
Reflective	विचारवान
Reflector	चिंतन करने वाला
Regulate	संयमित
Rehearsal	पूर्वाभ्यास
Reliable	विश्वसनीय
Realistic	वास्तविक
Report	प्रतिवेदन
Representatives	प्रतिनिधि
Resistance	प्रतिरोध
Resource person	संसाधन व्यक्ति
Resources	संसाधन
Respondent	उत्तरदाता
Response	प्रतिउत्तर

Review Revise	पुनरीक्षण
Revolution	क्रान्ति
Richness	समृद्धता
Role	भूमिका
Role play	भूमिका निर्वाह
Root	जड़
Satisfy	संतुष्ट
Schema	आकार
Scientific methods	वैज्ञानिक विधियाँ
Scope	दायरा, उद्देश्य
Search	खोज
Secondary	सामान्य
Session	सत्र
Sheet	पत्रक
Shift	बदलाव
Simulation	प्रतिरूप
Snap study	शीघ्र अध्ययन
Soft	मुलायम
Specialization	विशेषज्ञता
Specific	विशिष्ट
Stakeholders	सरोकार समूह
Standard	मानक
Static	स्थिर
Strategy	रणनीति
Strengths	शक्तियाँ
Style	शैली
Subjectivity	व्यक्तिनिष्ठता
Summarization	सारांशित करना
Superficial	ऊपरी तौर पर
Supply	प्रदाय
Talent	प्रतिभा

Task	कार्य
Teaching	अध्यापन
Teams structure	टीम संरचना
Techniques	तकनीकें
Theorist	सैद्धान्तिक
Threshold	प्रवेश
Timebound	समयबद्ध
Tools	यंत्र
Total quality management	सम्पूर्ण गुणवत्ता प्रबंधन
Traditional	पारम्परिक
Trainer	प्रशिक्षक
Training	प्रशिक्षण
Training implementation plan	प्रशिक्षण क्रियान्वयन योजना
Training plan	प्रशिक्षण योजना
Unity	एकता
Valid	औचित्यपूर्ण
Validity	प्रमाणिकता, वैधता
Value addition	मूल्य वृद्धि
Values	मूल्य
Vision	भविष्य दृश्य
Visioning	भविष्य दृश्य तैयार करने को प्रक्रिया
Weakness	कमजोरी
Weightage	भार
Workable memory	कार्यकारी याददास्त
Zero defect	शून्य कमी

References

Agrawal & Saksena (1989) *Study habits and achievement motivation in relation to academic achievement of polytechnic students of Madhya Pradesh.* Barkatullah University, Bhopal.

Agrawal, V.M. & Jain, P.C. (1987) *A fact-finding survery for determining collaboration of industry with polytechnics of Madhya Pradesh.* Technical Teachers Training Institute, Bhopal.

Allan C. Ornstein & Francis P. Hunkins (1988) *Curriculum: Foundations, Principles and Issues*. Allyn Bacon, Boston.

Armarkar, R.P. & Saksena, Kiran (2002) *Design of Strategies for effective implementation of Curriculum in autonomous polytechnics of Maharashtra State.* Barkatullah University, Bhopal.

Barry, Harley (1973) *A Synthesis of teaching methods*. McGraw Hill Book Company, Sydney.

Bob Wilson (1987) *Methods of training: individualized instructions.* Parthenon Publishing Group Limited, Park Ridge.

Bruce, Joyce, Marsha Weil and Beverly Showers (1992) *Models of teaching*, Prentice Hall of India Private Limited, New Delhi.

Charles E. Skinner (1995) *Educational psychology*. Prentice Hall Private Limited, New Delhi.

Chaudhry, G.P. & Gupta, B.L. (1994) *A study on formulation of Staff development plan for Government Polytechnic, Jalgaon*, Barkatullah University, Bhopal.

Chondhikar, D.M. & Lahiri, Shikha (1999) *Design of competency based curriculum with emphasis on assessment scheme for a course of mechanical engineering diploma programme.* Barkatullah University, Bhopal.

Dale, P.D. & Kudesia, U.C. (1998) *A study on factors affecting job satisfaction of teachers in technician education of Madhya Pradesh.* Barkatullah University, Bhopal.

Dandoti, S.Z., Mahashabde, R.S. & Jain, K.K. (1995) *Identification of skills and developing programme structure for diploma in textile manufacture for Maharashtra State*, Barkatullah University, Bhopal.

Ganjoo, S.M. & Verma, P. (1999) *A study of Existing Attitudes towards self-learning among polytechninc teachers of Madhya Pradesh*, Barkatullah University, Bhopal.

Gupta, B.L. & Jain, P.C. (1992) *A study on utility of industral training of polytechninc teachers*. Barkatullah University, Bhopal.

International Labour Office, Geneva (1983) *An introductory Course in teaching and training methods for management development*, Sterling Publishers (P) Ltd. India, New Delhi.

J. William Pfeiffer, Arlette C. Ballew (1998) *Using case studies, simulations and games in human resources delopment*, Aditya Books Limited, New Delhi.

Jamuar, A.K. & Gupta, B.L. (1997) *A study on role conflict in polytechnic teachers and designing strategies to minimize role conflict*. Barkatullah University, Bhopal.

Jha, K.N. & Khambayat, R.P. (1997) *Development of cases on the present state of the art about industry institute interaction in selected polytechnics of Madhya Pradesh*. Barkatullah University, Bhopal.

John W. Newstrom, Eduward E. Scannell (1980) *Games trainers play*, McGraw Hills Book Company, New York.

Joshua Earnest & S.K. (2001) *Reengineering technician eduction programmes for labour market through competency-based curriculum development in polytechnics*. Barkatullah University, Bhopal.

Kapse, C.P., Saxena, S.K. & Khambayat, R.P. (2001) *Designing of industral training programme with a view to develop competencies for non sandwich engineering diploma programmes*. Barkatullah University, Bhopal.

Kechkar, G.M. & Saxena, S.K. (1998) *Utility of industral training experenced by polytechnic teachers*, Barkatullah University, Bhopal.

Khartri, K.P. & Haider, S.Z. (1993) *A study of different facets of flexiblity under multipoint entry credit system in diploma programme in mechanical engineering of selected polytchnics in Gujarat State*. Barkautullah University, Bhopal.

Kulkarni, B.B. & Khambayat, R.P. (2000) *A study of the impact of industry institute interaction on promoting industrial work culture in Maharashtra polytechnics*. Barkatullah University, Bhopal.

Leslie J. Chamberlain (1969) *Team teaching*. Charles E. Merril Publishing Company, A Bell & Howell Company, Columbus, Ohio.

Leslie Rae (1998) *Techniques of training*, Jaico Publishing House Mumbai.

Leslie Rae (2002) *The art of training and development in management. Crest Publishing House*, New Delhi.

Mani, R.K. (1994) *Module on case method*. Cement Industry. HRD Project,Technical Teachers' Training Institute, Bhopal.

Mary Brown Allgood (1965) *Demonstration techniques*. Prentice Hall of India Private Ltd., New Delhi.

Melissa Towner, David Muller, Tony Simon and Marie Stewart (1987) *Learner psychology in training*, Parthenon Publishing Group Inc, Parkridge, U.S.A.

Michael J. Marquardt (2003) *Action learning in action*. Jaico Publishing AC House, Mumbai.

Mike Pedler (1993) *Action Learning in Practice*. 2nd edition. Grower Publishing Company Limited, Hants England.

Nafade, R.M. & Mathew, Susan S. (1999) *A study on utilization of time in different activities by the teachers of government polytechnics and formulating the strategies for effective time utilization*. Barkatullah University, Bhopal.

Nayak, B.S. & Kudesia, U.C. (1995) *Competencies required for laboratory technicians as viewed by polytechnic teachers*. TTTI, Bropal.

Pagare, Sanjay P. & Rawlley, Anju (2000) *A critical study of the curriculum document and its implementation in an autonomous polytechnic, performance of passouts and their empolyability*. Barkatullah University, Bhopal.

Pandey, H.S. & Gupta, B.L. (1998) *A study on the commitment level of polytechninc teachers and formulating strategies to echance the commitment level*. Barkatullah University, Bhopal.

Pat Hedges (1997) *Increasing profitablity by effective use of learning*. Kogan Page, London.

Pater Lassey (1998) *Developing a learning organization*. Kogan Page Limited, London.

Pathade, R. & Shivagunde, R.B. (2002) *A study of factilitating and constraining factors influencing the choice and continuance of technical teaching as a career by graduate engineers in Raigarh district of Maharashtra*. Barkatullah University, Bhopal.

Paul Hersey & Kenneth H. Blanchard (1992) *Management of organizational behaviour*. Prentice Hall of India Private Limited, New Delhi.

Perry, G.W. (1969) *Case studies in teaching*. Sir Pitman and Sons Limited, London.

Peter F. Oliva (1992) *Developing the Curriculum Parper*, Collins Publishers, New York.

Peter Senge (1994) *The fifth discipline, Field book*. Nicholas Brealey Publishing, London.

Pfeiffer J. Willam and Arlette C. Ballew (1993) *Using case studies. simulation and games in human resource development*, Aditya Books Private Limited, New Delhi.

Raymond L. Hilgert, Sterling H. Schoen, Joseph W. Towle (1978) *Cases and Policies in human resources management*. Houghton Mifflin Company, Boston, Dallas.

Reynolds J. (1980) Case Method in Management Development. ILO, Geneva.

Robert F. Mager (1990) *Making instruction work*. Kogan Page, London.

Robert K. Yin (1984) *Case Study research design and methods*. Sage Publications, New Delhi.

Rosella Linskie (1977) *The learning Process*. D. Van Nostrand Company, New York.

Soni, S.K. (2004) *An information resource on educational technology for technical and vocational education and training*. Sarup and Sons, New Delhi.

Sahu, S.D. & Lalla, G.T. (1996) *A study on design of industrial traning of diploma students of mining engineering*. Barkatullah University, Bhopal.

Saxena, S.K. & Jain, P.C. (2003) *Developing a model for enhancing institutional flexiblitity in order to provide optimal academic services*. Barkatullah University, Bhopal.

Soni, O.P. & Kudesia, U.C.(1996) *Utilization of industrial training experiences by polytechnic teachers*. Barkatullah University, Bhopal.

Suraweera, D.D.D., Tiwari, N.P. and Ganorkar, S.R. (2001) *A study on competencies required by technical teachers of Sri Lanka and suggesting alternative strategies of teacher training*, Barkatullah University, Bhopal.

Timothy, S. Mescon & George S. Vozikis (1988) *Cases in Management*, Harper & Row Publishers, New York.

Umale, G.V. & Gupta, B.L. (2002) A study on performance appraisal of govenment polytechnic teachers in Amravati region of Maharashtra state. Barkatullah University, Bhopal.

Vedanayagam, E.G. (1988) *Teaching technology for co!lege teachers.* Sterling Publishers Private Limited, New Delhi.

W. Douglas Seymour (1968) *Skills analysis training*, Sir Isaac Pritman and Sons Ltd., London.

Yasin Masooda & Jain, P.C. (1993) *A study of entrepreneurial attitudes among polytechnic final year students (boys and girls) and perception of girls regarding problems of women entrepreneurs*, Barkatullah University, Bhopal.

Gupta, B.L (2007) Governance and Management of Technical Institutions. Concept Publishing Company, New Delhi.

Gupta, B.L. (2007) *Management of Competency Based Learning.* Concept Publishing Company, New Delhi.

Gupta B.L. (2008) *Management of Competency Based Training and Education.* Quality Publishing Company. Bhopal.

अनुक्रमणिका